한 권으로 끝내는

스파르타 토익

NEW EDITION

START

LC&RC

English&북스

한 권으로 끝내는

스파르타 토익
START
LC&RC
NEW EDITION

개정판 1쇄 발행 2021년 1월 10일
개정판 4쇄 발행 2025년 1월 24일

저 자	박연우, 박선영
펴낸이	박성호
펴낸곳	잉글리쉬앤 (주)
편 집	박고우니, 장서원
마케팅	여주형, 김성윤, 방성출, 박훈효, 조민형, 이달님, 강정구, 이진희, 조병운
	주예선, 이현전, 조광민, 노희동, 김징민, 최희성, 최인태, 윤종철, 엄주아
	오지현, 최유미, 최가연, 김정호, 안혜연, 조승채
주 소	서울 특별시 관악구 쑥고개로 67-1
대표전화	(02) 878-1945
출판등록	2002년 3월 3일 제 320-2002-00045호

ISBN 978-89-6715-144-7 13740

저작권자 2025 잉글리쉬앤(주)
이 책은 잉글리쉬앤(주)에 의해 출간되었으므로
저자와 출판사의 서면에 의한 허락 없이 글과 그림의 인용, 복제, 발췌를 금합니다.

* 가격은 뒤표지에 있습니다. 파본은 바꾸어 드립니다.
  www.english.co.kr

Preface

스파르타 토익 START
개정판을 내면서

2017년 첫 출간 이후 독자 여러분께 꾸준히 사랑을 받아온 토익 입문서 베스트셀러인 스파르타 토익 START가 새롭게 개정판을 출간합니다.

토익을 이제 막 시작했거나 급하게 시험을 준비하는 학습자라면 어떻게 토익 공부를 해야 할지 막막할 것입니다. 스파르타 토익 START는 이런 학습자들을 위해, 토익의 기본기를 탄탄히 닦아 주고 핵심만 콕콕 짚어 주는 종합 입문서입니다.

토익 입문자들이 부담 없이 접할 수 있도록 토익에 꼭 필요한 핵심 사항만 추려서 정리했고, 토익 기출 유형을 꼼꼼히 분석하여 이에 맞는 최적의 풀이 전략과 연습 문제들로 구성하였습니다. 또한, 다양한 예문과 빈출 어휘를 수록하여 목표 점수에 도달할 수 있도록 튼튼한 발판이 되어 드릴 것입니다.

다음 단계로의 도약을 위해 스파르타 토익 START가 토익 학습자 여러분들과 함께 하겠습니다.

Contents

- 토익 소개 ··· 6
- 파트별 유형 및 전략 ·· 8

LISTENING COMPREHENSION

PART 1

UNIT 01	인물 사진 ··· 20
UNIT 02	사물/풍경 사진 ································· 26
UNIT 03	혼합 사진 ··· 32

PART 2

UNIT 04	Where, When 의문문 ····················· 42
UNIT 05	What/Which, Who 의문문 ············· 48
UNIT 06	Why, How 의문문 ·························· 54
UNIT 07	일반/기타 의문문 ···························· 60

PART 3

UNIT 08	주제 및 화자 문제 ·························· 72
UNIT 09	제안&요청/미래에 할 일 ················ 78
UNIT 10	의도 파악/추론 문제 ······················· 84
UNIT 11	시각 자료 연계 문제 ······················· 90

PART 4

UNIT 12	공지, 광고 ······································· 100
UNIT 13	방송, 안내 ······································· 106
UNIT 14	전화 메시지 ···································· 112
UNIT 15	회의, 인물 소개 ······························· 118

READING COMPREHENSION

PART 5

UNIT 01	품사	128
UNIT 02	문장 성분	136
UNIT 03	문장의 5형식	144
UNIT 04	명사	154
UNIT 05	대명사	162
UNIT 06	형용사	170
UNIT 07	부사	178
UNIT 08	전치사	186
UNIT 09	동사의 수 일치와 태	196
UNIT 10	동사의 시제	204
UNIT 11	준동사	212
UNIT 12	접속사	220

PART 6&7

UNIT 13	PART 6의 이해	230
UNIT 14	PART 7의 이해 I	240
UNIT 15	PART 7의 이해 II	250

- 토익 빈출 어휘 ⋯⋯⋯⋯⋯⋯⋯⋯⋯ 270
- 정답 및 해설 ⋯⋯⋯⋯⋯⋯⋯⋯⋯ 312

온라인 모의고사 이용 방법
books.english.co.kr 접속 ▶ 상단 메뉴 "도서 인증 받기" 클릭
▶ 인증 내용 입력 ▶ 인증 완료 ▶ 테스트 응시

토익 소개

토익이란?

Test Of English for International Communication의 약자로, 영어가 모국어가 아닌 사람들의 일상생활이나 국제 업무 등에 필요한 실용 영어 능력을 평가하는 국제 평가 시험

▶ 시험 구성

구성	Part	유형		문항 수		시간	배점
듣기(LC)	1	사진 묘사		6	100	45분	495점
	2	질의 응답		25			
	3	대화문		39			
	4	담화문		30			
읽기(RC)	5	단문 공란 채우기		30	100	75분	495점
	6	장문 공란 채우기		16			
	7	지문 독해	단일 지문	29			
			복수 지문	25			
TOTAL		7 Parts		200문항		120분	990점

▶ 시험 내용

Part	유형	유형 내용
1	사진 묘사	제시된 사진을 알맞게 설명하는 보기 고르기
2	질의 응답	질문을 듣고 알맞은 대답 고르기
3	대화문	대화를 듣고 질문에 알맞은 내용 고르기
4	담화문	담화를 듣고 질문에 알맞은 내용 고르기
5	단문 공란 채우기	빈칸에 맞는 내용을 골라 단문 완성하기
6	장문 공란 채우기	빈칸에 맞는 내용을 골라 장문 완성하기
7	지문 독해	단일 지문 또는 이중·삼중 지문을 읽고 문제에 맞는 내용 고르기

접수 방법은?

▶ 한국 토익 위원회 사이트 혹은 앱으로 접수 ➔ www.toeic.co.kr
▶ 인터넷 접수 시 시험일, 고사장, 개인 정보 등을 입력 (증명사진 필요)
 ※ 접수 마감일 이후 추가 접수일에 접수 시 추가 비용 발생

응시 준비물은?

▶ 규정 신분증 (주민등록증, 운전면허증, 기간 만료 전의 여권, 중고등학생만 학생증 인정)
▶ 연필, 지우개 (볼펜이나 사인펜은 사용 금지)
▶ 아날로그 시계 (전자 시계 불가)

시험 진행은?

▶ **시험 시간이 오전일 경우** 오전 9:20까지 입실 (오전 9:50 이후 입실 불가)
▶ **시험 시간이 오후일 경우** 오후 2:20까지 입실 (오후 2:50 이후 입실 불가)

오전 시험	오후 시험	시험 진행
오전 9:30 ~ 9:45 (15분)	오후 2:30 ~ 2:45 (15분)	답안지 작성에 관한 오리엔테이션
오전 9:45 ~ 9:50 (5분)	오후 2:45 ~ 2:50 (5분)	수험자 휴식 시간
오전 9:50 ~ 10:05 (15분)	오후 2:50 ~ 3:05 (15분)	신분 확인
오전 10:05 ~ 10:10 (5분)	오후 3:05 ~ 3:10 (5분)	문제지 배부, 파본 확인
오전 10:10 ~ 10:55 (45분)	오후 3:10 ~ 3:55 (45분)	듣기 평가(LC)
오전 10:55 ~ 12:10 (75분)	오후 3:55 ~ 5:10 (75분)	읽기 평가(RC)

※ 2차 신분 확인: 읽기 평가(RC) 시간에 2차 신분 확인 실시

성적 확인은?

▶ 시험일로부터 약 2주 후에 토익 위원회 사이트(www.toeic.co.kr)에서 확인 가능
▶ 온라인 출력과 우편 수령은 1회 무료, 이후에는 유료 발급

파트별 유형 및 전략

PART 1 사진 묘사 · · · 6문제

파트 1은 4개의 보기 중에서 사진을 가장 잘 묘사하는 보기를 고르는 유형이다. 총 6문제가 출제되며, 인물 및 사물/풍경 사진 등 다양한 유형의 사진이 등장한다.

| 핵심 전략 |

+ 사진 유형별로 자주 출제되는 어휘와 표현을 익힌다.
+ 난이도가 높은 경우 주어가 사물인 보기가 자주 등장하므로 수동태, 현재완료 수동태, 수동태 진행형과 같은 문법을 완벽하게 숙지한다.
+ 오답 소거법을 통해, 사진을 완벽하게 묘사한 보기가 아닌 정답에 가장 가까운 Best Answer를 고르도록 훈련한다.
+ 유사 발음, 연상 어휘 등을 이용하거나, 사람과 사물의 상태 및 동작을 잘못 묘사하는 오답이 자주 등장한다.

| 문제 형태 |

1

Look at the picture marked number one in your test book.

(A) She is cleaning her desk.
(B) She is sharpening a pencil.
(C) She is filing some papers.
(D) She is holding a phone.

질의 응답 ··· 25문제

파트 2는 3개의 보기 중에서 질문에 가장 적절한 응답을 고르는 유형이다. 문항 수는 총 25개로, 의문사 의문문, Yes/No 의문문 등이 출제된다.

| 핵심 전략 |

+ 질문의 앞부분을 집중해서 듣고 질문 유형을 파악하는 연습을 한다.
+ 의문사 의문문은 가장 자주 출제되는 유형으로, 답변 패턴이 정해져 있다. 의문사별로 정답 유형을 숙지해 두자.
+ 평서문은 답변 패턴이 정해져 있지 않아서 어렵게 느껴질 수 있다. 오답 소거법을 이용하여 보기 중 가장 적절한 응답을 고르는 훈련이 필요하다.
+ 유사 발음 어휘, 질문의 단어 반복 등을 이용한 보기가 오답으로 자주 등장하므로 이를 주의하여 정답을 골라야 한다.

| 문제 형태 |

7 Mark your answer on your answer sheet.

How much longer do you need on this project?

(A) About ten pages long.
(B) Roughly half an hour.
(C) The project was successful.

대화문 ··· 39문제

파트 3는 2~3명이 나누는 대화를 듣고 이와 관련된 3개의 문제를 푸는 유형이다. 총 39문제가 출제되며, 3인 대화가 1~2세트 출제된다. 화자 의도 파악 문제와 시각 자료 연계 문제는 각각 2~3세트 출제된다.

| 핵심 전략 |

- 대화를 듣기 전에 문제를 먼저 읽고, 키워드를 파악한 후 그 부분을 집중적으로 듣는 훈련을 하자.
- 첫 번째 문제는 주로 주제나 장소, 신분에 관한 문제로, 정답의 단서가 대화 초반에 나오므로 처음 부분을 놓치지 않고 들어야 한다.
- 화자 의도 파악 문제는 먼저 제시된 표현을 확인하고, 음성을 들으면서 해당 표현이 나올 때까지 문맥을 정확히 파악해야 한다.
- 시각 자료 문제는 미리 도표를 읽고 지문의 내용을 예측해 본다. 또한, 시각 자료와 음성을 연계하여 정보를 파악하는 능력을 길러야 한다.
- 3인 대화에서 화자는 국적에 따라 발음이 구분되므로, 미국, 영국, 호주 등의 다양한 발음에 익숙해지도록 연습한다.

| 문제 형태 |

32 What does the woman imply when she says, "I got one for my friend"?

(A) She is inviting the man to meet her friend.
(B) Her friend is the same size with his wife.
(C) She is willing to pay for the product.
(D) She is emphasizing it's a good product.

Questions 32 through 34 refer to the following conversation.

M: Hi, I'm looking for a birthday present for my wife. I think she'd like one of these sweaters, but do you have any in a smaller size?
W: I'm pretty sure everything we have is out here on the display table. But I can check the stockroom in the back if you'd like.
M: Thanks, that'll be great. You know they look perfect for early spring. Light, but warm. You can wear them indoors or outdoors.
W: That's right. I got one for my friend who wears it a lot, so I'm sure your wife would love one. And we're selling them for 30% off this week.
M: That's good to know. I hope you have one in my wife's size.

PART 4 담화문 ··· 30문제

파트 4는 담화를 듣고 이와 관련된 3개의 문제를 푸는 유형이다. 총 30문항이 출제되며, 녹음 메시지나 공지, 뉴스 등이 주로 출제된다. 파트 3와 마찬가지로, 화자 의도 파악 문제와 시각 자료 연계 문제가 2~3세트씩 출제된다.

핵심 전략

- 담화를 듣기 전에 문제를 먼저 읽고, 키워드를 파악한 후 그 부분을 집중적으로 듣는 훈련을 하자.
- 첫 번째 문제는 주로 주제나 장소, 신분에 관한 문제로, 정답의 단서가 담화 초반에 나오므로 처음 부분을 놓치지 않고 들어야 한다.
- 화자 의도 파악 문제는 파트 3와 달리 한 사람의 담화이므로 문맥의 흐름을 더 쉽게 파악할 수 있다. 따라서 담화의 전반적인 문맥 흐름을 이해하고, 해당 문장의 앞뒤 상황을 정확히 파악하는 훈련을 하자.
- 시각 자료 문제는 미리 도표를 읽고 지문의 내용을 예측해 본다. 또한, 시각 자료와 음성을 연계하여 정보를 파악하는 능력을 길러야 한다.

문제 형태

Tour Schedule	
Garden Tour	10:00 A.M.
Lunch	Noon
Museum Visit	1:30 P.M.
Theater Performance	4:00 P.M.

98 Look at the graphic. What time is this talk most likely being given?

(A) At 10:00 A.M.
(B) At noon
(C) At 1:30 P.M.
(D) At 4:00 P.M.

Questions 98 through 100 refer to the following talk and schedule.

Can I have everyone's attention at the front of the bus? I hope you enjoyed your lunch at Restaurant Baron. As I mentioned earlier, it first opened in 1880 and has been operating longer than any other restaurants in Charlestown. Now, if you look out the window on your right, you'll see the National Museum of History and according to our schedule, we're right on time. We'll be spending about 2 hours here. I'll pass out the brochures with the information about the permanent and temporary exhibits you'll be seeing today. We'll meet again at the main entrance at 3:30 for our next schedule. Enjoy yourselves.

PART 5

단문 공란 채우기 ··· 30문제

파트 5는 문장 안에 있는 빈칸에 적절한 단어나 어구를 채워 넣는 유형이다. 총 30문항이 출제되며, 문법 문제와 어휘 문제가 등장한다. 문제 유형에 따라 풀이 방식이 다르므로 이를 가장 먼저 파악하는 것이 중요하다.

| 핵심 전략 |

- 문제를 풀기 전, 보기를 통해 문제 유형을 파악하는 연습을 한다.
- 문법 문제는 문장 구조나 빈칸 주변의 문법을 통해 문제를 풀어야 한다. 문법 문제를 단시간에 풀기 위해서 명사, 동사, 형용사 등의 기본적인 문법 규칙을 확실히 익혀 두자.
- 어휘 문제는 해석을 통해 문맥에 가장 적절한 단어를 선택해야 한다. 가능한 한 많은 어휘와 표현을 암기하고, 예문을 통해 어휘가 어떻게 사용되는지까지 익혀 두자.
- 자주 함께 쓰이는 단어 및 표현을 숙지하여 빠른 시간 내에 푸는 것이 관건이다.

| 문제 형태 |

101 Sky Motors offers a variety of training programs to help enhance ------- in the workplace.

(A) productivity
(B) produce
(C) productive
(D) productively

102 The fundraising event recorded such high ------- that the proceeds will be higher than expected.

(A) representative
(B) consultation
(C) safety
(D) attendance

PART 6

장문 공란 채우기 ··· 16문제

파트 6는 지문 안에 있는 4개의 빈칸에 알맞은 보기를 선택하는 유형이다. 문법, 어휘, 문장을 넣는 문제가 등장하며, 총 16문항이 출제된다. 문맥에 맞는 문장을 고르는 문제는 각 지문마다 1개씩 출제된다.

핵심 전략

- 전체 문맥을 이해해야 풀 수 있는 문법 및 어휘 문제가 나오므로 지문의 흐름을 놓치지 않는 것이 중요하다.
- 빈칸에 알맞은 문장을 넣는 문제는 빈칸 앞뒤와 전체 맥락을 파악하여 정답을 골라야 하므로 독해력을 꾸준히 길러야 한다.
- 문장 삽입 유형은 지문을 읽으며 앞뒤 흐름상 자연스러운 내용을 예측하면 정답을 쉽게 찾을 수 있다.

문제 형태

Questions 135-138 refer to the following notice.

Important Notice about Hatter Industries

Please note that the contact information for Hatter Industries changed on March 21. Due to the closure of our Dabbley office and the ------- (135) of our operations in Buena, all correspondence concerning our products and services should now be sent to the following address: Hatter Industries, 642 Mandela Lane, Buena, CA.
Our employees' e-mail addresses, as well as our Web site's address, www.hatterindustries.com, remain ------- (136).
However, we are still waiting for our new telephone and fax numbers. ------- (137) will be updated on our Web site as soon as the new numbers are assigned as of March 25. ------- (138).

135 (A) decision
(B) relocation
(C) suspension
(D) result

136 (A) assigned
(B) even
(C) formal
(D) unchanged

137 (A) Yours
(B) Another
(C) These
(D) Theirs

138 (A) We apologize for any inconvenience and thank you for your understanding.
(B) Refer to the side of the packet for full details of instructions before applying.
(C) Her office location will also remain the same.
(D) For more information about the forthcoming event, visit www.lizard.org.br/events.

지문 독해 · · · 54문제

파트 7은 지문을 읽고 지문과 관련된 문제 2~5개를 푸는 유형이다. 총 54문항이 출제되며, 편지, 문자 메시지, 광고, 공지문 등 다양한 유형의 지문이 나온다. 단일 지문 10개, 이중 지문 2개, 삼중 지문 3개의 세트가 등장한다.

| 핵심 전략 |

+ 지문의 종류와 제목, 키워드를 파악하여 내용을 미리 예측하고 정답 단서를 찾는다.
+ 지문의 정답 단서가 보기에서는 다르게 패러프레이징될 수 있으므로, 단어를 암기할 때 동의 표현을 함께 익힌다.
+ 복수 지문에서는 2개 이상의 지문을 연계하여 풀어야 하는 문제들이 출제되므로, 지문 간의 관계를 파악하는 연습을 해야 한다.

| 문제 형태 |

Questions 162-164 refer to the following advertisement.

ACCOUNT SERVICE DIRECTOR WANTED

A leading financial service bank is looking for an account services director. —[1]—. He or she will be responsible for reclassifying income payment to ensure the accurate reporting of tax payments. —[2]—. Validating tax related information, determining reclassification amounts, processing reclassifications using various internal systems, and performing quality-control checks relevant to all tax-reporting processes will be some of the other responsibilities. —[3]—. In order to qualify, the candidate must have a college degree and previous tax or brokerage experience along with strong analytical skills. —[4]—.

If you are interested, please send your résumé to:

Rosabeth Moss Kanter / Lawrence Financial, Inc.
985 Andrew Park Avenue / Houston, TX 48954

---

162 What position is being advertised?

(A) Public official
(B) Real estate agent
(C) Accountant
(D) Financial consultant

163 Which of the following is required for the position?

(A) Communication skills
(B) A license approved by a related organization
(C) Background knowledge of Lawrence Financial, Inc.
(D) A college education

164 In which of the positions marked [1], [2], [3], and [4] does the following sentence best belong?

"They must also be able to work overtime and weekends when required."

(A) [1]
(B) [2]
(C) [3]
(D) [4]

학습 플랜

> **2주 완성**

		Day 1	Day 2	Day 3	Day 4	Day 5
1st WEEK	LC	UNIT 1-3	UNIT 4-5	UNIT 6-7	UNIT 8-9	UNIT 10
	RC	UNIT 1-2	UNIT 3-4	UNIT 5-6	UNIT 7-8	UNIT 9-10
2nd WEEK	LC	UNIT 11	UNIT 12	UNIT 13	UNIT 14	UNIT 15
	RC	UNIT 11	UNIT 12	UNIT 13	UNIT 14	UNIT 15

> **4주 완성**

		Day 1	Day 2	Day 3	Day 4	Day 5
1st WEEK	LC	UNIT 1-3	UNIT 4-5	UNIT 6-7	UNIT 8-9	UNIT 10
2nd WEEK		UNIT 11	UNIT 12	UNIT 13	UNIT 14	UNIT 15
3rd WEEK	RC	UNIT 1-2	UNIT 3-4	UNIT 5-6	UNIT 7-8	UNIT 9-10
4th WEEK		UNIT 11	UNIT 12	UNIT 13	UNIT 14	UNIT 15

※ 보다 효율적인 학습을 위해 토익 빈출 어휘(p. 270 ~)를 활용하시기 바랍니다.

LISTENING COMPREHENSION

PART 1

UNIT 01	인물 사진	20
UNIT 02	사물/풍경 사진	26
UNIT 03	혼합 사진	32

PART 2

UNIT 04	Where, When 의문문	42
UNIT 05	What/Which, Who 의문문	48
UNIT 06	Why, How 의문문	54
UNIT 07	일반/기타 의문문	60

PART 3

UNIT 08	주제 및 화자 문제	72
UNIT 09	제안&요청/미래에 할 일	78
UNIT 10	의도 파악/추론 문제	84
UNIT 11	시각 자료 연계 문제	90

PART 4

UNIT 12	공지, 광고	100
UNIT 13	방송, 안내	106
UNIT 14	전화 메시지	112
UNIT 15	회의, 인물 소개	118

PART 1
사진 묘사

미리 보기

▶ **문항 수:** 6문항 (1~6번)

▶ **문제 형태**

🔍 문제지

1

🎧 음성

(A) They are walking along the path.
(B) They are facing each other.
(C) They are sitting on the bench.
(D) They are planting some trees.

▶ PART 1이란?

4개의 선택지를 듣고, 사진을 가장 잘 묘사한 것을 고르는 파트입니다. 문제지에는 사진만 제시되고, 4개의 선택지를 음성으로 들려줍니다.

▶ PART 1 풀이 전략

① 객관적인 입장에서 보이는 대로만 판단할 것
사진에 보이지 않는 사람이나 사물을 언급한 것은 오답이고, 추상적인 개념으로 답해서도 안 됩니다.

② 정답과 오답을 표시하며 듣기!
확실한 답이 나올 때까지 기다리지 말고 (A)부터 (D)까지 차근차근 정답인지 아닌지 표시하면서 답을 찾아내는 소거법이 많은 도움이 됩니다.

③ 예상외의 정답 표현에 주의!
사진에 두 남자가 있다면 초보의 경우 그들의 동작에만 집중해서 사진을 살피는 경향이 있는데, 오히려 주변 사물의 상태를 묘사하는 표현이 답이 될 수 있습니다.

④ 1인 사진
사진에 사람이 한 명만 등장하는 경우, 그 사람의 머리부터 발끝까지 유심히 살펴보고, 동작과 옷차림 또한 주의 깊게 살피세요.

⑤ 2인 이상 사진
두 사람 이상이 사진에 등장하는 경우, 등장인물들의 공통점과 차이점을 살펴보고, 공간에 사람들이 가득 차 있는지, 자리가 비어 있는지 등을 확인하세요.

⑥ 사물/풍경 사진
사람이 없고 사물이나 풍경만 보이는 사진에서는 전체적인 사물과 풍경의 상태, 사물들 간의 위치를 세밀히 살피세요.

UNIT 01 인물 사진

INTRO

★ 인물의 행동을 묘사하는 동사를 놓치지 않고 듣는 것이 가장 중요합니다.

★ 선택지의 주어가 같다면 동사구에 집중하고, 주어가 다른 경우는 전체 문장에서 잘못된 곳을 찾아 오답을 제거하는 방식으로 접근해야 합니다.

★ PART 1은 특히 어휘가 강할수록 유리합니다. 동작 동사 외에도 다양한 명사를 익혀 두세요.

유형 1 1인 묘사

(A) **A man is reading documents.**
그는 서류를 읽고 있다. → 정답
(B) A man **is hanging up** the phone.
그는 전화를 끊고 있다. → 동작 묘사 오류
(C) A man **is walking into** the office.
그는 사무실로 들어가고 있다. → 유사 발음(working/walking)
(D) A man **is putting on** a pair of glasses.
그는 안경을 쓰는 중이다. → 동작 묘사 오류

유형 2 2인 이상 묘사

(A) They **are crossing** the road.
그들은 길을 건너고 있다. → 장소 묘사 오류
(B) **They are going down the steps.**
그들은 계단을 내려가고 있다. → 정답
(C) They **are relaxing** in the park.
그들은 공원에서 쉬고 있다. → 동작 묘사 오류
(D) They **are running** side by side.
그들은 나란히 뛰고 있다. → 상태 묘사 오류

유형 분석 및 훈련

유형 1 ▶ 1인 묘사

- PART 1에서 가장 많이 등장하는 패턴은 현재 진행 시제(be + -ing)로, 진행 중인 동작이나 상태를 나타냅니다. 인물의 동작에 초점을 맞춰서 듣는 것이 중요합니다.
- 1인 사진에서는 대부분 사람 주어(He, She, A man, A woman)가 등장하며, 우선 그 사람의 옷차림과 행동을 파악한 후, 주변 사물과 관련된 상태를 파악해야 합니다.
- 사람의 동작, 상태 그리고 동작의 대상이 되는 사물(목적어)을 주의해서 듣는 훈련이 필요합니다.

EX 1 ▶ U01_1

✔ She is reading a book. 그녀는 책을 읽고 있다.
✔ She is holding a cup. 그녀는 컵을 들고 있다.
✔ She is wearing glasses. 그녀는 안경을 쓰고 있다.

오답 She is drinking something.
그녀는 무언가를 마시고 있다.
(컵을 들고 있지 마시는 동작이 아니므로 오답)

EX 2 ▶ U01_2

✔ He is wiping the window. 그는 창문을 닦고 있다.
✔ He is holding a tool. 그는 도구를 들고 있다.
✔ He is wearing a short-sleeved shirt.
그는 반팔 셔츠를 입고 있다.

오답 He is opening a window. 그는 창문을 열고 있다.
(창문을 열고 있는 동작이 아니므로 오답)

SPARTA ✓ CHECK-UP ▶ U01_3

해설 p.312

1 음성을 듣고 빈칸에 들어갈 알맞은 것을 고른 후, 사진을 가장 잘 묘사한 문장을 고르세요.

(A) She is using a (copy, coffee) machine.
(B) She is (taking, talking) notes.
(C) She is doing some (newspaper, paperwork).
(D) She is holding a (pen, fan).

유형 2 ▶ 2인 이상 묘사

- 2인 이상 사진에서는 우선 등장인물들의 공통된 동작이나 상태, 혹은 차이점을 파악해야 합니다.
- 1인 묘사와 마찬가지로, 사람의 동작이나 상태를 나타내기 위해 현재 진행 시제(be + -ing)가 주로 등장합니다.
- 인물들의 동작/상태가 일치할 경우 선택지의 주어가 They, People, Some people처럼 복수 명사로 시작하고, 일치하지 않을 경우 One of the men, One of the women, One of the people로 시작합니다.

EX 1 ▶ U01_4

✔ They are looking at the book. 그들은 책을 보고 있다.
✔ They are sitting on the sofa. 그들은 소파에 앉아 있다.

오답 They are crossing their legs.
그들은 다리를 꼬고 있다. (공통된 동작이 아니므로 오답)

EX 2 ▶ U01_5

✔ They are looking in the same direction.
그들은 같은 방향을 보고 있다.
✔ One of the people is writing something on the board. 사람들 중 한 명이 칠판에 뭔가를 쓰고 있다.

오답 They are sitting in a circle. 그들은 둥글게 앉아 있다.
(한 명은 서 있고, 나머지는 앉아 있으므로 오답)

SPARTA ✓ CHECK-UP ▶ U01_6   해설 p.312

2 음성을 듣고 빈칸에 들어갈 알맞은 것을 고른 후, 사진을 가장 잘 묘사한 문장을 고르세요.

(A) They are (lying, laying) on the grass.
(B) They are (leaning, running) against the wall.
(C) They are (standing, sitting) on the bench.
(D) They are (stocking, strolling) in the park.

■ 필수 표현 정리

서류 작업하기	take notes 필기를 하다 write something down 뭔가를 쓰다 do some paperwork 서류 작업을 하다 read a document 서류를 읽다
쇼핑하기	hold some goods 물건을 집다 push a cart 카트를 밀다 examine an item 물건을 살펴보다 inspect a product 물품을 검사하다
전화, 복사기	make a phone call 전화를 걸다 use a mobile phone 휴대폰을 사용하다 make a copy 복사하다 use a copy machine 복사기를 사용하다
보다	look at the monitor 모니터를 보다 look over the brochure 안내책자를 살펴보다 look through the microscope 현미경을 통해서 보다 look out the window 창밖을 보다
걷다	walk on the path 산책로를 걷다 stroll along the shore 해안가를 따라 산책하다 walk a dog 개를 산책시키다 hang around the street 거리를 돌아다니다
손동작	point at the chart 차트를 가리키다 reach for the item 물건을 잡으려고 손을 뻗다 wave at the plane 비행기를 향해 손을 흔들다 type on the keyboard 키보드를 치다
발표, 연설	give a presentation in the conference room 회의실에서 발표하다 write something on the flip chart 플립 차트에 무언가를 쓰다 have a conversation in the meeting room 회의실에서 대화를 나누다 deliver a speech in the auditorium 강당에서 연설을 하다
식당	serve dishes to the customers 고객들에게 음식을 제공하다 enjoy a meal at the restaurant 식당에서 식사를 즐기다 make some food in the kitchen 부엌에서 음식을 만들다 pour water into the glass 유리잔에 물을 붓다
미술, 음악	admire a painting in the museum 미술관에서 그림을 감상하다 draw a picture in the square 광장에서 그림을 그리다 play instruments in the park 공원에서 악기를 연주하다 perform a musical piece on the stage 무대에서 음악을 연주하다

SPARTA PRACTICE

▶ U01_7 | 해설 p.312

- 음성을 듣고 빈칸을 채운 후, 사진을 가장 잘 묘사한 문장을 고르세요.

1

(A) A woman is _____ a phone call.
(B) A woman is _____ a microphone.
(C) A woman is _____ a cup.
(D) A woman is _____ on glasses.

2

(A) They are _____ in the street.
(B) They are _____ at each other.
(C) They are _____ on the crosswalk.
(D) They are _____ on the ground.

3

(A) They are _____ dinner in the kitchen.
(B) A woman is _____ the dishes in the sink.
(C) They are _____ a meal in the dining room.
(D) A waiter is _____ water into a glass.

4

(A) He is _____ a painting on the deck.
(B) He is _____ instruments in the park.
(C) He is _____ at a picture in the square.
(D) He is _____ a picture outdoors.

SPARTA TEST

U01_8 | 해설 p.313

1

2

3

4

5

6

UNIT 02 사물/풍경 사진

INTRO

★ 사물 및 풍경 사진이 나오면 사물의 위치와 상태를 먼저 확인한 후, 관련 표현을 연상하는 훈련을 합니다. 사람이 등장하지 않으므로 주어가 사람인 보기가 나올 경우 오답 처리합니다.

★ 사물의 위치나 상태, 전반적인 풍경을 묘사하기 위해 수동태(be + p.p./ be being + p.p./ have been + p.p.)나 현재 진행형(be + -ing)이 자주 등장합니다.

★ 위치나 장소를 묘사하는 부분은 주로 문장의 뒷부분에 제시되므로 문장을 끝까지 집중해서 들어야 합니다.

유형 1 사물 중심 묘사

(A) A pen is on top of the papers.
펜이 서류 위에 있다. → 사물 묘사 오류
(B) The monitor is being turned off.
(누군가가) 모니터를 끄고 있다. → 상태 묘사 오류
(C) Papers are piled up on the desk.
책상 위에 서류가 쌓여 있다. → 정답
(D) The window has been left open.
창문이 열려 있다. → 사물 묘사 오류

유형 2 풍경 중심 묘사

(A) Buildings are overlooking the water.
건물들이 강을 내려다보고 있다. → 정답
(B) A bridge is being built over the river.
강 위로 다리가 지어지고 있다. → 상태 묘사 오류
(C) Boats are being towed into a dock.
배들이 부두로 견인되고 있다. → 상태 묘사 오류
(D) People are boarding a ship.
사람들이 배를 타고 있다. → 사물 묘사 오류

유형 분석 및 훈련

유형 1 ▶ 사물 중심 묘사

- 사물의 위치나 상태는 수동태(be + p.p./ be being + p.p./ have been + p.p.)나 현재 진행형(be + -ing) 문장으로 묘사되는 경우가 많습니다. 이때, 'be + p.p.'는 주로 사물의 상태를 묘사하고, 'be being + p.p.'는 인물의 동작을 묘사합니다.
- 사물의 위치나 배열 상태를 나타내기 위해 on, in, by, beside, next to 같은 전치사가 자주 등장합니다.
- 특정 동작이 완료된 상태이거나 인물이 없는 사진에 수동태 진행형(be being p.p.)으로 동작을 묘사한 보기는 오답 처리합니다.

EX 1 ▶ U02_1

✓ Glasses are put on the table.
유리잔이 테이블 위에 놓여 있다.

✓ A vase is placed next to the glasses.
화병이 유리잔 옆에 놓여 있다.

오답 Some food is being served. 음식이 제공되고 있다.
(음식을 서빙하는 사람은 보이지 않음)

EX 2 ▶ U02_2

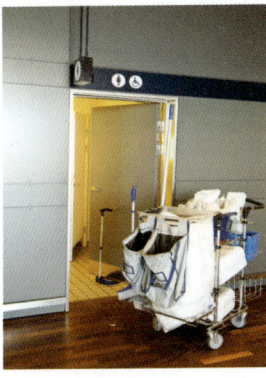

✓ A cart is loaded with supplies.
카트에 용품들이 실려 있다.

✓ The door has been left open.
문이 열려 있다.

오답 The floor is being cleaned.
바닥을 청소하고 있다. (바닥 청소를 하고 있는 사람이 없음)

SPARTA ✓ CHECK-UP ▶ U02_3   해설 p.314

1 음성을 듣고 빈칸에 들어갈 알맞은 것을 고른 후, 사진을 가장 잘 묘사한 문장을 고르세요.

(A) Books are arranged (under, to) the table.
(B) A computer is (placed, posted) on the desk.
(C) Many books are (installed, stacked) on the floor.
(D) Lights are (hung, hang) on the wall.

유형 2 ▶ 풍경 중심 묘사

- 전반적인 풍경이나 사물의 위치/상태를 나타내기 위해 수동태(be + p.p./ be being + p.p./ have been + p.p.) 문장이 주로 등장합니다.
- 특정 동작이 완료되었거나 사람이 없는 사진에서 수동태 진행형(be being p.p.)으로 동작을 묘사한 보기는 오답 처리합니다. 동작이 완료된 상태를 표현하는 현재완료 수동태(have been p.p.)와 현재 진행 중인 동작을 표현하는 수동태 진행형의 구분에 주의해야 합니다.
- 주로 야외 환경을 묘사하는 풍경 중심 사진에서는 장소별 빈출 어휘들을 묶어서 익혀 두는 것이 좋습니다.

EX 1 U02_4

✓ All seats are unoccupied. 모든 자리가 비어 있다.
✓ Umbrellas have been unfolded. 파라솔이 펴져 있다.
✓ The tables are set up in rows.
테이블이 줄지어 마련되어 있다.

오답 Some food is being set on the table.
테이블 위에 음식을 차리고 있다.
(음식을 차리고 있는 사람이 없음)

EX 2 U02_5

✓ A truck has been parked on the grass.
잔디밭 위에 트럭이 주차되어 있다.
✓ Chairs have been arranged besides the truck.
의자들이 트럭 옆에 배치되어 있다.
✓ Bikes are fixed to the vehicle.
자전거가 차량에 고정되어 있다.

오답 A table is being cleared. 테이블이 치워지고 있다.
(테이블을 치우고 있는 사람이 없음)

SPARTA ✓ CHECK-UP U02_6

해설 p.314

2 음성을 듣고 빈칸에 들어갈 알맞은 것을 고른 후, 사진을 가장 잘 묘사한 문장을 고르세요.

(A) The trees have been (printed, planted).
(B) Some trees have been (pulled, full) out.
(C) Several seats have already been (taken, made).
(D) The seats in a (row, low) have been left unoccupied.

■ 필수 표현 정리

놓여 있다	be placed on the table 테이블 위에 놓여 있다 be put on the desk 책상 위에 놓여 있다 be positioned behind the sofa 소파 뒤에 있다 be situated next to the bed 침대 옆에 있다
진열, 게시되다	be arranged in rows 일렬로 정리되어 있다 be hung on the wall 벽에 걸려 있다 be posted on the board 게시판에 붙어 있다 be displayed on the shelves 선반에 진열되어 있다
쌓여 있다	be stacked on the floor 바닥에 쌓여 있다 be piled up in the warehouse 창고에 쌓여 있다 be placed in a pile 더미로 쌓여 있다 be tied up in a bundle 한 다발로 묶여 있다
자리	be occupied 자리가 차 있다 be taken 자리가 차 있다 be vacated 자리가 비어 있다 be empty 자리가 비어 있다
야외	be left open 열려 있다 be shielded from the sun 햇빛에 가려지다 be shaded by the umbrella 우산으로 그늘져 있다 be covered by the umbrella 우산으로 덮여 있다
음식점	be being served (음식이) 제공되는 중이다 be being poured 붓는 중이다 be being chopped 잘려지고 있다 be being baked 구워지는 중이다
자동차	be being wheeled 운반되는 중이다 be being towed 견인되는 중이다 be being repaired 수리되는 중이다 be being fixed 고쳐지는 중이다
청소	be being wiped 닦이고 있다 be being mopped 대걸레질하는 중이다 be being cleared 치워지고 있다 be being scrubbed 박박 문지르는 중이다

SPARTA PRACTICE

▶ U02_7 | 해설 p.314

- 음성을 듣고 빈칸을 채운 후, 사진을 가장 잘 묘사한 문장을 고르세요.

1

(A) The table is _____ behind the lamp.
(B) The fans are _____ against the wall.
(C) The lights are _____ from the ceiling.
(D) The rug is _____ on the wall.

2

(A) Items are _____ on shelves.
(B) Lights have been _____ off.
(C) The store is _____ with people.
(D) The sign is being _____.

3

(A) A bridge is being _____.
(B) Buildings are _____ near the river.
(C) People are _____ in the river.
(D) Boats are _____ in the water.

4

(A) Some food is being _____.
(B) Dishes are _____ on the table.
(C) All seats have been _____.
(D) Some plates are _____ on the table.

SPARTA TEST

1

2

3

4

5

6

UNIT 03 혼합 사진

INTRO

★ PART 1에서 사람의 동작이나 상태가 특별히 부각되지 않는 사진도 등장합니다. 이 경우, 주변 사물이나 배경 묘사가 정답으로 출제되기도 하므로 인물의 주변까지 꼼꼼히 살펴야 합니다.

★ 선택지의 주어를 듣는 즉시 사진에서 해당 인물이나 사물을 찾아, 동작 및 상태 묘사가 맞는지 꼼꼼히 따지는 훈련을 하세요.

유형 1 혼합 묘사

(A) **The window is being cleaned.**
　　창문을 청소하고 있다. → **정답**
(B) The man is replacing some glass.
　　남자가 유리를 교체하고 있다. → 동작 묘사 오류
(C) One of the windows is open.
　　창문 하나가 열려 있다. → 상태 묘사 오류
(D) The man is wearing glasses.
　　남자가 안경을 쓰고 있다. → 사물 묘사 오류

(A) People are boarding the train.
　　사람들이 열차를 타고 있다. → 동작 묘사 오류
(B) A railroad is under construction.
　　선로가 공사 중이다. → 상태 묘사 오류
(C) **A train has stopped at a platform.**
　　열차가 플랫폼에 서 있다. → **정답**
(D) Passengers are buying their tickets.
　　승객들이 티켓을 사고 있다. → 동작 묘사 오류

유형 분석 및 훈련

유형 1 ▶ 혼합 묘사

- 사람과 사물이 함께 등장하며, 능동태 또는 수동태 문장으로 묘사됩니다.
- '~되고 있다'는 의미의 수동태 진행형은 [사물 주어 + be being p.p. (+ by + 사람)]으로 나타냅니다.
- 대부분의 수동태 진행형은 by someone이 생략된 형태로, '상태'가 아닌 '동작'을 나타냅니다.

EX 1 ▶ U03_1

✔ The woman is examining some items.
= Some items are being examined (by the woman).
여자가 물건을 살펴보고 있다.

오답 She is buying some items.
여자가 물건을 사고 있다.
(물건을 보고 있을 뿐 사고 있지는 않음)

EX 2 ▶ U03_2

✔ A man is watering some plants.
= Some plants are being watered (by a man).
남자가 식물에 물을 주고 있다.

오답 Some plants are being planted.
식물을 심고 있다. (이미 심어진 식물에 물을 주고 있음)

SPARTA ✓ CHECK-UP ▶ U03_3

해설 p.316

1 음성을 듣고 빈칸에 들어갈 알맞은 것을 고른 후, 사진을 가장 잘 묘사한 문장을 고르세요.

(A) The floor is being (cleaned, cleared).
(B) The bucket is being (useful, used).
(C) The step is being (mopped, made).
(D) The floor is being (fixed, excited).

- 전반적인 풍경이나 사물의 위치를 묘사할 때 'There + be동사' 구문이 자주 쓰입니다.
- 'There + is[are] + 명사 + p.p./-ing' 구문은 사물의 위치/상태, 또는 사람의 동작/상태를 나타낼 때 쓰입니다. 이때 문장의 주어는 There is[are] 다음에 나오는 명사이고, 그 뒤에 위치하는 과거분사(p.p.)와 현재분사(-ing)는 명사의 동작/상태를 묘사합니다.

EX 3   U03_4

✔ **There are** some boats on the water.
물 위에 배 몇 대가 있다.
✔ **There are** boats **floating** in the river.
배들이 강에 떠 있다.
✔ **There is** a man **standing** on a boat.
남자가 배 위에 서 있다.
오답 **There is** a bridge across the river.
강을 가로지르는 다리가 있다. (사진에 다리는 보이지 않음)

EX 4   U03_5

✔ **There are** people **enjoying** the show.
공연을 즐기고 있는 사람들이 있다.
✔ **There are** chairs **set up** in front of a stage.
무대 앞에 의자들이 놓여 있다.
오답 **There is** no one on the stage.
무대에 아무도 없다. (상태 묘사 오류)

SPARTA ✓ CHECK-UP   U03_6   해설 p.316

2 음성을 듣고 빈칸에 들어갈 알맞은 것을 고른 후, 사진을 가장 잘 묘사한 문장을 고르세요.

(A) There is a couple (walking, working) in the park.
(B) There are trees (planted, painted) near the bench.
(C) There is a river (running, learning) through the park.
(D) There are two people (jogging, resting) with a dog.

■ 필수 표현 정리

소풍	go on a picnic 소풍 가다 lie on the lawn 잔디 위에 눕다 have some refreshments 간식을 먹다 sit in a circle 동그랗게 모여 앉다
야외 활동	ride a bicycle 자전거를 타다 work out in a group 무리 지어 운동하다 jog in the park 공원에서 조깅하다 run along the path 산책로를 따라 달리다
호수, 강	float on the water 물 위를 떠다니다 be reflected on the lake 호수 위에 비치다 be tossed about (배가) 흔들리다, 요동치다 overlook the water 물을 내려다보다
해변가	tan on the shore 해안가에서 일광욕을 하다 relax on the beach 해안가에서 쉬다 lie on the beach 해변에 눕다 walk along the pier 부두를 따라 걷다
항구(사람)	lower the sail 돛을 내리다 fish from a boat 배에서 낚시하다 tie the boat to a dock 보트를 부두에 묶다 stand on the deck 갑판에 서 있다
항구(배경)	be tied up at the dock 부두에 묶여 있다 extend across the river 강 위에 뻗어 있다 sail on the sea 바다에서 항해하다 be anchored off the shore 해변에 정박해 있다
자동차	pull over a car 차를 한쪽으로 대다 change the tire 타이어를 갈아 끼우다 fill the car with fuel 자동차에 연료를 채우다 stop at a light 신호를 받아 정지하다
무리	be crowded with pedestrians 행인들로 붐비다 be filled with an audience 청중들로 가득 차다 be full of people 사람들로 가득 차다 be grouped together 함께 모여 있다

SPARTA PRACTICE

U03_7 | 해설 p.316

- 음성을 듣고 빈칸을 채운 후, 사진을 가장 잘 묘사한 문장을 고르세요.

1

(A) There are some people _____ at monitors.
(B) There are some people _____ in a circle.
(C) There is a monitor _____ from the ceiling.
(D) There is a monitor _____ against the wall.

2

(A) There is a bridge _____ the water.
(B) There are people _____ on the boat.
(C) There are people _____ along the dock.
(D) There are lampposts _____ in a row.

3

(A) Some items are _____ on the shelves.
(B) Some people are _____ in a line.
(C) A woman is having a _____.
(D) A store is _____ with many people.

4

(A) They are _____ in the park.
(B) The lawn is being _____.
(C) Some plants are being _____.
(D) They are sitting around a _____.

SPARTA TEST

U03_8 | 해설 p.317

1

2

3

4

5

6

SPARTA REVIEW TEST

1

2

3

4

5

6

PART 2
질문에 답하기

미리 보기

▶ **문항 수**: 25문항 (7~31번)

▶ **문제 형태**

∞ 문제지

7 Mark your answer on your answer sheet.
  (A)   (B)   (C)

🎧 음성

Where is Mr. Herman working?
(A) At three o'clock.
(B) Yes, he likes working.
(C) In our Miami office.

▶ **PART 2란?**
주어진 질문에 가장 적절한 응답을 고르는 파트입니다. 문제지에는 질문과 선택지가 제시되지 않고, 음성으로만 들려줍니다.

▶ **PART 2 풀이 전략**

① 의문사에 집중하기
의문사 의문문에서는 의문사(Who, When, Where, What, Which, How, Why)를 놓치지 않고 들어야 합니다.

② 시제 일치 확인하기
PART 2에서는 시제 불일치로 혼동으로 주는 보기가 오답으로 제시됩니다. 질문의 시제를 듣고 답변의 시제와 일치하는지 확인하는 것이 중요합니다.

③ 발음 또는 의미 혼동 단어에 주의하기
질문에서 언급된 단어와 유사한 발음의 단어가 보기에 포함되어 있으면 오답일 확률이 높습니다. 또한, 같은 단어지만 다른 의미로 쓰인 경우에도 유의해야 합니다.

④ 빈출 정답 표현 외우기
답으로 자주 출제되는 만능 정답 표현을 익혀 두세요. 대표적인 예로, It hasn't been decided yet.(아직 결정되지 않았어요.) / It hasn't been announced.(발표되지 않았어요.) / I'll check.(제가 확인해 볼게요.) / I'll find it out.(제가 찾아볼게요.) / I haven't been told about it.(들은 바 없어요.) 등이 있습니다.

UNIT 04 Where, When 의문문

INTRO

Where 의문문

★ 장소를 묻는 의문문으로, 특정 장소나 위치, 출처, 또는 방향을 나타내는 전치사구(on, in, at, to 등) 포함 답변이 주로 출제됩니다. 발음이 비슷한 When 의문문과 구분해서 듣는 연습을 해야 합니다. 출처를 묻는 경우, 누가 줬다는 식으로 사람을 언급하는 응답도 가능합니다.

답변 유형

Q Where is your hardhat? 안전모는 어디에 있나요?
A I left it in the truck. 트럭에 두고 왔어요. → 위치

Q Where did you get the book? 그 책 어디서 샀어요?
A My sister gave me. 제 여동생이 줬어요. → 출처

When 의문문

★ 시간 정보를 묻는 유형으로, 시제에 유의해야 합니다. 질문의 시제가 과거일 경우 답변도 과거, 질문의 시제가 미래일 경우 답변의 시제 역시 미래가 와야 합니다. 정답으로 등장하는 불확실한 시점 답변이나 다양한 "몰라요" 답변 유형을 익혀 두세요.

답변 유형

Q When will the orientation begin? 오리엔테이션은 언제 시작하나요?
A In twenty minutes. 20분 후에요. → 구체적 시점

Q When can we have lunch? 우리 언제 점심 먹을 수 있어요?
A Once everyone arrives. 모두 도착하면요. → 불확실한 시점

유형 분석 및 훈련

유형 1 ▶ Where 의문문

- 질문의 형태는 <Where + be동사/일반동사 ~?>로 나오며, 장소나 위치를 나타내는 표현이 정답으로 자주 제시됩니다. 특정 장소를 가리키는 명사나 <전치사 + 장소를 나타내는 명사(구)> 형태에 유의해서 들으세요. "몰라요" 유형 등 제3의 답변도 자주 출제됩니다.

EX ▶ U04_1

Q **Where is** your report? 당신의 보고서는 어디에 있죠?
A It's **on** my desk. 제 책상 위에 있습니다. → 장소 및 위치

Q **Where is** the post office? 우체국은 어디에 있나요?
A **Near** the park downtown. 시내 공원 근처에요. → 장소 및 위치

Q **Where is** the data sheet? 분석 자료가 어디에 있죠?
A Ask Tony. 토니에게 물어보세요. → "몰라요" 유형

Q **Where did** you buy the coat? 그 코트 어디에서 사셨어요?
A **At** the department store. 백화점에서요. → 장소 및 위치

Q **Where should** I put the manual? 매뉴얼을 어디에 둘까요?
A **On** the shelf in the storeroom. 창고 선반에요. → 장소 및 위치

Q **Where can** I get office furniture? 사무실 가구를 어디에서 살까요?
A The store **on the corner**. 모퉁이에 있는 가게요. → 장소 및 위치

SPARTA ✓ CHECK-UP ▶ U04_2   해설 p.319

- 질문을 듣고 알맞은 응답을 고른 후, 빈칸을 채우세요.

1 _____ can I find the _____?
   (A) I forgot to take a note.   (B) In the cabinet next to the window.

2 _____ do they work _____?
   (A) In the city.   (B) Not right now.

유형 2 ▶ When 의문문

- When 의문문은 시제에 유의해서 들어야 하며, 질문의 형태는 <When + be동사/일반동사 ~?>로 나옵니다. 시간, 요일, 날짜 등 구체적인 시점으로 답변이 가능하며, 불확실한 대략적 시점을 나타낸 응답이 제시되기도 합니다. Very shortly.(금방이요.), In about ten minutes.(약 10분 후에요.) 등의 시점 관련 표현을 정리해 두세요.

EX ▶ U04_3

Q **When is** the event? 행사가 언제죠?
A **Next Thursday.** 다음 주 목요일입니다. → 구체적 시점

Q **When will** the meeting be held? 회의가 언제 열리죠?
A **Let me check.** 확인해 보겠습니다. → "몰라요" 유형

Q **When did** they arrive at the airport? 그들은 언제 공항에 도착했어요?
A **At** ten o'clock. 10시에요. → 구체적 시점

Q **When is** the report due? 보고서 마감일이 언제죠?
A **We already submitted it.** 우리는 이미 보고서를 제출했어요. → 제3의 답변

Q **When will** the seminar start? 세미나는 언제 시작합니까?
A **Very shortly.** 금방이요. → 대략적 시점

Q **When are** we changing the password? 우리 언제 비밀번호를 바꿀 건가요?
A **After** the manager approves it. 매니저가 승인한 후에요. → 불확실한 시점

SPARTA ✓ CHECK-UP ▶ U04_4   해설 p.319

- 질문을 듣고 알맞은 응답을 고른 후, 빈칸을 채우세요.

3 _____ is her first day of _____?
(A) Let me check.   (B) She works hard.

4 _____ did you _____ the proposal?
(A) Yesterday after the meeting.   (B) The proposal was rejected.

■ 질문&응답 빈출 패턴

Where 의문문

Q Where is the nearest convenience store? 가장 가까운 편의점이 어디에 있나요?
A Near the parking lot. 주차장 근처에요.

Q Where does Colin live? 콜린은 어디에 살아요?
A On the 25th floor. 25층에요.

Q Where can I order the business suit? 그 정장은 어디서 주문할 수 있나요?
A At the Huff Department Store. 허프 백화점에서요.

Q Where did you buy your briefcase? 서류 가방은 어디서 사셨어요?
A A friend of mine gave me. 제 친구가 줬어요.

Q Where should I put this box? 상자를 어디에 둘까요?
A Over here in the corner. 이쪽 구석에요.

When 의문문

Q When will the repairman fix the copier? 언제 수리공이 복사기를 고치나요?
A This Monday. 이번 주 월요일에요.

Q When will you pick up the car? 언제 차를 찾아올 거예요?
A Let me check my schedule first. 먼저 제 일정을 확인해 볼게요.

Q When is Ms. Palmer's presentation? 파머 씨의 발표는 언제인가요?
A Sometime next week. 다음 주 중에요.

Q When did you call customer service? 언제 고객 서비스 센터에 전화했나요?
A I can't remember. 기억나지 않아요.

Q When do you think the items will be available? 그 물품은 언제 이용 가능할까요?
A Three days from now. 지금으로부터 3일 후에요.

SPARTA PRACTICE

- 음성을 듣고 빈칸을 채우세요.

1 Q _____ are you leaving?
   A In _____ an hour.

2 Q _____ is that noise _____ from?
   A On the _____ floor.

3 Q _____ will my car be _____?
   A _____ _____ do you need it?

4 Q _____ did you _____ to the Sales Department?
   A _____ year.

5 Q _____ did you _____ the reports?
   A I _____ them to Mr. Jackson.

6 Q _____ are you _____ the client today?
   A _____ _____ I finish the report.

7 Q _____ is the book fair _____ _____?
   A At the _____ center.

8 Q _____ will Ms. Morgan be _____?
   A I'm afraid she is _____ today.

SPARTA TEST

1. Mark your answer on your answer sheet. (A) (B) (C)
2. Mark your answer on your answer sheet. (A) (B) (C)
3. Mark your answer on your answer sheet. (A) (B) (C)
4. Mark your answer on your answer sheet. (A) (B) (C)
5. Mark your answer on your answer sheet. (A) (B) (C)
6. Mark your answer on your answer sheet. (A) (B) (C)
7. Mark your answer on your answer sheet. (A) (B) (C)
8. Mark your answer on your answer sheet. (A) (B) (C)
9. Mark your answer on your answer sheet. (A) (B) (C)
10. Mark your answer on your answer sheet. (A) (B) (C)

UNIT 05 What/Which, Who 의문문

INTRO

What/Which 의문문

★ What 의문문은 의문사 뒤에 어떤 명사나 동사가 오는지에 따라 시간, 의견, 비용, 날씨, 방법 등 묻는 정보가 달라집니다. 따라서 질문 초반부의 키워드를 놓치지 않고 듣는 것이 중요합니다. Which 의문문은 여러 개 중 하나를 선택하는 내용이 답변으로 자주 등장합니다.

답변 유형

Q **What day** will you be going on the business trip? 무슨 요일에 출장 가요?
A **Next Friday.** 다음 주 금요일이에요. → 요일

Q **What is the price** of this printer? 이 프린터의 가격은 얼마예요?
A It's **two hundred dollars.** 200달러입니다. → 가격

Q **Which course** should we take? 우리는 어떤 과정을 들어야 하나요?
A **Either one** is fine. 아무거나 괜찮아요. → 선택 사항

Who 의문문

★ 누구인지를 묻는 질문으로, 답변에 사람 이름, 직책, 부서, 회사명, 직업 등이 제시됩니다. 'Who + be동사' 이후에 묻는 대상이 나오므로, 질문을 들을 때 who와 뒤에 나오는 명사를 잘 들어야 합니다. 사람을 나타내는 명사가 보기에 등장하면 주의 깊게 들으세요.

답변 유형

Q **Who** is the man in the suit? 정장 입은 저 사람은 누구죠?
A **Mr. Herman**, I think. 제 생각에는 헤르만 씨입니다. → 이름

Q **Who** sent the e-mail? 누가 그 이메일을 보냈나요?
A **My assistant** did. 제 비서가 보냈습니다. → 직책

유형 분석 및 훈련

유형 1 ▶ What/Which 의문문

- What 의문문은 바로 다음에 나오는 동사나 명사를 유심히 들어야 합니다. What time ~?(몇 시예요?)처럼 What 다음에 나온 명사가 어떤 정보를 묻는지 결정합니다.
- Which 의문문은 <Which + 명사 ~?>의 형태로, (the) one(~한 것)이 포함된 보기가 정답으로 자주 등장합니다.

EX U05_1

Q What time is it now? 지금 몇 시죠?
A It's almost ten o'clock. 거의 10시입니다. → 시간

Q What color is your favorite? 무슨 색깔을 제일 좋아해요?
A I like blue. 파란색을 좋아합니다. → 색깔

Q What was the meeting about? 회의 주제가 뭐였어요?
A It was about the sales figures. 판매 수치에 관한 것이었습니다. → 주제

Q What do you do for a living? 어떤 일을 하세요?
A I work at a law firm. 저는 법률 회사에서 일합니다. → 직업

Q Which bag is yours? 어떤 가방이 당신 건가요?
A The yellow one on the table. 테이블 위에 있는 노란색 가방입니다. → 지정

Q Which is better? 어느 게 더 좋아요?
A The portable one. 가지고 다니기 쉬운 거요. → 선택 사항

SPARTA ✓ CHECK-UP U05_2 해설 p.321

- 질문을 듣고 알맞은 응답을 고른 후, 빈칸을 채우세요.

1 _____ is the due _____ for this report?
(A) Next Thursday.
(B) I have a date with her.

2 _____ coat should I _____?
(A) I bought it yesterday.
(B) How about the black one?

유형 2 ▶ Who 의문문

- Who 의문문은 <Who + be동사/일반동사 ~?> 형태로, 행위의 주체나 대상이 누구인지를 묻습니다. 사람 이름이나 회사, 직책, 부서명 등이 포함된 응답이 정답으로 많이 등장합니다. 인칭대명사(I/We/You/She/He 등)도 정답 보기에 자주 제시됩니다.

EX U05_3

Q Who is Mr. Williams? 윌리엄스 씨가 누구죠?
A He is our manager. 그는 우리의 매니저입니다. → 직책

Q Who is the owner of the store? 매장 주인이 누구죠?
A I don't know. 모르겠습니다. → "몰라요" 유형

Q Who is the woman in the lobby? 로비에 있는 여자 분은 누구죠?
A She is Ms. Wilson. 그녀는 윌슨 씨입니다. → 이름

Q Who took the order? 누가 주문을 받았나요?
A One of the new employees. 신입직원 중 한 명이요. → 신분

Q Who is responsible for this project? 누가 이 프로젝트를 담당하나요?
A The Marketing Department. 마케팅 부서요. → 부서명

Q Who will lead the presentation? 누가 발표를 진행할 건가요?
A Someone from the headquarters. 본사에서 온 사람이요. → 소속

SPARTA ✓ CHECK-UP U05_4   해설 p.321

- 질문을 듣고 알맞은 응답을 고른 후, 빈칸을 채우세요.

3 _____ is the man _____ to Mr. Lee?
   (A) He is our president.   (B) I have been there.

4 _____ handles the _____?
   (A) The handle is broken.   (B) The manager does.

■ 질문&응답 빈출 패턴

What/Which 의문문

Q What are your store's hours? 가게 영업시간이 어떻게 되나요?
A We open from 9 A.M. to 7 P.M. 오전 9시부터 저녁 7시까지 엽니다.

Q What is the best way to get to the airport? 공항으로 가는 가장 좋은 방법이 뭔가요?
A You can take a taxi. 택시를 타세요.

Q What qualifications are required for the position? 그 직책에 어떤 자격이 요구되나요?
A You can find them in the job description. 업무 설명서에서 찾아보실 수 있어요.

Q Which design is better for our samples? 저희 샘플 디자인으로 어떤 게 더 좋아요?
A The one in the middle. 가운데에 있는 거요.

Q Which movie are you going to watch? 어떤 영화 보러 갈 거예요?
A I haven't made up my mind yet. 아직 결정하지 못했어요.

Who 의문문

Q Who knows the password? 누가 비밀번호를 알아요?
A Ask someone in the lobby. 로비에 있는 사람에게 물어보세요.

Q Who fixed the copier? 누가 복사기를 고쳤나요?
A I haven't checked. 확인해 보지 못했어요.

Q Who will prepare the report? 누가 보고서를 준비할 건가요?
A I will do it tomorrow. 내일 제가 할 거예요.

Q Who is the sales manager? 영업 부장이 누구인가요?
A I have no idea. 잘 모르겠습니다.

Q Who is in charge of the file? 누가 그 파일을 담당하고 있나요?
A Mr. William, the personnel director. 인사 부장인 윌리엄 씨요.

SPARTA PRACTICE

U05_5 | 해설 p.321

• 음성을 듣고 빈칸을 채우세요.

1 Q _____ is _____ next week?
   A I _____ am not.

2 Q _____ are the advertising _____?
   A About _____ _____ dollars a month.

3 Q Who did you _____ to on the _____?
   A _____ of my _____.

4 Q What _____ would you _____ for the doors?
   A Black ___ brown.

5 Q _____ folder is _____, Nick?
   A The _____ _____ to my desk.

6 Q Who has the _____ to the _____?
   A I'll have to _____.

7 Q Which _____ would you _____?
   A _____ costs less.

8 Q _____ did you like most about his _____?
   A I haven't _____ it yet.

SPARTA TEST

1 Mark your answer on your answer sheet. (A) (B) (C)

2 Mark your answer on your answer sheet. (A) (B) (C)

3 Mark your answer on your answer sheet. (A) (B) (C)

4 Mark your answer on your answer sheet. (A) (B) (C)

5 Mark your answer on your answer sheet. (A) (B) (C)

6 Mark your answer on your answer sheet. (A) (B) (C)

7 Mark your answer on your answer sheet. (A) (B) (C)

8 Mark your answer on your answer sheet. (A) (B) (C)

9 Mark your answer on your answer sheet. (A) (B) (C)

10 Mark your answer on your answer sheet. (A) (B) (C)

UNIT 06 Why, How 의문문

INTRO

Why 의문문

★ 이유 또는 목적을 묻는 유형으로, because (of), to, due to, for 등을 이용하여 직접적으로 이유나 목적을 설명하는 답변이 제시되기도 하지만, 이러한 표현들이 없어도 답이 될 수 있습니다. 또한 Why 의문문은 Why don't you ~? / Why don't we ~?(~하는 게 어때요?)처럼 제안의 의미로도 쓰입니다.

답변 유형

Q **Why** were you so late today? 왜 오늘 늦었어요?
A **Because** the train was delayed. 열차가 지연되어서요. → 이유

Q **Why** is the repairman here? 왜 기술자가 여기 있어요?
A **To** fix the printer. 프린터를 고치기 위해서요. → 목적

Q **Why don't we** take this road? 우리 이 도로로 갈까요? → 제안
A That's a good idea. 좋은 생각입니다.

How 의문문

★ How 뒤에 나오는 단어에 따라 방법과 상태, 수단, 기간, 빈도, 수량, 가격 등 다양한 정보를 물을 수 있습니다. How 뒤에 오는 단어를 절대 놓치지 않도록 주의하세요. 또한 How about ~? / How do you like ~?처럼 의견을 묻는 표현으로도 쓰입니다.

답변 유형

Q **How** do you get to work? 어떻게 출근하세요?
A **By** bus. 버스로 갑니다. → 방법

Q **How often** do you visit the doctor? 얼마나 자주 병원에 가요?
A At least **twice** a year. 적어도 일 년에 두 번이요. → 빈도

Q **How do you like** your new job? 새 직장은 어때요?
A I'm really enjoying it. 너무 재밌어요. → 의견

유형 분석 및 훈련

유형 1 ▶ Why 의문문

- Why 의문문은 원인이나 이유를 묻는 질문 유형으로, because (of), for, due to, to부정사 등을 이용해 원인을 설명하는 답변이 제시됩니다. 하지만 이를 생략하고 바로 이유를 설명하는 표현도 자주 출제되며, "몰라요" 유형이나 되묻는 제3의 답변도 자주 나오므로 다양한 답변 패턴을 익혀둬야 합니다.

EX ▶ U06_1

Q Why is the restaurant closed? 왜 식당이 문을 닫았나요?
A Because it's a holiday. 휴무여서요. → 이유

Q Why are you reviewing the contract? 왜 당신이 계약서를 검토하고 있어요?
A Ms. Miller has an urgent meeting now. 밀러 씨가 지금 급한 회의가 있어요. → 이유

Q Why hasn't the meeting started yet? 아직 회의가 시작하지 않은 이유가 있나요?
A To check the equipment. 장비를 점검하기 위해서요. → 목적

Q Why didn't she take some time off? 그녀는 왜 휴가를 내지 않았죠?
A I thought she did. 저는 그녀가 휴가를 냈다고 생각했는데요. → 제3의 답변

Q Why did you bring an umbrella? 왜 우산을 가져왔어요?
A It's supposed to rain. 비가 올 것 같아서요. → 이유

Q Why don't we have dinner first? 저녁식사부터 먼저 하는 게 어때요? → 제안
A I think we'd better. 그게 낫겠어요.

SPARTA ✓ CHECK-UP ▶ U06_2   해설 p.324

- 질문을 듣고 알맞은 응답을 고른 후, 빈칸을 채우세요.

1 _____ is Roger still _____ at the airport?
   (A) He thought Bill was going to pick him up.   (B) Because he does not work there.

2 _____ _____ we have a party there?
   (A) We couldn't book the place.   (B) No, you cannot.

유형 2 ▶ How 의문문

- How 의문문은 How long ~?(길이, 기간), How often ~?(빈도), How much ~?(가격)처럼 How 뒤에 어떤 단어가 오는지에 따라 묻는 대상이 달라지므로 질문의 앞부분을 잘 들어야 합니다. 답변에 구체적인 숫자가 등장하는 경우도 있지만 '잘 모르겠다'고 하거나 되묻는 식의 답변도 출제됩니다.

EX U06_3

Q **How should I** get to the hotel? 그 호텔에 어떻게 갈 수 있어요?
A **By** subway. 지하철로요. → 방법

Q **How can I** get a password? 비밀번호를 어떻게 알 수 있을까요?
A **Call Mr. Brown in technical support.** 기술 지원팀의 브라운 씨한테 전화해 봐요. → "몰라요" 유형

Q **How much** are the tickets? 티켓이 얼마예요?
A Only **fifty dollars.** 겨우 50달러예요. → 가격

Q **How many** doctors would be at the seminar? 세미나에 의사가 몇 명이나 올까요?
A **Let me check.** 확인해 보겠습니다. → "몰라요" 유형

Q **How was** your trip to London? 런던 여행은 어땠어요?
A It was **exciting.** 재밌었어요. → 의견

Q **How long** have you served here? 여기서 근무하신 지 얼마나 되셨어요?
A Just **since** last spring. 지난봄부터 근무했어요. → 시점

SPARTA ✓ CHECK-UP U06_4   해설 p.324

- 질문을 듣고 알맞은 응답을 고른 후, 빈칸을 채우세요.

3 _____ should I _____ him?
   (A) He canceled the contract.   (B) You can send an e-mail.

4 _____ _____ have you been here?
   (A) I have been to New York.   (B) About three hours.

■ 질문&응답 빈출 패턴

Why 의문문

Q Why is traffic not moving? 왜 교통이 정체되고 있죠?
A Due to the weather. 날씨 때문에요.

Q Why did Mr. Johnson take the files? 존슨 씨가 왜 그 파일들을 가져갔어요?
A Because we weren't prepared enough. 우리가 충분히 준비되지 않아서요.

Q Why don't we have a meeting tomorrow? 내일 회의하는 게 어때요?
A Sure, I'll see you then. 네, 그때 봐요.

Q Why are you going to Tokyo? 왜 도쿄로 가나요?
A To attend a conference. 회의에 참석하려고요.

Q Why is it so cold in here? 여기 왜 이렇게 춥죠?
A I'll call the maintenance department. 관리팀에 연락해 보겠습니다.

How 의문문

Q How would you like to make the payment? 어떻게 결제하시겠습니까?
A By credit card. 신용카드로요.

Q How many students do you have? 얼마나 많은 학생들이 있습니까?
A About two hundred. 약 200명 정도요.

Q How much will the repairs cost? 수리비가 얼마예요?
A Fifteen dollars. 15달러입니다.

Q How is your new office building? 새로운 회사 건물은 어때요?
A It's clean and spacious. 깔끔하고 넓어요.

Q How often does the bus come? 그 버스는 얼마나 자주 오나요?
A Every thirty minutes. 30분마다요.

SPARTA PRACTICE

▶ U06_5 | 해설 p.324

- 음성을 듣고 빈칸을 채우세요.

1 Q _____ _____ days off are we going to get?
   A _____, I think.

2 Q _____ did you decide to apply for this _____?
   A I was _____ in the game industry.

3 Q _____ did you go to the _____?
   A I _____ a bus.

4 Q Why was the _____ so _____?
   A Due to the _____ snow.

5 Q How _____ computers will you need for the _____?
   A At least _____, I _____.

6 Q How can I _____ the battery _____?
   A Did you _____ the _____?

7 Q _____ is the main entrance _____?
   A Because of some _____.

8 Q Why has the _____ from New York been _____?
   A There was an engine _____.

SPARTA TEST

1 Mark your answer on your answer sheet.   (A)   (B)   (C)

2 Mark your answer on your answer sheet.   (A)   (B)   (C)

3 Mark your answer on your answer sheet.   (A)   (B)   (C)

4 Mark your answer on your answer sheet.   (A)   (B)   (C)

5 Mark your answer on your answer sheet.   (A)   (B)   (C)

6 Mark your answer on your answer sheet.   (A)   (B)   (C)

7 Mark your answer on your answer sheet.   (A)   (B)   (C)

8 Mark your answer on your answer sheet.   (A)   (B)   (C)

9 Mark your answer on your answer sheet.   (A)   (B)   (C)

10 Mark your answer on your answer sheet.   (A)   (B)   (C)

UNIT 07 일반/기타 의문문

INTRO

일반 의문문

★ be동사, do/have로 시작하는 일반 의문문은 우선 질문의 주어/시제가 답변의 주어/시제와 일치하는지 확인해야 합니다. 사실 여부를 파악하기 위해 묻는 것이므로 대부분 Yes/No로 답변이 가능하지만, 이를 생략한 응답이나 제3의 답변도 자주 등장합니다. 또한, be동사나 do/have에 not이 결합된 Aren't you/we/they ~?, Hasn't/Doesn't she/he/it ~?(~이지 않아요?) 등의 부정 의문문도 출제됩니다.

답변 유형

Q   Are you coming tomorrow? 내일 올 거예요? → be동사 의문문
A   Yes, I am. 네, 그럴 거예요.

Q   Isn't the bakery closed today? 그 빵집 오늘 닫지 않았어요? → 부정 의문문
A   No, it's open every day, actually. 아뇨, 실은 매일 영업해요.

기타 의문문

★ **선택 의문문**: 단어와 단어, 구와 구, 절과 절을 or로 연결하여 A와 B 중 하나를 선택하도록 요구하는 유형으로, 의문사 Which를 이용하여 출제되기도 합니다. 선택 의문문에는 둘 중 하나를 선택하거나, 둘 다 선택, 또는 아무것도 선택하지 않는 응답이 가능합니다. '어떤 것이든 상관없다', '생각해본 적 없다', '몰라요' 유형 등 다양한 답변이 등장할 수 있습니다.

답변 유형

Q   Should I order the office supplies now or later?
    사무용품을 지금 주문해야 하나요, 아니면 나중에 해야 하나요?
A   Order them now, please. 지금 주문해 주세요. → A 선택

★ **부가 의문문**: 사실이나 의견을 다시 확인하거나, 동의를 구할 때 쓰이는 의문문으로, 질문의 형태는 앞의 평서문이 긍정이면 부정으로, 평서문이 부정이면 긍정으로 붙입니다. 답변은 앞에 나온 내용에 긍정하면 Yes, 부정하면 No로 답하며, Yes/No를 생략한 답변도 가능합니다.

답변 유형

Q   You're waiting for Mr. Han, aren't you? 한 씨를 기다리고 계시죠, 그렇지 않나요?
A   (Yes,) is he late? (네,) 그가 늦나요? → 긍정

★ **제안/요청문**: 어떤 사항을 제안 또는 권유하는 상황에서 쓰이며, 거절하거나 수락하는 응답이 출제됩니다. 수락하는 표현으로는 Yes, Sure, Okay, I'd be happy/glad to ~, I'd love/like to ~, I want to ~, No problem, That sounds great, That would be nice 등이 자주 등장하며, '~에게 물어 보세요' 식의 제3의 응답 또는 되묻기도 가능합니다.

답변 유형

Q Why don't we go out for dinner together? 같이 저녁 먹으러 갈래요? → 제안
A I know a great place. 제가 아주 좋은 곳을 알아요.

Q Would you send me another copy? 사본을 하나 더 보내주실 수 있나요? → 요청
A Sure, I will have it mailed today. 물론이죠, 오늘 우편으로 보낼게요.

★ **평서문**: 어떤 사실 또는 정보를 언급하거나, 자신의 의견을 나타내는 유형입니다. 핵심 키워드가 따로 있지 않으므로 문장 전체를 듣고 파악해야 하는 다소 까다로운 유형입니다. 답변은 동의/반대, 되묻기, 제안하기 등이 있으며, 내용에 따라 Yes/No로도 답변이 가능합니다.

답변 유형

Q I plan to go abroad to study. 저는 유학을 갈 계획이에요. → 정보 제공
A That sounds great. 좋은 생각 같아요.

유형 분석 및 훈련

유형 1 ▶ 일반 의문문

- 일반 의문문은 기본적으로 Yes/No로 답하며, Yes/No가 생략된 '몰라요' 유형, '되묻기' 유형이 답변으로 등장하기도 합니다. 일반 의문문에서는 질문과 답변의 주어/시제가 일치하는지에 유의해야 합니다.

- 부정 의문문은 '~하지 않나요?'라고 묻는 형태로, 일반 의문문과 같다고 생각하면 됩니다. 질문의 앞부분 (Aren't you ~? / Isn't it ~? 등)을 집중해서 듣고, 앞부분에 긍정하면 Yes, 부정하면 No로 답합니다.

EX ▶ U07_1

긍정 의문문

Q Are you going to the concert? 콘서트에 갈 건가요?
A Sure, I can't wait. 네, 정말 기대돼요. → Yes/No 답변

Q Does she work at a restaurant? 그녀는 식당에서 일하나요?
A Yes, but only on weekends. 네, 주말에만요. → Yes/No 답변

Q Are there any seats left? 남는 좌석이 있나요?
A I'm afraid we're fully booked. 죄송하지만 자리가 다 찼습니다. → Yes/No 생략 답변

부정 의문문

Q Don't we have a meeting with a client today? 오늘 고객이랑 약속 있지 않아요?
A (No,) it's been canceled. (아뇨,) 취소됐어요. → Yes/No 생략 답변

Q Isn't it close to the station? 그곳은 역에서 가깝지 않아요?
A I'm not sure. 잘 모르겠어요. → "몰라요" 유형

Q Haven't you seen my umbrella? 제 우산 못 봤어요?
A Where did you put it? 어디다 뒀는데요? → 되묻기

SPARTA ✓ CHECK-UP ▶ U07_2 해설 p.326

- 질문을 듣고 알맞은 응답을 고른 후, 빈칸을 채우세요.

1 _____ you be at the _____?
(A) Yes, I think so.   (B) The banquet starts at eight o'clock.

2 _____ you take a bus to _____ here?
(A) No, I drove my own car.   (B) Yes, I take the subway.

유형 2 ▶ 기타 의문문

- **선택 의문문**은 A와 B 중 선택 사항을 묻는 유형으로, 둘 중 하나를 고르는 응답 유형이 가장 많이 나오지만, 둘 다 고르거나, 아무것도 고르지 않는 응답도 등장합니다. 주로 either, neither, both, whatever, whichever 등이 포함된 정답이 제시됩니다.
- **부가 의문문**은 사실이나 의견을 다시 확인하거나, 동의를 구할 때 쓰입니다. 부가 의문문 앞 내용이 긍정이면 부가 의문문은 부정으로, 앞 내용이 부정이면 부가 의문문은 긍정으로 붙입니다. 앞부분의 주어와 시제를 놓치지 않고 듣는 것이 중요합니다.

EX ▶ U07_3

선택 의문문

Q Do I need to contact him today or tomorrow? 그에게 오늘 연락할까요, 아니면 내일 할까요?
A Tomorrow will be fine. 내일이 좋을 거예요. → B 선택

Q Can I make a payment in cash or with a credit card? 현금으로 지불할까요, 아니면 신용카드로 낼까요?
A Either is fine. 둘 중 아무거나 괜찮아요. → 둘 다 선택

Q Do we need to hire the Web designer soon, or can we wait until later?
웹 디자이너를 곧 고용해야 하나요, 아니면 나중까지 기다려야 하나요?
A We haven't decided yet. 아직 결정 못했어요. → "몰라요" 유형

부가 의문문

Q She is in a meeting, isn't she? 그녀는 회의 중이죠, 그렇지 않나요? → 사실 확인
A Yes, I think she is. 네, 그런 것 같아요.

Q Tony looks great today, doesn't he? 오늘 토니가 멋져 보이네요, 안 그래요? → 동조 요청
A Yes, I agree with you completely. 네, 저도 전적으로 동의해요.

Q The sales report will be ready by tomorrow, right? → 특수 형태
판매 보고서는 내일까지 준비되죠, 그렇죠?
A No, I need some more time. 아뇨, 시간이 좀 더 필요해요.

SPARTA ✓ CHECK-UP ▶ U07_4   해설 p.326

- 질문을 듣고 알맞은 응답을 고른 후, 빈칸을 채우세요.

3 _____ you like to book a morning or afternoon _____?
   (A) The flight has been delayed.   (B) The cheaper one, please.

4 You _____ like to travel by bus, _____ you?
   (A) It's better to take a train.   (B) Many buses were damaged.

- 제안/요청문은 Why don't you[we] ~? / Would you mind[like] ~? / Could you ~? 형식으로 나오며, 상대방에게 도움을 요청하거나 자신의 의견을 제안하는 유형입니다. 이에 수락하거나 거절하는 응답이 나올 수 있고, 간접적으로 수락/거절하는 형태도 자주 등장하므로 다양한 답변 패턴을 익혀 두는 것이 중요합니다.

- 평서문은 어떤 사실이나 의견을 전달하는 문장입니다. 답변 유형으로는 상대방의 말에 동의/반대하거나, 되묻기 또는 제안하기가 출제됩니다. 핵심 키워드가 따로 정해져 있지 않으므로 전체 맥락을 파악하는 것이 중요합니다.

EX ▶ U07_5

제안/요청문

Q Why don't you sign up for the conference in Florida?
플로리다에서 열리는 학회에 접수하는 게 어때요? → 제안

A I think I will be on a business trip then. 제 생각엔 그때쯤 출장 중일 것 같아요. → 거절

Q Would you mind turning the heat off? 난방을 꺼도 될까요? → 제안

A I wouldn't mind at all. 괜찮아요. → 수락

Q Could you keep the store open until 10 P.M.?
가게를 오후 10시까지 열어 주실 수 있나요? → 요청

A Our store hours are 9 A.M. to 9 P.M. 저희 영업시간은 오전 9시부터 오후 9시까지입니다. → 거절

평서문

Q I plan to open a new store downtown. 저는 시내에 새로운 가게를 열 예정이에요. → 정보 제공

A I think it's a good idea. 좋은 생각인 것 같아요. → 의견

Q I had a job interview yesterday. 어제 구직 면접이 있었어요. → 사실 전달

A How did it go? 어땠어요? → 되묻기

Q Don't forget to pack your suitcase for the trip. 여행 가방 싸는 거 잊지 마요. → 명령

A I've already loaded it into the car. 이미 차에 실었어요. → 사실 전달

SPARTA ✓ CHECK-UP ▶ U07_6   해설 p.326

- 질문을 듣고 알맞은 응답을 고른 후, 빈칸을 채우세요.

5 _____ _____ meeting at Vince's diner after work?
 (A) I have to check my schedule first.   (B) He said that was not necessary.

6 I'd like to _____ my _____ this week.
 (A) No, I'm not ready to present it.   (B) I don't think that's a good idea.

■ 질문&응답 빈출 패턴

일반 의문문

Q Was Mr. Lee the head of your department? 이 씨가 당신 부서장이었어요?
A Yes, but he retired last year. 네, 하지만 작년에 은퇴하셨어요.

Q Does every staff member receive a bonus? 모든 직원이 보너스를 받나요?
A I don't think so. 그렇지 않은 것 같습니다.

Q Isn't the orientation scheduled for today? 오리엔테이션이 오늘로 잡혀 있지 않아요?
A (No,) it's been canceled. (아뇨,) 취소됐어요.

선택/부가 의문문

Q Do you want to pick it up or have it delivered? 그걸 직접 가져가시겠어요, 아니면 배달해 드릴까요?
A I'll drop by later. 이따가 들를게요.

Q Would you like to speak now or later? 지금 얘기할까요, 아니면 나중에 얘기할까요?
A Whichever you want. 당신이 원할 때 언제든지요.

Q You booked our plane tickets, didn't you? 우리 비행기 표 예약했죠, 그렇지 않아요?
A Sure I did, a week ago. 물론이죠, 일주일 전에요.

Q You haven't finished the report yet, have you? 아직 보고서 작성을 못 끝냈죠, 그렇죠?
A Would you extend the deadline, please? 마감 기한 좀 연장해 주시겠어요?

제안/요청문 & 평서문

Q Would you help me with the report? 이 보고서 좀 도와주시겠어요?
A Sorry, but I'm too busy now. 미안한데 지금 너무 바빠요.

Q How about meeting the client tomorrow? 고객을 내일 만나는 게 어때요?
A I'm afraid I'm not available then. 그때는 시간이 안 될 것 같은데요.

Q There will be traffic congestion at that time of day. 그 시간쯤엔 길에 정체가 심할 거예요.
A We'd better leave early. 일찍 출발하는 게 좋겠네요.

Q It doesn't look like I can meet the deadline. 마감 기한을 못 맞출 것 같아요.
A I will help you with that. 제가 도와줄게요.

만능 답변 표현

(결정 나지 않아서/말해 주지 않아서) 몰라요.
It hasn't been decided yet. 아직 결정되지 않았어요.
It hasn't been announced yet. 아직 발표되지 않았어요.
I haven't been told about it. 못 들었어요.
It's not certain yet. 아직 확실하지 않아요.
She didn't give a reason. 그녀가 이유를 말하지 않았어요.

기억이 나지 않아요.
I forgot. 잊어버렸어요.
I can't remember. 기억이 나지 않아요.
It slipped my mind. 깜빡했어요.
It's on the tip of my tongue. 생각이 날 듯 말 듯 해요.

알아보고 연락드릴게요.
I'll find out. 제가 알아볼게요.
I'll have to think about it. 생각해 봐야 해요.
I'm not sure at the moment. 지금은 확실하지 않아요.
I'll let you know later. 나중에 알려드릴게요.

다른 사람한테 물어보세요.
Try asking Mr. Lee. 이 씨한테 물어보세요.
You'll have to ask the manager. 매니저에게 물어보셔야 할 거예요.
Check the manual. 매뉴얼을 확인하세요.
Call the store and ask. 상점에 전화해서 물어보세요.
Go to the reception desk. 안내 데스크로 가보세요.

SPARTA PRACTICE

- 음성을 듣고 빈칸을 채우세요.

1 **Q** _____ you go to the concert _____ night?
  A It was _____.

2 **Q** Is there a _____ _____ around here?
  A Yes, right _____ the _____.

3 **Q** Do you _____ coffee _____ ice cream?
  A _____ I have _____, please?

4 **Q** Is the paint on the door _____ _____?
  A It should be _____ by _____.

5 **Q** I really _____ the book you gave me.
  A Really? What was the _____?

6 **Q** The new _____ are wonderful, _____ they?
  A Yes, they are in a good _____.

7 **Q** _____ _____ you come to the party with me?
  A _____ a good _____.

8 **Q** Mr. Edwards will be _____ tomorrow morning, _____ he?
  A No, he'll arrive _____ _____.

9 **Q** Could you please _____ me your menu with _____?
  A Yes, I'll _____ it right _____.

10 **Q** Will you be _____ to _____ it on time?
   A _____.

SPARTA TEST

U07_8 | 해설 p.327

1 Mark your answer on your answer sheet.　　(A)　　(B)　　(C)

2 Mark your answer on your answer sheet.　　(A)　　(B)　　(C)

3 Mark your answer on your answer sheet.　　(A)　　(B)　　(C)

4 Mark your answer on your answer sheet.　　(A)　　(B)　　(C)

5 Mark your answer on your answer sheet.　　(A)　　(B)　　(C)

6 Mark your answer on your answer sheet.　　(A)　　(B)　　(C)

7 Mark your answer on your answer sheet.　　(A)　　(B)　　(C)

8 Mark your answer on your answer sheet.　　(A)　　(B)　　(C)

9 Mark your answer on your answer sheet.　　(A)　　(B)　　(C)

10 Mark your answer on your answer sheet.　　(A)　　(B)　　(C)

SPARTA REVIEW TEST

U07_9 | 해설 p.329

1 Mark your answer on your answer sheet.   (A)   (B)   (C)

2 Mark your answer on your answer sheet.   (A)   (B)   (C)

3 Mark your answer on your answer sheet.   (A)   (B)   (C)

4 Mark your answer on your answer sheet.   (A)   (B)   (C)

5 Mark your answer on your answer sheet.   (A)   (B)   (C)

6 Mark your answer on your answer sheet.   (A)   (B)   (C)

7 Mark your answer on your answer sheet.   (A)   (B)   (C)

8 Mark your answer on your answer sheet.   (A)   (B)   (C)

9 Mark your answer on your answer sheet.   (A)   (B)   (C)

10 Mark your answer on your answer sheet.   (A)   (B)   (C)

PART 3
짧은 대화

미리 보기

▶ **문항 수**: 13지문 39문항 (32~70번)

▶ **문제 형태**

∞ 문제지

32. Where most likely are the speakers?
    (A) At a clothing store
    (B) At an airport
    (C) At a luggage store
    (D) At a travel agency

33. When is the woman going to Singapore?
    (A) Later today
    (B) Tomorrow
    (C) In a week
    (D) In a month

34. What is the man concerned about?
    (A) The type of suitcase she needs
    (B) The time of the flight
    (C) The volume of traffic
    (D) The cost of a shipment

🎧 음성

> W Excuse me. I'm looking for a suitcase. I'm traveling to Singapore to buy book samples, so I need something that expands as my load does.
> M Unfortunately, we don't have any products like that. But I can call another branch and see if they have any in stock.
> W That would be great. I'm flying out tomorrow, so if they do have one, I'll have to rush over there today and pick it up.
> M Hold on while I give them a call. If there are none there, I'll also try the Sunnyside branch. They generally have more merchandise than we do. The only problem is that it's at least a forty-minute drive from here if traffic is not congested.

▶ **PART 3란?**
2-3인의 대화를 듣고 주어진 3개의 문제를 푸는 파트입니다. 문제지에는 질문과 4개의 선택지가 주어지고, 일부 문제는 시각 자료가 함께 제시됩니다. 음성으로는 대화와 3개의 연관 문제를 들려 줍니다.

▶ **PART 3 풀이 전략**

① 질문과 선택지 먼저 읽어 두기
음성을 듣기 전에 문제 3개를 미리 읽고 키워드를 찾아야 합니다. 보기가 길어서 모두 읽는 것이 어렵다면 문제만이라도 반드시 미리 읽어 두고 키워드에 표시하세요.

② 대화의 첫 부분 놓치지 않기
대부분 대화의 초반부에서 주제에 대한 단서가 등장합니다. 이를 통해 전체적인 흐름을 잡는 것이 가장 중요합니다.

③ 질문의 대상 확인하기
want, offer, suggest 등의 동사가 등장하는 문제에 man이 나오면 남자의 대사에, woman이 나오면 여자의 대사에 집중해서 듣습니다.

④ 연결어구 다음에 이어지는 문장에 집중해서 듣기
however, but, actually 등 반전을 나타내는 부사가 나오면 뒤에 이어지는 내용에 문제의 단서가 주로 등장합니다. 또한, 요청 사항을 묻는 문제는 Why don't ~?, How about ~?, Can you ~? 구문을 집중해서 듣습니다.

⑤ 공통점 및 차이점 파악하기
3인 대화의 경우, 남자들(men)이나 여자들(women)처럼 같은 성별의 화자들에 대해 질문이 주어집니다. 동성 화자의 공통점과 차이점, 공통으로 직면한 문제점에 집중하세요.

UNIT 08 주제 및 화자 문제

INTRO

주제/목적
★ 대화의 전반적인 내용과 흐름을 이해하고 있는지를 묻는 유형입니다. 대화의 주제는 대부분 도입부에서 언급되므로 처음부터 집중해서 들어야 합니다.

★ 대화에서 나온 그대로 질문지에 제시되기도 하지만 문제의 난이도가 올라갈 경우, 패러프레이징되어 등장하므로 평소에 동의 표현을 많이 익혀둬야 합니다.

화자/장소
★ 성별을 혼동하지 않아야 합니다. 질문에 제시된 성별을 확인하고, 해당 화자의 말에 집중해야 합니다. 또한 그 화자가 행동의 주체인지, 대상인지를 구분해야 합니다. 주로 첫 대사에 대화 장소, 또는 화자의 소속 및 신분에 관한 정보가 주어지기 때문에 초반부를 특히 주의 깊게 들어야 합니다.

★ 장소 관련 표현이 인물의 직업, 신분, 관계에 대한 단서가 됩니다. 장소 관련 힌트를 최대한 활용하여 인물에 관한 정보를 파악해야 합니다.

대표 질문 유형

What are the speakers (mainly) **discussing**? 화자들은 (주로) 무엇에 대해 논의하고 있는가?
What are the speakers **talking about**? 화자들은 무엇에 대해 이야기하고 있는가?
What is the conversation mainly **about**? 대화는 주로 무엇에 대한 것인가?
Why is the **man/woman calling**? 남자/여자는 왜 전화하고 있는가?
Why did the **man/woman call** the woman/man? 남자/여자는 왜 여자/남자에게 전화했는가?
Who most likely is the **man/woman**? 남자/여자는 누구인 것 같은가?
What is the **man's/woman's job**? 남자/여자의 직업은 무엇인가?
Where do the **speakers most likely work**? 화자들은 어디에서 일하는 것 같은가?
Where is the conversation **taking place**? 대화는 어디에서 일어나고 있는가?

유형 분석 및 훈련

유형 1 ▶ 주제/목적

- 대화의 주제나 목적은 주로 앞부분에 단서가 제시되므로 도입부를 놓치지 않고 들어야 합니다. 전화를 건 목적을 묻는 문제는 우선 누가 누구에게 전화한 상황인지를 파악하는 것이 중요합니다.

EX 1 ▶ U08_1

M: Have you met the new manager of the development team?
개발팀의 새로운 관리자 만나보셨어요?

W: Yes, I met him last night at the reception. He was very impressive.
네, 어젯밤에 환영회에서 만났어요. 그는 아주 인상적이었어요.

M: Right. I was told that he had worked for ten years at the New York branch.
맞아요. 그는 뉴욕 지점에서 10년 동안 근무했다고 들었어요.

W: I'm looking forward to working with him. 그와 함께 일하는 게 기대되네요.

Q What are the speakers discussing? 화자들은 무엇에 대해 논의하는가? → 주제
A A new staff member 새로운 직원

EX 2 ▶ U08_2

M: Hi, is the museum open on weekends as well? 안녕하세요, 박물관이 주말에도 문을 여나요?

W: We're closed on Sundays, but on Saturdays, we open at 9 A.M. and close at 5 P.M.
일요일에는 문을 닫아요. 하지만 토요일에는 오전 9시에 열어서 오후 5시에 닫습니다.

M: Oh, okay. How long does it take to sign up as a member?
아, 그렇군요. 회원 가입은 얼마나 걸리나요?

W: It depends. Usually it takes about ten minutes. 상황에 따라 달라요. 대개 10분 정도 걸려요.

Q Why is the man calling? 남자는 왜 전화하는가? → 목적
A To ask about the policies 규정을 묻기 위해

SPARTA ✓ CHECK-UP ▶ U08_3

해설 p.330

- 지문을 듣고 알맞은 응답을 고르세요.

1
W: Aren't you finished with that report yet? The agency just called and wondered where it is.
M: I'm almost done with it. Just give me a few minutes.
W: Okay, but then you'll have to take it to the printers as quickly as possible.

Q What are the speakers talking about?
(A) An unfinished report
(B) A lost document

유형 2 ▶ 화자/장소

- 질문의 대상이 누구인지를 반드시 확인하고 남녀를 구분해서 대화 내용을 들어야 합니다. 화자들의 관계, 신분과 직업 또는 소속(회사)을 파악하는 훈련을 하세요.

EX 3 ▶ U08_4

M: We are very pleased that you accepted our offer to take the managerial position, Ms. Butler. 관리직 직책을 맡아달라는 우리의 제안을 받아 주셔서 매우 기쁩니다, 버틀러 씨.

W: Thank you. I'm so excited. 감사합니다. 무척 흥분되네요.

M: Please remember that orientation for the new employees will begin on Wednesday morning. 신입직원들을 위한 오리엔테이션은 수요일 아침에 시작된다는 것을 기억하시기 바랍니다.

W: This Wednesday morning? Do you know when the orientation program will end? 이번 주 수요일 아침이요? 오리엔테이션 프로그램이 언제 끝나는지 아세요?

M: Well, the session ends at twelve, and then we'll have lunch together. 음, 교육은 12시에 끝나는데, 그 후 함께 점심식사를 할 겁니다.

Q What probably is the woman's position? 여자의 직책은 무엇인 것 같은가? → 화자

A A manager 매니저

EX 4 ▶ U08_5

W: How would you like to send these? 이것들을 어떻게 보내시겠어요?

M: Express for the large envelope and regular for the rest. 큰 봉투는 특급 우편으로, 나머지는 일반 우편으로 보내고 싶습니다.

W: The large one is oversized, so it'll be twenty cents for the extra postage. 큰 봉투는 크기 초과입니다, 그래서 추가 우송료로 20센트를 더 내셔야 합니다.

Q Where does this conversation take place? 대화가 일어나는 곳은 어디인가? → 장소

A At a post office 우체국에서

SPARTA ✓ CHECK-UP ▶ U08_6
해설 p.330

- 지문을 듣고 알맞은 응답을 고르세요.

2
> W: What seems to be the problem? The nurse said you've been experiencing a stomachache.
> M: Yes, I've had an upset stomach for about two days, and I haven't been able to eat anything.
> W: I'll write you a prescription for some medicine, and you can pick it up at the pharmacy on the first floor.

Q Who most likely is the woman?

(A) A doctor (B) A nurse

■ 질문&정답 빈출 패턴

주제/목적

[주제]

Q What are the speakers talking about? 화자들은 무엇을 이야기하고 있는가?
Q What problem are the speakers discussing? 화자들은 무슨 문제를 논의하는가?
Q What is the problem? 무엇이 문제인가?
Q What do the speakers mainly discuss? 화자들은 주로 무엇을 논의하는가?

A A staff meeting 직원 회의
A A coworker's promotion 동료의 승진
A Updating a Web site 웹 사이트 업데이트하기
A A business trip to Tokyo 도쿄로의 출장
A Plans for an upcoming event 앞으로 있을 행사 계획
A A colleague who is retiring 은퇴하는 동료

[목적]

Q What is the purpose of the conversation? 대화의 목적은 무엇인가?
Q Why did the man call? 남자는 왜 전화했는가?
Q Why is the woman calling? 여자는 왜 전화하는가?

A To make a reservation 예약하기 위해
A To provide information 정보를 제공하기 위해
A To request further information 추가 정보를 요청하기 위해
A To get a discount 할인을 받기 위해
A To locate the lost item 잃어버린 물건을 찾기 위해

화자/장소

[화자]

Q Who is the woman? 여자는 누구인가?
Q Who most likely are the speakers? 화자들은 누구인 것 같은가?
Q Where does the man most likely work? 남자는 어디에서 일하는 것 같은가?

빈출 어휘

accountant 회계사	researcher 연구원	technician 기술자	architect 건축가
plumber 배관공	receptionist 접수원	salesperson 영업 직원	inspector 검사관
janitor 경비, 수위	travel agent 여행사 직원	applicant 지원자	interviewer 면접관

[장소]

Q Where does this conversation take place? 이 대화는 어디에서 일어나는가?
Q Where most likely are the speakers? 화자들은 어디에 있는 것 같은가?

빈출 어휘

train station 기차역	laboratory 실험실	museum 박물관	post office 우체국
art gallery 화랑	airport 공항	grocery store 식료품점	restaurant 식당
bookstore 서점	box office 매표소	hotel 호텔	real estate agency 부동산 중개소

SPARTA PRACTICE

U08_7 | 해설 p.330

- 음성을 듣고 빈칸을 채운 후 알맞은 것을 고르세요.

1

W: Dr. Wilson's office, how can I _____ you?

M: Yes, I'm Smith Taylor, and I'm _____ for a regular _____ this Friday. I need to _____ that, please.

W: All right. Do you want to reschedule it _____?

Q Why is the man calling?

(A) To cancel an appointment

(B) To make a reservation

2

W: Hi, you're Michael Smith, the _____ _____, aren't you? I know it's _____ _____ day, so I just want to see if you have any questions.

M: Thank you. Actually, I have a question. I've never used this type of accounting software before. Is there a _____ _____ for it?

W: That's new to everyone here. Let me email you the manual in a _____.

Q Who most likely is the man?

(A) A potential client

(B) A new employee

SPARTA TEST

1 Who most likely is the woman?
(A) A lawyer
(B) A doctor
(C) A receptionist
(D) A patient

2 Where are the speakers?
(A) At the airport
(B) At a pharmacy
(C) At a store
(D) In a hospital

3 What does the woman suggest the man do?
(A) Confirm his appointment
(B) Have a cup of coffee
(C) Sit down for a short time
(D) Come back at 3 o'clock

4 Where most likely are the speakers?
(A) At a gym
(B) At a restaurant
(C) At a cooking class
(D) At a supermarket

5 What does the woman ask the man to do?
(A) Bring the menu
(B) Provide recipes
(C) Make diet food
(D) Recommend some food

6 What will the woman probably do next?
(A) Prepare dinner
(B) Choose from a menu
(C) Request a bill
(D) Write a review

7 What are the speakers discussing?
(A) The refreshments
(B) The meeting agenda
(C) The attendance
(D) The conference room

8 What type of business is Jenny's Table?
(A) A grocery store
(B) A caterer
(C) A furniture store
(D) A cooking school

9 What does the woman say about the food?
(A) It is not ready yet.
(B) It is delicious.
(C) She has never eaten before.
(D) She made it herself.

10 Where is the conversation probably taking place?
(A) In a shopping mall
(B) On a subway
(C) In a hotel
(D) At a radio station

11 What does the man ask about?
(A) The weather
(B) The location
(C) The menu
(D) The prices

12 When will the man visit the store?
(A) At noon
(B) Before 10:00 A.M.
(C) After 10:00 A.M.
(D) At 10:00 P.M.

UNIT 09 제안&요청/미래에 할 일

INTRO

제안&요청

★ 화자 중 한 명이 나머지 화자(들)에게 제안하거나 요청하는 것을 묻는 유형으로, 요청의 주체와 객체를 우선 파악하는 것이 관건입니다.

★ 문제를 먼저 읽고 어떤 성별의 사람이 제안(offer)하는지 신속하게 파악합니다. 제안 사항은 Why don't we ~?, I suggest[recommend] ~와 같은 표현과 함께 자주 언급됩니다.

★ 대화 전반부에서 문제점이 무엇인지, 어떤 도움이 필요한지 잘 들어야 합니다. 첫 번째 문제에는 문제점이 무엇인지를 묻고, 두/세 번째에는 요청 사항을 묻는 문제가 나오는 경우가 많습니다.

미래에 할 일

★ 미래나 다음에 할 일(do next)은 대화의 마지막 부분에 주로 언급되며, 미래 시점 문제도 마지막에 등장합니다.

★ 미래에 할 일을 묻는 문제는 그 행위를 할 주체가 정답 단서를 말하는 경우가 많습니다.

★ 상대방이 무언가를 하라고 시키거나 부탁하는 부분에서 단서가 나오기도 하므로 주의해야 합니다.

대표 질문 유형

What does the **man/woman suggest**? 남자/여자는 무엇을 제안하는가?

What does the **man/woman request** the woman/man do?
남자/여자가 여자/남자에게 무엇을 해달라고 요청하는가?

What does the **man/woman offer** to do? 남자/여자는 무엇을 해주겠다고 제안하는가?

What does the **man/woman recommend** doing? 남자/여자는 무엇을 추천하는가?

What does the man/woman say **he/she will do**? 남자/여자는 무엇을 하겠다고 말하는가?

What will the **man/woman do next**? 남자/여자는 다음에 무엇을 할 것인가?

What will happen next week? 다음 주에 무슨 일이 생길 것인가?

What will the **man/woman** most likely **do next**? 남자/여자는 다음에 무엇을 할 것 같은가?

What will the **man/woman** probably **do next**? 남자/여자는 아마도 다음에 무엇을 할 것인가?

유형 분석 및 훈련

유형 1 ▶ 제안/요청

• 화자가 상대방에게 무엇을 해주겠다고 제안(offer)하는지를 묻는 문제로, 정답의 단서가 주로 대화의 마지막 부분에 언급되는 경우가 많습니다. 특히 이런 유형은 문제를 미리 읽고 도움을 요청하는 것인지, 도움을 주겠다고 제안하는 것인지 파악하는 것이 중요합니다.

EX 1 ▶ U09_1

W: The booklet is ready for next month's staff meeting, and I was wondering if you could look through it. 다음 달 직원 회의에서 쓸 소책자가 준비되었는데 혹시 한번 봐줄 수 있는지 해서요.

M: Actually, I don't really have time right now, but I have a copy of the booklet that I used last year. Let me leave it on my desk, so you can pick it up any time today. 사실 지금 그럴만한 시간이 없어요, 하지만 작년에 제가 사용한 소책자 복사본이 있어요. 오늘 당신이 언제든 가져갈 수 있도록 제 책상 위에 둘게요.

W: Thank you so much. It will be helpful. 정말 감사합니다. 도움이 될 거예요.

Q What does the woman request the man do? 여자는 남자에게 무엇을 해달라고 요청하는가? → 요청

A Review some materials 자료 검토하기

EX 2 ▶ U09_2

M: Hi, I'm Daniel Lim. Can I make an appointment with Dr. Robinson for tomorrow morning? 안녕하세요, 저는 다니엘 림입니다. 내일 아침에 로빈슨 박사님과 진료 예약을 잡을 수 있을까요?

W: I'm sorry, but he has no openings until next week. I can add you to our waiting list and call you if someone cancels. 죄송하지만, 박사님은 다음 주까지 시간이 없습니다. 대기자 명단에 추가해 놓고 누군가 취소하면 전화 드릴 수 있어요.

M: Okay, I think I'll also be busy all next week. I will call you back at the end of this month. 네, 저도 다음 주 내내 바쁠 것 같아요. 이달 말에 다시 연락드릴게요.

Q What does the woman offer to do? 여자는 무엇을 하겠다고 제안하는가? → 제안

A Phone if Dr. Robinson is available 로빈슨 박사가 시간이 되면 전화 주기

SPARTA ✓ CHECK-UP ▶ U09_3   해설 p.333

• 지문을 듣고 알맞은 응답을 고르세요.

1
W: Excuse me, sir. I'm here to pick up some legal documents.
M: Sorry, ma'am, but you're in the wrong building. I will draw you a map, and you can just follow the instructions I write.

Q What does the man offer to do?

(A) Call the legal department   (B) Offer directions

유형 2 ▶ 미래에 할 일

- 앞으로 할 일이나 미래의 계획을 묻는 문제로, 주로 대화의 후반부에서 정답의 단서가 제공됩니다. 문제를 미리 읽고 행동의 주체가 누구인지, 남자와 여자 중 누구의 말을 집중해서 들어야 하는지를 우선 파악하세요.

EX 3 ▶ U09_4

M: I'm calling for Ms. Helen. She called to say that some old tiles in your conference room need to be replaced.
헬렌 씨와 통화하고 싶은데요. 귀사의 회의실에 있는 오래된 타일 일부를 교체해야 한다고 전화하셨습니다.

W: I'm sorry, but Ms. Helen is at a conference now. She told me that her assistant will handle it. 죄송하지만 헬렌 씨는 현재 회의 중입니다. 그녀의 비서가 그것을 처리할 거라고 했어요.

M: Oh, I see. Can I talk with her assistant now? 네, 그렇군요. 그녀의 비서와 지금 통화할 수 있나요?

W: Sure, please hold while I transfer your call. 물론이죠, 전화를 돌려 드릴 테니 기다려 주세요.

Q What will the woman do next? 여자는 다음에 무엇을 할 것인가? → 미래에 할 일

A Forward the call 전화 돌려 주기

EX 4 ▶ U09_5

W: I checked your e-mail this morning, but probably, it was returned to sender.
오늘 아침에 당신의 이메일을 확인했는데요, 아마도 이메일이 반송됐나 봐요.

M: I'm sorry about that. I will email it again right now. But if it happens again, please call me immediately. 죄송해요. 지금 바로 다시 보낼게요. 하지만 또 이런 일이 생기면 즉시 연락 주세요.

W: Thanks. Oh, by the way, can you fax me a copy first?
감사합니다. 아, 그런데 먼저 팩스로 사본을 보내주시겠어요?

M: Sure, no problem. 물론이죠, 그렇게 하겠습니다.

Q What will the man probably do next? 남자는 아마도 다음에 무엇을 할 것인가? → 미래에 할 일

A Fax a document 서류를 팩스로 보낸다

SPARTA ✓ CHECK-UP ▶ U09_6   해설 p.333

- 지문을 듣고 알맞은 응답을 고르세요.

2
M: Hi. Do you have a schedule of events here on the first floor?
W: We're hosting an art show next weekend. We'll be showing paintings by local artists and all of the pieces will be for sale. Here's a brochure with the information.
M: Thanks. It would be nice to visit it.

Q What event will take place next weekend?
　(A) An art exhibit　　　　　　　(B) An awards ceremony

■ 질문/단서 빈출 패턴

제안/요청

[질문]

Q What does the man/woman offer to do? 남자/여자는 무엇을 해주겠다고 제안하는가?
Q What does the man/woman suggest? 남자/여자는 무엇을 제안하는가?
Q What does the man/woman suggest the woman/man do?
   남자/여자는 여자/남자에게 무엇을 하라고 제안하는가?
Q What does the man/woman ask the woman/man to do?
   남자/여자는 여자/남자에게 무엇을 해달라고 요청하는가?
Q What does the man/woman say he/she will do? 남자/여자는 무엇을 하겠다고 말하는가?
Q What does the man/woman recommend the woman/man do?
   남자/여자는 여자/남자에게 무엇을 하라고 추천하는가?
Q What does the man/woman recommend doing? 남자/여자는 무엇을 추천하는가?

[정답 단서]

Would you like to ~? ~하시겠어요?
How would you like to ~? / Why don't you ~? ~하는 게 어때요?
I can do something for you. 당신을 위해 제가 무언가를 해드릴 수 있습니다.
Let me do something for you. 당신을 위해 제가 무언가를 해드리겠습니다.
I could do something if you'd like. 원하신다면 제가 무언가를 해드릴 수 있습니다.

미래에 할 일

[질문]

Q What will the man/woman probably do next? 남자/여자는 아마도 다음에 무엇을 할 것인가?
Q What will the man/woman most likely do next? 남자/여자는 다음에 무엇을 할 것 같은가?
Q What does the man/woman say he/she will do tomorrow? 남자/여자는 내일 무엇을 할 거라고 말하는가?
Q What will the speakers probably do next? 화자들은 아마도 다음에 무엇을 할 것인가?
Q What will the man/woman plan to do? 남자/여자는 무엇을 할 계획인가?

[정답 단서]

I will ~ / I'll ~. 제가 ~할 것입니다.
I should ~ / I need to ~. 저는 ~해야 합니다.
I'm going to ~. 저는 ~하려고 합니다.
I'd better ~. 저는 ~하는 게 낫겠어요.
Let me ~. 제가 ~할게요.
Why don't you(we) ~? ~하는 게 어때요?
Let's ~. ~합시다.

SPARTA PRACTICE

▶ U09_7 | 해설 p.333

- 음성을 듣고 빈칸을 채운 후 알맞은 것을 고르세요.

1

M: Here's the key to the conference equipment room. _____ _____ a slide projector, a white board, and flip charts there.

W: Thank you. I appreciate your _____. Where exactly is the _____ room?

M: It's at the back of the _____ _____ on the right. I could _____ _____ you and show you where it is if you like.

Q What does the man offer to do?

(A) Unlock the door

(B) Guide her to a room

2

M: I was in the kitchen _____ the special of the day. I _____ back all the _____ with me to reflect the _____.

W: Okay, good. Can you do me a _____? I need to bring some water and napkins to the _____ at table six.

M: Sure. I'll _____ _____ of that.

Q What will the man do next?

(A) Help a customer

(B) Change a menu

SPARTA TEST

1. What is the conversation mainly about?
   (A) Completing a task
   (B) Delaying a presentation
   (C) Reviewing survey results
   (D) Arranging a meeting

2. What does the woman offer to do?
   (A) Send some materials
   (B) Speak with the director
   (C) Request an extension
   (D) Help with the report

3. When will the man probably submit his report?
   (A) On Tuesday
   (B) On Wednesday
   (C) On Thursday
   (D) On Friday

4. Where most likely are the speakers?
   (A) At the passport office
   (B) At a bank
   (C) At a driving school
   (D) At a photo studio

5. What type of document would be used?
   (A) A driver's license
   (B) A passport
   (C) A credit card
   (D) A bank card

6. What will the woman most likely do next?
   (A) Use a safety deposit box
   (B) Take a photograph
   (C) Complete a form
   (D) Deposit money

7. Who most likely are the speakers?
   (A) Sales staff
   (B) Travel agents
   (C) Hotel receptionists
   (D) Telephone operators

8. What are the speakers discussing?
   (A) Attending a conference
   (B) Hiring new staff
   (C) Working overseas
   (D) Meeting colleagues

9. What is planned for Wednesday?
   (A) An interview
   (B) A social event
   (C) A business trip
   (D) A job fair

10. Why did the man call?
    (A) To delay the date
    (B) To cancel the appointment
    (C) To talk with the doctor
    (D) To make a reservation

11. What does the woman offer the man?
    (A) A free examination
    (B) Rescheduling of the appointment
    (C) The doctor's phone number
    (D) Medical advice

12. What does the man say he will do?
    (A) Reply to an e-mail
    (B) Go to another clinic
    (C) Make a phone call later
    (D) Take some medicine

UNIT 10 의도 파악/추론 문제

INTRO

의도 파악/추론 문제

★ 화자 의도 파악 문제는 대화 중 한 문장을 질문에서 다시 들려주고 그 말을 한 화자의 의도를 묻는 유형으로, 앞뒤 문맥을 통해 제시된 문장을 말한 이유나 의도하는 바를 파악해야 합니다. 지문을 듣기 전에 문제를 반드시 먼저 읽고 따옴표("~") 안의 내용을 미리 유추해 보세요.

★ 같은 표현이라도 대화의 문맥과 화자의 어조에 따라 의미가 달라질 수 있으며, 표면적인 뜻을 묻는 것이 아니므로 전체적인 맥락에 집중하세요.

★ 제시된 문장 앞뒤로 정답의 단서가 언급되는 경우가 많으므로 대화의 도입부부터 집중해서 흐름을 놓치지 않아야 합니다.

★ 추론 문제는 질문에 suggest, imply 등이 등장하는 유형으로, 대화에 명확히 언급되진 않았지만 특정 대상에 대해 유추할 수 있는 것을 묻습니다.

대표 질문 유형

What does the **man/woman imply** when he/she says, "~"?
남자/여자가 "~"라고 말한 의도는 무엇인가?

What does the **man/woman mean** when he/she says, "~"?
남자/여자가 "~"라고 말한 의미는 무엇인가?

Why does the **man/woman say,** "~"? 남자/여자는 왜 "~"라고 말하는가?

What does the **man/woman suggest** about ~? 남자/여자는 ~에 대해 무엇을 암시하는가?

What does the **man/woman imply** about ~? 남자/여자는 ~에 대해 무엇을 암시하는가?

What is **suggested** about ~? ~에 대해 무엇이 암시되는가?

유형 분석 및 훈련

유형 1 ▶ 의도 파악 문제

- 주어진 표현이 대화에서 어떤 의도로 쓰였는지 묻는 유형입니다. 표현 자체의 뜻보다는 문맥상의 의미를 묻기 때문에 대화의 흐름을 놓치지 않도록 처음부터 끝까지 집중해서 들어야 합니다.

EX 1 ▶ U10_1

M: We're making our best efforts, but we might be delayed. One of the machines was broken last night, but we were able to repair it. The shipment should arrive at the store by late tomorrow. 저희도 최선을 다하고 있습니다만, 지연될 수도 있습니다. 기계 한 대가 어제 저녁에 고장 났지만 저희가 수리할 수 있었습니다. 내일 오후까지는 배송물이 상점에 도착할 겁니다.

W: That's not good enough. I need those shoes there tomorrow morning. You'd better call the person in charge and put a rush on the shipment. 그걸로 충분하지 않습니다. 저는 이 신발들이 내일 아침에 도착했으면 합니다. 담당자에게 연락해서 배송을 서두르도록 하는 것이 좋겠어요.

M: Okay, I will do it right away. 네, 당장 그렇게 하겠습니다.

Q Why does the woman say, "That's not good enough"?
여자는 왜 "그걸로 충분하지 않습니다"라고 말하는가? → 의도 파악

A To request a faster service 더 빠른 서비스를 요청하기 위해

EX 2 ▶ U10_2

W: Mark, we're going to be late. Mr. Lin is already on his way to the park to meet us.
마크, 우리 늦을 것 같아요. 린 씨가 벌써 우리를 만나려고 공원으로 가고 있어요.

M: Okay. Even so, grab an umbrella. It looks like it's about to rain.
알았어요. 그래도 우산은 챙겨요. 비 올 것 같아요.

W: Oh, really? Maybe we should call him and ask if we can meet somewhere indoors.
아, 그래요? 그럼 그에게 전화해서 실내에서 보자고 해야겠어요.

M: No, that's not necessary. He told me to bring an umbrella.
아니요, 그럴 필요 없어요. 그가 저한테 우산을 가져오라고 했거든요.

Q What does the man mean when he says, "that's not necessary"?
남자가 "그럴 필요 없어요"라고 말한 의미는 무엇인가? → 의도 파악

A Mr. Lin already knows the weather condition. 린 씨는 이미 날씨 상태를 알고 있다.

SPARTA ✓ CHECK-UP ▶ U10_3

해설 p.336

- 지문을 듣고 알맞은 응답을 고르세요.

1
M: How was your meeting?
W: It went well. We finalized the schedule and prepared the list of presenters. I'm relieved that everything seems to be coming together in time.

Q What does the woman mean when she says, "It went well"?
(A) She has progressed with some plans.   (B) She got approval for her report.

유형 2 ▶ 추론 문제

- 질문에 suggest/imply가 등장하며, 그 뒤에 나온 키워드에 대해 추론해야 하는 유형입니다. 지문에 언급된 내용이 보기에 그대로 나오지 않고 패러프레이징되어 제시되기 때문에 다양한 동의 표현을 익혀둬야 합니다.

EX 3 ⓒ U10_4

M: Excuse me. Could you help me find Olivia Newton's office?
실례합니다. 올리비아 뉴턴 씨의 사무실을 찾는 것 좀 도와주시겠어요?

W: It's right next to the secretary's office. Come with me, and I'll show you where it is. Are you a new lawyer? 비서실 바로 옆이에요. 어딘지 알려드릴 테니 따라오세요. 새로 온 변호사세요?

M: No, I've just hired your law firm to do the legal work for my publishing company. Ms. Newton and I are going to talk about the contract today. 아니에요, 저희 출판사의 법률적인 일을 처리하기 위해 당신의 법률 회사를 고용했어요. 뉴턴 씨와 저는 오늘 계약에 대해 이야기하려고 해요.

Q What is suggested about Ms. Newton? 뉴턴 씨에 대해 무엇이 암시되는가? → 추론
A Her company provides the legal service. 그녀의 회사는 법률 서비스를 제공한다.

EX 4 ⓒ U10_5

M: What did the manager say about the new designer?
매니저가 새로 온 디자이너에 대해 뭐라고 했어요?

W: He said that she is doing well. She designed an innovative product for children last month. 잘하고 있다고 했어요. 지난달에 어린이를 위한 획기적인 제품을 디자인했거든요.

M: Really? So it will affect our company's sales soon.
정말요? 그럼 곧 우리 회사 매출에도 영향을 미치겠네요.

Q What is implied about the new employee? 신입직원에 대해 무엇이 암시되는가? → 추론
A She developed a new item. 그녀는 신제품을 개발했다.

SPARTA ✓ CHECK-UP ⓒ U10_6

해설 p.336

- 지문을 듣고 알맞은 응답을 고르세요.

2
W: How did you like the training session for new employees?
M: It was a great opportunity to learn how to participate effectively in meetings. What did you think about the training?
W: Actually, I was unable to concentrate on it. It could have been more entertaining.

Q What does the woman imply about the course?
(A) It was exciting.   (B) It was boring.

■ 상황별 빈출 표현

의도 파악 및 추론

[동의]
Sure thing! 물론이죠!
You can say that again. 당신 말이 맞아요.
That's a good idea. 좋은 생각입니다.
I heard you completely. 무슨 말인지 잘 알아들었습니다.
Sounds great! 좋아요!

[미정]
I'll have to think about it. 생각 좀 해보겠습니다.
Let me get back to you on that. 나중에 다시 말씀드릴게요.
I'm not sure at the moment. 지금은 잘 모르겠습니다.
It's up in the air. 미정입니다.

[감정]
It's unbelievable. 믿을 수가 없네요. (놀라움)
It's incredible. 믿을 수가 없네요. (놀라움)
I can't believe it. 믿을 수가 없습니다. (놀라움)
I'm relieved. 안심이네요. (안심, 안도)
That's too bad. 유감이네요. (실망)
That's awesome! 멋지네요! (감탄)

[일정]
I have a meeting soon. 저는 곧 회의가 있습니다.
I have my hands full. 저는 여유가 없습니다.
I have another meeting in a minute. 저는 곧 다른 회의가 있습니다.

[실수]
I can't remember. 기억나지 않습니다.
It slipped my mind. 생각이 안 납니다.
It's on the tip of my tongue. 생각이 날 듯 말 듯합니다.
I'm sorry I totally forgot. 죄송하지만 완전히 잊고 있었어요.

[의지]
It's up to you. 당신한테 달려 있어요.
You have my word. 저를 믿으세요.

SPARTA PRACTICE

• 음성을 듣고 빈칸을 채운 후 알맞은 것을 고르세요.

1

W: Hi, Tom. Would it be _____ to give me a _____ to work this morning?

M: I'd be happy to give you a ride, but my car is in the _____ shop now. It won't be _____ until tomorrow. Well, I'm just going to _____ a taxi to work. Do you want to _____ one?

W: That'd be nice! I'll be ready in ten _____.

Q Why does the woman say, "That'd be nice"?

  (A) To agree to share a taxi

  (B) To get his car fixed

2

W: This model here is a really _____ one.

M: It's nice, but it's a bit _____. I was hoping to find something _____. Do you have anything that is less _____?

W: We sure do. The KW505 is the same _____, just the older model. It has _____ options but is less expensive.

Q What is suggested about the KW505?

  (A) It is the latest model.

  (B) It is more affordable.

SPARTA TEST

1. On what day is the meeting scheduled for?
   (A) Monday
   (B) Tuesday
   (C) Wednesday
   (D) Thursday

2. Who will most likely be introduced at the meeting?
   (A) A client
   (B) A manager
   (C) A secretary
   (D) A salesperson

3. What does the woman mean when she says, "I had no idea it was on Tuesday"?
   (A) She has to cancel the meeting.
   (B) She made a mistake on the sales plan.
   (C) She forgot to call her client.
   (D) She has a scheduling conflict.

4. Who most likely is the man?
   (A) A chef
   (B) A customer
   (C) A waiter
   (D) An owner

5. What does the woman ask the man for?
   (A) The check
   (B) Some dessert
   (C) A menu
   (D) Some change

6. What does the woman imply when she says, "Oh, I have to pay the cashier"?
   (A) She paid in a different way last time.
   (B) She always pays the cashier.
   (C) She thinks the check is incorrect.
   (D) She has already paid for it.

7. Where does the man live now?
   (A) In Tokyo
   (B) In Singapore
   (C) In Thailand
   (D) In America

8. What did the man write about?
   (A) How to live successfully in Thailand
   (B) Asian history and cultures
   (C) Tips for traveling to Asian countries
   (D) Advice on becoming a good writer

9. What can be suggested about the man?
   (A) He has lived in Asia for a long time.
   (B) He traveled to many cities.
   (C) He is leaving for Thailand soon.
   (D) He majored in history.

10. What are the speakers discussing?
    (A) A transfer
    (B) A budget
    (C) A colleague
    (D) A strategy

11. Who most likely is Mr. Smith?
    (A) An employee in sales
    (B) A marketing team member
    (C) The company's client
    (D) The boss of the company

12. What does the woman suggest about Mr. Smith?
    (A) He is training new staff.
    (B) He just joined the company.
    (C) He won the Employee of the Year award.
    (D) He is knowledgeable in sales.

UNIT 11 시각 자료 연계 문제

INTRO

★ 파트 3에서 시각 자료 연계 문제는 2~3문제 정도 출제되며, 일상 생활이나 회사에서 흔히 볼 수 있는 일정표, 쿠폰, 표지판, 지도, 가격표, 영수증 등 다양한 시각 정보가 등장합니다. 질문의 형태는 "Look at the graphic."으로 시작합니다.

★ 지문을 듣기 전에 문제/보기 및 시각 자료를 미리 읽어 두고 어떤 내용이 나올지 예측해 보세요.

★ 시각 자료와 대화 내용을 연계해서 풀어야 하는 유형이기 때문에 대화 내용만 듣거나, 시각 자료만 보고 답을 고르지 않도록 주의해야 합니다.

대표 질문 유형

Look at the graphic. What class will the woman enroll in?
시각 자료를 보시오. 여자는 어떤 수업에 등록할 것인가?

Look at the graphic. What is the product made of?
시각 자료를 보시오. 제품은 무엇으로 만들어졌는가?

시각 자료 유형

• Coupon(쿠폰)

Gordon's Department Store Discount Coupon

20% off clothing purchase of $50 dollars and more

Expires Nov. 30

• Schedule(일정표)

Seminar Timetable

Name	Time
Carol Kim	10:00 A.M.
John Harvey	11:00 A.M.
Lunch	Noon
James Heller	1:30 P.M.
Miko Akita	2:30 P.M.

• Graph(그래프)

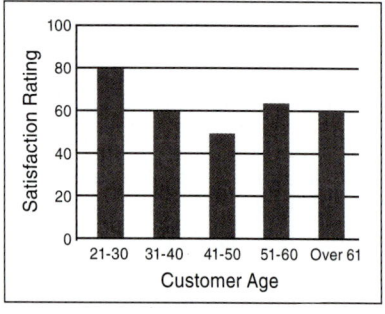

• Floor plan(평면도)

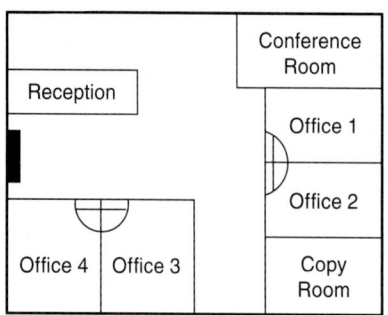

유형 분석 및 훈련

유형 1 ▶ 시각 자료 문제

- 쿠폰, 일정표, 지도, 그래프 등 다양한 형태의 시각 자료가 등장합니다. 음원이 나오기 전에 시각 자료와 문제/보기를 미리 읽어 두고 어떤 내용이 나올지 예측하는 것이 문제 풀이에 도움이 됩니다.

EX 1 ▶ U11_1

M: Welcome to World Cuisine Classes. How may I help you? 세계 요리 수업에 오신 것을 환영합니다. 무엇을 도와드릴까요?

W: I want to sign up for the three o'clock class led by Sam Brook. 샘 브룩 씨가 진행하는 3시 수업에 등록하고 싶습니다.

M: Let me see... We have an opening in it. 한번 볼게요... 그 수업은 자리가 있네요.

W: Good. I'll register for it. 좋네요. 그걸로 등록할게요.

World Cuisine Classes

Class	Time
Traditional Asian Diet	2 P.M.
French Desserts	3 P.M.
Organic Ingredients	4 P.M.
Tea Party	5 P.M.

Q Look at the graphic. What class will the woman enroll in?
시각 자료를 보시오. 여자는 어떤 수업에 등록하겠는가? → 시각 자료 연계

A French Desserts 프랑스식 디저트

EX 2 ▶ U11_2

M: Have you seen the new film directed by Dale Han? 데일 한 감독의 새 영화 봤어요?

W: No, I haven't seen it yet. But I saw an advertisement for it in a magazine. 아니요, 아직 못 봤지만 잡지에서 영화 광고를 봤어요.

M: Actually, I'm going to see it tonight. Would you like to join me? 실은 오늘 밤에 보려고요. 같이 갈래요?

W: Thanks for asking. But I have a lot of work to do to prepare for the meeting. 물어봐 줘서 고맙지만, 회의 준비로 해야 할 일이 많아요.

NOW SHOWING

Happy Home by Linda Harris	21:00
Heartbroken by Timothy Keller	19:30
Fall in Paris by Lea Roux	20:30
My Little Friend by Dale Han	19:00

Q Look at the graphic. Which movie will the man see tonight?
시각 자료를 보시오. 남자는 오늘 밤에 어떤 영화를 볼 것인가? → 시각 자료 연계

A My Little Friend <마이 리틀 프렌드>

SPARTA ✓ CHECK-UP ▶ U11_3   해설 p.338

- 지문을 듣고 알맞은 응답을 고르세요.

1.
M: Which card would you like to apply for?
W: Well, what would you recommend? I like to go shopping with my family.

Card	Benefits
American Express Plus	5% off - restaurants
American Express Premium	10% off - stores

Q Look at the graphic. Which card will the woman most likely apply for?

(A) American Express Plus   (B) American Express Premium

UNIT 11 시각 자료 연계 문제 **91**

EX 3 U11_4

M: Do you remember talking about the relocation of our office before? Here are the available spots for rent. 전에 우리 사무실 이전에 대해 얘기했던 거 기억해요? 임대 가능한 장소들이 여기 있어요.

W: Thank you. I think section A would best fit our needs. 고마워요. A구역이 우리 요구사항에 가장 적합할 거 같은데요.

M: Yeah, but we have a limited budget for this year. 네, 하지만 올해 예산이 한정되어 있어서요.

W: Then, how about moving to the opposite side of the shopping mall? I heard that there are more affordable places. 그러면 쇼핑몰 맞은편으로 이전하는 게 어때요? 거기에 더 저렴한 곳들이 있다고 들었어요.

M: That sounds like a great idea! 그거 좋네요!

Section A Bank	Section B Hospital
Section C Shopping Mall	Section D City Hall

Q Look at the graphic. Which location do the speakers choose for their office?
시각 자료를 보시오. 화자들은 그들의 사무실을 위해 어느 장소를 선택하는가? → 시각 자료 연계

A Section D D구역

EX 4 U11_5

W: Is it possible to have this package delivered to L.A. by Wednesday? 소포를 수요일까지 LA로 배송할 수 있나요?

M: You could get it there in less than three days by express mail. 빠른 우편으로 하면 3일 이내에 도착할 수 있어요.

W: Are there any faster ways? 더 빠른 방법은 없어요?

M: We have an overnight delivery service. It costs more, but we guarantee delivery on the next day. 익일 배송 서비스가 있습니다. 비용은 더 들지만 다음 날 배송을 약속 드립니다.

Priority Mail	1 day
Express Mail	2-3 days
Regular Mail	3-5 days
Media Mail	3-8 days

Q Look at the graphic. Which service will the woman most likely use?
시각 자료를 보시오. 여자는 어떤 서비스를 이용할 것 같은가? → 시각 자료 연계

A Priority Mail 우선 취급 우편

SPARTA CHECK-UP U11_6

해설 p.338

• 지문을 듣고 알맞은 응답을 고르세요.

2
W: Excuse me. I think there's a mistake on my bill. Can you check it out?

M: Sorry about the confusion. We haven't updated our menu yet. It's twenty dollars, not eighteen dollars.

MENU	
Steak	$35
Pasta	$20
Pizza	$18
Drinks	$5

Q Look at the graphic. Which menu item should be changed?
(A) Pasta   (B) Pizza

■ 패러프레이징 빈출 표현

finish 끝내다	→ complete 완료하다
check 확인하다	→ review/take a look 검토하다, 확인하다
file cabinet 서류 정리함	→ office furniture 사무용 가구
book 예약하다	→ reserve 예약하다
register 등록하다	→ sign up/enroll in 등록하다
move (to) 이동하다; 이동	→ transfer (to) 이동, 전근
local festival 지역 축제	→ local event 지역 행사
exciting 흥미로운	→ interesting 흥미로운
show 보여 주다	→ demonstrate 보여 주다
detour 우회로	→ alternate route 우회로
for free 무료로	→ at no charge/complimentary 무료로
deal with ~을 다루다	→ handle/take care of ~을 다루다
meet 만나다	→ get together 모이다
take place 발생하다	→ happen/be held 일어나다, 생기다
not valid 유효하지 않은	→ expired 만료된
get off work 퇴근하다	→ leave work 퇴근하다
visit 방문하다	→ drop by/stop by 들르다
restaurant 식당	→ dining area 식사 공간
expensive 가격이 비싼	→ pricey 가격이 비싼
cheap 가격이 싼	→ affordable 가격이 알맞은
headquarters 본사	→ main office 본사
due date 마감일	→ deadline 마감일
assistant 비서, 조수	→ secretary 비서
employee 직원	→ staff member 직원
discuss 논하다	→ talk about ~에 대해 얘기하다
snack and beverage 다과와 음료	→ refreshments 다과
submit 제출하다	→ turn in/hand in 제출하다
install 설치하다	→ set up 설치하다
coworker 동료	→ colleague 동료
famous 유명한	→ well-known 잘 알려진
discount 할인	→ sale/off 세일
guarantee 보장하다	→ ensure 보장하다
extra 추가의, 여분의	→ additional 추가의

UNIT 11 시각 자료 연계 문제

SPARTA PRACTICE

- 음성을 듣고 빈칸을 채운 후 알맞은 것을 고르세요.

1

M: Good afternoon. What can I do for you?

W: I'd like to have this _____ _____. How much does it _____?

M: It _____ on the _____ the jacket is made of. Let me see... It's going to be _____ dollars.

W: Oh, it's much more _____ than I _____.

Happy Dry Cleaning

Fabric	Price
Cotton	$8
Wool	$10
Silk	$15
Leather	$18

Q Look at the graphic. What is the jacket made of?

(A) Cotton   (B) Silk

2

W: Hi, Carl. Have you _____ a ticket for the film festival in Madrid?

M: In fact, I was _____ _____ into that now.

W: I was hoping we could _____ to Madrid together. But I can't _____ the whole time with you because I have to make a _____ on Thursday.

Itinerary

Day	City
Tues.	Madrid
Thurs.	Barcelona
Fri.	Paris
Sat.	Rome

Q Look at the graphic. Where will the woman deliver a speech?

(A) Madrid   (B) Barcelona

SPARTA TEST

**Square Mall
Discount Coupon**

Shoes -- 10%
Sunglasses -- 20%
Clothes -- 30%
Accessories -- 40%

Building Directory	
Dr. Lee's Clinic	Room 105
HKC Bank	Room 205
New Wave Publisher	Room 305
World Best Travel	Room 405

1 What is the woman looking for?
   (A) A receipt for an item
   (B) A location for a new store
   (C) A lost discount coupon
   (D) A gift for a relative

2 Look at the graphic. How much of a discount will the woman most likely get?
   (A) 10%
   (B) 20%
   (C) 30%
   (D) 40%

3 What will the man probably do next?
   (A) Compare prices
   (B) Give directions
   (C) Check a storage area
   (D) Issue a coupon

4 What is the purpose of the woman's visit?
   (A) To see a lawyer
   (B) To open an account
   (C) To deliver a script
   (D) To consult her doctor

5 What does the man suggest the woman do?
   (A) Find another parking area
   (B) Pay the fee online
   (C) Present a parking pass
   (D) Update the directory

6 Look at the graphic. Which room will the woman most likely go to?
   (A) Room 105
   (B) Room 205
   (C) Room 305
   (D) Room 405

SPARTA REVIEW TEST

1 What are the speakers mainly discussing?
(A) An event schedule
(B) Their coworker
(C) A television show
(D) Overtime work

2 Who is Mike Sanders?
(A) An entertainer
(B) A singer
(C) A reporter
(D) A producer

3 What will the woman do next?
(A) Call the TV station
(B) Watch the show online
(C) Complete the task
(D) Take some notes

4 What problem does the woman mention?
(A) She will be late for the meeting.
(B) She cannot find her documents.
(C) She is unable to meet a deadline.
(D) She lost her suitcase.

5 What does the woman ask the man to do?
(A) Help her find some materials
(B) Go to the office
(C) Prepare for the meeting
(D) Rewrite some papers

6 Where will the woman go next?
(A) To the meeting room
(B) To her house
(C) To the office
(D) To a print shop

7 What is the topic of the conversation?
(A) A guest
(B) A schedule
(C) An agenda
(D) A price

8 Where most likely are the speakers?
(A) At a convention center
(B) At an office building
(C) At a restaurant
(D) At a grocery store

9 What does the woman mean when she says, "Well, I guess we'll have to change our plans"?
(A) A dinner will be served later.
(B) They will cancel the event.
(C) They will require more staff.
(D) She wants to change the caterer.

10 Who most likely are the speakers?
(A) Neighbors
(B) Coworkers
(C) Business partners
(D) School friends

11 What is suggested about the speakers?
(A) They are chess players.
(B) They haven't seen for a while.
(C) They just graduated from school.
(D) They are teaching college students.

12 Why does the woman say, "How can I forget that"?
(A) To express her feelings
(B) To correct the mistake
(C) To make a complaint
(D) To ask for some help

Room	Capacity
Sapphire	10
Emerald	20
Ruby	30
Diamond	50

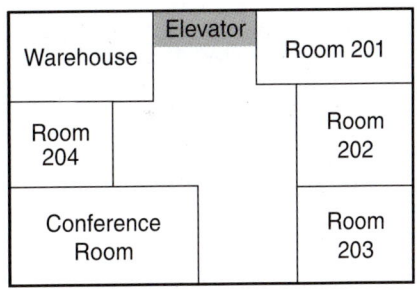

13 What are the speakers mainly talking about?

(A) A new menu
(B) An office relocation
(C) A staff gathering
(D) A new project

14 What problem does the woman mention?

(A) The attendance will increase.
(B) The meeting place is too small.
(C) She cannot attend the event.
(D) A restaurant has gone out of business.

15 Look at the graphic. Which room will the speakers most likely reserve?

(A) Sapphire
(B) Emerald
(C) Ruby
(D) Diamond

16 What does the man ask the woman to do?

(A) Use a different entrance
(B) Wear a badge
(C) Turn off her cell phone
(D) Come back later

17 What does the woman request?

(A) Contact information
(B) An interview schedule
(C) Directions to an office
(D) A parking ticket

18 Look at the graphic. Which office will the woman visit?

(A) Room 201
(B) Room 202
(C) Room 203
(D) Room 204

PART 4
담화문

미리 보기

▶ **문항 수:** 10지문 30문항 (71~100번)

▶ **문제 형태**

∞ 문제지

71. Where does the talk most likely take place?
    (A) In a reception area
    (B) In the Rocky Mountains
    (C) In a product showroom
    (D) In the warehouse

72. What will the listeners see next?
    (A) Various kinds of merchandise
    (B) Workers making products
    (C) Trucks delivering shipments
    (D) A short video on chocolate

73. What will be given to the listeners?
    (A) Some refreshments
    (B) A factory map
    (C) A presentation
    (D) Free samples

 음성

> Welcome to Rocky Mountain chocolate factory. Today, we are going to show you the entire process involved in making our chocolates. The tour will begin here at reception, where you can observe our workers making the product. After that, we will give you the opportunity to make some by yourselves. Finally, we'll finish the tour at our showroom where you'll be given samples to take home. So if everyone's ready, we'll begin.

▶ **PART 4란?**

담화를 듣고 주어진 3개의 문제를 푸는 파트입니다. 문제지에는 질문과 4개의 선택지가 주어지고, 파트 3와 마찬가지로 일부 문제는 시각 자료가 함께 제시됩니다. 음성으로는 담화와 연관 문제 3개를 들려 줍니다.

▶ **PART 4 풀이 전략**

① 질문을 미리 읽고 키워드 파악하기

음원을 듣기 전에 세 문제를 모두 읽고 키워드에 표시해 두세요. 키워드를 중심으로 지문의 흐름을 예상해 보세요.

② 지문의 도입부를 집중하여 듣기

PART 4의 지문은 대부분 두괄식 구조로 이루어져 있으므로, 지문의 첫 부분에서 주제, 화자, 대상, 장소 등과 관련된 단서를 놓치지 않는 것이 중요합니다.

③ 지문을 들으면서 동시에 정답 고르기

질문의 단서들이 대부분 순서대로 제시되므로, 지문을 들으면서 동시에 3문제의 정답을 선택해야 합니다.

UNIT 12 공지, 광고

INTRO

공지(Announcement)
★ 공항이나 기차역, 박물관과 같은 공공장소나 회사, 상점 등에서 여러 사람을 대상으로 특정 내용을 전달하는 유형입니다. 교통수단의 출발, 도착, 지연 안내 등을 비롯해서, 회사 내에서 직원들을 대상으로 전달하는 다양한 안내 사항을 포함합니다. 또한, 미술관이나 박물관 견학, 지역 명소 관광, 공장 견학과 관련된 내용도 출제됩니다.

★ 지문을 듣기 전에 질문을 먼저 읽고 문제 유형과 키워드를 파악합니다.

★ 화자/청자 및 공지가 나올 만한 장소는 주로 담화의 초반에 언급됩니다.

연설문(Speech)
★ 강연이나 세미나에서 들을 수 있는 연설문은 시상식 및 기념식에서의 연설이나 각종 행사에서 시작을 알리는 내용이 주를 이룹니다. 환영 인사 또는 감사의 말로 담화를 시작하며, 개인 소감, 성과에 대한 자축 그리고 행사 일정이나 휴식 시간에 대한 공지로 마무리됩니다.

광고(Advertisement)
★ 제품이나 서비스 및 업체 광고가 등장합니다. 주로 신제품 출시, 할인, 개업 홍보나 프로그램 홍보를 하는 경우가 많으며, 광고 대상과 특장점을 파악하는 것이 중요합니다.

★ 광고문의 첫 문제는 보통 광고의 대상을 묻습니다. 지문 초반에는 주로 질문으로 주의를 집중시킨 후, 광고의 대상을 언급하므로 이 부분에서 빨리 답을 체크한 후 나머지 문제에 집중해야 합니다.

★ 광고문의 흐름을 익혀 두면 좋습니다. 초반에는 '무엇이 광고되는지', 중반에는 '특징이 무엇이고 할인에 관련된 세부사항이 무엇인지', 후반에는 '추가 정보를 얻거나 구매하려면 어떻게 해야 하는지'에 대한 내용이 나옵니다.

대표 질문 유형

What is the announcement **about**? 무엇에 관한 공지인가?
Where does this announcement **take place**? 안내 방송이 나오는 곳은 어디인가?
What is the **purpose** of the talk? 연설의 목적은 무엇인가?
What are the **listeners** told to **do next**? 청자들은 다음에 무엇을 하라는 말을 듣는가?
What is being **advertised**? 무엇이 광고되고 있는가?
How long does this sale **last**? 할인은 얼마간 진행되는가?

유형 분석 및 훈련

유형 1 ▶ 공지 및 연설문

- 공지는 담화가 나오는 장소와 목적을 먼저 파악해야 하며, 청자들에게 요청하는 사항이나 주의 사항도 질문으로 많이 등장합니다. 연설문에서는 청자들이 누구인지를 묻는 질문이 자주 나옵니다.

EX 1 ▶ U12_1

Our tour will last for around three hours, including a short break for lunch. We will be outdoors during the majority of our tour, so please wear your hats and sunglasses. We're expecting lots of sun today, so I would suggest being generous with your sunscreen.

저희 투어는 짧은 점심식사 시간을 포함해 약 3시간 정도 걸릴 것입니다. 대부분의 시간을 야외에서 보낼 예정이므로, 모자와 선글라스를 착용하시기 바랍니다. 오늘 햇빛이 강하다고 하니 자외선 차단제를 넉넉히 바르세요.

Q What does the speaker recommend? 화자는 무엇을 제안하는가? → 제안

A Protecting from the sun 햇빛으로부터 보호하기

EX 2 ▶ U12_2

Attention, all employees! Renovation on the parking lot will begin on the first day of next month. Thus, I would like to remind all of you that we will be unable to use the parking lot during the renovation. Those who drive to work will have to make alternate parking plans for the duration. There is a limited number of parking spaces near our building.

모든 직원들께 알려드립니다! 주차장 수리가 다음 달 1일에 시작됩니다. 따라서 여러분들은 수리 기간 동안 주차장을 이용할 수 없음을 알려드리고자 합니다. 차로 출근하는 직원 여러분께서는 공사 기간 중에 주차 대안을 마련하셔야 합니다. 저희 건물 주변에 주차 공간이 어느 정도 있습니다.

Q What is the purpose of the announcement? 공지의 목적은 무엇인가? → 목적

A To remind employees of renovation 직원들에게 보수에 대해 알리려고

SPARTA ✓ CHECK-UP ▶ U12_3

해설 p.343

- 지문을 듣고 알맞은 응답을 고르세요.

1
> Thank you for shopping at Orgo's Happy Mart! We'd like to announce that we're having a twenty percent discount on all vegetables in the produce section for all you last-minute shoppers.

Q What is the announcement about?

(A) A new grocery store   (B) A special sale

유형 2 ▶ 광고

- 광고에는 할인율, 할인 기간, 가격 등 숫자들이 많이 등장합니다. 따라서 이와 관련된 정보를 묻는 문제가 포함되어 있으면, 문제의 키워드인 숫자를 표시한 후 지문을 듣는 것이 좋습니다.

EX 3 ▶ U12_4

We at Mega Mart proudly present our own line of fruit juice available now. The juice comes in five different flavors including orange, apple, and strawberry. They are good alone, or with fresh baked cookies in the bakery section. If you buy two cups of any flavor, we will give you the third one for free. This offer will only be available until the end of this week. So don't miss this special opportunity.

저희 메가 마트에서는 현재 구매하실 수 있는 자체 제품인 과일 주스를 자랑스럽게 소개 드립니다. 저희 주스는 오렌지, 사과, 딸기를 포함한 5가지 맛으로 나옵니다. 주스만 먹어도 좋고, 제과 코너에서 막 구운 쿠키와 곁들여도 좋습니다. 어떤 맛이든 두 잔을 사시면 한 잔을 무료로 드립니다. 이 행사는 이번 주 말까지만 진행되니 이 특별한 기회를 놓치지 마세요.

Q What is being advertised? 무엇이 광고되고 있는가? → 광고 대상
A Fresh drinks 신선한 음료

EX 4 ▶ U12_5

Paradise Adventure is offering a full course for the unbelievably low price of three hundred dollars. This year, P&J Insurance Company is pleased to give its employees the chance to receive discounted prices for every event. Come learn from the best and take advantage of the opportunity before the offer expires June thirtieth!

파라다이스 어드벤처는 믿기지 않을 정도로 저렴한 300달러에 전 강습 과정을 제공합니다. 올해 P&J 보험 회사는 직원들에게 모든 행사를 할인된 가격에 누릴 수 있는 기회를 제공하게 되어 기쁩니다. 특별 행사가 6월 30일에 끝나기 전에 오셔서 최고로부터 배울 수 있는 기회를 누리시기 바랍니다!

Q What is being offered for a limited time? 제한된 시간 동안 무엇이 제공되는가? → 세부 사항
A Reduced price 가격 할인

SPARTA ✓ CHECK-UP ▶ U12_6 해설 p.343

- 지문을 듣고 알맞은 응답을 고르세요.

2 April is Customer Appreciation Month at Creative Hair Solutions. We're offering fifty percent discounts on haircuts, permanent waves, and manicures.

Q What kind of business is being advertised?
(A) A beauty salon　　　　(B) An electronics store

■ 필수 빈출 표현

공지

[지연, 연착]
while waiting 기다리는 동안
during a delay 지연되는 동안
please be advised that ~ ~을 숙지해 주세요

[공항]
be sure to have your boarding pass 탑승권을 확실히 소지하다
bound for New York 뉴욕으로 향하는
regret to announce ~ ~을 말씀 드리게 되어 유감이다
all scheduled flights 모든 예정된 항공편들
show around ~ ~를 안내하다, ~를 보여주다
appreciate A for B A에게 B에 대해 감사하다

연설문

Thanks for attending ~. ~에 참석해 주셔서 감사합니다.
Thank you all for coming to ~. ~에 와 주셔서 감사드립니다.
I'd like to give special thanks to ~. ~에게 특별히 감사의 말씀을 드리고 싶습니다.
as the founder of this organization 이 단체의 설립자로서
receive a number of positive reviews from ~ ~로부터 많은 긍정적인 평론을 받다
one of the biggest names in the business 업계의 거물들 중 한 명
keynote speaker 기조 연설가
Question & Answer session 질의응답 시간

광고

(Are you) looking for ~? ~을 찾고 계십니까?
To order ~, call[contact] ~. ~을 주문하시려면, ~로 연락하세요.
For further[more] information, (please) call ~. 정보가 더 필요하시면, ~로 연락 주세요.
20% off the regular price 정가에서 20퍼센트 할인
price reduction 가격 할인
special offer 특별 할인가

SPARTA PRACTICE

U12_7 | 해설 p.343

- 음성을 듣고 빈칸을 채운 후 알맞은 것을 고르세요.

1

This year's _____ is going to be unbelievable! We have an _____ lineup of bands and _____ who will be at the _____. It will be held at the brand-new Kennedy Hall in Chicago from April thirteenth to twenty-fourth. To get tickets for the event, simply go to your local _____ _____, but you must hurry. These tickets are going _____! Or, keep listening to KLWY for a _____ to win two tickets to this event.

Q What is being advertised?

(A) A music performance

(B) A new CD

2

Ladies and gentlemen. Thank you for _____ in the workshop this afternoon despite your busy _____. If you're one of those who were unable to join us in the morning _____, information packets are ready at the registration desk. Before starting the next session, I have an _____ announcement to make. Dr. Lim, our last speaker, is not able to give a _____ today due to other commitments. Luckily, Dr. Wagner will _____ his insights and knowledge instead.

Q Why is the announcement being made?

(A) To inform changes in the schedule

(B) To review the agenda

SPARTA TEST

1 Where is the announcement most likely being made?
(A) At an airport
(B) At a train station
(C) In a shuttle bus
(D) At a bus terminal

2 What caused the delay?
(A) An accident
(B) A bad weather
(C) A mechanical problem
(D) A lack of workers

3 What will be provided to some listeners?
(A) Transportation to an airport
(B) Hotel accommodation
(C) A free trip on the train
(D) Free meals

4 What is being advertised?
(A) A hotel
(B) A magazine
(C) An online store
(D) A travel agency

5 Why does the woman say, "you don't need to look any further than Pacific Views"?
(A) To make a complaint
(B) To decline a request
(C) To make a suggestion
(D) To ask for feedback

6 What special offer does the speaker mention?
(A) A discount coupon
(B) A free shuttle service
(C) A complimentary breakfast
(D) Free accommodation

7 Who is the audience of the speech?
(A) University students
(B) New employees
(C) Local business owners
(D) Fellow employees

8 Where is the speech taking place?
(A) At a retirement party
(B) At a conference
(C) At a training session
(D) At an orientation

9 What does the speaker plan to do next?
(A) Write a book
(B) Train new employees
(C) Go on a trip
(D) Change company policy

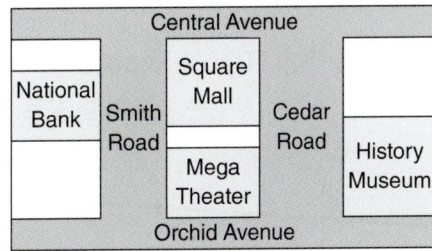

10 What is the talk mainly about?
(A) A traffic jam
(B) A construction project
(C) A local festival
(D) A city budget

11 Look at the graphic. Which building would be least affected by the construction?
(A) National Bank
(B) Square Mall
(C) Mega Theater
(D) History Museum

12 What does the speaker recommend?
(A) Walking to work
(B) Checking a map
(C) Using a different route
(D) Driving carefully

UNIT 13 방송, 안내

INTRO

라디오 방송 (Radio Broadcast)
★ 라디오 방송에서는 일기 예보, 도로 상황 안내, 지역 소식이나 비즈니스 뉴스 등이 등장합니다. 지역 소식으로는 각종 사건과 사고, 지역 행사 등이 주로 나오고, 비즈니스 뉴스는 회사의 인수/합병이나 경제 소식을 주로 전합니다. 간혹 초청 게스트를 소개하는 방송이 나오기도 합니다.

★ 지문을 듣기 전에 문제를 먼저 읽고 키워드를 파악합니다.

★ 도입부를 잘 듣고 어떤 종류의 라디오 방송인지를 파악합니다.

일기 예보 (Weather Forecast)
★ 일기 예보는 현재의 날씨와 앞으로의 날씨 상황을 알려 주고 그에 따른 대비책을 언급하는 내용이 주로 나옵니다. 날씨를 묘사하는 다양한 표현을 익혀 둬야 합니다.

교통 방송 (Traffic Report)
★ 교통 안내 방송은 교통 체증, 도로 정체 등 도로의 상황을 알리고 우회로 이용을 권고하는 내용이 주로 등장합니다.

> **대표 질문 유형**

What is the radio broadcast **about**? 무엇에 대한 라디오 방송인가?
Who is the report **intended for**? 보도는 누구를 대상으로 하는가?
What is the **weather** like now? 현재 날씨는 어떠한가?
What is **causing** the **traffic delays**? 무엇이 교통 체증을 야기하는가?
What are the listeners **advised to do**? 청자들은 무엇을 하도록 조언 받는가?
What will the listeners most likely **hear next**? 청자들은 다음에 무엇을 들을 것 같은가?

유형 분석 및 훈련

유형 1 ▶ 일기 예보

- 일기 예보에서는 특정 날짜의 날씨를 물어보는 문제가 많이 등장하므로 음원을 듣기 전 질문의 키워드를 미리 체크한 후, 정답 단서가 들리면 바로 정답을 골라야 합니다.

EX 1 U13_1

Good evening, everyone. This is Anna Lopez with the weather on your nine o'clock News, "At Night". There is an excessive heat warning in effect from Tuesday morning through Thursday afternoon. The temperature is expected to reach thirty-six degrees Celsius with high humidity.

안녕하세요, 여러분. 저는 9시 뉴스 "At Night"에서 날씨를 알려 드리는 안나 로페즈입니다. 화요일 오전부터 목요일 오후까지 극심한 혹서 주의보가 발효되었습니다. 기온이 섭씨 36도까지 오르며, 습도도 높을 것으로 예상됩니다.

Q What is the radio broadcast about? 무엇에 대한 라디오 방송인가? → 주제
A The weather conditions 기상 상태

EX 2 U13_2

Officials from the government weather agency are advising people to drink plenty of water and avoid outdoor activity. Also, they are asking businesses and schools to conserve electricity. Fortunately, we will have some rain showers on Friday to cool things off. Saturday and Sunday will be perfect for outdoor activities with highs in the mid-twenties. Next up, traffic with Pat Lily.

정부의 기상청 직원들은 물을 충분히 마시고 야외 활동을 피하도록 권하고 있습니다. 또한, 기업체와 학교에서는 전력을 아낄 것을 요구하고 있습니다. 다행히도, 금요일에는 소나기가 내려서 시원해질 것입니다. 토요일과 일요일에는 최고 기온이 20도 중반에 달하면서 야외 활동을 하기에 완벽할 것입니다. 다음은 팻 릴리가 진행하는 교통 방송입니다.

Q When will the weather be good for outdoor activities? → 세부 내용
야외 활동을 하기에 날씨가 좋아지는 때는 언제인가?
A This weekend 이번 주말

SPARTA ✓ CHECK-UP U13_3

해설 p.346

- 지문을 듣고 알맞은 응답을 고르세요.

1. This is Pam Sanders with the morning forecast. We are expecting some changes to the warm weather we've had recently. We'll be experiencing some frigid temperatures today. I recommend that you wear warm clothes such as wool coats.

Q What does the speaker suggest listeners do?
(A) Stay outside
(B) Dress warmly

유형 2 ▶ 교통 방송

- 교통 안내 방송은 공사, 사고, 날씨 등 교통 정체의 이유와 그에 따른 대비책이 등장합니다. 대비책으로는 다른 도로로 우회하거나 출퇴근 시간을 넉넉히 잡으라는 내용이 주로 언급됩니다.

EX 3 ▶ U13_4

Thank you for listening to FM 93.8, your local station for traffic and weather. I'm Mark Jones with your hourly traffic update. There is a thirty-minute delay on Seventh Avenue near Central Park due to repair work. You might want to take an alternate route to avoid the delay.

교통 정보와 날씨를 책임지는 지역 방송국 FM 93.8을 청취해 주셔서 감사합니다. 저는 시간별 교통 뉴스를 전해 드리는 마크 존스입니다. 센트럴 공원 근처의 7번 가에서 공사로 인해 약 30분간의 교통 정체가 예상됩니다. 정체를 피하기 위해 다른 길로 가시기 바랍니다.

Q What are the listeners advised to do? 청자들은 무엇을 하도록 조언 받는가? → 제안

A Take a detour 우회도로 이용하기

EX 4 ▶ U13_5

Traffic is moving smoothly on all major roads. Also, just a reminder that this Saturday night, there will be a firework festival near Han River, so mark your calendar for that event. We'll be right back with the top local news after some short commercials from our sponsors.

모든 주요 도로에서 교통 흐름이 원활한 상태입니다. 또한 이번 주 토요일 밤에는 한강 근처에서 불꽃 축제가 있을 예정이니 여러분 달력에 표시해 두시기 바랍니다. 저희 프로그램 후원자들의 짧은 광고를 듣고 지역 주요 뉴스로 돌아오겠습니다.

Q What will the listeners hear next? 청취자들은 다음에 무엇을 듣게 되는가? → 추후에 들을 내용

A An advertisement 광고

SPARTA ✓ CHECK-UP ▶ U13_6   해설 p.346

- 지문을 듣고 알맞은 응답을 고르세요.

2 Good evening. This is Monica from Traffic Update. If you are traveling out of the city on Highway 70 this evening, you are likely to experience delays. There has been an accident on the eastbound highway, which has forced the police to close one lane.

Q What is causing the traffic delay?

(A) A car accident   (B) Road construction

■ 필수 빈출 표현

라디오 방송

[전반부]

I'm your host ~. 저는 진행자 ~입니다.
This is A with B program. 저는 B프로그램의 A입니다.
You are listening to ~. 여러분들은 지금 ~을 듣고 계십니다.

[후반부]

after this short message from our sponsor 광고 후에
after the commercial break 광고 후에
Coming up next ~. 이어서 ~을 들으시겠습니다.
Please stay tuned. 채널 고정해 주세요.

일기 예보

[날씨 표현]

with temperatures in the low 20s 20도 초반의 기온인
30 percent chance of rain 30퍼센트의 비 올 확률
The temperature is expected to reach ~. 기온이 ~에 이르겠습니다.

[대비책]

If you have to go outside, we suggest wearing a coat and gloves.
외출하실 경우, 코트와 장갑을 착용할 것을 권합니다.
Allow extra time for your commute. 출퇴근 시간을 넉넉히 잡으세요.
Don't forget to take your umbrella. 우산 챙기는 걸 잊지 마세요.
Drink plenty of water and put on sunscreen. 물을 충분히 마시고 선크림을 바르세요.

교통 방송

[우회]

take an alternate route 다른 길을 이용하다
take another route 다른 길을 이용하다
take a detour 우회도로를 이용하다

[교통 체증]

The traffic is bumper to bumper. 교통이 막힙니다.
The traffic is jammed. 교통이 막힙니다.
The traffic is moving slowly. 교통 흐름이 느린 상태입니다.

SPARTA PRACTICE

U13_7 | 해설 p.346

- 음성을 듣고 빈칸을 채운 후 알맞은 것을 고르세요.

1

Good evening. This is McKenzie Roe with the daily _____ _____. The rain, which began this morning, should stop tomorrow morning. Then, we will have _____ skies until this weekend, but it will be _____ again next Monday. After the rain, it's going to be quite a bit _____. So please _____ a jacket or sweater if you are going to be outside. _____ tuned for the local traffic report after this short _____ from our _____.

Q What is the broadcast about?

(A) Weather

(B) Traffic

2

This is Janet Lee with your KMW _____ _____. Unfortunately, the exit five of the Highway 17 is closed to _____ today due to an accident. The highway office _____ to reopen _____ five for commuters tomorrow morning. The good news for commuters and _____ is that it looks like everything will be _____ for the Queen's Park Mall to be open in March as _____.

Q Who most likely is the speaker?

(A) A news reporter

(B) A city official

SPARTA TEST

1. What is causing the traffic delay?
   (A) Road construction
   (B) A broken traffic signal
   (C) A special event
   (D) Poor weather conditions

2. What are the listeners recommended to do?
   (A) Take a detour
   (B) Wear raincoats
   (C) Ride motorcycles
   (D) Leave home early

3. What does the speaker say about this weekend's weather?
   (A) Foggy
   (B) Dry
   (C) Rainy
   (D) Sunny

4. What will the weather be like tonight?
   (A) Unusually warm
   (B) Windy
   (C) Rainy
   (D) Cold

5. When will the temperature reach 11 degrees?
   (A) Overnight
   (B) Tomorrow morning
   (C) Tomorrow afternoon
   (D) On Monday

6. What does the speaker suggest the listeners do tomorrow?
   (A) Wear a hat and gloves
   (B) Spend the afternoon outside
   (C) Have a picnic in the park
   (D) Go to the beach

7. What is the report mainly about?
   (A) Health care
   (B) Community projects
   (C) Highway construction
   (D) Budget plans

8. According to the speaker, what will have a large increase in spending?
   (A) Education
   (B) Medical care
   (C) Train service
   (D) Overall spending

9. Why does the speaker say, "Even with these changes"?
   (A) To express concern about changes
   (B) To emphasize the unexpected results
   (C) To correct a misunderstanding
   (D) To complain about budgets

Tue.	Wed.	Thurs.	Fri.
Hot	Cloudy	Sunny	Rainy

10. Who most likely is the speaker?
    (A) A reporter
    (B) A police officer
    (C) A singer
    (D) A sponsor

11. Look at the graphic. When will the event be held?
    (A) On Tuesday
    (B) On Wednesday
    (C) On Thursday
    (D) On Friday

12. What will listeners hear next?
    (A) A music show
    (B) A commercial
    (C) Traffic update
    (D) Sports news

UNIT 14 전화 메시지

INTRO

개인 메시지
★ 파트 4 지문 중 가장 출제 비중이 크며, 전화를 건 사람이 부재중인 상대방에게 용건이 있어 개인 메시지를 남기는 유형입니다.

★ 주로 업무와 관련하여 질문하거나 일정 확인, 예약 확인, 회신 요청 등이 나오고 마지막에는 연락 방법을 언급합니다.

★ 담화 구조는 '자기소개 → 전화 용건 → 연락 방법(연락처 정보)'으로, 전화를 건 사람에 대한 정보나 용건은 담화 초반에, 요청 사항은 후반부에 언급됩니다.

자동 응답 메시지
★ 업체나 기관에서 남기는 메시지로, 사무실, 병원, 박물관 등에서 담당자의 부재, 휴무 안내, 영업시간 및 할인 행사 등의 정보를 제공합니다.

★ 시간 관련 정보가 정답 단서가 되는 경우가 많으므로 숫자에 유의해서 들으세요.

대표 질문 유형

What is the **purpose** of the message? 메시지의 목적은 무엇인가?
Why is the speaker **calling**? 화자가 전화하는 이유는 무엇인가?
What does the speaker **ask the listener to do**? 화자가 청자에게 요청하는 것은 무엇인가?
What problem does the speaker mention? 화자가 언급하는 문제점은 무엇인가?
What type of business recorded the message? 어떤 업체가 녹음한 메시지인가?
Who most likely is the **speaker**? 화자는 누구인 것 같은가?

유형 분석 및 훈련

유형 1 ▶ 개인 메시지

- 주로 문제점 해결을 요청하거나 세부 정보를 확인 및 요청하는 내용이 나옵니다. 담화 초반에 자신의 신분을 밝힌 후, I'm calling to ~ / I'm calling about ~으로 전화한 목적이 언급됩니다.

EX 1 ▶ U14_1

Hello, Mr. Jackson. This is Meredith Watson from the admissions office at Riverside College. I'm calling to confirm that we received your graduate school application for admission to the MBA Program. In order to complete the application process, we also require two letters of recommendation. Please fax your references to me at 555-1099 by the end of the week.

안녕하세요, 잭슨 씨. 리버사이드 대학의 입학 관리 사무실에서 근무하는 메러디스 왓슨입니다. MBA 과정 입학을 위한 귀하의 대학원 신청서를 받았음을 확인해 드리기 위해 전화 드렸습니다. 입학 절차를 완료하기 위해, 추천서 두 통을 추가로 요청 드립니다. 귀하의 추천서를 주말까지 555-1099번으로 제게 팩스로 발송해 주십시오.

Q What is the main purpose of the message? 메시지의 주요 목적은 무엇인가? → 용건

A To request some documents 서류를 요청하기 위해

EX 2 ▶ U14_2

Good morning, Ms. Kelly. This is Rosa Rotack from the reception desk at Dr. Lee's office. I'm calling to give you the results of the test you had during the annual health check-up last Friday. Everything is normal. We'll be sending you a complete written report to your home address. If you have any questions, please call me back any time. Thank you.

안녕하세요, 켈리 씨. 저는 이 박사님 병원의 접수 데스크에서 근무하는 로사 로택입니다. 지난 금요일에 하신 연례 건강 검진 결과를 알려 드리고자 전화 드렸습니다. 모든 것이 정상입니다. 서면으로 작성된 보고서를 귀하의 주소로 보내드리겠습니다. 질문 있으시면 언제든 제게 연락 주세요. 감사합니다.

Q Who most likely is the speaker? 화자는 누구일 것 같은가? → 발신자

A A receptionist 접수원

SPARTA ✓ CHECK-UP ▶ U14_3

해설 p.349

- 지문을 듣고 알맞은 응답을 고르세요.

1. Hello, Mr. Jake Williams. My name is Sharon calling from All-Good Furniture. You placed an order for seven file cabinets on our Web site last Friday. I'd like to check on the specifications for the products you want before shipping them.

   Q Why did the speaker leave the message?

   (A) To cancel an order (B) To ask for information

유형 2 ▶ 자동 응답 메시지

- 기관이나 회사, 업체 등에서 고객들을 대상으로 남기는 메시지로, 담화 초반에 Thank you for calling ~ / You've reached ~ 등의 표현으로 업종에 대한 정보를 제공합니다.

EX 3 ▶ U14_4

Hello, you've reached Lucy's Online Bookstore. Our office opens at 9 A.M. and closes at 5 P.M. If you're interested in placing an order, please press one. If you'd like to receive any type of invoice or bill, please press two. And for any cancellations or returns, press three. For other information, press nine. Our staff will help you.

안녕하세요, 루시 온라인 서점에 전화 주셨습니다. 저희 사무실은 오전 9시에 문을 열어서 오후 5시에 영업을 마칩니다. 주문을 하시려면 1번을 눌러 주세요. 송장이나 계산서를 받고 싶으시면, 2번을 눌러 주세요. 그리고 취소나 반품 관련해서는 3번을 눌러 주십시오. 그 외의 정보는 9번을 누르시면 저희 상담원이 도와 드릴 것입니다.

Q What type of business recorded the message? 어떤 업체가 녹음한 메시지인가? → 업종
A An online store 온라인 매장

EX 4 ▶ U14_5

Thank you for calling the O'Hare International Airport. Passengers are advised to follow the new rules; You are requested to arrive two hours early for domestic flights and three hours early for international destinations. For a complete list of passenger regulations and rights, please visit us at www.ohrairport.com or contact your local travel agency.

오헤어 국제 공항에 전화 주셔서 감사합니다. 승객 여러분들께서는 다음의 새로운 규정을 따라 주시기 바랍니다; 국내선은 2시간, 국제선은 3시간 전에 도착해야 합니다. 승객 관련 규정과 권리에 대한 전체 리스트를 원하시면 www.ohrairport.com으로 방문하시거나 지역 여행사에 연락해 주십시오.

Q What is the purpose of the message? 메시지의 목적은 무엇인가? → 목적
A To inform passengers of the new regulations 승객들에게 새로운 규정을 알리기 위해

SPARTA ✓ CHECK-UP ▶ U14_6 해설 p.349

- 지문을 듣고 알맞은 응답을 고르세요.

2 Thank you for calling the SPM Ticket Office. For information on tickets to sporting events, please press one. For tickets to live performances, press two. For tickets to musical programs at the Civic Center, press three.

Q What is the message about?
(A) Tickets to events
(B) Office locations

■ 필수 빈출 표현

전화 메시지

[개인 메시지]

I'm calling to ~. ~하기 위해 전화 드립니다.
I'm calling about ~. ~와 관련해 전화 드립니다.
This is A(사람 이름) from B(기관/업체) ~. 저는 B 소속의 A입니다.
This message is for ~. 이 메시지는 ~에게 남기는 것입니다.
Please call me as soon as possible. 가능한 한 빨리 연락 주세요.
Please call me back at your earliest convenience. 가능한 한 빨리 연락 주세요.
Please contact us any time. 저희에게 언제든지 연락 주세요.
If you cannot make it, 만약 못 오신다면,
Sorry for the inconvenience. 불편을 드려 죄송합니다.
You can reach me at (연락처). ~로 저에게 연락하실 수 있습니다.
I'll be waiting for your call. 당신의 전화를 기다리겠습니다.

[자동 응답 메시지]

You have reached ~. ~에 연락하셨습니다.
Thank you for calling ~. ~에 연락 주셔서 감사합니다.
Our business hours are A to B. 저희 영업시간은 A부터 B까지입니다.
We are open to the public from A to B. 저희는 A부터 B까지 문을 엽니다.
Please stay on the line. 전화를 끊지 말고 기다리세요.
You will be connected ~. ~에 연결될 것입니다.
To ~, (please) press 1. ~하려면 1번을 누르세요.
leave a message 메시지를 남기다
put A through B A를 B에 연결시키다
after the tone 신호음이 난 후에

SPARTA PRACTICE

U14_7 | 해설 p.349

• 음성을 듣고 빈칸을 채운 후 알맞은 것을 고르세요.

1

Hello, this is a _____ for Jack Huston. My name is Katie Rose from the _____ Resources Department at Texas Medical Center. I'm calling to let you know that we _____ your application and résumé for the emergency room _____. In order to complete the application _____, I'd like to schedule an interview with you for next week. Please call my _____ at 670-555-3328, and let her know when you'll be _____. After interviewing, our head managers will finally make a _____.

Q What does the speaker ask the listener to do?

(A) Send an e-mail
(B) Make a call

2

Thank you for _____ Sigma Tau Arts Museum. It has _____ some of the greatest modern art. Now _____ its twentieth year, Sigma Tau Arts has planned a _____ concert to commemorate their _____. To get tickets for the event, please _____ www.sigmatauarts.com.

Q How can the listener get a ticket?

(A) By purchasing it online
(B) By visiting the box office

SPARTA TEST

1. What is the purpose of the message?
   (A) To schedule a delivery
   (B) To respond to a letter
   (C) To report a problem
   (D) To ask for directions

2. What does the speaker say about the product?
   (A) It has a unique design.
   (B) It is not working properly.
   (C) A part of it is damaged.
   (D) Its manual is incorrect.

3. What does the speaker ask the listener to do?
   (A) Give a refund
   (B) Send someone to her place
   (C) Order another part
   (D) Send a bill

4. According to the speaker, what is scheduled for next week?
   (A) A workshop
   (B) A job interview
   (C) A trade show
   (D) A factory tour

5. What did the listener receive in the morning?
   (A) A contact information
   (B) A meeting agenda
   (C) An outline
   (D) A catalogue

6. What does the speaker mean when she says, "But we are also available on Thursday"?
   (A) She thinks the project should be delayed.
   (B) She needs to confirm attendance.
   (C) She wants to hold an extra session.
   (D) She has to hire someone new for the event.

Value Department Store

Extension No.	Operator
1	Andy Revaz
2	Sally Dickson
3	David Lukas
4	John Taylor

7. What does the department store specialize in?
   (A) Groceries
   (B) Household goods
   (C) Hardware
   (D) Clothing

8. When is the department store open?
   (A) Every day but holidays
   (B) Monday through Friday
   (C) Monday through Saturday
   (D) Monday through Sunday

9. Look at the graphic. Who is the caller talking to with inquiries about shoes?
   (A) Andy Revaz   (B) Sally Dickson
   (C) David Lukas (D) John Taylor

10. Who most likely is the listener?
    (A) A plumber   (B) A home builder
    (C) A lawyer   (D) A house owner

11. What does the speaker want the listener to do?
    (A) Repair a bathroom
    (B) Build an addition to a house
    (C) Change the layout
    (D) Apply for a construction loan

12. What is implied about the listener?
    (A) He was recommended by Ms. Campbell's friend.
    (B) His office is nearby.
    (C) He is familiar with the neighborhood.
    (D) He has done work for Ms. Campbell before.

UNIT 15 회의, 인물 소개

INTRO

회의(Meeting)
★ 직장에서 업무 관련 내용을 직원들에게 전달하는 유형으로, 파트 4에서 출제 비중이 높은 편입니다.
★ 지문 도입부에서 화자/청자의 정체, 소속된 곳(회사, 부서)에 대한 정보를 파악하세요.
★ 청자인 직원들을 대상으로 화자가 무엇을 요청하는지 집중해서 들으세요. 다음에 할 일을 묻는 문제로 출제됩니다.

인물 소개(Introduction)
★ 시상식이나 환영회 등에서 특정 인물을 소개하는 내용으로, 해당 인물의 업적이나 장점 등을 묻는 문제가 자주 등장합니다.
★ 해당 인물의 전문 분야, 업적 등을 소개한 후 무대로 모시겠다는 마무리 멘트가 주로 언급됩니다.

대표 질문 유형

What is the **purpose** of the meeting? 회의의 목적은 무엇인가?
Who most likely are the **listeners**? 청자들은 누구인 것 같은가?
What are the **listeners encouraged/asked to do**? 청자들은 무엇을 하라고 권유/요청 받는가?
What kind of business does the speaker **work for**? 화자가 일하는 분야는 무엇인가?
What will the speaker/listeners **do next**? 화자는/청자들은 다음에 무엇을 할 것인가?
Where is the introduction **taking place**? 소개는 어디에서 일어나고 있는가?
Who is **Harry Payne**? 해리 페인은 누구인가?
Where did **Ms. Conley** most **recently work**? 콘리 씨는 가장 최근에 어디에서 근무했는가?
What will most likely **happen next**? 다음에 무슨 일이 일어날 것 같은가?

유형 분석 및 훈련

유형 1 ▶ 회의

- 회의의 주제 또는 화자/청자들이 일하는 업종, 청자들이 무엇을 하도록 요구되는지 등을 묻는 문제가 자주 나옵니다.

EX 1 ▶ U15_1

Before we close the meeting, I'd like to remind you that all employees are invited to the launch event of our new cosmetic lines. We will meet on Thursday at 6 P.M. at the Hillside Hotel. We need to know how many people will attend, so call me or send me an e-mail by tomorrow afternoon to let me know whether or not you can come.

회의를 끝내기 전에, 모든 직원들이 우리의 새로 출시된 화장품 라인의 출시 기념 행사에 초대될 것임을 알려드리고자 합니다. 우리는 힐사이드 호텔에서 목요일 오후 6시에 만날 것입니다. 얼마나 많은 사람들이 참석할 것인지를 알아야 하므로, 내일 오후까지 전화나 이메일로 참석 여부를 알려 주시기 바랍니다.

Q What is the purpose of the meeting? 회의의 목적은 무엇인가? → 회의 목적
A To inform employees of the event 직원들에게 행사를 알리기 위해

EX 2 ▶ U15_2

Good morning. I'm Steve Roger, and I'll be leading the training class on Internet security. I've worked on security-related issues in the computer industry for the past ten years, and I've given workshops like this for the past two years. Today, I'm going to show you how to set up a Web site that is safe for customers to use. Please pay close attention during the demonstration.

안녕하세요. 저는 스티브 로저이고, 인터넷 보안에 관한 훈련을 진행할 겁니다. 저는 지난 10년 동안 컴퓨터 산업에서 보안 관련 문제를 담당해 왔고, 지난 2년 동안 이와 같은 워크숍을 개최하고 있습니다. 오늘은 고객이 이용하기에 안전한 웹 사이트를 만드는 법을 보여드리겠습니다. 시연하는 동안 주의 깊게 봐주시기 바랍니다.

Q What are the listeners asked to do? 청자들은 무엇을 하도록 요청받는가? → 요청 사항
A Concentrate on the course 수업에 집중한다

SPARTA ✓ CHECK-UP ▶ U15_3

해설 p.352

- 지문을 듣고 알맞은 응답을 고르세요.

1
> Good afternoon, everyone! I hope you're all as excited about this new line of products as I am. By the end of my presentation, you will see the performance capabilities of these incredible copiers, all brought to you by Printek, the number one printer company in the world!

Q What is the purpose of the talk?
(A) To introduce a new item   (B) To explain a strategy

유형 2 ▶ 인물 소개

- 지문 초반에는 주로 인물 소개 멘트로 시작하며, 그 후 소개되는 사람의 업적, 전문 분야, 강연 주제 등을 언급합니다. 청자들에게 무언가를 요청하거나 해당 인물을 무대 위로 모시겠다는 멘트로 마무리합니다.

EX 3 ▶ U15_4

Ladies and gentlemen, I'm pleased to present the Employee of the Year award to Mr. Allen Porter. Mr. Porter joined our company two years ago. In that short time, he has helped to double the sales of our ZMR digital cameras, and profits went up almost thirty-five percent. Now, let's invite Mr. Porter to the stage and listen to his secrets behind his success.

신사 숙녀 여러분, 저는 올해의 직원 상을 앨런 포터 씨에게 수여하게 되어 기쁩니다. 포터 씨는 2년 전부터 저희 회사에서 근무하기 시작했습니다. 그 짧은 시간에 그는 저희 ZMR 디지털 카메라의 판매를 두 배로, 수익은 거의 35%를 증가시키는 데 일조했습니다. 자, 이제 포터 씨를 무대 위로 모셔서 그의 성공 비결을 들어보도록 합시다.

Q What industry does Mr. Porter work in? 포터 씨는 어떤 업계에서 일하는가? → 업종
A Electronics 전자제품

EX 4 ▶ U15_5

Good evening, and welcome to the Main Street Playhouse. We're here tonight to celebrate the twentieth anniversary of this theater. Over the past thirty years, the theater has presented a wide variety of art programs to our community. Especially, without the efforts of one individual, this theater would not exist. Ladies and gentlemen, please welcome the founder of the Main Street Playhouse, Ms. Linda Pierre.

안녕하세요, 메인 스트리트 플레이하우스에 오신 걸 환영합니다. 우리는 극장의 20주년을 축하하기 위해 오늘 밤 이 자리에 있습니다. 지난 30년간, 이 극장은 아주 다양한 예술 프로그램을 우리 지역사회에 선보여 왔습니다. 특히, 한 사람의 노력이 없었다면, 이 극장은 존재하지 않았을 것입니다. 신사 숙녀 여러분, 메인 스트리트 플레이하우스의 설립자인 린다 피에르 씨를 환영해 주세요.

Q Who is Linda Pierre? 린다 피에르는 누구인가? → 정체
A The founder of the theater 극장 설립자

SPARTA ✓ CHECK-UP ▶ U15_6   해설 p.352

- 지문을 듣고 알맞은 응답을 고르세요.

2
> Today before we start the weekly meeting, I'd like to introduce a new employee, Helen Kang, who will give a short speech after a while. Ms. Kang has worked for A&F Food and was in charge of training sales managers. You are all invited to join Ms. Kang in the lounge afterwards for a complimentary drink and a chance to get to know her better.

Q Where is the announcement being made?
(A) In a meeting room   (B) In a lounge

■ 필수 빈출 표현

회의

Welcome to ~. ~에 오신 것을 환영합니다.
We're here to ~. 우리는 ~하기 위해 이 자리에 모였습니다.
This meeting is to ~. 이 회의는 ~하기 위해서입니다.
Be sure to check ~. 꼭 ~하시기 바랍니다.
I'd like everyone to ~. 여러분 모두 ~하시기 바랍니다.
Let's get back to ~. ~ 얘기로 돌아갑시다.
We are on a tight schedule. 우리는 일정이 빠듯합니다.
wrap up a meeting 회의를 마무리 짓다
give a short notice 갑작스럽게 공지하다
make an announcement 발표하다
staff meeting 직원 회의
board of directors 이사회

인물 소개

It's an honor to introduce ~. ~를 소개하게 되어 영광입니다.
I'm proud to introduce ~. ~를 소개하게 되어 자랑스럽습니다.
I'd like to introduce ~ to you. 여러분께 ~를 소개해 드리고 싶습니다.
I'm pleased to be here tonight. 오늘 밤 이 자리에 있게 되어 기쁩니다.
conduct a training on ~ ~에 대한 교육을 실시하다
be known for ~ ~로 알려지다
receive an award for ~ ~로 상을 받다
The Person/Employee of the Year 올해의 인물/직원
present an award to ~ ~에게 상을 수여하다
invite ~ to the stage ~를 무대로 모시다
give a big hand 큰 박수를 보내다
play a major role 중요한 역할을 하다
leave one's position 자리에서 물러나다
begin one's career as ~ ~로서 경력을 시작하다
on behalf of the company 회사를 대표하여
have been with us for + 기간 (기간) 동안 우리와 함께해 왔다

SPARTA PRACTICE

• 음성을 듣고 빈칸을 채운 후 알맞은 것을 고르세요.

1

Hello, everyone! Thank you for _____ our company event at the Plaza Hotel. This is not only our way of thanking our _____ for their hard work, but also to thank their families for their _____. We've had a great _____ as our cosmetics sales _____ second among all the regional offices. We hope to continue _____ our sales of cosmetics with the goal of being number one in the _____ by the end of the year.

Q What is the talk mainly about?

(A) Company sales

(B) Job openings

2

Good evening. As you're all _____, we are here tonight to honor the _____ of one of our _____ employees, Mr. Henry Montgomery. He has been with us _____ Victory Industries started thirty-five years ago. At that time, it was a very small _____ consisting of just five people, but as the company grew, so did his _____.

Q What is the purpose of the talk?

(A) To promote a product

(B) To honor a person

SPARTA TEST

1. What department does the speaker work in?
   (A) Marketing
   (B) Sales
   (C) Accounting
   (D) Personnel

2. Who is the talk intended for?
   (A) All employees
   (B) Marketing managers
   (C) New customers
   (D) Sales representatives

3. What will the listeners receive as a reward?
   (A) A pay raise
   (B) A vacation
   (C) A membership card
   (D) An invitation to dinner

4. Who is Ms. Rodriguez?
   (A) An artist
   (B) A news reporter
   (C) A professor
   (D) A curator

5. What will the listeners most likely see tonight?
   (A) A new book
   (B) A video
   (C) An exhibition
   (D) Some pictures

6. What will Ms. Rodriguez do next?
   (A) Take a break
   (B) Fill out a form
   (C) Make a presentation
   (D) Conduct interviews

Overview	Ms. Johnson
New Manual	Mr. Peter
Safety Regulations	Ms. McMiller
Q&A Session	Mr. Timothy

7. What is the purpose of the meeting?
   (A) To review the complaints
   (B) To introduce new employees
   (C) To inform the listeners of the changes
   (D) To promote a product

8. Look at the graphic. Which presenter will require the most time?
   (A) Ms. Johnson
   (B) Mr. Peter
   (C) Ms. McMiller
   (D) Mr. Timothy

9. What does the speaker ask the listeners to do?
   (A) Complete a survey
   (B) Ask questions later
   (C) Turn off their phones
   (D) Give some feedback

10. What is the announcement mainly about?
    (A) Construction of a parking lot
    (B) Opening of a new highway
    (C) Renewal of a store
    (D) Closure of a subway station

11. How long will the project last?
    (A) One day
    (B) Two days
    (C) Three days
    (D) Five days

12. Why does the speaker say, "Our shuttle bus services will also run at Penne Station"?
    (A) To explain a delay
    (B) To ask for directions
    (C) To express a surprise
    (D) To make a suggestion

SPARTA REVIEW TEST

1. Where most likely are the listeners?
   (A) At a university
   (B) At a convention hall
   (C) At an airport
   (D) At a restaurant

2. What is special about this year's event?
   (A) Various subjects
   (B) Additional materials
   (C) More spacious venues
   (D) High attendance

3. What will the listeners most likely do next?
   (A) Watch a film
   (B) Ask questions
   (C) Have dinner
   (D) Fill out a form

4. What is the purpose of the call?
   (A) To make a deal
   (B) To confirm a deadline
   (C) To explain a policy
   (D) To make a job offer

5. What does the speaker imply when he says, "it may interest you to know that we are in need of a trainer here"?
   (A) He thinks the listener got a job.
   (B) He believes the listener wants to change careers.
   (C) He wants the listener to accept the offer.
   (D) He wants to change a trainer.

6. According to the speaker, what will Mr. Lee do in the future?
   (A) Move to Singapore
   (B) Replace Mr. Clarke
   (C) Hire a new trainer
   (D) Look for another job

7. What event is being discussed?
   (A) A grand opening
   (B) An anniversary party
   (C) A closing-down sale
   (D) A product launch

8. What does the speaker say about the microwaves?
   (A) They are reasonably priced.
   (B) They are out of stock.
   (C) There are not enough supplies.
   (D) They received good reviews.

9. According to the speaker, what will be provided as a bonus?
   (A) Refrigerators
   (B) Air conditioners
   (C) Microwaves
   (D) Coffee makers

10. What is the announcement about?
    (A) A lost item
    (B) Upcoming renovation
    (C) The new museum
    (D) Traffic conditions

11. What does the speaker suggest the listeners do?
    (A) Use public transportation
    (B) Park downtown
    (C) Avoid driving to work
    (D) Visit the art museum

12. What benefit will the listeners get next month?
    (A) Larger offices
    (B) Free parking tickets
    (C) Shuttle bus service
    (D) Private parking spaces

Itinerary	
Name: Nick Ellis	
Berlin	Berlin Wall
Munich	Erdin Beer Factory
Frankfurt	Goethe Museum
Hamburg	Bergdorf Castle

Items	Price
1 table	$125
1 tablecloth	$20
2 chairs	$98
5 towels	$19

13 What is the purpose of the trip?

(A) To visit friends
(B) To enjoy holidays
(C) To go on a business trip
(D) To study abroad

14 Look at the graphic. Which city will the listener visit for a special tour?

(A) Berlin
(B) Munich
(C) Frankfurt
(D) Hamburg

15 What is suggested about Happy Travel?

(A) It offers free activity.
(B) It specializes in trips to Germany.
(C) It provides a group discount.
(D) It includes a guided tour.

16 Why is the speaker calling?

(A) To complain about products
(B) To confirm an order
(C) To order the latest model
(D) To report errors

17 What does the speaker want the listener to do?

(A) Take an item back
(B) Extend the warranty
(C) Send another item
(D) Lower the prices

18 Look at the graphic. For which item will the speaker get a refund?

(A) A table
(B) A tablecloth
(C) Chairs
(D) Towels

READING COMPREHENSION

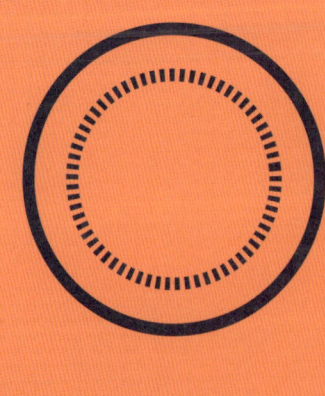

PART 5

UNIT 01	품사	128
UNIT 02	문장 성분	136
UNIT 03	문장의 5형식	144
UNIT 04	명사	154
UNIT 05	대명사	162
UNIT 06	형용사	170
UNIT 07	부사	178
UNIT 08	전치사	186
UNIT 09	동사의 수 일치와 태	196
UNIT 10	동사의 시제	204
UNIT 11	준동사	212
UNIT 12	접속사	220

PART 6&7

UNIT 13	PART 6의 이해	230
UNIT 14	PART 7의 이해 I	240
UNIT 15	PART 7의 이해 II	250

UNIT 01 품사

INTRO

아버지가 방에 들어가셨다.
아버지 가방에 들어가셨다.

이 예시, 많이들 보셨죠?
첫 번째 문장은 올바른 문장이지만, 두 번째 문장은 의미가 통하지 않다 보니 우스꽝스럽기까지 합니다. 하지만 이 문장이 의미 전달에만 실패했을까요?

우리가 말을 할 때는 단순히 의미만 전달하는 것이라고 생각하기 쉽습니다. 그러나 이 문장이 어색한 진짜 이유는 '가'와 '방'의 기능을 어떻게 정하냐에 따라 전혀 다른 의미가 돼버렸기 때문입니다. 그러므로 의사소통을 원활하게 하려면 의미뿐만 아니라 말의 기능까지도 고려해야 합니다.

이러한 말의 기능을 '품사'라고 합니다. 즉, **'품사'란 말의 개별적인 기능을 나타냅니다.**

그러니까 명사는 이름을 나타내는 기능을 하고,
대명사는 이름을 대신하는 기능이 있다고 이해하면 되는 것이죠.

그러므로 우리는 성공적인 의사소통을 위해 말의 기능인 품사를 정확히 배워야 합니다.
아버지 가방에 들어가시면 안 되니까요.
자, 이제부터 각자 가진 말의 역할(품사)을 익혀 볼까요?

출제 유형 1 명사

1 명사란? 사람이나 사물 등의 이름을 나타내는 품사를 말합니다.

1 ▶ 명사의 형태

어미	단어
-tion	sta**tion** 역 informa**tion** 정보 direc**tion** 지시사항
-sion	expres**sion** 표현 mis**sion** 임무 deci**sion** 결정
-ness	happi**ness** 행복 late**ness** 지각 busi**ness** 사업
-ment	apart**ment** 아파트 depart**ment** 부서 equip**ment** 장비
-er	teach**er** 교사 report**er** 기자 announc**er** 아나운서
-ity	abil**ity** 능력 activ**ity** 활동 necess**ity** 필요성
-ship	friend**ship** 우정 leader**ship** 지도력 intern**ship** 인턴직

2 ▶ 명사의 역할

This **company** increased their **productivity**. 이 회사는 그들의 생산성을 높였다.
　주어　　　　　　　　　　목적어

My **cousin** is an **engineer**. 내 사촌은 기술자이다.
　주어　　　　　보어

3 ▶ 명사의 종류

가산명사(셀 수 있음)	ticket 티켓 employer 고용주 company 회사 class 학급
불가산명사(셀 수 없음)	Seoul 서울 failure 실패 hope 희망 food 음식 water 물

4 ▶ 가산명사의 복수형

규칙형	일반적인 명사 + '-s'	textbook**s** 교재들 rule**s** 규칙들 package**s** 짐들
	'-ch, -sh, -s, -x'로 끝나는 명사 + '-es'	bench**es** 벤치들 dish**es** 접시들 class**es** 교실들 box**es** 상자들
	'-y'로 끝나는 명사 : 'y' 삭제 후 '-ies'를 붙임	cit**ies** 도시들 deliver**ies** 배달물품들
불규칙형	man → men 남자들 sheep → sheep 양들	

SPARTA ✓ CHECK-UP

해설 p.359

1 다음 중에서 명사형 어미를 고르세요.

-sion / -ive / -ment / -ly / -er / -ness / -ful / -able / -less / -ship

출제 유형 2 | 대명사

1 대명사란? 명사를 대신하는 품사를 말합니다. 이전에 언급되었던 명사가 다시 쓰일 경우, 반복하지 않고 대명사로 대신합니다.

1 ▶ 대명사의 역할

He is in charge of **this**. 그는 이 일을 담당한다.
The reports are **hers**. 보고서들은 그녀의 것이다.
I should believe in **myself**. 나는 나 자신을 믿어야 한다.
All of **them** are in the conference room. 그들 모두가 회의실에 있다.

2 ▶ 대명사의 종류

인칭대명사	주로 사람 명사를 대신 칭하는 대명사	ex) I, me, we, you, she, he, it, they 등
재귀대명사	인칭대명사의 소유격이나 목적격에 '-self/-selves'를 붙인 대명사	ex) myself, himself 등
지시대명사	가깝거나 멀리 있는 것을 지칭할 때 쓰는 대명사	ex) this, these, that, those
부정대명사	사람, 동물, 사물 구분 없이 모조리 대신할 수 있는 대명사	ex) all, none, some, any 등

출제 유형 3 | 형용사

1 형용사란? 명사의 상태나 성질을 설명하는 품사를 말합니다.

1 ▶ 형용사의 형태

-y	eas**y** 쉬운 bus**y** 바쁜		-al	actu**al** 현실의 nation**al** 국가의
-able	reli**able** 믿음직한 dur**able** 견고한		-ous	fam**ous** 유명한 seri**ous** 심각한
-ible	poss**ible** 가능한 respons**ible** 책임이 있는		-ive	act**ive** 활동적인 sensit**ive** 민감한
-ful	care**ful** 조심스러운 use**ful** 유용한		-less	care**less** 부주의한 hope**less** 가망이 없는

2 ▶ 형용사의 역할

한정용법 These are **defective** products. 이것들은 결함 있는 상품이다. ▶ 명사 수식
서술용법 These products are **defective**. 이 상품들은 결함이 있다. ▶ 형용사가 보어로 쓰임

SPARTA ✓ CHECK-UP

해설 p.359

2 다음 대명사를 종류별로 나눠 보세요.

you / itself / those / any / ourselves / he / all / this / they

출제 유형 4 부사

1 부사란? 명사를 제외한 다른 품사(형용사, 부사, 동사, 문장 전체)의 상태나 성질을 설명합니다.

1 ▶ 부사의 형태

형용사 + -ly	sensitive**ly** 민감하게 careless**ly** 부주의하게
'-y'로 끝나는 형용사 : 'y'를 'i'로 바꾸고 -ly를 붙임	eas**ily** 쉽게 bus**ily** 바쁘게
'-le'로 끝나는 형용사 : 'le' 빼고 -ly를 붙임	possib**ly** 가능하게 gent**ly** 친절하게
'-l'로 끝나는 형용사 : 그 뒤에 그대로 -ly를 붙임	real**ly** 진짜로 careful**ly** 조심스럽게

2 ▶ 부사의 역할

She is **so** kind. 그녀는 매우 친절하다. ▶ 형용사 수식

Thank you **very** much for your hard work. 당신의 노고에 매우 감사드립니다. ▶ 부사 수식

You have to go **there**. 당신은 거기에 가야만 한다. ▶ 동사 수식

Unfortunately, we cannot accept your proposal. ▶ 문장 전체 수식
불행히도 우리는 당신의 제안을 받아들일 수 없습니다.

📖 TIP! 비교급이란?

두 대상의 상태나 성질을 비교하기 위해 형용사 혹은 부사에 '-er'이나 'more'를 덧붙이는 것을 말합니다. 이때, 비교 대상 앞에는 than이 나와야 하며, 급이 변해도 형용사나 부사의 본래 성격은 그대로 유지됩니다.

He is **taller** than me. 그는 나보다 키가 더 크다.
　　　형용사 + -er

It was **more helpful** demonstration than the guideline. 그것은 안내 사항보다 더욱 유익한 시범이었다.
　　　　more + 형용사

She ran **faster** than me. 그녀는 나보다 더 빨리 달렸다.
　　　부사 + -er

The new manager outlined the process **more briefly** than other managers.
　　　　　　　　　　　　　　　　　　more + 부사
새로 온 매니저는 다른 매니저들보다 그 공정에 대해 더욱 간단히 요점을 말해주었다.

SPARTA ✓ CHECK-UP

해설 p.359

3 밑줄 친 단어가 어떤 단어를 수식하는지 표시하세요.

① She is <u>so</u> kind.
② You have to go <u>there</u>.
③ Thank you <u>very</u> much for your hard work.

출제 유형 5 | 전치사

1 전치사란? 명사 앞에 위치하여 명사를 수식어로 연결시키는 품사를 말합니다.

1 ▶ 전치사의 역할

We are staying // (**at** this hotel). 우리는 이 호텔에 묵고 있다.
전치사 + 명사 = 수식어

2 ▶ 전치사를 활용한 숙어

look **at** ~을 보다
be absent **from** ~에 결석하다
be responsible **for** ~에 책임이 있다

take care **of** ~을 돌보다
concentrate **on** ~에 집중하다
be satisfied **with** ~에 만족하다

출제 유형 6 | 동사

1 동사란? 주어의 동작을 나타내며, 수, 태, 시제의 정보를 담고 있는 품사를 말합니다.

1 ▶ 동사의 역할

The company **holds** seminars every year. 그 회사는 매년 세미나를 개최한다.
수 : 단수 / 태 : 능동 / 시제 : 현재

The seminars **have been held** since last year. 그 세미나는 지난해부터 개최되었다.
수 : 복수 / 태 : 수동 / 시제 : 현재완료

2 ▶ 조동사

+ 조동사는 동사를 보조하는 역할을 하며, 동사원형 앞에 위치합니다. 조동사에는 will(would), should, can(could), must 등이 포함됩니다.

We **will offer** a better service to you. 우리는 당신에게 더 나은 서비스를 제공할 것입니다.
조동사 + 동사원형

You **must complete** this form. 당신은 이 서식을 작성해야 합니다.
조동사 + 동사원형

SPARTA ✓ CHECK-UP

해설 p.359

4 각 문장에서 동사와 전치사를 찾으세요.

① We are staying at this hotel.
② We will offer a better service to you.

SPARTA PRACTICE

해설 p.359

A 아래의 설명과 부합하는 품사를 보기 중에서 골라 적으세요.

명사　　대명사　　형용사　　부사　　전치사　　동사

1 주어의 동작을 나타내며 수, 시제, 태를 표현하는 기능　　(　　　　)
2 사람이나 사물의 이름을 나타내는 기능　　(　　　　)
3 명사의 상태나 성질을 설명하는 기능　　(　　　　)
4 명사를 대신하는 기능　　(　　　　)
5 명사 앞에 위치하며 명사를 수식어로 연결시키는 기능　　(　　　　)
6 명사를 제외한 다른 품사(형용사, 부사 등)의 상태나 성질을 설명하는 기능　　(　　　　)

B 다음 단어들을 동일한 품사끼리 연결해 보세요.

decision　•　　　　• hopeless
reliable　•　　　　• ourselves
really　•　　　　• make
she　•　　　　• from
at　•　　　　• carelessly
hold　•　　　　• business

유형 분석 및 출제 포인트

유형 1 ▶ 품사(어형) 확인 문제

The company / offers ------- prices // (for quality clothing).
   주어   동사   목적어   수식어

(A) reason   (B) reasons   (C) reasonable   (D) reasonably

해석
그 회사는 고급 의류에 대해 합리적인 가격을 제공합니다.

어휘
company 회사 offer 제공하다 price 가격 quality 품질; 품질이 좋은 clothing 의류 reasonable 합리적인

포인트
❶ 보기 유형을 확인합니다.
 보기의 어미 형태가 서로 다르므로 빈칸에 알맞은 품사를 결정하는 문제입니다. 품사는 문장 속의 동사를 중심으로 빈칸이 어디에 위치해 있는가에 따라 결정됩니다.

❷ 문장의 동사를 찾아 빈칸에 적절한 품사를 선택합니다.
 문장의 동사는 'offers'이고 그 뒤에 명사 'prices'가 목적어로 나와 무엇을 제공하는지 설명합니다. 이때 빈칸은 명사인 'prices' 앞에 있으므로 이를 수식하는 형용사를 선택해야 합니다. 그러므로 '-able'로 끝나는 형용사인 (C) reasonable이 정답입니다.

유형 2 ▶ 혼동하기 쉬운 품사 문제

Our ------- / is to increase sales // (this year).
 주어   동사   보어   수식어

(A) objective   (B) objected   (C) objection   (D) objectively

해석
우리의 목표는 올해에 판매를 늘리는 것입니다.

어휘
increase 증가시키다 sales 판매(액) this year 올해 objective 목표, 목적; 객관적인 objection 반대, 이의

포인트
❶ 보기 유형을 확인합니다.
 보기에 나온 단어들의 어미가 다르기 때문에 품사를 결정하는 문제입니다. 그러므로 빈칸이 동사를 중심으로 어디에 위치해 있는가를 파악하여 알맞은 품사를 찾습니다.

❷ 문장의 동사를 찾아 빈칸에 적절한 품사를 선택합니다.
 문장의 동사는 'is'이고 그 앞에 빈칸이 있으므로 주어인 명사를 선택하는 문제입니다.

❸ 어미의 예외적인 형태에 유의합니다.
 일반적인 명사 어미를 가진 (C) objection이 답일 것 같지만 (A) objective도 명사의 기능을 합니다. 그러므로 보기 (A)와 (C)의 의미를 살펴 정답을 고르도록 합니다.

❹ 해석을 통해 적절한 의미의 보기를 선택합니다.
 판매를 늘리는 것은 '반대, 이의(objection)'가 아니라 '목표(objective)'입니다. 그러므로 (A) objective가 정답입니다.

SPARTA TEST

1. Any medical assistant must have ------- to work at the organization.
   - (A) certification
   - (B) certifying
   - (C) certify
   - (D) certifies

2. This program provides full-time workers with ------- training opportunities.
   - (A) excellently
   - (B) excellent
   - (C) excels
   - (D) excelled

3. New ------- will improve the speed of projects.
   - (A) approachable
   - (B) approaches
   - (C) approached
   - (D) approaching

4. Fairview Graphics creates ------- products for local businesses.
   - (A) promote
   - (B) promotes
   - (C) promotion
   - (D) promotional

5. New employees are usually dependent ------- their co-workers.
   - (A) on
   - (B) in
   - (C) at
   - (D) to

6. The manager is ------- distributing assignments for the week.
   - (A) equal
   - (B) equally
   - (C) equality
   - (D) equaled

7. Peterson Floor Care and Restoration is responsible ------- maintenance services.
   - (A) for
   - (B) among
   - (C) since
   - (D) with

8. This magazine ------- publishes very helpful information.
   - (A) frequent
   - (B) frequency
   - (C) frequented
   - (D) frequently

9. The museum canceled its ------- on the history of the city.
   - (A) exhibition
   - (B) exhibiting
   - (C) exhibitor
   - (D) exhibited

10. Star Airlines ------- special discounts to customers.
    - (A) official
    - (B) offering
    - (C) offer
    - (D) offers

UNIT 02 문장 성분

INTRO

"구슬이 서 말이라도 꿰어야 보배" 라는 속담을 알고 계신가요?
귀한 구슬이 아무리 많더라도 꿰어야 값진 장신구가 되듯, 다듬고 정리하여 쓸모 있게 만들어 놓아야 값어치가 있다는 뜻입니다.

뜬금없이 웬 속담 타령이냐고요?
우리가 앞에서 공부했던 품사가 꿰어지거나 다듬어지지 않은 구슬 같은 것이기 때문이죠. 품사의 개별적인 기능을 아무리 잘 이해하더라도, 우리가 전하고 싶은 문장으로 이어주지 못한다면 무용지물일 뿐입니다.

I / my friend / the movie / saw = ?
대명사   명사   명사   동사

의사소통은 하나의 온전한 문장을 말할 때 시작됩니다. 그러니까 이제는 구슬처럼 흩어져 있는 품사들을 잘 꿰어서 표현하고 싶은 문장으로 만들어봐야겠죠? 이 품사들을 문장으로 이어주려면 연결 고리가 필요한데, 그것이 바로 '문장 성분'이라는 개념입니다.

문장 성분이란 문장을 이루는 성분을 말하며, **주어, 동사, 목적어, 보어, 수식어**로 이루어져 있습니다. 이 문장 성분은 품사들을 문장으로 연결시키는 **연관성**을 결정해 줍니다.

My friend saw the movie with me. 내 친구는 나와 함께 그 영화를 봤어.
주어
I saw my friend in the movie. 나는 그 영화에서 내 친구를 봤어.
목적어

'my friend'라는 명사가 첫 문장에서는 영화를 본 주체(주어)가 되고, 두 번째 문장에서는 영화에서 본 대상(목적어)이 되었네요. 동일한 품사지만 문장 속에서 어떤 성분으로 쓰이느냐에 따라 이렇게 전혀 다른 의미가 될 수 있습니다.

여러분이 하고 싶은 말을 효과적으로 전달하려면 품사를 어떤 문장 성분으로 둘지 잘 결정해야겠죠? 그럼, 지금부터 품사를 문장 성분으로 이어주는 원리에 대해 배워 볼까요?

출제 유형 1 주어

> **1** 주어란? 동작을 행하는 주체를 나타내며, '~은/는/이/가'로 해석됩니다.

+ 주어 자리에는 명사(구), 대명사, 명사절 등이 올 수 있습니다.
+ 모든 문장은 <주어+동사>의 구조를 이룹니다.
+ 주어와 동사는 수 일치를 시켜야 합니다.

사람명사	<u>Mr. Jeffrey</u> / **visits** the doctor yearly.	제프리 씨는 해마다 그 의사를 방문한다.
	주어 　　　 동사	
사물명사	<u>Flat tires</u> / **are** often preventable.	구멍 난 타이어들은 종종 예방 가능하다.
	주어　　　 동사	
대명사	<u>They</u> / **take** the train // at noon.	그들은 정오에 기차를 탄다.
	주어　 동사	
명사구	<u>Finding a reviewer</u> / **is** difficult.	검토할 사람을 찾는 것은 어렵다.
	주어　　　　 동사	
명사절	<u>That all employees attend the meeting</u> / **is** necessary.	
	주어　　　　　　 동사	
	전 직원들이 회의에 참석하는 것은 필수다.	

+ 주어가 명사구나 명사절로 길어지면 문장 구조를 단순화하기 위해 가주어 it을 사용할 수 있습니다.

<u>It</u> / **is** difficult // <u>to find a reviewer</u>.　검토할 사람을 찾는 것은 어렵다.
가주어 동사　　　　　 진주어 (명사구)

<u>It</u> / **is** necessary // <u>that all employees attend the meeting</u>.
가주어 동사　　　　　　　 진주어 (명사절)
전 직원들이 회의에 참석하는 것은 필수다.

SPARTA ✓ CHECK-UP

해설 p.360

1 다음 문장에서 주어를 찾아 표시하세요.

① Flat tires are often preventable.
② They take the train at noon.

출제 유형 2 | 동사

> **1 동사란?** 주어의 동작이나 상태를 나타내며, '~하다, ~이다'로 해석됩니다.

✚ 동사는 주어의 뒤에 위치하며, 주어와 수 일치를 해야 합니다.
✚ 동사는 나머지 성분인 주어, 목적어, 보어의 자리와 개수를 결정합니다.
✚ 동사 자리에는 동사 또는 <조동사+동사>가 옵니다.

This flight / **departed** // from Vietnam.　이 비행기는 베트남에서 출발했다.
　　주어　　　동사(1형식)　　　수식어

Mr. Nakamura / **is**　an excellent economist.　나카무라 씨는 훌륭한 경제학자이다.
　　주어　　　동사(2형식)　　　주격보어

The company / **sent**　some items　// here.　그 회사는 여기로 몇몇 물품들을 보냈다.
　　주어　　　동사(3형식)　　목적어　　　수식어

He / **offered**　her　a ride.　그는 그녀에게 차를 태워주었다.
주어　동사(4형식)　간접목적어　직접목적어

You / **can call**　me　Jim.　저를 짐이라고 불러주세요.
주어　동사(5형식)　목적어　목적격보어

▶ 문장의 형식을 판별할 때 <조동사+동사>는 하나의 동사처럼 취급합니다.

SPARTA ✓ CHECK-UP

해설 p.360

2 다음 문장에서 동사를 찾아 표시하세요.

① This flight departed from Vietnam.
② Mr. Nakamura is an excellent economist.
③ The company sent some items here.

출제 유형 3   목적어

1 목적어란? 동작의 대상을 나타내며, '~을/를'로 해석됩니다.

➕ 목적어 자리에는 명사(구), 대명사, 명사절 등이 올 수 있습니다.
➕ 반드시 목적어를 필요로 하는 타동사(3, 4, 5형식) 뒤에만 나옵니다.
➕ 주어와 달리 목적어는 동사와 수 일치를 하지 않습니다.

<u>All employees</u> / <u>**completed**</u>   <u>the forms</u>. 모든 직원들은 그 서식을 작성했다.
   주어   타동사(3형식)   목적어

<u>Many volunteers</u> / <u>**assisted**</u>   <u>us</u>. 많은 자원자들이 우리를 도왔다.
   주어   타동사(3형식)   목적어

<u>He</u> / <u>**teaches**</u>   <u>us</u>   <u>math</u>. 그는 우리에게 수학을 가르친다.
주어   타동사(4형식)   간접목적어   직접목적어

<u>I</u> / <u>**found**</u>   <u>her</u>   <u>attractive</u>. 나는 그녀가 매력적이란 것을 알았다.
주어   타동사(5형식)   목적어   목적격보어

출제 유형 4   보어

1 보어란? 주어나 목적어를 보충 설명해주는 문장 성분입니다.

➕ 보어에는 주어를 설명하는 주격보어와, 목적어를 설명하는 목적격보어가 있습니다.
➕ 주어/목적어와 동격의 의미를 가질 경우, 명사가 보어로 쓰입니다.
➕ 주어/목적어의 상태나 성질을 나타내는 경우, 형용사가 보어로 쓰입니다.
➕ 반드시 보어를 필요로 하는 불완전동사(2, 5형식)와 함께 쓰입니다.

<u>This workshop</u> / <u>**is**</u>   <u>a good opportunity</u>. 이 연수는 좋은 기회이다.
   주어   동사(2형식)   주격보어

<u>He</u> / <u>**became**</u>   <u>a great leader</u> // <u>of the team</u>. 그는 팀의 좋은 지도자가 되었다.
주어   동사(2형식)   주격보어   수식어

<u>The system</u> / <u>**can keep**</u>   <u>information</u>   <u>safe</u>. 그 시스템은 정보를 안전하게 유지시킬 수 있다.
  주어   동사(5형식)   목적어   목적격보어

SPARTA ✓ CHECK-UP
해설 p.360

3 괄호 안에 밑줄 친 부분의 문장 성분을 쓰세요.

① He teaches us <u>math</u>.   (   )
② I found her <u>attractive</u>.   (   )

출제 유형 5 수식어

1 수식어란? 필수 문장 성분(주어, 동사, 목적어, 보어) 외에 추가되는 요소로, 문장을 더욱 자세하게 설명해 줍니다.

➕ 수식어는 문장 구조에 영향을 미치지 않으므로 생략 가능합니다.
➕ 형용사와 부사가 수식어로 쓰입니다.
➕ <전치사+명사> 형태의 전명구가 수식어구로 자주 쓰입니다.

Mr. Potter // **(recently)** / changed // **(his)** / marketing report.
주어　　　　수식어 (부사)　　동사　　수식어 (형용사)　　목적어
포터 씨는 최근에 그의 마케팅 보고서를 수정했다.

(At this afternoon's meeting), // we / will present the plan.
수식어 (전명구)　　　　　　　주어　　동사　　　　목적어
오늘 오후 회의에서 우리는 그 계획을 발표할 것이다.

The owner / received compliments // **(from residents)**.　집주인은 거주자들에게 칭찬 받았다.
주어　　　　동사　　　목적어　　　　수식어 (전명구)

The hotel room // **(next to the lobby)** / is vacant.　로비 옆에 있는 호텔방은 비어 있다.
주어　　　　　　수식어 (전명구)　　　동사　보어

SPARTA ✓ CHECK-UP

해설 p.360

4 다음 문장에서 수식어를 찾으세요.

① At this afternoon's meeting, we will present the plan.
② The owner received compliments from residents.
③ The hotel room next to the lobby is vacant.

SPARTA PRACTICE

A 다음 문장에서 주어를 찾아 표시하세요.

The manager talked about our sales goal.

The machine is seriously defective.

We got information about the seminar.

Most companies in this area experienced huge losses.

Until further notice, you should keep your staff calm.

B 다음 문장에서 동사를 찾아 표시하세요.

The manager talked about our sales goal.

The machine is seriously defective.

We got information about the seminar.

Most companies in this area experienced huge losses.

Until further notice, you should keep your staff calm.

C 다음 문장에서 목적어를 찾아 표시하세요.

We got information about the seminar.

Most companies in this area experienced huge losses.

Until further notice, you should keep your staff calm.

D 다음 문장에서 보어를 찾아 표시하세요.

The machine is seriously defective.

Until further notice, you should keep your staff calm.

E 다음 문장에서 수식어를 찾아 표시하세요.

The manager talked about our sales goal.

The machine is seriously defective.

We got information about the seminar.

Most companies in this area experienced huge losses.

Until further notice, you should keep your staff calm.

유형 분석 및 출제 포인트

유형 1 ▶ 품사(어형) 확인 문제

The lawyer / will hire an ------- // (to help).
　　주어　　　　동사　　　목적어　　　수식어

(A) interpreter　　　(B) interpret　　　(C) interpreted　　　(D) interpreting

해석
그 변호사는 도움을 줄 통역관을 고용할 예정이다.

어휘
lawyer 변호사 hire ~를 고용하다 help 도움이 되다 interpreter 통역관

포인트

❶ 보기 유형을 확인합니다.
　서로 다른 형태의 어미를 가진 품사들 중 올바른 것을 선택하는 문제입니다. 품사를 결정하기 위해서는 빈칸이 어디에 위치해 있는지 확인해야 하므로, 동사를 중심으로 문장 성분을 구별할 수 있어야 합니다.

❷ 동사를 찾아 빈칸에 적절한 품사를 선택합니다.
　문장의 동사는 'will hire'로 3형식 동사이므로, 빈칸에는 목적어인 명사가 필요합니다. 그러므로 '-er'로 끝나는 사람 명사인 (A) interpreter가 정답입니다.

유형 2 ▶ 의미(어휘) 확인 문제

The office / needs ------- products // (as soon as possible).
　주어　　　동사　　　　목적어　　　　　　수식어

(A) cautious　　　(B) productive　　　(C) durable　　　(D) respectful

해석
그 사무실은 가능한 한 빨리 견고한 제품들을 필요로 한다.

어휘
office 사무실 as soon as possible 가능하면 빨리 cautious 조심하는 productive 생산적인 durable 견고한 respectful 정중한

포인트

❶ 보기 유형을 확인합니다.
　보기들은 모두 동일한 품사인 형용사로 구성되어 있습니다. 그러므로 해석을 통해 빈칸에 알맞은 의미의 단어를 선택해야 합니다.

❷ 빈칸의 자리를 확인하여 의미상 가장 적절한 단어를 선택합니다.
　주어진 빈칸은 바로 뒤에 나온 명사 'products'를 수식하는 자리이기 때문에 이와 의미가 가장 잘 어울리는 형용사를 고르도록 합니다. 그러므로 '견고한 제품'의 의미를 만드는 (C) durable이 가장 적절합니다.

SPARTA TEST

해설 p.360

1. All ------- to the museum must register before entering.
   (A) visit
   (B) visitation
   (C) visitors
   (D) visiting

2. The department hired ------- help last month.
   (A) addition
   (B) additions
   (C) additional
   (D) additionally

3. Barison Cosmetics will reduce ------- without cutting its advertising budget.
   (A) values
   (B) expenses
   (C) customs
   (D) reputations

4. Fred's strong ------- to detail is his best attribute as a graphic artist.
   (A) attends
   (B) attended
   (C) attend
   (D) attention

5. The new software program has improved the designer's -------.
   (A) economics
   (B) negotiation
   (C) measures
   (D) productivity

6. Mr. Lopez travels ------- to many countries for business.
   (A) regular
   (B) regularly
   (C) regularity
   (D) regulate

7. The singer has announced her ------- in an upcoming charity concert.
   (A) participate
   (B) participated
   (C) participates
   (D) participation

8. Some patients wish to reschedule their -------.
   (A) appointments
   (B) positions
   (C) assignments
   (D) subscriptions

9. Customers may leave a message ------- our answering service.
   (A) with
   (B) off
   (C) from
   (D) to

10. Reviewers usually regard ------- movies as having little value.
    (A) predict
    (B) prediction
    (C) predictable
    (D) predictably

UNIT 03 문장의 5형식

INTRO

My friend saw the movie with me. 내 친구는 나와 함께 그 영화를 봤어.
I saw **my friend** in the movie. 나는 그 영화에서 내 친구를 봤어.

위 문장에서 동일하게 쓰인 'my friend'라는 명사는 첫 문장에서는 주어로, 두 번째 문장에서는 목적어로 쓰였습니다. 이렇게 똑같은 명사를 다른 문장 성분으로 이용하면서 말이죠.

그런데 말입니다.
'my friend'를 주어로 쓸 때는 왜 동사 앞에 둘까요?
'my friend'를 목적어로 쓸 때는 왜 동사 뒤에 둘까요?

우리나라 말은 명사의 역할을 주어나 목적어로 결정할 때, 그 뒤에 토씨(조사)를 달아서 표현합니다. 즉, 주어일 때는 '은, 는, 이, 가', 목적어일 때는 '을, 를'을 붙여서 명사의 역할을 결정합니다. 그래서 우리말은 명사를 어디에 두던 토씨만 잘 붙여주면 원하는 표현을 쉽게 할 수 있습니다.

내 친구는 나와 함께 그 영화를 봤어.
나와 함께 내 친구는 그 영화를 봤어.
나와 함께 그 영화를 내 친구는 봤어.
나와 함께 그 영화를 봤어, 내 친구는.

하지만 영어에는 그런 문법적인 장치가 없습니다. 디민, 명사를 동사 앞에 둘 건지 그 뒤에 둘 건지 문장 내 자리에 따라 문장 성분이 결정되죠. 이런 걸 우리는 어순(word order)이라고 합니다.

그럼, 그 어순은 무엇이 정하냐고요?
영어의 가장 일반적인 어순의 패턴은 5가지이고, 이를 '문장의 5형식'이라 부릅니다. 그리고 5가지 형식의 동사들이 이러한 문장의 형식을 결정합니다. 그러므로 우리는 먼저 동사의 종류를 공부하고, 문장의 5형식을 익혀야 합니다.

출제 유형 1 동사의 종류

1 ▶ 자동사/타동사에 따른 구분

자동사	완전 자동사	1형식	완전 동사 : 동사가 주어에 대한 설명을 충분히 해줍니다. 주어에 대한 보충 설명(주격보어)이 필요 없음 자동사 : 주어가 행한 동작만으로 의미가 완성됩니다. 목적어가 필요 없음
	불완전 자동사	2형식	불완전 동사 : 동사가 주어에 대한 설명을 충분히 할 수 없습니다. 주어에 대한 보충 설명(주격보어)이 필요함 자동사 : 주어가 행한 동작만으로 의미가 완성됩니다. 목적어가 필요 없음
타동사	완전 타동사	3형식	완전 동사 : 동사가 주어나 목적어에 대한 설명을 충분히 해줍니다. 주어나 목적어에 대한 보충 설명(주격보어, 목적격보어)이 필요 없음 타동사 : 주어가 행한 동작이 다른 대상에게 영향을 미칩니다. 목적어가 필요함
	수여동사	4형식	완전 동사 : 동사가 주어나 목적어에 대한 설명을 충분히 해줍니다. 주어나 목적어에 대한 보충 설명(주격보어, 목적격보어)이 필요 없음 타동사 : 주어가 행한 동작이 다른 대상에게 영향을 미칩니다. 동작을 받는 서로 다른 2개의 대상(간접/직접목적어)이 필요함 ▶ 수여동사는 수여하는 동작을 나타내는 동사로, 수여할 대상(사물)과 수여받을 대상(사람)이 필요하며, 목적어가 하나인 3형식 동사와 구별됩니다.
	불완전 타동사	5형식	불완전 동사 : 동사가 목적어에 대한 설명을 충분히 할 수 없습니다. 목적어에 대한 보충 설명(목적격보어)이 필요함 타동사 : 주어가 행한 동작이 다른 대상에게 영향을 미칩니다. 목적어가 필요함

출제 유형 2 1형식 (완전 자동사)

1 ▶ [주어 + 동사]

He / **is** // (in the office). 그는 사무실에 있다.
주어   동사   수식어

I / **work** // (at an advertising company). 나는 광고 회사에서 일한다.
주어   동사   수식어

The workshop / **begins** // (tomorrow morning). 그 워크숍은 내일 아침에 시작한다.
주어   동사   수식어

2 ▶ 대표적인 1형식 동사

be 있다	arrive 도착하다	grow 자라다	speak 말하다	appear 나타나다
exist 존재하다	depart 출발하다	work 일하다	last 지속하다	respond 응답하다
begin 시작하다	rise 오르다	talk 말하다	live 살다	expire 만료되다

SPARTA ✓ CHECK-UP   해설 p.361

1 다음 중에서 자동사를 찾으세요.

arrive / make / find / appear / begin / tell / talk / teach / buy / work / grow / rise

출제 유형 3 2형식 (불완전 자동사)

1 ▶ [주어 + 동사 + 주격보어]

She / **is** my colleague. 그녀는 내 동료이다.
주어 동사 주격보어

The situation / **grows** worse. 상황이 더 악화되고 있다.
주어 동사 주격보어

The new product / **became** available. 신상품이 이용 가능해졌다.
주어 동사 주격보어

Martinez / **remained** calm // (at the presentation). 마르티네즈는 발표에서 침착히 있었다.
주어 동사 주격보어 수식어

2 ▶ 대표적인 2형식 동사

be ~이다	get ~한 상태가 되다	feel ~하게 느끼다	seem ~처럼 보이다
become ~이 되다	grow ~이 되어가다	look/appear ~처럼 보이다	remain ~인 채로 있다

출제 유형 4 3형식 (완전 타동사)

1 ▶ [주어 + 동사 + 목적어]

I / **did** the assignment. 나는 업무를 끝냈다.
주어 동사 목적어

The company / **reached** an agreement // (with us). 그 회사는 우리와 합의에 이르렀다.
주어 동사 목적어 수식어

The assistant / **solved** the problem. 조수가 그 문제를 해결했다.
주어 동사 목적어

2 ▶ 대표적인 3형식 동사

do ~을 하다	solve ~을 해결하다	say ~을 말하다	discuss ~에 대해 논의하다
have ~을 가지다	finish ~을 끝내다	announce ~을 발표하다	answer ~에 답하다
make ~을 만들다	check ~을 확인하다	explain ~을 설명하다	contact ~에 연락하다
get ~을 얻다	approve ~을 승인하다	request ~을 요청하다	attend ~에 참석하다
take ~을 취하다	regret ~을 후회하다	reach ~에 도달하다	enter ~에 들어가다

SPARTA ✓ CHECK-UP

해설 p.361

2 다음 문장에서 주격보어를 찾아 표시하세요.

① The situation grows worse.
② Martinez remained calm at the presentation.

출제 유형 5 | 4형식 (수여동사)

1 ▶ [주어 + 동사 + 간접목적어(사람) + 직접목적어(사물)]

The director / **gave** me help. 이사가 나에게 도움을 주었다.
　주어　　　동사　간·목　직·목

She / **is teaching** the staff English. 그녀는 직원들에게 영어를 가르치고 있다.
주어　　동사　　　간·목　　직·목

The presenter / **will show** you the market trend. 발표자가 여러분들에게 시장 동향을 보여줄 것입니다.
　　주어　　　　동사　　간·목　　직·목

The café / **offers** customers fresh juice. 그 카페는 고객들에게 신선한 주스를 제공한다.
　주어　　　동사　　간·목　　직·목

The new product / **costs** us a lot of money. 신제품은 우리가 많은 비용을 쓰게 한다(비싸다).
　　주어　　　　동사　간·목　　직·목

The manager / **asked** them some questions. 매니저가 그들에게 몇 가지 질문을 했다.
　　주어　　　동사　간·목　　직·목

My roommate / **made** me a birthday cake. 내 룸메이트가 나에게 생일 케이크를 만들어줬다.
　　주어　　　동사　간·목　　직·목

2 ▶ 대표적인 4형식 동사

give ~에게 ~을 주다　　　　teach ~에게 ~을 가르쳐 주다　　ask ~에게 ~을 묻다
send ~에게 ~을 보내다　　　show ~에게 ~을 보여주다　　　buy ~에게 ~을 사주다
grant ~에게 ~을 수여하다　　tell ~에게 ~을 말해주다　　　make ~에게 ~을 만들어주다
offer ~에게 ~을 제공하다　　sell ~에게 ~을 팔다　　　　　cook ~에게 ~을 요리해 주다
bring ~에게 ~을 가져다 주다　hand ~에게 ~을 건네주다　　　find ~에게 ~을 찾아주다
lend ~에게 ~을 빌려주다　　cost ~에게 (금액)을 쓰게 하다　notify ~에게 ~을 알려주다

SPARTA ✓ CHECK-UP

해설 p.361

3 다음 중 수여동사를 찾아 표시하세요.

offer / announce / say / tell / talk / speak / hand / discuss / find / consider / keep / sell
grant / ask / make / teach / approve / finish / explain / show

출제 유형 6 | 5형식 (불완전 타동사)

1 ▶ [주어 + 동사 + 목적어 + 목적격보어]

The department / **found** the new product durable. 그 부서는 신상품이 견고하다는 것을 알아냈다.
　주어　　　　　동사　　　　목적어　　　　목적격보어

The result / **made** them happy. 그 결과는 그들을 행복하게 했다.
　주어　　　　동사　 목적어 목적격보어

I / **saw** him sing a song. 나는 그가 노래하는 것을 보았다.
주어 동사 목적어　　목적격보어

He / **allowed** us to leave. 그는 우리가 떠나는 것을 허락했다.
주어　　동사　　목적어 목적격보어

We / **expect** you to comply with the rule. 우리는 당신이 그 규칙을 따를 것을 기대합니다.
주어　 동사　 목적어　　　　목적격보어

His neighbors / **called** him a hero. 그의 이웃들은 그를 영웅이라고 불렀다.
　　주어　　　　 동사　　목적어 목적격보어

The doctor / **advised** me to stay home and rest. 의사는 나에게 집에서 머물면서 쉬라고 충고했다.
　주어　　　　동사　　목적어　　　　목적격보어

2 ▶ 대표적인 5형식 동사

call ~을 ~라고 부르다	have ~이 ~하게 시키다	ask ~에게 ~하라고 부탁하다
find ~가 ~임을 알아내다	leave ~을 ~한 상태로 두다	allow ~이 ~하도록 허락하다
make ~을 ~하게 만들다	let ~이 ~하게 시키다	expect ~에게 ~하라고 기대하다
keep ~을 ~하게 유지하다	help ~이 ~하게 돕다	encourage ~에게 ~하라고 장려하다
consider ~을 ~으로 여기다	enable ~이 ~할 수 있게 하다	advise ~에게 ~하라고 충고하다

SPARTA ✓ CHECK-UP

해설 p.361

4 밑줄 친 부분의 문장 성분을 괄호 안에 쓰세요.

① The result made <u>them</u> happy.　　　　　　　　　(　　　　　　)
② The department found the new product <u>durable</u>.　(　　　　　　)
③ He allowed us <u>to leave</u>.　　　　　　　　　　　(　　　　　　)

SPARTA PRACTICE

해설 p.361

- 주어진 단어들로 올바른 문장을 만든 후, 그 문장의 형식을 밝히세요.

1. will show / the market trend / the presenter / you   발표자가 여러분들에게 시장 동향을 보여줄 것입니다.

2. tomorrow morning / the workshop / begins   그 워크숍은 내일 아침에 시작한다.

3. my colleague / is / she   그녀는 내 동료이다.

4. is / he / in the office   그는 사무실에 있다.

5. an agreement / the company / reached / with us   그 회사는 우리와 합의에 이르렀다.

6. the result / them / made / happy   그 결과는 그들을 행복하게 했다.

7. did / I / the assignment   나는 업무를 끝냈다.

8. became / the new product / available   신상품이 이용 가능해졌다.

9. allowed / he / to leave / us   그는 우리가 떠나는 것을 허락했다.

10. the café / fresh juice / customers / offers   그 카페는 고객들에게 신선한 주스를 제공한다.

유형 분석 및 출제 포인트

유형 1 ▶ 동사의 형식 확인

Carlin Industries / ------- employment sessions // (for young adults).
　　　주어　　　　　　동사　　　　　목적어　　　　　　　수식어

(A) holds　　　(B) remains　　　(C) waits　　　(D) rises

해석
칼린 인더스트리 사는 젊은 성인들을 위한 채용 모임을 개최한다.

어휘
employment 채용　session 모임, 회의　adult 성인

포인트

❶ 보기 유형을 확인합니다.
보기에 각기 다른 형식의 동사들이 제시되어 있으므로 문장의 형식에 맞는 동사를 선택하는 문제입니다. 그러므로 보기에 나온 동사들의 의미보다는 형식을 구별할 수 있어야 합니다.

❷ 문장의 형식을 확인합니다.
위의 문장은 'employment sessions'가 목적어로 나온 3형식 문장입니다. 그러므로 보기 중 3형식 동사인 (A) holds (~을 개최하다)가 정답입니다. (B) remains(~인 채로 남아 있다)는 2형식 동사, (C) waits는 'wait for(~을 기다리다)'로 쓰이는 1형식 동사이고, (D) rises(오르다)도 1형식 동사입니다.

유형 2 ▶ 동사의 구문 확인

The manager / ------- that we are launching the new product in the next quarter.
　　주어　　　　동사　　　　　　　　목적어 (명사절)

(A) talked　　　(B) spoke　　　(C) said　　　(D) told

해석
관리자는 우리 회사가 다음 분기에 신상품을 출시할 예정이라고 말했다.

어휘
manager 관리자　launch ~을 출시하나　product 제품　quarter 분기

포인트

❶ 보기 유형을 확인합니다.
보기가 '말하다'라는 비슷한 의미의 동사들로 구성되어 있으므로, 문장의 형식을 따져 알맞은 동사를 구하는 문제입니다.

❷ 문장의 형식을 확인합니다.
that절이 목적어인 3형식 구조이므로 보기 중 3형식 동사를 구별해야 합니다. (A) talked는 1형식 동사이므로 오답 처리합니다. (B) spoke는 'speak'의 과거형으로, 주로 1형식 동사로 쓰이지만 목적어로 언어명이 온다면 3형식 동사로도 사용 가능합니다. 또한 (C) said와 (D) told도 3형식이 가능한 동사입니다.

❸ 동사의 적절한 구문을 확인합니다.
주어진 3형식 동사 중 (C) said(say의 과거형)는 주로 that이 이끄는 명사절을 목적어로 받습니다. 그러므로 정답은 (C)입니다.

SPARTA TEST

1. If you have questions, you should ------- to our representative.
   (A) announce
   (B) speak
   (C) tell
   (D) say

2. The new receptionist in the lobby will ------- the phone.
   (A) answer
   (B) talk
   (C) respond
   (D) reply

3. The Rogers Group is ------- experienced and competent staff.
   (A) seeking
   (B) reaching
   (C) entering
   (D) requiring

4. Technical support representatives ------- to all customers' complaints promptly.
   (A) promise
   (B) respond
   (C) advise
   (D) contact

5. You ------- our colleagues so warmly at your headquarters last week.
   (A) wished
   (B) welcomed
   (C) gave
   (D) approved

6. Please ------- Ms. Tana that her package has arrived.
   (A) accept
   (B) notify
   (C) deliver
   (D) discuss

7. Most candidates have to ------- interviews with the management.
   (A) occur
   (B) attend
   (C) contain
   (D) participate

8. The computer system would ------- the research department to complete projects.
   (A) make
   (B) prefer
   (C) enable
   (D) keep

9. The recent unusual weather ------- for the increase in the price of coffee.
   (A) accounts
   (B) explains
   (C) states
   (D) adapts

10. All new employees can ------- in the Employee Mentoring Program.
    (A) enroll
    (B) admit
    (C) apply
    (D) subscribe

SPARTA REVIEW TEST

1. ------- of the orders will be sent to you by e-mail.
   (A) Confirms
   (B) Confirmed
   (C) Confirming
   (D) Confirmation

2. The clothing store is offering ------- of up to 50% all this week.
   (A) discounted
   (B) discounts
   (C) discounter
   (D) discounting

3. Mary's Book Shop had an ------- year due to record profits.
   (A) exception
   (B) exceptions
   (C) exceptional
   (D) exceptionally

4. You should ------- your account number for payment.
   (A) including
   (B) included
   (C) include
   (D) includes

5. The Recreation Center is ------- seeking a full-time swimming instructor.
   (A) urgent
   (B) urgently
   (C) urgency
   (D) most urgent

6. The company has recently had to ------- service fees due to rising labor costs.
   (A) pretend
   (B) repair
   (C) remind
   (D) increase

7. The charity fund-raising event is ------- to the public.
   (A) invited
   (B) right
   (C) open
   (D) intended

8. The supervisor expressed his ------- for the retiring president.
   (A) respect
   (B) respected
   (C) respecting
   (D) respectable

9. The report ------- Guam as one of the top tourist attractions.
   (A) ranks
   (B) remains
   (C) arrives
   (D) appears

10. Some jewelry in the gift shop is based on ------- works of art.
    (A) authentic
    (B) authenticity
    (C) authenticate
    (D) authentically

11 Unfortunately, the jacket is ------- out of stock.
(A) temporarily
(B) originally
(C) extremely
(D) highly

12 Police officials regard community relations ------- their responsibility.
(A) to
(B) about
(C) as
(D) for

13 ------- skills enable staff to perform highly technical work.
(A) Specialize
(B) Specialized
(C) Specializes
(D) Specialization

14 This show was ------- than the previous ones.
(A) successful
(B) successfully
(C) more successful
(D) success

15 The time-management seminar was ------- designed for efficiency.
(A) clearly
(B) clear
(C) cleared
(D) clearing

16 The street guide has been made from ------- local maps.
(A) decided
(B) delinquent
(C) dependent
(D) detailed

17 The article about the planned facility ------- appeared in the newspaper.
(A) expand
(B) expands
(C) expansive
(D) expansion

18 The lack of accommodations made several participants stay at a ------- hotel instead.
(A) next
(B) delicate
(C) nearby
(D) brief

19 The director must ------- any use of the company credit card.
(A) authorize
(B) remove
(C) receive
(D) leave

20 We should distribute a meeting agenda to the ------- in advance.
(A) attend
(B) attends
(C) attendees
(D) attendance

UNIT 04 명사

INTRO

명사란 사람이나 사물의 이름을 나타내는 품사입니다. 명사는 크게 셀 수 있는 명사(가산명사)와 셀 수 없는 명사(불가산명사)로 나뉩니다.

명사를 제대로 사용하려면 문장 속의 쓰임을 살펴봐야 됩니다. 아시다시피 명사는 문장에서 주어, 목적어, 보어라는 문장 성분으로 쓰입니다. 그 중에서도 주어는 동사와 함께 문장을 만드는 가장 중요한 요소입니다. 그러므로 주어와 동사는 서로 인접하여 위치하고, 이러한 끈끈한 연결 관계 때문에 반드시 주어와 동사의 수 일치를 해야 합니다.

- 1형식 : 주어 + 동사
- 2형식 : 주어 + 동사 + 주격보어
- 3형식 : 주어 + 동사 + 목적어
- 4형식 : 주어 + 동사 + 간접목적어 + 직접목적어
- 5형식 : 주어 + 동사 + 목적어 + 목적격보어

주어-동사의 수 일치를 하는 방법은 주어인 명사의 수를 확인하여 동사의 수를 결정하는 것입니다. 따라서 명사의 '의미'도 중요하지만, 그 '수'를 공부하는 것도 명사의 활용을 위해 중요합니다.

그럼, 지금부터 명사의 진짜 기능을 공부해 볼까요?

출제 유형 1 가산명사

1 ▶ 보통 명사

+ 눈에 형태가 보여 셀 수 있는 대상을 말합니다.

단수형	a book 책 한 권	a box 한 개의 상자	a bench 한 개의 의자	a teacher 한 명의 선생	an employer 한 명의 고용주	a story 하나의 이야기
복수형	books 책들	boxes 상자들	benches 의자들	teachers 선생들	employers 고용주들	stories 이야기들

2 ▶ 집합 명사

+ 눈에 형태가 보이는 대상을 묶어 놓은 '집합'을 말합니다.

단수형	a team 한 팀	a class 한 학급	an audience 한 청중	a family 한 가족
복수형	teams 팀들	classes 학급들	audiences 청중들	families 가족들

출제 유형 2 불가산명사

1 ▶ 고유 명사

+ 사람이나 장소 이름처럼 세상에 단 하나만 존재하여 셀 수 없는 대상을 말합니다.

Diego Luna (사람 이름)   Mr. Carry (사람 이름)   Korea (나라 이름)
London (도시 이름)   Village Electronics (회사 이름)   Alpha Vista (상품 이름)

2 ▶ 물질 명사

+ 액체, 고체, 기체처럼 형태가 없어 세지 못하는 대상을 말합니다.

water 물   oil 기름   air 공기   gas 가스   paper 종이   wood 목재

3 ▶ 추상 명사

+ 눈에 보이지 않아 세지 못하는 대상을 말합니다.

love 사랑   happiness 행복   failure 실패   success 성공   effort 노력

4 ▶ 주의해야 할 불가산명사

information 정보   advice 충고   knowledge 지식   news 소식   clothing 의류   housing 주택
luggage/baggage 짐, 수하물   equipment 장비   machinery 기계   merchandise 상품

SPARTA ✓ CHECK-UP

해설 p.364

1 다음 중에서 불가산명사를 고르세요.

information / employer / class / failure / news / book / family / equipment / London

출제 유형 3 | 명사의 자리

1 ▶ 주어 자리

➕ 주어는 동사 앞에 위치하며, 주어-동사 수 일치의 기준이 됩니다.

New **buildings** **are** under construction. 새로운 건물들이 건설되는 중이다.
　　주어　　동사(복수)

The **information** about the investment **is** very helpful. 투자에 대한 정보는 매우 유익하다.
　　주어　　　　　　　　　　　　동사(단수)

Many **people** **are** in the conference room. 많은 사람들이 회의실에 있다.
　　주어　　동사(복수)

2 ▶ 목적어 자리

➕ 목적어는 타동사의 뒤에 위치합니다.

We **need** more **equipment** for repairs. 우리는 수리를 위해 더 많은 장비가 필요하다.
　　타동사　　　목적어

The director **told** the **staff** about the plan. 이사는 직원들에게 그 계획에 대해 말했다.
　　　　　타동사　　　목적어

He **took** a **break** to get some air. 그는 바람을 쐴 수 있도록 휴식을 취했다.
　　타동사　　목적어

Customers **find** our **product** energy-efficient. 고객들은 우리 제품이 에너지 효율이 좋다고 알고 있다.
　　　　　타동사　　　목적어

3 ▶ 보어 자리

➕ 보어는 불완전 동사의 뒤에 위치합니다.

Ms. Mos **is** a great **artist** in Manila. 모스 씨는 마닐라에서 훌륭한 예술가이다.
　　　불완전동사　　　보어

The air pollution **becomes** a serious **problem**. 공기 오염은 심각한 문제가 되고 있다.
　　　　　　　불완전동사　　　　　　　보어

The manager **considers** him an experienced **staff member**. 관리자는 그를 숙련된 직원으로 여긴다.
　　　　　　불완전동사　　　　　　　　　　　　　보어

SPARTA ✓ CHECK-UP

해설 p.364

2 각 문장에서 해당되는 문장 성분을 찾아 표시하세요.

① The information about the investment is very helpful. (주어)
② Customers find our product energy-efficient. (목적어)
③ The air pollution becomes a serious problem. (보어)

출제 유형 4 | 그 밖에 알아두어야 할 명사 자리

1 ▶ 수량 형용사 뒤

수를 의미하는 형용사	each 각각의 every 모든 another 또 하나의	+ 단수 명사
	many 많은 (a) few 몇 개의/거의 없는 several 여러 개의 both 둘 다 a number of 많은	+ 복수 명사
양을 의미하는 형용사	much 많은 (a) little 약간의/거의 없는 less 더 적은 a great deal of 다량의 an amount of 많은 양의	+ 불가산명사
수와 양을 구별하지 않는 형용사	most 대부분의 some/any 몇몇의 all 모든 no 아무것도 아닌 half 반반의 a lot of/plenty of 많은	

Our bookstore carries **a few books** about science. 저희 서점은 과학 관련 책 몇 권을 취급합니다.
　　　　　　　　　　　형용사　명사

All programs are totally controlled by him. 모든 프로그램들은 그에 의해 완전히 통제됩니다.
형용사　명사

2 ▶ 소유격 뒤

Our customers asked us to send catalogues. 고객들은 우리에게 카탈로그를 보내달라고 요청했다.
소유격　명사

Its button is not working. 그것의 버튼이 작동하지 않는다.
소유격　명사

3 ▶ 관사 뒤

A new **version** is about to be launched. 새로운 버전이 곧 출시될 예정이다.
관사　　명사

The management decided to renovate **the office**. 경영진은 사무실 개조를 결정했다.
관사　명사　　　　　　　　　　　　관사　명사

▶ 관사 a/an은 불특정한 '하나'를 뜻하며, 단수 가산명사 앞에 쓰입니다.
　관사 the는 특정한 대상을 지칭하며, 가산명사(단/복수)와 불가산명사 앞에 사용됩니다.

4 ▶ 전치사 뒤

The applicant submitted a résumé **to** the **manager**. 지원자는 담당자에게 이력서를 제출했다.
　　　　　　　　　　　　　　　전치사　　명사

The company spent much time **on** the **research**. 그 회사는 연구에 많은 시간을 썼다.
　　　　　　　　　　　　　전치사　　명사

SPARTA ✓ CHECK-UP

해설 p.364

3 괄호 안에 들어갈 알맞은 수량 형용사를 고르세요.

① Our bookstore carries (a few / a little) books about science.

② (Less / All) programs are totally controlled by him.

UNIT 04 명사　**157**

출제 유형 5 | 복합명사

1 ▶ 자주 출제되는 복합명사

account number 계좌 번호
assembly line 조립 라인
customer satisfaction 고객 만족
communication skill 의사소통 기술
expiration date 만기일
identification card 신분증
marketing strategy 마케팅 전략
hotel reservation 호텔 예약

insurance coverage 보험 혜택
work schedule 작업 일정
pay raise 급여 인상
safety precaution 안전 예방 수칙
media coverage 언론 보도
production facilities 생산 시설
employee productivity 직원 생산성
interest rate 이자율

2 ▶ 복합명사의 수 표현

✚ 복합명사의 단수형은 앞에 a(n)를, 복수형은 뒤의 명사에 -(e)s를 붙입니다.

단수형	**a** safety precaution	**an** expiration date	**a** marketing strategy
복수형	safety precaution**s**	expiration date**s**	marketing strateg**ies**

3 ▶ 주의해야 할 복합명사

customs office 세관
customs officer 세관원
customs regulations 관세 규정
economics professor 경제학 교수

earnings growth 수익 증대
sales department 판매 부서
sales report 판매 보고서
safety standards 안전 기준

SPARTA ✓ CHECK-UP

해설 p.364

4 괄호를 채워 복합명사를 만드세요.

① (   ) number 계좌 번호
② customer (   ) 고객 만족
③ (   ) date 만기일
④ (   ) card 신분증

⑤ (   ) raise 급여 인상
⑥ (   ) rate 이자율
⑦ sales (   ) 판매 부서

SPARTA PRACTICE

해설 p.364

- 빈칸에 알맞은 것을 고르세요.

1. New ------- are under construction. 새로운 건물들이 건설되는 중이다.
   (A) building
   (B) buildings

2. The ------- about the investment is very helpful. 투자에 대한 정보는 매우 유익하다.
   (A) information
   (B) informations

3. We need more ------- for repairs. 우리는 수리를 위해 더 많은 장비가 필요하다.
   (A) equipment
   (B) equipments

4. Ms. Mos is a great ------- in Manila. 모스 씨는 마닐라에서 훌륭한 예술가이다.
   (A) artist
   (B) artists

5. The air pollution becomes a serious -------. 공기 오염은 심각한 문제가 되고 있다.
   (A) problem
   (B) problems

6. A new ------- is about to be launched. 새로운 버전이 곧 출시될 예정이다.
   (A) version
   (B) versions

7. All ------- are totally controlled by him. 모든 프로그램들은 그에 의해 완전히 통제됩니다.
   (A) program
   (B) programs

8. Our bookstore carries a few ------- about science. 저희 서점은 과학 관련 책 몇 권을 취급합니다.
   (A) book
   (B) books

9. The manager considers him an experienced -------. 관리자는 그를 숙련된 직원으로 여긴다.
   (A) staff member
   (B) staff members

10. The ------- decided to renovate the office. 경영진은 사무실 개조를 결정했다.
    (A) management
    (B) managing

UNIT 04 명사 **159**

유형 분석 및 출제 포인트

유형 1 ▶ 주어-동사의 수 일치 문제

The ------- / have significant impacts // (on energy efficiency).
　　주어　　　동사　　　　목적어　　　　　　　수식어

(A) changing　　　(B) change　　　(C) changes　　　(D) changed

해석
그 변경 사항들은 에너지 효율에 상당한 영향력을 가진다.

어휘
significant 상당한　impact on ~에 대한 영향력　energy efficiency 에너지 효율

포인트

❶ 보기 유형을 확인합니다.
　빈칸에 알맞은 품사를 선택하는 어형 문제입니다. 그러므로 문장에서 동사를 먼저 찾아야 합니다. 빈칸은 동사(have) 앞에 위치한 주어 자리입니다.

❷ 주어와 동사의 수 일치를 고려합니다.
　문장의 동사는 'have'로, 복수형이기 때문에 주어와 동사의 수 일치를 고려하여 복수 명사인 (C) changes(변경 사항들)를 정답으로 골라야 합니다.

유형 2 ▶ 복합명사 확인 문제

The mayor / made a speech // (at the conference) (on housing -------).
　주어　　　동사　목적어　　　　　수식어

(A) development　　(B) developing　　(C) developed　　(D) develops

해석
시장은 주택 단지 개발 관련 회의에서 연설을 했다.

어휘
mayor 시장　make a speech 연설하다　conference 회의　housing development 주택 단지 개발

포인트

❶ 보기 유형을 확인합니다.
　빈칸에 알맞은 품사를 결정하는 어형 문제입니다. 전치사 on 뒤에 위치해 있으므로 명사를 골라야 합니다.

❷ 복합명사는 숙어처럼 암기가 필요합니다.
　빈칸 앞에 이미 'housing(주택)'이라는 명사가 있어 보기 중 명사형인 (A) development를 제외할 수도 있으나, 이 문제는 'housing development(주택 단지 개발)'라는 복합명사를 완성시키는 문제입니다. 따라서 정답은 (A)입니다.

SPARTA TEST

1. Please provide the requested ------- to the marketing department.
   (A) inform
   (B) information
   (C) informing
   (D) informed

2. Our vice president showed ------- to the proposal for outdoor concerts.
   (A) resisting
   (B) resistant
   (C) resistance
   (D) resisted

3. The ------- of our plan are growth, stability, and a profitable future.
   (A) goals
   (B) destinations
   (C) opinions
   (D) treatments

4. Million Shipping takes every ------- for shipment in top condition.
   (A) precaution
   (B) news
   (C) advice
   (D) research

5. Because of limited spaces, the airline changed its ------- on baggage allowance.
   (A) menu
   (B) policy
   (C) room
   (D) schedule

6. ------- to the workshop should be sent to all department supervisors.
   (A) Invitations
   (B) Invitation
   (C) Invite
   (D) Inviting

7. Ms. Coleman has a comprehensive ------- of the Food Control Law.
   (A) comment
   (B) ability
   (C) knowledge
   (D) collector

8. You are able to call for technical ------- 24 hours a day.
   (A) supporter
   (B) supported
   (C) support
   (D) supporting

9. North Star offers welfare ------- to long-term employees.
   (A) troubles
   (B) programs
   (C) controls
   (D) forces

10. The government has developed an effective ------- for recycling.
    (A) response
    (B) technique
    (C) combination
    (D) relationship

UNIT 05 대명사

INTRO

대명사는 명사를 대신하는 품사입니다.
그런데 왜 꼭 명사를 대신해야 할까요?

'시장에 가면'이라는 게임 아시나요?
시장에 가면 자전거도 있고
시장에 가면 자전거도 있고 신발도 있고
시장에 가면 자전거도 있고 신발도 있고 가방도 있고
시장에 가면 자전거도 있고 신발도 있고 가방도 있고 간식도 있고......
헉헉 숨차네요. "시장에 가면 이런 것들이 있어요."하면 더 간단하게 말할 수 있을 텐데요.

이러한 이유, 즉 '언어의 경제성' 때문에 대명사가 쓰이게 된 거죠.
그러나 대명사에도 하나의 약점이 있어요.

Ms. Park is beautiful.
She is beautiful.

여기에서 'Ms. Park'과 'She'가 동일인이라고 가정해 보세요. 둘 다 같은 사람을 가리키지만 뭐가 더 정확한 표현인가요? 아무래도 이름을 직접 칭하는 명사 'Ms. Park'이 더 정확하죠?

대명사는 먼저 언급된 명사를 대신 받기 때문에 참고할 명사가 없다면 정확성이 떨어집니다. 그래서 대명사는 명사만큼 정확해지려는 속성이 있어요. 예를 들면 인칭대명사는 인칭(1인칭, 2인칭...)이나 격 변화(주격, 목적격)를 통해 나름대로 정확해지려고 합니다. 그러므로 우리는 이러한 특성을 학습해야 대명사를 제대로 활용할 수 있습니다.

대명사는 정확성을 높이려는 특성에 따라, 인칭/소유대명사, 재귀대명사, 지시대명사, 부정대명사로 구분됩니다. 이제부터 각 대명사들을 구별해서 공부해 볼까요?

출제 유형 1 인칭/소유대명사

인칭	수	주격 (~은, 는)	소유격 (~의)	목적격 (~을(를), ~에게)	소유대명사 (~의 것)	재귀대명사 (~자신)
1인칭	단수	I	my	me	mine	myself
	복수	we	our	us	ours	ourselves
2인칭	단수	you	your	you	yours	yourself
	복수	you	your	you	yours	yourselves
3인칭	단수	he	his	him	his	himself
		she	her	her	hers	herself
		it	its	it	-	itself
	복수	they	their	them	theirs	themselves

1 ▶ 주격 인칭대명사

➕ 주격 인칭대명사는 문장의 주어 자리에 오며 동사 앞에 위치합니다.

He wants to conduct a survey of this item. 그는 이 물품에 대한 조사를 수행하길 원한다.
They will sponsor the winter festival. 그들은 겨울 축제를 후원할 것이다.

2 ▶ 소유격 인칭대명사

➕ 소유격 인칭대명사는 명사의 앞에서 <소유격+명사>의 형태로 쓰입니다.

Admission is not possible without **your** authorization. 당신의 허가 없이 입장은 불가능하다.
Our company has a good reputation. 우리 회사는 좋은 평판을 가지고 있다.

3 ▶ 목적격 인칭대명사

➕ 목적격 인칭대명사는 타동사나 전치사의 뒤에서 <타동사/전치사+목적격>의 형태로 쓰입니다.

The supplier can deliver **them** on time. 공급업체는 그것들을 정시에 배송할 수 있다.
He talked to **me** about the plan for next quarter. 그는 나에게 다음 분기에 대한 계획을 말했다.

4 ▶ 소유대명사

➕ <소유격+명사>를 대신하는 것으로, 문장의 주어, 목적어, 보어 자리에 위치합니다.

Please take **hers(=her brochure)** because she has another brochure. ▶ 목적어 자리
그녀는 다른 팸플릿이 있으니 그녀의 것을 가져가세요.

The responsibility for the new project is **mine(=my responsibility)**. ▶ 보어 자리
새로운 프로젝트에 대한 책임은 나의 것이다.

SPARTA ✓ CHECK-UP

해설 p.365

1 다음 중 알맞은 것을 고르세요.

① (He, Him) wants to conduct a survey of this item.
② Admission is not possible without (you, your) authorization.

UNIT 05 대명사 **163**

출제 유형 2 | 재귀대명사

> **1** 재귀대명사란? 문장의 주어와 목적어가 같은 경우 목적어를 대신하는 대명사로, '-self/-selves' 형태를 가집니다. 강조용법으로 사용될 경우 생략 가능합니다.

1 ▶ 재귀용법 (주어 = 목적어)

The new **employees** introduced **themselves** last week. ▶ employees = themselves
신입직원들은 지난주에 자기소개를 했다.

He talked to **himself** in his office. ▶ He = himself
그는 그의 사무실에서 혼잣말을 했다.

I gave **myself** a break. ▶ I = myself
나는 나 자신에게 휴식을 주었다.

2 ▶ 강조용법 (수식어)

I **(myself)** reported the result of sales to the manager. 내가 직접 매니저에게 판매 결과를 보고했다.

I reported the result of sales to the manager **(myself)**.

Life **(itself)** is valuable. 인생 그 자체는 소중하다.

3 ▶ 재귀대명사의 관용 표현

by oneself 혼자서	in itself 본래	for oneself 스스로
beside oneself 제정신이 아닌	of itself 저절로	

Mr. Wright repaired his computer **by himself**. 라이트 씨는 혼자서 그의 컴퓨터를 수리했다.

The issue took care **of itself**. 그 문제는 저절로 해결되었다.

SPARTA ✓ CHECK-UP

해설 p.365

2 주어진 의미에 맞는 재귀대명사의 관용 표현을 쓰세요.

① 저절로 ( )
② 혼자서 ( )
③ 스스로 ( )
④ 본래 ( )
⑤ 제정신이 아닌 ( )

출제 유형 3 | 지시대명사

1 ▶ this(these)와 that(those)

✚ 가까운 것을 지칭할 때는 this(이것), 먼 것을 지칭할 때는 that(저것)을 사용합니다. 대상이 복수일 경우, these(이것들)와 those(저것들)를 씁니다.

This is the policy for employee holidays. 이것은 직원 휴일을 위한 정책이다.
　　　단수동사

These are our sponsors for the next event. 이들은 다음 행사를 위한 우리 후원자들이다.
　　　　복수동사

That is the place for private parties. 저곳은 사적인 모임을 위한 장소이다.
　　　단수동사

Those are the most expensive products. 저것들은 가장 비싼 상품들이다.
　　　　복수동사

These/Those documents were submitted to the event organizer.
　　　　　　　복수명사
이/저 서류들은 행사 조직자에게 제출됐다. ▶ 지시대명사는 명사를 수식하는 '지시형용사'로 쓰일 수도 있음.

2 ▶ that과 those

✚ 두 대상을 비교할 때, 한 문장 내에서 앞서 언급된 명사를 대신 받기 위해 지시대명사를 사용할 수도 있습니다. 대신 받는 명사가 단수면 that, 복수면 those를 사용합니다.

The population of China is larger than **that** of Korea.
중국의 인구는 한국의 인구보다 더 많다. ▶ that = The population

The customer complaints this year are lower than **those** of last year.
올해의 소비자 불만은 작년의 소비자 불만보다 더 낮다. ▶ those = The customer complaints

3 ▶ those(~하는 사람들)

Those who are interested in the event should sign up in advance.
행사에 관심 있는 사람들은 사전에 등록해야 한다.

Those with changed passwords can access our Web page.
변경된 암호를 가진 사람들은 우리 웹 페이지에 접속할 수 있다.

SPARTA ✓ CHECK-UP

해설 p.365

3 다음 중 알맞은 것을 고르세요.

① (This, Those) is the policy for employee holidays.
② (That, These) are our sponsors for the next event.
③ (That, Those) is the place for private parties.
④ (That, Those) documents were submitted to the event organizer.

출제 유형 4 | 부정대명사

1 부정대명사란? 정해지지 않은 막연한 대상을 가리킬 때 사용합니다.

1 ▶ some과 any

✚ some(몇몇)은 긍정문에서, any(어떤)는 부정문이나 조건문에서 사용됩니다. 둘 다 부정형용사, 부정대명사로 사용 가능합니다.

긍정문 There are **some** packages in the mail room. 우편물실에 몇 개의 소포가 있다. <부정형용사>

There are **some** of the packages in the mail room. 우편물실에 소포 중 몇 개가 있다. <부정대명사>

부정문 We cannot accept **any** proposals. 우리는 어떠한 제안도 받아들일 수 없다. <부정형용사>

We cannot accept **any** of the proposals. 우리는 제안 중 어떤 것도 받아들일 수 없다. <부정대명사>

조건문 If you complete the course, you can handle **any** equipment here. <부정형용사>
당신이 그 과정을 수료한다면, 이곳에 있는 어떤 장비라도 다룰 수 있습니다.

If you complete the course, you can handle **any** of the equipment here. <부정대명사>
당신이 그 과정을 수료한다면, 이곳에 있는 장비들 중 어떤 것이라도 다룰 수 있습니다.

2 ▶ another

Another issue was not discussed due to an unexpected situation. <부정형용사>
또 다른 쟁점은 예상치 못한 상황으로 인해 논의되지 못했다.

Another was not discussed due to an unexpected situation. <부정대명사>
또 다른 한 가지는 예상치 못한 상황으로 인해 논의되지 못했다.

3 ▶ other과 others

We are willing to implement **other** systems. 우리는 기꺼이 다른 시스템을 실행할 것이다. <부정형용사>

We are willing to implement **others**. 우리는 기꺼이 다른 것들을 실행할 것이다. <부정대명사>

We are willing to implement **the others**. 우리는 기꺼이 나머지 다른 것들을 실행할 것이다. <부정대명사>

We are willing to implement **other**. (x)

▶ other는 명사로 쓰일 수 없지만, (the) others는 명사로 사용 가능합니다.
▶ another + 단수명사 / other + 복수명사

SPARTA ✓ CHECK-UP

해설 p.365

4 다음 중 틀린 문장을 찾으세요.

① We cannot accept any proposals.
② There are some of the packages in the mail room.
③ Another issues was not discussed due to an unexpected situation.
④ We are willing to implement other system.

SPARTA PRACTICE

해설 p.365

- 주어진 해석에 알맞은 어휘를 고르세요.

1 (They, Them) will sponsor the winter festival. 그들은 겨울 축제를 후원할 것이다.

2 (Us, Our) company has a good reputation. 우리 회사는 좋은 평판을 가지고 있다.

3 The supplier can deliver (they, them) on time. 공급업체는 그것들을 정시에 배송할 수 있다.

4 Please take (hers, her) because she has another brochure.
   그녀는 다른 팸플릿이 있으니 그녀의 것을 가져가세요.

5 The new employees introduced (themselves, myself) last week.
   신입직원들은 지난주에 자기소개를 했다.

6 I (myself, mine) reported the result of sales to the manager.
   내가 직접 관리자에게 판매 결과를 보고했다.

7 The population of China is larger than (that, those) of Korea.
   중국의 인구는 한국의 인구보다 더 많다.

8 The customer complaints this year are lower than (that, those) of last year.
   올해의 소비자 불만은 작년의 소비자 불만보다 더 낮다.

9 (Another, Other) issue was not discussed due to an unexpected situation.
   또 다른 쟁점은 예상치 못한 상황으로 인해 논의되지 못했다.

10 We are willing to implement (other, others). 우리는 기꺼이 다른 것들을 실행할 것이다.

유형 분석 및 출제 포인트

유형 1 ▶ 인칭대명사의 격 확인

Administrators / announced ------- new plan // (to increase donations).
　　　　주어　　　　동사　　　　　목적어　　　　　　　　　수식어

(A) they　　　　(B) their　　　　(C) them　　　　(D) themselves

해석
행정관들은 기부를 늘리기 위해서 그들의 새로운 계획을 발표하였다.

어휘
administrator 행정관　announce 발표하다　increase 증가시키다　donation 기부

포인트

❶ 보기 유형을 확인합니다.
　빈칸에 알맞은 인칭대명사의 격을 선택하는 문제입니다. 인칭대명사는 문장 내 위치하는 자리에 따라 격이 결정되기 때문에 동사를 통해 빈칸의 자리를 밝혀야 합니다.

❷ 빈칸에 들어갈 알맞은 인칭대명사의 격을 선택합니다.
　빈칸은 타동사(announced) 뒤에 위치하며 형용사 'new'와 함께 목적어 'plan'을 수식하는 자리입니다. 그러므로 수식어 역할을 할 수 있는 소유격 (B) their를 정답으로 선택합니다.

유형 2 ▶ 재귀대명사 확인

Mr. Gabai / introduced ------- // (as an experienced professional).
　　주어　　　　동사　　　목적어　　　　　　수식어

(A) he　　　　(B) his　　　　(C) him　　　　(D) himself

해석
가바이 씨는 자신을 숙련된 전문가라고 소개했다.

어휘
introduce 소개하다　experienced 숙련된　professional 전문가

포인트

❶ 보기 유형을 확인합니다.
　빈칸에 알맞은 인칭대명사의 격을 선택하는 문제입니다. 인칭대명사는 문장 내 위치하는 자리에 따라 격이 결정되기 때문에 동사를 통해 빈칸의 자리를 밝혀야 합니다.

❷ 빈칸에 들어갈 알맞은 인칭대명사의 격을 선택합니다.
　빈칸은 타동사 'introduced' 뒤에 위치했으므로 목적어가 나와야 하며, 목적격인 (C) him과 재귀대명사인 (D) himself가 가능합니다. 문장의 주어 'Mr. Gabai'와 목적어가 동일인인지 아닌지 해석으로 구별하도록 합니다. 문맥상 '가바이 씨는 자기 자신을 숙련된 전문가라고 소개했다.'가 자연스러우므로 주어와 목적어는 동일한 대상이라고 볼 수 있습니다. 따라서 재귀대명사인 (D) himself가 정답입니다.

SPARTA TEST

해설 p.365

1. Mr. Kang manages twenty employees in ------- department.
   (A) himself
   (B) him
   (C) he
   (D) his

2. ------- will bring their files to today's meeting.
   (A) They
   (B) Their
   (C) Theirs
   (D) Themselves

3. She blamed ------- for making an error in the sales report.
   (A) she
   (B) her
   (C) hers
   (D) herself

4. This new product is more durable than ------- of other brands.
   (A) that
   (B) their
   (C) themselves
   (D) those

5. The manufacturer asked ------- to answer a survey.
   (A) they
   (B) their
   (C) theirs
   (D) them

6. He mistakenly thought that the report was -------.
   (A) him
   (B) himself
   (C) his
   (D) he

7. Ms. Mamoa worked on the budget summary by -------.
   (A) her
   (B) herself
   (C) she
   (D) hers

8. ------- who are moving to a new house consider insurance in their budget.
   (A) This
   (B) These
   (C) That
   (D) Those

9. ------- rose steadily in value for ten years.
   (A) That
   (B) Other
   (C) Their
   (D) Themselves

10. Workers who have professional skills tend to earn more money than -------.
    (A) others
    (B) other
    (C) another
    (D) the other

UNIT 06 형용사

> **INTRO**
>
> 형용사는 명사의 앞이나 뒤에서 명사를 수식하는 품사로, 명사의 상태나 성질을 설명합니다.
>
> 그럼, 여기에서 형용사가 명사를 '수식한다'는 말은 무엇을 의미할까요?
>
>   **girls**   (일반적인) 소녀들
>   **pretty girls**   (일반적인 소녀들이 아닌) 귀여운 소녀들
>
> 이처럼 명사의 바로 앞이나 뒤에 형용사가 위치하면, 이 형용사가 명사의 범위를 한정시킵니다. 'pretty girls'가 일반적인 소녀가 아닌 귀여운 성질을 가진 소녀들을 한정하여 지칭하게 되는 것이죠. 이것이 바로 '수식하다'의 기능을 말하며, **수식어이므로 문장 내에서 생략 가능**합니다. 그리고 이렇게 명사의 범위를 한정시키는 기능을 **한정용법**이라고 합니다. 그럼, 형용사는 한정적인 기능(수식어)만 하는 것일까요?
>
>   Girls **are** + **pretty**.   소녀들은 귀엽다.
>
> 이 경우에는 형용사가 명사보다 동사에 더 가까이 위치한 것을 볼 수 있습니다. 아무래도 명사와 멀어지다 보니 'pretty girls'처럼 명사의 범위를 한정하기 어려워집니다. 대신, 동사와 인접하여 '귀엽다'라는 서술어(~이다)로 해석되는 것을 알 수 있습니다. 이 기능을 **서술용법**이라고 하며, **보어 역할을 하므로 문장 내에서 절대 생략할 수 없습니다.**
>
> 이처럼 형용사는 생략 가능한 수식어와 생략 불가능한 보어의 기능을 모두 담당합니다. 토익에서는 이러한 두 특성을 묻는 문제가 많이 출제되고 있습니다.
> 자, 그럼 형용사의 두 가지 용법을 더 자세히 공부해 볼까요?

출제 유형 1 형용사의 기능

1 ▶ 수식어 기능 (한정용법)

✚ 형용사는 명사의 앞뒤에 위치하여, 명사의 의미를 한정시켜 주는 수식어 역할을 합니다.

Our department repairs **defective products**. 우리 부서는 결함이 있는 제품을 수리한다.

Our department repairs **anything defective**. 우리 부서는 결함 있는 어떤 것이라도 수리한다.

▶ something, anything, nothing처럼 '-thing'으로 끝나는 명사는 형용사가 그 뒤에서 수식합니다.

2 ▶ 보어 기능 (서술용법)

✚ 형용사는 2형식, 5형식의 동사의 뒤에 위치하여, 각각 주격보어, 목적격보어의 역할을 합니다.

The new product is **defective**. 새로운 제품은 결함이 있다.
주어　　　　2형식 동사　주격보어

A customer found **the product** **defective**. 고객은 그 상품에 결함이 있다는 것을 발견했다.
주어　　　5형식 동사　목적어　　목적격보어

📖 TIP! 대표적인 2형식/5형식 동사

2형식 동사		5형식 동사	
be ~이다	look ~처럼 보이다	find ~이 ~라는 것을 알아내다	
become ~이 되다	seem ~처럼 보이다	make ~을 ~하게 만들다	
get ~한 상태가 되다	remain ~인 채로 있다	keep ~을 ~하게 유지하다	
feel ~하게 느끼다	turn out ~로 밝혀지다	consider ~을 ~으로 여기다	

SPARTA ✓ CHECK-UP

해설 p.366

1 다음 문장에서 형용사의 용법(한정/서술)이 무엇인지 쓰세요.

① Our department repairs <u>defective</u> products.　(　　　　)
② The new product is <u>defective</u>.　(　　　　)
③ Our department repairs anything <u>defective</u>.　(　　　　)
④ A customer found the product <u>defective</u>.　(　　　　)

출제 유형 2 | 형용사의 자리

1 ▶ 관사(a/an/the) + 형용사 + 명사

a **successful** candidate 합격한 지원자

an **interesting** story 흥미로운 이야기

the **beautiful** city 아름다운 도시

2 ▶ 2형식 동사(be/become/look) + 형용사

A good reputation is **valuable** for your business. 좋은 평판은 당신의 사업을 위해 귀중하다.

The event organizer became **nervous**. 행사 조직자는 초조해졌다.

You look **nice** today. 오늘 멋져 보이시네요.

3 ▶ 5형식 동사(find/make/consider/keep) + 목적어 + 형용사

I found the seminar **informative**. 나는 그 세미나가 유익하다는 걸 알게 되었다.

Large bonuses make staff **happy**. 많은 보너스는 직원들을 기쁘게 한다.

Potential clients consider us **competitive**. 잠재 고객들은 우리가 경쟁력 있다고 여긴다.

Company newsletters keep its staff **informed** of new policies.
사보는 그 회사 직원들이 새로운 규정에 대해 잘 알 수 있게 한다.

SPARTA ✓ CHECK-UP

해설 p.366

2 형용사의 용법에 유의해서 각 문장을 해석하세요.

① A good reputation is <u>valuable</u> for your business.
    (   )
② I found the seminar <u>informative</u>.
    (   )
③ Potential clients consider us <u>competitive</u>.
    (   )

출제 유형 3 주의해야 할 형용사 Ⅰ

1 ▶ 수량 형용사

수를 의미하는 형용사	each 각각의 every 모든 another 또 하나의	+ 단수 명사
	many 많은 (a) few 몇 개의/거의 없는 several 여러 개의 both 둘 다 a number of 많은	+ 복수 명사
양을 의미하는 형용사	much 많은 (a) little 약간의/거의 없는 less 더 적은 a great deal of 다량의 an amount of 많은 양의	+ 불가산명사
수와 양을 구별하지 않는 형용사	most 대부분의 some/any 몇몇의 all 모든 no 아무것도 아닌 half 반반의 a lot of/plenty of 많은	

There are **few books** which you can borrow in this library.
　　　　　　　복수 명사
당신이 이 도서관에서 빌릴 수 있는 책은 거의 없습니다.

There is **little competition** in the field. 그 분야에서는 경쟁이 거의 없다.
　　　　　　　　불가산명사

▶ 'a'를 쓰지 않는 'few'나 'little'은 수나 양이 '거의 ~없는'이라는 부정적인 의미로 해석합니다.

2 ▶ '-ly'로 끝나는 형용사

friendly atmosphere 친근한 분위기

timely advice 시기적절한 충고

costly plans 비용이 많이 드는 계획

daily news 일간 뉴스

▶ 명사 + ly = 형용사 / 형용사 + ly = 부사

3 ▶ 명사와 동일한 형태의 형용사

alternative ⓐ 대안적인; ⓝ 대안　　　　　objective ⓐ 객관적인; ⓝ 목적
executive ⓐ 경영(운영)의; ⓝ 간부　　　　professional ⓐ 전문적인; ⓝ 전문가

You should prepare an **alternative** set of clothes. 당신은 여분의 옷을 준비해야 합니다.
　　　　　　　　　　형용사

There are some **alternatives** to the plan. 그 계획에 몇 가지 대안이 있다.
　　　　　　　　명사

SPARTA ✓ CHECK-UP

해설 p.366

3 밑줄 친 단어가 어떤 품사로 쓰였는지 쓰세요.

　　① There are some <u>alternatives</u> to the plan.　　(　　　　　)
　　② You should prepare an <u>alternative</u> set of clothes.　　(　　　　　)

출제 유형 4 | 주의해야 할 형용사 II

1 ▶ 혼동을 주는 의미의 형용사

➕ 비슷한 형태이지만 의미가 다른 형용사들을 구분해야 합니다.

competitive 경쟁력 있는	competent 유능한
comparable 비슷한	comparative 비교의
considerable 상당한	considerate 사려 깊은
confidential 기밀의	confident 확신하는, 자신감 있는
economic 경제의	economical 경제적인, 알뜰한
reliable 신뢰할 만한	reliant 의지하는
respectable 존경할 만한	respective 각각의

The security system stores **confidential** information. 보안 시스템은 기밀 정보를 저장한다.
The speaker looks very intelligent and **confident**. 연설자는 매우 지적이고 자신감 있어 보인다.

2 ▶ [be동사 + 형용사 + 전치사] 형태의 숙어

be afraid of ~을 두려워하다	be doubtful about ~을 의심하다
be anxious about ~에 대해 걱정하다	be responsible for ~을 책임지다
be aware of ~에 관해 알다	be famous for ~으로 유명하다
be satisfied with ~에 만족하다	be friendly with ~와 친하다
be enthusiastic about ~에 열정적이다	be good at ~에 능숙하다
be excited about ~에 흥분하다	be capable of ~을 할 수 있다
be accustomed to ~에 익숙하다	be opposed to ~에 반대하다
be attached to ~에 첨부되다	be kind to ~에게 친절을 베풀다
be different from ~와 다르다	be popular with ~에게 인기가 있다

He **is accustomed to** delivering a speech for an audience. 그는 청중들 앞에서 연설하는 데 익숙하다.
This city **is famous for** many tourist attractions. 이 도시는 많은 관광지들로 유명하다.

SPARTA ✓ CHECK-UP

해설 p.366

4 다음 단어 및 숙어의 뜻을 쓰세요.

① competitive (   )   ⑤ be accustomed to (   )
② competent (   )   ⑥ be opposed to (   )
③ reliable (   )   ⑦ be popular with (   )
④ reliant (   )

SPARTA PRACTICE

해설 p.366

- 주어진 해석에 알맞은 보기를 고르세요.

1. The new product is -------. 새로운 제품은 결함이 있다.
   (A) defective   (B) defectively

2. A customer ------- the product defective. 고객은 그 상품에 결함이 있다는 것을 발견했다.
   (A) was   (B) found

3. A good reputation ------- valuable for your business. 좋은 평판은 당신의 사업을 위해 귀중하다.
   (A) is   (B) make

4. Potential clients consider us -------. 잠재 고객들은 우리가 경쟁력 있다고 여긴다.
   (A) competitive   (B) competent

5. There are some ------- to the plan. 그 계획에 몇 가지 대안이 있다.
   (A) alternative   (B) alternatives

6. You should prepare an ------- set of clothes. 당신은 여분의 옷을 준비해야 합니다.
   (A) alternative   (B) alternatives

7. The security system stores ------- information. 보안 시스템은 기밀 정보를 저장한다.
   (A) confidential   (B) confident

8. The speaker looks very intelligent and -------. 연설자는 매우 지적이고 자신감 있어 보인다.
   (A) confidential   (B) confident

9. There is little ------- in the field. 그 분야에서는 경쟁이 거의 없다.
   (A) competition   (B) competitions

10. The event organizer became -------. 행사 조직자는 초조해졌다.
    (A) nervousness   (B) nervous

UNIT 06 형용사

유형 분석 및 출제 포인트

유형 1 ▶ 형용사 자리 확인

PTX Steel, Inc. / offers ------- benefits // (to its employees).
　　주어　　　　동사　　　목적어　　　　　수식어

(A) attraction　　(B) attractive　　(C) attract　　(D) attracted

해석
PTX 철강 회사는 직원들에게 매력적인 혜택을 제공한다.

어휘
offer 제공하다　benefit 혜택　attraction 매력　attractive 매력적인　attract ~의 마음을 끌다

포인트

❶ 보기 유형을 확인합니다.
　빈칸에 알맞은 품사를 선택하는 어형 문제로, 빈칸은 3형식 동사 'offers' 뒤에 위치한 목적어 'benefits'를 꾸미는 형용사 자리입니다.

❷ 보기 중에서 형용사를 선택합니다.
　보기 중에 '-ive' 형태로 끝나는 (B) attractive가 정답입니다.

유형 2 ▶ 형용사 관련 숙어 확인

A maintenance manager / is ------- // (for inspections of the elevator).
　　　주어　　　　　　동사 주격보어　　　　　수식어

(A) respond　　(B) responsive　　(C) responsibly　　(D) responsible

해석
보수 관리자는 승강기의 검사를 담당한다.

어휘
maintenance 보수　inspection 검사　elevator 승강기　responsible 책임 있는, 담당하는

포인트

❶ 보기 유형을 확인합니다.
　빈칸에 알맞은 품사를 선택하는 어형 문제로, 빈칸은 2형식 동사 'is' 뒤에 있으므로 보어(명사, 형용사)를 선택해야 합니다. 보기 중에 형용사인 (B) responsive(반응하는)와 (D) responsible(책임 있는)이 정답 후보입니다.

❷ 2형식 문장에서는 형용사가 포함된 숙어가 빈번하게 등장합니다.
　빈칸 앞뒤로 위치한 be동사와 전치사 'for'는 'be responsible for(~에 책임이 있다)'라는 숙어로 사용되므로 정답은 (D) responsible입니다.

SPARTA TEST

해설 p.366

1. Most diseases are ------- by taking the proper precautions.
   (A) prevent
   (B) prevents
   (C) preventably
   (D) preventable

2. The coordinator did ------- paperwork in his office.
   (A) incorrect
   (B) related
   (C) limited
   (D) original

3. You can correct several ------- errors in the latest product brochure.
   (A) excellent
   (B) minor
   (C) reliable
   (D) rapid

4. MK Graphics is well-known for creating ------- products.
   (A) promote
   (B) promotes
   (C) promotion
   (D) promotional

5. Candidates for the position must have ------- laboratory experience.
   (A) extend
   (B) extension
   (C) extensive
   (D) extends

6. Advance preparations for the business trip were -------.
   (A) complete
   (B) completes
   (C) completeness
   (D) completely

7. Students from ------- universities will do internships in the summer.
   (A) various
   (B) welcome
   (C) regular
   (D) potential

8. Last weekend's concert was the most ------- one so far.
   (A) responsible
   (B) reliant
   (C) delighted
   (D) successful

9. Anything confidential is not ------- to discuss outside the company.
   (A) appropriates
   (B) appropriate
   (C) appropriately
   (D) appropriated

10. We couldn't find someone with ------- experience in marketing.
    (A) considers
    (B) considerably
    (C) considerate
    (D) considerable

UNIT 07 부사

INTRO

부사는 명사를 제외한 동사, 형용사, 부사, 문장 전체를 수식하는 품사입니다. 형용사와 마찬가지로 보통 수식 받는 대상의 바로 앞에 위치하며 생략 가능합니다.

그런데, 굳이 사용하지 않아도 될 수식어를 왜 자꾸 쓰는 걸까요?

	반갑습니다.
만나서	반갑습니다.
좋은 분들을 만나서	반갑습니다.
이렇게 좋은 곳에서 좋은 분들을 만나서	반갑습니다.

사실 '반갑습니다'라는 기본 문장만으로도 충분히 의사소통을 할 수 있습니다. 하지만 우리는 때때로 다양한 말을 덧붙여 문장을 더 길게 만들기도 하죠. 문장이 길어져도 기본 의미는 바뀌지 않는데 말이죠.

문장이 길어지니 어떻습니까?

'반갑습니다'라는 의미가 더욱 명확해지죠?

	반갑습니다.	
만나서	반갑습니다.	+ 이유
좋은 분들을 만나서	반갑습니다.	+ 대상 + 이유
이렇게 좋은 곳에서 좋은 분들을 만나서	반갑습니다.	+ 장소 + 대상 + 이유

이렇게 수식어가 늘어갈수록 문장의 의미가 더욱 풍부해지는 것을 알 수 있습니다. 그렇기 때문에 다양한 의미의 수식어들이 존재하는 것입니다. 특히 부사는 형용사와는 달리 오로지 수식어의 역할만 합니다. 그러므로 우리는 문장의 의미를 풍부하게 만드는 부사의 의미 학습에 중점을 둬야 합니다.

그럼, 이제부터 의미가 풍부한 부사를 학습해 봅시다.

출제 유형 1 부사의 자리

1 ▶ 동사 수식

❶ 자동사 앞뒤

Our revenue **considerably** **increased**. 우리의 소득이 상당히 올랐습니다.
　　　　　　　　　　　　자동사

Our revenue **increased** **considerably**. 우리의 소득이 상당히 올랐습니다.
　　　　　　자동사

❷ 타동사 앞

We **considerably** **increased** our revenue. 우리는 소득을 상당히 올렸습니다.
　　　　　　　　　타동사

❸ [타동사 + 목적어] 뒤

We **increased** **our revenue** **considerably**. 우리는 소득을 상당히 올렸습니다.
　　　타동사　　　목적어

▶ 타동사 바로 뒤에는 부사보다 목적어가 먼저 옵니다. 이때 부사는 목적어 뒤로 밀려납니다.

❹ 동사구 사이

You **should** **immediately** **contact** our sales representatives. 당신은 판매 직원에게 즉시 연락해야 합니다.
　　　동사구(조동사 + 동사원형)

His team **has** **already** **achieved** the sales goal. 그의 팀은 이미 판매 목표를 달성했다.
　　　　동사구(have + p.p.)

2 ▶ 부사 + 형용사

It was a **perfectly** **successful** promotion. 그것은 완벽하게 성공적인 판촉 행사였다.
　　　　　　　　　　형용사

3 ▶ 부사 + 또 다른 부사

The presenter described the trend **very** **clearly**. 발표자는 트렌드를 매우 명확하게 설명했다.
　　　　　　　　　　　　　　　　　　부사

4 ▶ 부사, + 문장 / 문장 + 부사

Actually, **the product line is not available**. 사실 그 제품군은 더 이상 이용할 수 없다.
　　　　　　　문장

The product line is not available **actually**. 사실 그 제품군은 더 이상 이용할 수 없다.
　　문장

SPARTA ✓ CHECK-UP
해설 p.367

1 동사(구)를 수식하는 부사가 들어갈 자리에 'V'표 하세요.

① Our revenue increased.

② You should contact our sales representatives.

출제 유형 2 | 빈도부사

1 ▶ 대표적인 빈도부사

always 항상   often 자주   usually 보통   sometimes 때때로
seldom/hardly/scarcely/rarely 거의 ~아닌   never 결코 ~아닌

2 ▶ 빈도부사의 자리

✚ 빈도부사는 발생 횟수를 나타내며, 일반동사 앞, be동사와 조동사 뒤에 위치합니다.

We **usually have** a meeting at 2 P.M. 우리는 보통 오후 2시에 회의를 합니다.
　　　　　　일반동사

The customer **is always** complaining. 그 고객은 항상 불평을 합니다.
　　　　　be동사

You **may sometimes** leave early. 당신은 때때로 일찍 퇴근해도 좋습니다.
　　　조동사

3 ▶ 주의해야 할 빈도부사

✚ 'seldom/hardly/scarcely/rarely(거의 ~아닌)'와 'never(결코 ~아닌)'는 빈도와 부정의 의미를 모두 가지고 있기 때문에 빈도부사뿐만 아니라 부정부사가 강조되는 문두에도 쓰일 수 있습니다. 문두에 올 경우, 주어와 동사가 도치됩니다.

The director **hardly mentions** the result of the survey.
　　　　　　　일반동사 ▶ 일반적인 빈도의 의미를 강조 (빈도부사)
이사는 조사 결과에 대한 언급을 거의 하지 않는다.

Hardly did the director mention the result of the survey.
　　　　부정어 도치구문 ▶ '거의 ~아닌'의 부정의 의미를 강조 (부정부사)
이사는 조사 결과에 대한 언급을 거의 하지 않았다.

SPARTA ✓ CHECK-UP

해설 p.367

2 해석에 알맞은 부사를 각 문장의 적절한 자리에 쓰세요.

① We have a meeting at 2 P.M. 우리는 보통 오후 2시에 회의를 합니다.
　(　　　　　　　　　　　　　　　　　)

② The customer is complaining. 그 고객은 항상 불평을 합니다.
　(　　　　　　　　　　　　　　　　　)

③ The director mentions the result of the survey.
　이사는 조사 결과에 대한 언급을 거의 하지 않는다.
　(　　　　　　　　　　　　　　　　　　　　　　　)

출제 유형 3 주의해야 할 부사 I

1. 의미상 주의가 필요한 부사

hard	형 어려운, 힘든 부 열심히	have a **hard** time 힘든 시간을 보내다 work **hard** 열심히 일하다
hardly	부 거의 ~아닌	**hardly** predict the results 결과를 거의 예상하지 못하다
high	형 높은 부 높게	a **high** discount rate 높은 할인율 fly **high** 높이 날다
highly	부 매우	be **highly** recommended 적극 권장되다
late	형 늦은 부 늦게	**late** fee 연체료 arrive **late** 늦게 도착하다
lately	부 최근에	have been busy **lately** 최근에 바빴다
close	형 가까운 부 가깝게	be **close** to the office 사무실에 가깝다 sit **close** together 가까이 붙어 앉다
closely	부 면밀히	**closely** inspect the machine 기계를 면밀히 검사하다
near	형 가까운 부 가까이	in the **near** future 가까운 미래에 live quite **near** 꽤 가까이에 살다
nearly	부 거의	take **nearly** two months 거의 두 달이 걸리다
short	형 짧은 부 짧게	in a **short** period of time 짧은 시간 동안 speak **short** 간략히 말하다
shortly	부 곧, 즉시	send an e-mail **shortly** 이메일을 즉시 보내다
deep	형 깊은 부 깊게	be **deep** in debt 많은 빚을 지다 dig **deep** into ~을 깊이 파고 들다
deeply	부 몹시	be **deeply** grateful 매우 감사해하다

▶ hard/high/late/close/near/short/deep은 형용사와 부사가 동일한 형태이므로 주의해야 합니다.

SPARTA ✓ CHECK-UP

해설 p.367

3 다음 중 해석에 알맞은 표현을 고르세요.

① have a (hard / hardly) time 힘든 시간을 보내다
② arrive (late / lately) 늦게 도착하다
③ live quite (nearly / near) 꽤 가까이에 살다
④ be (deep / deeply) grateful 매우 감사해하다

출제 유형 4 | 주의해야 할 부사 II

1 ▶ so / such / too

❶ so + 형/부 + that절 (매우 ~해서 …하다)

The performance was **so popular that the tickets sold out quickly**.
　　　　　　　　　　　　원인　　　　　　　　　　결과
그 공연은 인기가 매우 좋아서 입장권이 빨리 매진되었다.

❷ such + 관사 + 형용사 + 명사 + that절 (매우 ~여서 …하다)

The performance was **such a popular event that the tickets sold out quickly**.
　　　　　　　　　　　　　　원인　　　　　　　　　　　결과
그 공연은 인기가 매우 좋은 행사여서 입장권이 빨리 매진되었다.

❸ too + 형/부 + to부정사 (너무 ~해서 …하지 못하다)

The performance was **too popular to get a ticket**.
　　　　　　　　　　　원인　　　　　결과
그 공연은 인기가 너무 좋아서 입장권을 구할 수 없었다.

2 ▶ 증가/감소의 동사를 강조하는 부사

dramatically 극적으로 significantly, considerably 상당히 sharply, rapidly 급격하게 consistently 지속적으로	increase 증가하다 decrease 감소하다 rise 오르다 reduce 감소하다

Sales of appliances <u>were reduced</u> **dramatically**. 가전제품 판매가 급격히 감소했다.

Energy demands <u>increased</u> **consistently**. 에너지 수요가 꾸준히 증가했다.

SPARTA ✓ CHECK-UP　　　　　　　　해설 p.367

4 보기에서 알맞은 부사를 골라 써 넣으세요.

so	such	too

① The performance was (　　　) popular to get a ticket.
② The performance was (　　　) popular that the tickets sold out quickly.
③ The performance was (　　　) a popular event that the tickets sold out quickly.

SPARTA PRACTICE

해설 p.367

• 각 문장에서 부사를 찾아 표시한 후, 괄호 안에 알맞은 해석을 쓰세요.

1. Our revenue **dramatically** increased. 우리의 소득이 (　　　　) 올랐습니다.

2. It was a **perfectly** successful promotion. 그것은 (　　　　) 성공적인 판촉 행사였다.

3. You should **immediately** contact our sales representatives.
   당신은 판매 직원에게 (　　　　) 연락해야 합니다.

4. The project team arrived **late**. 그 프로젝트팀은 (　　　　) 도착하였다.

5. We increased our revenue **considerably**. 우리는 소득을 (　　　　) 올렸습니다.

6. **Actually**, the product line is not available. (　　　　) 그 제품군은 더 이상 이용할 수 없다.

7. The presenter described the trend **clearly**. 발표자는 트렌드를 (　　　　) 설명했다.

8. Mr. Crosby has been busy **lately**. 크로스비 씨는 (　　　　) 바빴다.

9. His team has **already** achieved the sales goal. 그의 팀은 (　　　　) 판매 목표를 달성했다.

10. **Hardly** did the director mention the result of the survey.
    이사는 조사 결과에 대한 언급을 (　　　　) 하지 않았다.

유형 분석 및 출제 포인트

유형 1 ▶ 부사 자리 확인

James / will be checking his e-mail // (------- from home).
　주어　　　　동사　　　　목적어　　　수식어 1　　수식어 2

(A) regular　　　(B) regularly　　　(C) regularity　　　(D) regularize

해석
제임스는 자택에서 정기적으로 그의 이메일을 확인할 것이다.

어휘
check ~을 확인하다　regularity 규칙적임　regularize 규칙화하다

포인트

❶ 보기 유형을 확인합니다.
　각각 다른 품사의 보기 중에 알맞은 것을 선택하는 어형 문제로, 동사를 중심으로 빈칸의 자리를 확인해야 합니다. 빈칸은 완전한 문장 뒤에 있으므로 수식어가 들어가야 합니다.

❷ 알맞은 수식어를 선택합니다.
　보기 중에 '-ly'로 끝나는 부사인 (B) regularly(정기적으로)를 선택하도록 합니다. 형용사인 (A) regular도 수식어로 쓰이나, 뒤에 수식할 만한 명사가 없어서 오답입니다.

유형 2 ▶ 부사 의미 확인

Sales of our television sets / increased // (-------).
　　　　주어　　　　　　　　　동사　　　수식어

(A) usually　　　(B) hardly　　　(C) dramatically　　　(D) late

해석
우리의 텔레비전 세트 판매가 극적으로 증가했다.

어휘
sales 판매　increase 증가하다

포인트

❶ 보기 유형을 확인합니다.
　주어진 보기는 모두 동일한 품사로, 빈칸에 알맞은 의미의 부사를 선택하는 어휘 문제입니다.

❷ 해석을 통해 알맞은 의미의 부사를 선택합니다.
　동사 'increased(증가했다)'를 수식하기에 가장 적절한 의미의 부사를 선택해야 합니다. 증가를 의미하는 동사를 수식하기에 적절한 부사는 (C) dramatically(극적으로)입니다. (A) usually와 (B) hardly는 빈도부사이므로 일반동사 'increased' 앞에 쓰여야 하고, (D) late은 '늦게'라는 의미로, 주어진 동사를 수식하기에 의미상 적절하지 않습니다.

SPARTA TEST

1. -------, the clients were satisfied with the improved product design.
   (A) Fortunes
   (B) Fortunate
   (C) Fortune
   (D) Fortunately

2. The readers' responses to the updated news were ------- positive.
   (A) overwhelming
   (B) overwhelmingly
   (C) overwhelmed
   (D) overwhelm

3. Office supplies are ------- stored in the supply room on the third floor.
   (A) usually
   (B) relatively
   (C) slightly
   (D) closely

4. Analysts ------- predicted that the economy will grow quickly.
   (A) origin
   (B) originate
   (C) originally
   (D) original

5. Mr. Venville is a ------- regarded economist for his contribution to the field.
   (A) largely
   (B) luckily
   (C) hardly
   (D) highly

6. As the new department head, Ms. Farmiga has to attend meetings -------.
   (A) frequent
   (B) frequenting
   (C) frequently
   (D) frequency

7. This special offer is available ------- to new customers.
   (A) personally
   (B) exclusively
   (C) considerably
   (D) consistently

8. It is ------- difficult to find an appropriate specialist at once.
   (A) extreme
   (B) extremes
   (C) extremely
   (D) extremity

9. The warranty ------- indicates a time limit for returning defective merchandise.
   (A) recently
   (B) annually
   (C) nearly
   (D) clearly

10. Mr. Stevens was ------- able to complete the budget report after the meeting.
    (A) greatly
    (B) currently
    (C) finally
    (D) correctly

UNIT 08 전치사

INTRO

I go school.

이 문장을 해석해 보면 '나는 학교 간다.'로 의미상 어색함이 없어 보입니다.
그럼, 이 문장은 맞는 문장일까요?

   I go **to** school.

그럼, 이 문장은 어때요?
어떤 문장이 맞는 문장일까요?

첫 번째 문장은 해석이 어색하지 않아 맞는 문장인 것 같지만, 전치사 'to'를 사용한 두 번째 문장이 더 안정적으로 보입니다. 왜 그럴까요?

영어를 공부하다 보면 단순한 의미보다 문장 구조에 집중하게 됩니다. 문장 구조를 본다는 것은 곧 그 문장에 있는 동사의 형식을 본다는 것을 의미하죠. 이 문장의 동사 'go'는 '가다'라는 의미의 1형식 동사이므로, [주어 + 동사]의 구조로도 완벽한 문장이 됩니다. 따라서 그 뒤에 'school'을 써주고 싶다면 수식어로 써야겠죠.

   <u>I</u>   <u>go</u> // school. (×)
   주어 동사 (1형식)   명사 (수식어구 아님)

   <u>I</u>   <u>go</u> // to school. (O)
   주어 동사 (1형식)   전명구 (수식어구)

'전치'라는 말은 '앞에 위치한다'는 뜻입니다. **전치사는 명사 앞에 위치하여 마치 접착제처럼 명사를 수식어로 연결시켜 주는 역할을 합니다.** 그러므로 적절한 전치사의 사용은 문장에 수식어를 더해 그 의미를 더욱 풍부하게 하고, 문장 구조를 안정시켜 줍니다.

출제 유형 1 전치사의 자리 및 전치사구의 기능

1 ▶ 전치사의 자리

❶ 명사/대명사의 앞

at **the station** 역에서
　　명사

with **me** 나와 함께
　　대명사

❷ 동명사의 앞

by **making** a reservation 예약함으로써
　　동명사

2 ▶ 전치사구의 기능

❶ 형용사 역할

The **delivery of ordered items** was postponed. 주문했던 물품의 배송이 지연되었다.
(명사 수식)

There are some **problems with it**. 그것에 약간의 문제가 있다.
(명사 수식)

❷ 부사 역할

You should **submit** a report **by the next meeting**. 당신은 다음 회의까지 보고서를 제출해야 한다.
(동사 수식)

Mr. Burnet will not be **available until tomorrow afternoon**. 버넷 씨는 내일 오후까지 만날 수 없다.
(형용사 수식)

Thanks to our campaign, we can promote our products. 광고 덕분에, 우리 제품을 홍보할 수 있다.
(문장 전체 수식)

SPARTA ✓ CHECK-UP

해설 p.368

1 밑줄 친 전치사구의 역할을 써 넣으세요.

① The delivery <u>of ordered items</u> was postponed.　(　　　　)
② <u>Thanks to our campaign</u>, we can promote our products.　(　　　　)
③ There are some problems <u>with it</u>.　(　　　　)

출제 유형 2 | 전치사의 종류

1 ▶ 시간과 장소

	in + 세기, 년도, 계절, 월	on + 요일, 날짜, 특정일	at + 시점
시간	**in** the 20th century 20세기에 **in** 1998 1998년도에 **in** winter 겨울에 **in** September 9월에 **in** the morning 아침에 **in** 10 minutes 10분 후에	**on** Friday 금요일에 **on** April 17th 4월 17일에 **on** Christmas day 크리스마스에 **on** that day 그날에	**at** 3 o'clock 3시에 **at** the moment 그 순간에 **at** the end of the year 연말에 **at** night 밤에

	in + 지역, 경계가 있는 내부	on + 표면	at + 지점
장소	**in** Korea 한국에서 **in** Seoul 서울에서 **in** the classroom 교실에서	**on** the desk 책상 위에 **on** the 3rd floor 3층에서	**at** the corner of the room 방구석에서 **at** the intersection 교차로에서 **at** the airport 공항에서

2 ▶ 시점과 기간

시점	기간
at 7 o'clock 7시에 **from** the next month 다음 달부터 **since** yesterday 어제부터 **until** tomorrow 내일까지 **by** Thursday 목요일까지 **after** an hour 1시간 후에	**for** 3 hours 3시간 동안 **during** the festival 축제 동안 **within** 10 days 10일 이내에 **over** the next 2 years 향후 2년에 걸쳐서 **throughout** the year 그해 동안

📖 TIP! 주의해야 할 전치사

The city is holding a summer festival **for** 2 weeks. 그 도시는 2주 동안 여름 축제를 개최할 예정이다.

We cannot enter the room **during** the convention. 우리는 집회 동안 그 방에 들어갈 수 없다.

▶ for 뒤에는 주로 [숫자 + 기간 명사]가 나오는 반면, during 뒤에는 사건이나 일이 등장합니다.

The library doesn't open **until** 7 o'clock. 도서관은 7시에 문을 연다.

Students should return borrowed books **by** 7 o'clock. 학생들은 빌린 책을 7시까지 반납해야 한다.

▶ until은 어떤 동작이 해당 시점까지 '유지'되는 것을 의미하고, by는 해당 시점까지 '완료'되는 것을 의미합니다.

SPARTA ✓ CHECK-UP

해설 p.368

2 괄호 안에 알맞은 시간 전치사를 쓰세요.

① (　　　) the holiday 휴일에
② (　　　) noon 정오에
③ (　　　) the ground floor 1층에서

출제 유형 3 그 밖에 알아두어야 할 전치사

1 ▶ 시험에 자주 출제되는 전치사

이유 (~ 때문에)	주제 (~에 관하여)	수단 (~으로)	양보 (~임에도 불구하고)
due to because of owing to on account of	about of on over regarding concerning	by with through	despite in spite of

출제 유형 4 전치사를 활용한 숙어 I

1 ▶ 자동사 + 전치사

apologize for ~에 대해 사과하다
believe in ~를 믿다
consist of ~로 구성되어 있다
belong to ~에 속하다
benefit from ~에서 이익을 얻다
contribute to ~에 기여하다
depend/rely/count on ~에 의지하다

interfere with ~를 방해하다
listen to ~의 말을 듣다
pay for ~의 값을 지불하다
result in ~를 야기하다
succeed in ~에 성공하다
suffer from ~로 고통 받다
think of ~를 생각하다

2 ▶ 타동사 + 명사 + 전치사

assign A to B A를 B에게 할당하다
attribute A to B A를 B의 탓으로 돌리다
apply A to B A를 B에 적용하다
attach A to B A를 B에 첨부하다, 붙이다
compensate A for B B에 대해 A에게 보상하다
equip A with B A에 B를 설치하다
inform A of B A에게 B에 대해 알리다
remind A of B A에게 B에 대해 상기시키다

replace A with B A를 B로 대체하다
regard A as B A를 B라고 여기다
provide A with B A에게 B를 제공하다
prohibit A from -ing A가 ~하는 것을 막다
notify A of B A에게 B를 알리다
familiarize A with B A가 B에 익숙해지게 하다
transform A into B A를 B로 바꾸다
submit A to B A를 B에 제출하다

SPARTA ✓ CHECK-UP

해설 p.368

3 괄호 안에 다음 숙어의 뜻을 쓰세요.

① apologize for (   )   ② result in (   )
③ equip A with B (   )   ④ notify A of B (   )

출제 유형 5 | 전치사를 활용한 숙어 II

1 ▶ be동사 + 형용사 + 전치사

be absent from ~에 결석하다	be famous for ~으로 유명하다
be appreciative of ~에 감사하다	be familiar with ~에 익숙하다
be aware of ~에 대해 알다	be full of ~로 가득 차다
be consistent with ~와 일치하다	be responsible for ~에 책임을 지다
be concerned with ~와 관계가 있다	be reliant on ~에 의존하다
be capable of ~할 능력이 있다	be eligible for ~할 자격이 있다

2 ▶ 명사 + 전치사

approach to ~로의 접근	decrease in ~의 감소
concern about ~에 대한 관심	increase in ~의 증가
confidence in ~에 대한 신뢰	effect on ~에 대한 영향
contribution to ~에 대한 공헌	regret for ~에 대한 후회
demand for ~에 대한 수요	advance in ~의 진보
discussion about ~에 대한 토론	interest in ~에 대한 관심

3 ▶ 구전치사

➕ 구전치사란 두 단어 이상으로 이루어진 전치사를 말합니다.

according to ~에 따라서	in addition to ~외에도, ~에 더해서
by means of ~의 도움으로, ~을 사용해서	in spite of ~에도 불구하고
contrary to ~와는 반대로	instead of ~대신에
except for ~을 제외하고	next to ~의 옆에
far from 결코 ~이 아닌	regardless of ~에 상관없이

SPARTA ✓ CHECK-UP

해설 p.368

4 주어진 뜻에 맞는 알맞은 전치사를 쓰세요.

① be absent (　　　) ~에 결석하다
② be responsible (　　　) ~에 책임을 지다
③ contribution (　　　) ~에 대한 공헌
④ in spite (　　　) ~에도 불구하고
⑤ instead (　　　) ~대신에

SPARTA PRACTICE

해설 p.368

A 주어진 시간 표현이 시점과 기간 중 어떤 의미인지 쓰세요.

> ex) at 3 o'clock 시점

1 for 3 hours   (   )

2 during the vacation   (   )

3 for 2 weeks   (   )

4 on the last day   (   )

5 for a decade   (   )

6 at the meeting   (   )

B 각 문장에 알맞은 전치사를 고르세요.

1 The seminar will be held (in, on) May 1.
   세미나는 5월 1일에 개최될 예정입니다.

2 The event organizer can put your name (on, in) the waiting list.
   행사 조직자는 당신의 이름을 대기자 명단에 올릴 수 있습니다.

3 Some representatives need to stay here (until, by) 6 o'clock.
   몇몇 직원들은 6시까지 여기에서 기다려야 합니다.

4 Attendees can take photographs (for, during) the demonstration.
   참석자들은 시연회 도중에 사진을 찍을 수 있습니다.

5 They provide customers (with, for) special discounts.
   그들은 고객들에게 특별 할인을 제공합니다.

6 Advances (on, in) the industries resulted from the increasing demand.
   업계의 진보는 증가하는 수요의 결과였습니다.

UNIT 08 전치사 **191**

유형 분석 및 출제 포인트

유형 1 ▶ 전치사 관련 숙어

Foods Group / is committed to providing fresh fruits // (------- a low cost).
　주어　　　　동사　　　　　목적어　　　　　　　수식어

(A) in　　　　(B) on　　　　(C) at　　　　(D) after

해석
푸즈 그룹은 저렴한 가격으로 신선한 과일을 제공하는 데 전념한다.

어휘
be committed to -ing ~하는 데 전념하다　provide 제공하다　low 낮은

포인트
❶ 보기 유형을 확인합니다.
　보기 중 after는 전치사와 접속사가 동시에 가능하기 때문에 빈칸 뒷부분이 명사인지 문장인지 먼저 확인합니다. 빈칸 뒤로 연결되는 'a low cost'는 명사구이기 때문에 이 문제는 전치사를 선택하는 문제입니다.

❷ 숙어 성립 여부를 확인합니다.
　'at a low cost(낮은 가격으로)'라는 숙어가 성립하므로 정답은 (C) at입니다.

유형 2 ▶ 전치사 의미 확인

The company / has been providing maintenance services // (------- 20 years).
　주어　　　　　동사　　　　　　　목적어　　　　　　　수식어

(A) for　　　　(B) among　　　　(C) by　　　　(D) with

해석
그 회사는 20년 동안 유지 보수 서비스를 제공해 오고 있다.

어휘
company 회사　provide 제공하다　maintenance service 유지 보수 서비스　among ~사이에

포인트
❶ 보기 유형을 확인합니다.
　보기가 모두 전치사로 구성되어 있으므로 빈칸에 알맞은 전치사를 선택하는 문제입니다.

❷ 숙어 성립 여부를 확인하고 의미를 해석합니다.
　보기에 주어진 전치사와 빈칸 뒤의 명사구(20 years)는 숙어로 성립하지 않으므로 해석을 통해 정답을 고르도록 합니다. 해석할 때는 명사와의 의미 호응을 먼저 살펴봅니다. '20 years(20년)'는 기간에 해당하므로 기간과 어울리는 전치사 (A) for(~동안에)가 정답입니다.

SPARTA TEST

1. Internship candidates should submit their application form ------- August 2.
   (A) in
   (B) at
   (C) by
   (D) until

2. Core Motors will show its newest vehicle ------- the end of this year.
   (A) during
   (B) regarding
   (C) of
   (D) at

3. Phoenix Co. boasts its largest factory ------- North America.
   (A) at
   (B) under
   (C) in
   (D) on

4. Mr. Walt has finished all the training ------- for only one course.
   (A) except
   (B) toward
   (C) in spite
   (D) instead

5. You cannot take anything from the supply closet ------- written permission.
   (A) of
   (B) without
   (C) for
   (D) despite

6. Unfortunately, we sent the items ------- the wrong address.
   (A) until
   (B) upon
   (C) to
   (D) among

7. You should keep the original receipt ------- proof of purchase.
   (A) off
   (B) except
   (C) as
   (D) with

8. Mr. Garcia is planning to travel to Paris ------- the marketing team.
   (A) of
   (B) at
   (C) with
   (D) under

9. ------- working with a local company, Simons Co. is increasing its sales.
   (A) By
   (B) During
   (C) According to
   (D) Instead of

10. Ms. Deboise has been a president of Northern Sky Bank ------- over ten years.
    (A) in
    (B) for
    (C) up
    (D) from

SPARTA REVIEW TEST

1. Mr. Hamilton's ------- as a manager makes him a perfect candidate for the position.
   (A) experiencing
   (B) experience
   (C) experienced
   (D) experiment

2. Jennifer has made contributions to the organization throughout ------- 15-year career.
   (A) she
   (B) her
   (C) hers
   (D) herself

3. The computer ------- will be held on December 7th.
   (A) train
   (B) trains
   (C) trained
   (D) training

4. The power plant would provide electric power ------- all the towns.
   (A) to
   (B) up
   (C) of
   (D) out

5. Our colleagues finally decided to take a ------- to Mount Visco.
   (A) trip
   (B) plan
   (C) contract
   (D) target

6. Robin Wright, a ------- has agreed to chair the Media Committee.
   (A) journal
   (B) journalist
   (C) journalism
   (D) journalistic

7. ------- employee was given a chance to share ideas in the orientation.
   (A) Most
   (B) All
   (C) Each
   (D) Both

8. Due to ------- weather conditions, all flights have been delayed.
   (A) functional
   (B) unfavorable
   (C) promoted
   (D) incomplete

9. Price information can be obtained directly ------- the Web page.
   (A) to
   (B) with
   (C) from
   (D) under

10. ------- who are interested in joining the team should come to the information session.
    (A) One
    (B) Other
    (C) Those
    (D) Them

11 Safety helmets must be worn at the construction site ------- all times.
 (A) of
 (B) by
 (C) on
 (D) at

12 Stock prices decreased ------- the merger announcement.
 (A) after
 (B) soon
 (C) during
 (D) because

13 Many advertisers distribute vouchers instead of ------- promotional items.
 (A) other
 (B) another
 (C) the others
 (D) that

14 The new logo is an updated version of ------- own.
 (A) them
 (B) their
 (C) theirs
 (D) themselves

15 The management doesn't have the business ------- to handle the recession.
 (A) sense
 (B) to sense
 (C) sensing
 (D) sensation

16 Mechanical innovations have reduced our ------- time by thirty percent.
 (A) opposition
 (B) expectation
 (C) production
 (D) improvement

17 The Web site provides you with information of ------- in medical research.
 (A) decreases
 (B) advances
 (C) appointments
 (D) formations

18 Some grocery stores offer financial ------- for large orders.
 (A) incentives
 (B) money
 (C) growth
 (D) patterns

19 If you have a ------- meal request, please tell our representative directly.
 (A) specially
 (B) special
 (C) specialist
 (D) specialize

20 Because the bookstore had been ------- busy, the manager hired additional staff.
 (A) immediately
 (B) unexpectedly
 (C) exactly
 (D) negatively

UNIT 09 동사의 수 일치와 태

INTRO

동사는 동작을 나타내는 품사입니다. 하지만 굉장히 복잡한 문법성을 가졌기 때문에 이것만 가지고 동사를 완벽히 활용할 수는 없습니다.

　　They learn English grammar now. 그들은 요즘 영어 문법을 배운다.

이 문장의 동사 learn에 대해 알 수 있는 것을 말해 보세요.

　　They **learn** English grammar now. → 의미 : 배우다
　　They **learn** English grammar now. → 수 : 복수 (3인칭 복수 주어와 수 일치되었음)
　　They **learn** English grammar now. → 태 : 능동태 (3형식 동사 뒤에 목적어 있음)
　　They **learn** English grammar now. → 시제 : 현재 기본 (시간 부사어 now와 시제 일치되었음)

여러분은 위 문장에서 얼마만큼의 정보를 찾아냈나요?

　　The English grammar has already been learned. 그 영어 문법은 이미 배웠다.

그럼, 이 문장은 어떤가요?

　　The English grammar **has** already **been learned**. → 의미 : 배웠다
　　The English grammar **has** already **been learned**. → 수 : 단수 (3인칭 단수 주어와 수 일치되었음)
　　The English grammar **has** already **been learned** ∅. → 태 : 수동태 (3형식 동사 뒤에 목적어 없음)
　　The English grammar **has** already **been learned**. → 시제 : 현재완료 (완료를 의미하는 already와 어울림)

이처럼 하나의 동사는 수, 태, 시제와 같은 다양한 문법성을 나타내며, 이를 제대로 활용하기 위해 동사의 수, 태, 시제 변형을 반드시 학습해야 합니다.
그럼, 동사를 완벽히 활용하기 위해 동사의 수와 태부터 공부해 볼까요?

출제 유형 1 수 일치

1 ▶ 주어-동사의 수 일치

✚ 주어가 단수일 경우 단수 동사를, 주어가 복수일 경우 복수 동사를 사용하여 수 일치를 시켜야 합니다.

단수 주어 The manager **is** a presenter in this meeting. 매니저가 이번 회의의 발표자이다.

복수 주어 The team members **work** at the branch this week.
팀원들은 이번 주에 지사에서 근무한다.

불가산 주어 The information **is provided** to various Web sites. 그 정보는 다양한 웹 사이트에 제공된다.

2 ▶ 삽입 표현이 들어간 경우의 수 일치

✚ 주어와 동사 사이에 있는 수식어는 제외하고 수 일치시킵니다.

Both companies (usually) **inspect** our facilities. 두 회사가 보통 우리 시설을 검사한다.

Participation (in the seminars) **is** necessary. 세미나 참여는 필수이다.

3 ▶ 주의해야 할 수 일치

❶ each / every + 단수 명사 + 단수 동사

Each subscriber has the right to the best service. 각 구독자는 최상의 서비스를 받을 권리를 가진다.

Every piece of artwork in the gallery is well taken care of. 미술관의 모든 예술작품은 잘 관리된다.

❷ a number of + 복수 명사 + 복수 동사 / the number of + 복수 명사 + 단수 동사

A number of members use room service without any extra charges.
많은 회원들이 추가 비용 없이 룸서비스를 이용한다.

The number of members has decreased recently. 최근에 회원 수가 줄었다.

❸ both A and B + 복수 동사 / either A or B : B에 수 일치

Both the manufacturer **and** the distributor have been in business for over 10 years.
제조사와 유통사는 10년 넘게 거래해 왔다.

Either the manufacturer **or** the distributor is responsible for this situation.
제조사나 유통사 중 하나는 이러한 상황에 책임이 있다.

SPARTA ✓ CHECK-UP

해설 p.371

1 주어-동사의 수 일치가 올바른 문장을 고르세요.

① Participation in the seminars are necessary.
② The number of members have decreased recently.
③ Every piece of artwork in the gallery is well taken care of.

출제 유형 2 | 능동태와 수동태 Ⅰ

1 ▶ 능동태를 수동태로 바꾸는 과정

❶ 능동태 문장의 목적어를 수동태 문장의 주어로 이동시킵니다.

❷ 능동형의 동사를 수동형인 [be+p.p.] 형태로 변형시킵니다.

❸ 능동태 문장의 주어는 수동태 문장의 뒤에 [by+주어]의 수식어 형태로 붙습니다.

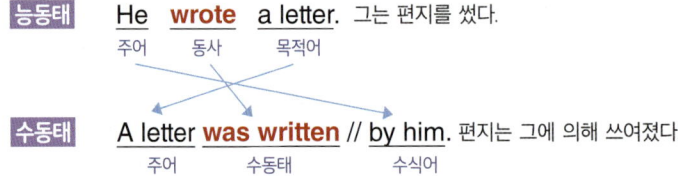

| 능동태 | He wrote a letter. 그는 편지를 썼다. |
| 수동태 | A letter was written // by him. 편지는 그에 의해 쓰여졌다. |

2 ▶ 3형식 문장의 수동태

✚ 3형식 문장인 [주어+동사+목적어]가 수동태로 바뀔 경우, 목적어가 주어로 이동하고 주어는 수동태 뒤에 [by+주어] 형태로 남습니다.

능동태 She **accepted** the acquisition proposal. 그녀는 인수 제안을 받아들였다.
수동태 The acquisition proposal **was accepted** by her.
인수 제안이 그녀에 의해 받아들여졌다.

능동태 The organization **generates** funds for children. 그 단체는 아이들을 위한 기금을 조성한다.
수동태 Funds for children **are generated** by the organization.
아이들을 위한 기금은 그 단체에 의해 조성된다.

능동태 We will **answer** customers' questions directly. 우리는 고객들의 질문에 직접 답변할 것이다.
수동태 Customers' questions will **be answered** directly by us.
고객들의 질문은 우리에 의해 직접 답변될 것이다.

SPARTA ✓ CHECK-UP

해설 p.371

2 동사의 형태가 잘못된 문장을 모두 고르세요. (2개)

① She was accepted the acquisition proposal.
② Funds for children are generated by the organization.
③ We will answer customers' questions directly.
④ Customers' questions will answer directly by us.

출제 유형 3 능동태와 수동태 II

1 ▸ 4형식 문장의 수동태

✚ [주어+동사+간접 목적어+직접 목적어] 구조의 4형식 문장은 목적어가 두 개이므로, 수동태도 두 가지 형태가 있습니다.

능동태 He **gave** her a ticket. 그가 그녀에게 입장권을 주었다.
주어 동사 간/목 직/목

수동태 ① 간접 목적어를 주어로 쓴 경우
She **was given** a ticket by him. 그녀는 그에 의해 입장권이 주어졌다.

② 직접 목적어를 주어로 쓴 경우
A ticket **was given** to her by him. 입장권은 그에 의해 그녀에게 주어졌다.

✚ 반드시 알아야 할 4형식 동사

| give ~을 주다 | send ~을 보내주다 | grant ~을 수여하다 | offer ~을 제공해주다 |
| make ~을 만들어주다 | buy ~을 사주다 | find ~을 찾아주다 | |

2 ▸ 5형식 문장의 수동태

✚ 5형식 문장의 구조는 [주어+동사+목적어+목적격보어]로, 수동태로 바꿀 경우 동사 뒤에 목적격보어가 바로 나와야 합니다.

능동태 Management **considers** the project **important**. 경영진은 그 프로젝트가 중요하다고 여긴다.
주어 동사 목적어 목적격보어

수동태 The project **is considered** important by management.
그 프로젝트는 경영진에 의해 중요하다고 여겨진다.

✚ to부정사가 목적격보어인 5형식 동사의 수동태 구문

be asked to V ~하라고 요청 받다	be advised to V ~하라고 충고를 듣다
be allowed to V ~하도록 허가 받다	be encouraged to V ~하라고 장려되다
be expected to V ~하도록 기대되다	be reminded to V ~하라고 상기되다
be required to V ~하라고 요구 받다	be permitted to V ~하라고 허가 받다

We **ask** you **to participate** in at least two seminars.
우리는 당신이 적어도 두 개의 세미나에 참석할 것을 요청합니다.

You **are asked to participate** in at least two seminars by us.
당신은 우리에 의해 적어도 두 개의 세미나에 참석하도록 요청 받습니다.

SPARTA ✓ CHECK-UP

해설 p.371

3 다음 문장의 동사를 알맞은 형태로 고치세요.

① She given a ticket by him. (   )

② The project considers important by management. (   )

출제 유형 4 그 밖에 주의해야 할 수동태 구문

1 ▶ 수동형이 불가능한 동사

➕ 자동사는 수동형으로 사용할 수 없습니다.

A terrible accident ~~was occurred~~ at the airport. 공항에서 끔찍한 사고가 발생했습니다.
　　　　　　　　　　occurred

The delegate ~~will be arrived~~ at our office. 대표자가 우리 사무실에 도착할 것입니다.
　　　　　　will arrive

Salary ~~is rised~~ every year. 급여가 매년 오른다.
　　　　rises

➕ 반드시 알아야 할 자동사

arrive 도착하다	rise 상승하다	appear 나타나다
depart 출발하다	exist 존재하다	disappear 사라지다
come 오다	happen/occur 발생하다	seem ~처럼 보이다
go 가다	leave 떠나다	remain ~인 채로 남아 있다

2 ▶ by 이외의 전치사를 쓰는 수동태 구문

be associated with ~와 연관되다	be interested in ~에 관심이 있다
be based on ~에 근거하다	be involved in ~에 관여하다
be convinced of ~을 확신하다	be tired of ~에 싫증나다
be dedicated to ~에 헌신하다	be pleased with ~에 기쁘다
be devoted to ~에 헌신하다	be related to ~와 관련되다
be disappointed at ~에 실망하다	be surprised at ~에 놀라다
be equipped with ~을 갖추다	be worried about ~을 걱정하다

The event organizer **was disappointed at** the attendance. 행사 조직자는 출석률에 실망했다.

Our team members **are devoted to** the development of new programs.
저희 팀원들은 새로운 프로그램 개발에 전념합니다.

SPARTA ✓ CHECK-UP

해설 p.371

4 다음 뜻에 알맞은 수동태 구문을 쓰세요.

① ~에 관여하다　(　　　　　　　　　)
② ~을 갖추다　　(　　　　　　　　　)
③ ~을 걱정하다　(　　　　　　　　　)

SPARTA PRACTICE

- 빈칸에 알맞은 것을 고르세요.

1 He ------- a presenter in this meeting. 그는 이번 회의의 발표자이다.
   (A) is (B) are

2 It ------- provided to various Web sites. 그것은 다양한 웹 사이트에 제공된다.
   (A) is (B) are

3 Both companies usually ------- our facilities. 두 회사가 보통 우리 시설을 검사한다.
   (A) inspects (B) inspect

4 Participation in the seminars ------- necessary. 세미나 참여는 필수이다.
   (A) is (B) are

5 The number of members ------- decreased recently. 최근에 회원 수가 줄었다.
   (A) has (B) have

6 We will ------- customers' questions directly. 우리는 고객들의 질문에 직접 답변할 것이다.
   (A) answer (B) be answered

7 The acquisition proposal -------. 인수 제안이 받아들여졌다.
   (A) accepted (B) was accepted

8 The organization ------- funds for children. 그 단체는 아이들을 위한 기금을 조성한다.
   (A) generates (B) is generated

9 We ------- you to participate in two seminars. 우리는 당신이 두 개의 세미나에 참석할 것을 요청합니다.
   (A) ask (B) are asked

10 A terrible accident ------- at the airport. 공항에서 끔찍한 사고가 발생했습니다.
   (A) occurred (B) was occurred

유형 분석 및 출제 포인트

유형 1 ▶ 주어와 동사의 수 일치 확인

Mr. Cane / ------- this department // (since last year).
　　주어　　　　동사　　　목적어　　　　　　수식어

(A) lead　　　　(B) were led　　　(C) has led　　　(D) have led

해석
케인 씨는 작년 이래로 이 부서를 이끌어 왔습니다.

어휘
department 부서　since ~이래로　lead 이끌다

포인트

❶ 보기 유형을 확인합니다.
　동사의 알맞은 형태를 선택하는 문제로, '수-태-시제' 순으로 동사의 문법성을 검증하도록 합니다.

❷ 주어인 명사와 동사의 수 일치를 먼저 확인합니다.
　주어 'Mr. Cane'은 단수 명사이므로 단수 동사형인 (C) has led가 정답입니다. 태와 시제 정보도 확인해야 하지만 수 일치에서 문제가 해결되었으므로 별도로 확인할 필요가 없습니다.

유형 2 ▶ 동사의 태 확인

Consumer surveys / ------- // (by the marketing division).
　　　주어　　　　　　동사　　　　　　수식어

(A) conducts　　(B) are conducted　　(C) is conducted　　(D) conduct

해석
소비자 조사는 마케팅 부서에 의해 실시된다.

어휘
consumer 소비자　survey 조사　marketing 마케팅　division 부서　conduct ~을 수행하다

포인트

❶ 보기 유형을 확인합니다.
　동사의 알맞은 형태를 선택하는 문제로, '수-태-시제' 순으로 동사의 문법성을 검증하도록 합니다.

❷ 주어인 명사와 동사의 수 일치를 먼저 확인합니다.
　주어인 'Consumer surveys(소비자 조사)'는 복수 명사이므로 복수 동사인 (B) are conducted와 (D) conduct가 정답이 될 수 있습니다.

❸ 보기의 태를 확인합니다.
　빈칸 뒤로 3형식 동사 'conduct'의 목적어가 없으므로 정답은 수동형인 (B) are conducted입니다.

SPARTA TEST

1. Mr. Poleman ------- scientific articles for many newspapers.
   (A) are writing
   (B) were written
   (C) writes
   (D) were writing

2. All members of the project team ------- the meeting last week.
   (A) attended
   (B) were attended
   (C) is attended
   (D) attends

3. Luxury Clothing ------- applications from job candidates.
   (A) is accepting
   (B) accept
   (C) were accepted
   (D) are accepted

4. The initial plan ------- completely by the clients.
   (A) was rejected
   (B) reject
   (C) are rejected
   (D) is rejecting

5. The designers ------- specific proposals about the new line.
   (A) prepared
   (B) prepares
   (C) were prepared
   (D) was prepared

6. The new supervisor ------- the skills for her job.
   (A) were mastering
   (B) master
   (C) was mastered
   (D) mastered

7. All surveyors ------- to follow the safety regulations.
   (A) was required
   (B) is required
   (C) requires
   (D) are required

8. For security reasons, only the directors ------- to use this room.
   (A) are permitted
   (B) is permitting
   (C) will permit
   (D) permit

9. The payment on the shipment must ------- within three business days.
   (A) receive
   (B) is received
   (C) be received
   (D) receives

10. The department heads ------- a better understanding of company policies.
    (A) is gaining
    (B) will be gained
    (C) gained
    (D) were gained

UNIT 10 동사의 시제

INTRO

동사는 수 및 태와 더불어 시제를 통해 다양한 정보를 나타냅니다. 동사의 시제는 현재, 과거, 미래라는 시간의 기준과 기본, 진행, 완료, 완료진행이라는 시간의 상태를 결합하여 총 12개의 시제를 만들 수 있습니다. 우리말에 비해 다소 복잡한 감이 있어, 학생들이 학습하는 데 어려움이 많습니다. 좀 더 쉽게 이해해 볼까요?

I **live** in Korea. 나는 한국에 살고 있습니다.

이 동사는 가장 흔한 기본 시제로, 현재를 기준으로 그 이전과 이후를 아우르는 지속성이 강조되는 시제 표현입니다. 주어 'I'는 현재를 포함하여 지속적으로 한국에 머무르는 한국 사람일 확률이 높습니다.

I **am living** in Korea. 나는 한국에 살고 있는 중입니다.

이 동사는 현재 진행 시제로, 현재라는 찰나의 순간을 강조하는 일회성 시제 표현입니다. 그러므로 'I'가 과거에 어디에 살았고, 앞으로 어디에 살 지는 알 수 없지만 현재만큼은 한국에 체류하고 있음을 알 수 있습니다.

I **have lived** in Korea for 3 years. 나는 한국에서 3년 동안 살아오고 있습니다.

이 동사는 현재 완료 시제입니다. 이 시제는 과거에 시작해서 현재까지 이어지거나 영향을 미치는 것을 나타냅니다. 그러므로 주어 'I'는 과거부터 시작해서 현재까지 3년이라는 시간을 한국에서 보내고 있음을 알 수 있습니다. 즉, 현재 완료 시제는 기간의 의미를 강조합니다.

이제 좀 구별되시나요? 생각보다 시간의 의미를 섬세하게 표현하고 있죠?

자, 이제 섬세한 영어의 시제에 대해 더 자세히 공부해 봐요.

출제 유형 1 동사의 다양한 시제와 개념

1 ▶ 기본 시제 / 진행 시제 / 완료 시제

상태	기준	형태	활용
기본	과거	동사원형 + (e)d	I **studied** English last night. 나는 어젯밤에 영어를 공부했다.
기본	현재	동사원형/ 동사원형 + (e)s	I **study** English these days. 나는 요즘 영어를 공부한다.
기본	미래	will + 동사원형	I **will study** English tomorrow. 나는 내일 영어를 공부할 것이다.
진행	과거	was/were + 동사원형 + ing	I **was studying** English at that time yesterday. 나는 어제 그 시간에 영어를 공부하는 중이었다.
진행	현재	am/are/is + 동사원형 + ing	I **am studying** English right now. 나는 지금 영어를 공부하는 중이다.
진행	미래	will be + 동사원형 + ing	I **will be studying** English after tomorrow's class. 나는 내일 수업 후에 영어를 공부하는 중일 것이다.
완료	과거	had + p.p.	I **had studied** English before I took the test. 나는 시험을 보기 전에 영어를 공부했었다.
완료	현재	has/have + p.p.	I **have studied** English for five years. 나는 5년 동안 영어를 공부해 왔다.
완료	미래	will have + p.p.	I **will have studied** English for five years by next month. 나는 다음 달이면 영어를 공부한 지 5년이 될 것이다.

SPARTA ✓ CHECK-UP

해설 p.372

1 각 문장에서 동사의 시제를 쓰세요.

① I study English.　　　　　(　　　　　)
② I studied English.　　　　 (　　　　　)
③ I will study English.　　　 (　　　　　)
④ I am studying English.　　(　　　　　)
⑤ I have studied English.　　(　　　　　)
⑥ I had studied English.　　 (　　　　　)

출제 유형 2 기본 시제

1 ▶ 현재 기본 시제

✚ 현재 일어나는 동작이나 일반적인 사실 및 반복적인 사건을 나타낼 때 사용하는 시제입니다.

The restaurant **offers** Italian food. 그 식당은 이탈리아 음식을 제공합니다.

The capital of Korea **is** Seoul. 한국의 수도는 서울입니다.

I **usually drive** my car to work. 저는 보통 직장에 차를 운전해서 갑니다.

현재 기본 시제와 함께 쓰는 표현	usually 보통 always 항상 generally 일반적으로 frequently 자주 every+시간 명사 매 ~마다 (ex. every day 매일) each year 매년, 해마다

2 ▶ 과거 기본 시제

✚ 과거에 발생한 동작이나 사건 및 상태를 설명할 때 사용하는 시제입니다.

The museum **opened** in 1980. 그 박물관은 1980년에 문을 열었다.

She **gave** a speech three days ago. 그녀는 3일 전에 연설을 했다.

과거 기본 시제와 함께 쓰는 표현	yesterday 어제 in+과거 년도 ~년에 once (과거의) 한때 시간 명사+ago ~전에 last+시간 명사 지난 ~에 (ex. last month 지난달에)

3 ▶ 미래 기본 시제

✚ 미래에 발생할 사건 및 상태를 설명할 때 사용하는 시제입니다.

I **will complete** the project on time. 나는 그 프로젝트를 정시에 끝낼 것이다.

The trade fair **will be held** next year. 무역 박람회가 내년에 열릴 것입니다.

The event **will start** at 9 A.M. tomorrow. 행사가 내일 오전 9시에 시작될 예정입니다.

미래 기본 시제와 함께 쓰는 표현	tomorrow 내일 soon 곧 in+시간 명사 ~후에 (ex. in ten minutes 10분 후에) next+시간 명사 다음 ~에 (ex. next month 다음 달에)

SPARTA ✓ CHECK-UP

해설 p.372

2 다음 시간 표현들과 어울리는 기본 시제를 쓰세요.

① last month 지난달에   (   )
② every month 매달   (   )
③ next month 다음 달에   (   )
④ each year 매년   (   )

출제 유형 3 | 진행 시제

1 ▶ 현재 진행 시제

✚ 현재의 순간에 진행되는 사건 및 상태를 강조하거나 설명할 때 사용하는 시제입니다.

The department **is accepting** applications. 그 부서는 신청서를 접수하는 중이다.

She **is living** in London <u>right now</u>. 그녀는 현재 런던에 체류하고 있습니다.

현재 진행 시제와 함께 쓰는 표현	(right) now (바로) 지금 at the moment 지금 currently 현재

2 ▶ 과거 진행 시제

✚ 과거의 순간에 진행된 사건 및 상태를 강조하거나 설명할 때 사용하는 시제입니다.

I **was watching** TV <u>when you called me last night</u>.
당신이 어젯밤에 전화했을 때 저는 텔레비전을 보고 있었습니다.

과거 진행 시제와 함께 쓰는 표현	yesterday 어제 once (과거의) 한때 at that time 그때

3 ▶ 미래 진행 시제

✚ 미래의 순간에 진행될 사건 및 상태를 강조하거나 설명할 때 사용하는 시제입니다.

You **will be walking** down New York City's Broadway <u>at this time next year</u>.
당신은 내년 이맘때 뉴욕시의 브로드웨이를 걷고 있을 것입니다.

미래 진행 시제와 함께 쓰는 표현	tomorrow 내일 next+시간 명사 다음 ~에 at this time+미래 시간 (미래의) 이맘때

SPARTA ✓ CHECK-UP

해설 p.372

3 다음 시간 표현들과 어울리는 진행 시제를 쓰세요.

① right now 바로 지금   (   )
② currently 현재   (   )
③ at that time 그때   (   )
④ at this time next year 내년 이맘때   (   )

출제 유형 4 | 완료 시제

1 ▶ 현재 완료 시제

✚ 과거에 발생하여 현재까지 영향을 미치는 사건이나 상태를 설명할 때 사용하는 시제입니다.

- **계속** The price of fuel **has increased** steadily <u>for the past two years</u>.
  연료 가격이 지난 2년 동안 꾸준히 증가했다.
- **경험** I **have** <u>never</u> **been** to Europe before. 나는 이전에 유럽에 가본 적이 없다.
- **완료** The assistant **has** <u>just</u> **finished** the research. 그 조수는 방금 연구를 끝냈다.
- **결과** I **have lost** my watch. 나는 시계를 분실했다. (현재도 분실한 상태)

현재 완료 시제와 함께 쓰는 표현	for/in/over the past+기간 명사 지난 ~동안 since+과거 시점 ~이래로 so far 지금까지 recently 최근에 just 막, 방금 never 결코 ~않은 ever 지금까지 already 이미

2 ▶ 과거 완료 시제

✚ 과거에 일어난 일이 과거의 다른 시점까지 영향을 미치는 경우 사용하는 시제입니다.

I **had** already **completed** the form when he came into the office.
그가 사무실에 들어왔을 때 나는 이미 서식을 다 작성했었다.

▶ 과거 완료 시제는 상대적으로 더 먼 과거(대과거)를 표현할 수 있어 과거 시간의 상대성을 나타냅니다.

과거 완료 시제와 함께 쓰는 표현	before ~전에 by the time ~할 때쯤에

3 ▶ 미래 완료 시제

✚ 과거나 현재 발생한 일이 미래의 특정 시점에 완료될 예정일 경우 사용하는 시제입니다.

The vice president **will have worked** for our company for 15 years <u>by next month</u>.
부사장은 다음 달이면 우리 회사에서 15년 동안 일한 게 된다.

미래 완료 시제와 함께 쓰는 표현	by next+시간 표현 다음 ~까지 by the end of+시간 표현 ~말까지

📖 TIP! 주의해야 할 시제 일치

> 시간(when, before, after)이나 조건(if, unless)의 부사절에서는 현재 시제가 미래 시제를 대신합니다.
>
> If you ~~will finish~~ the course, you will get a license. 그 과목을 수료하면, 당신은 면허를 취득할 것입니다.
> → finish

SPARTA ✓ CHECK-UP

해설 p.372

4 다음 중 현재 완료 시제와 어울리는 표현을 고르세요.

so far / yesterday / recently / ever / right now / already / just

SPARTA PRACTICE

해설 p.372

- 빈칸에 알맞은 것을 고르세요.

1 I usually ------- my car to work. 저는 보통 직장에 차를 운전해서 갑니다.
   (A) drive   (B) drove

2 She ------- a speech three days ago. 그녀는 3일 전에 연설을 했다.
   (A) gives   (B) gave

3 The trade fair ------- next year. 무역 박람회가 내년에 열릴 것입니다.
   (A) is held   (B) will be held

4 She ------- in London right now. 그녀는 현재 런던에 체류하고 있습니다.
   (A) is living   (B) lived

5 The price of fuel ------- steadily for the past two years. 연료 가격이 지난 2년 동안 꾸준히 증가했다.
   (A) has increased (B) will increase

6 I ------- my watch. 나는 시계를 분실했다. (현재도 분실한 상태)
   (A) lost   (B) have lost

7 The vice president ------- for our company for 15 years by next month.
   부사장은 다음 달이면 우리 회사에서 15년 동안 일한 게 된다.
   (A) has worked   (B) will have worked

8 If you ------- the course, you will get a license. 그 과목을 수료하면, 당신은 면허를 취득할 것입니다.
   (A) finish   (B) will finish

9 The event ------- at 9 A.M. tomorrow. 행사가 내일 오전 9시에 시작될 예정입니다.
   (A) started   (B) will start

10 I ------- TV when you called me last night. 당신이 어젯밤에 전화했을 때 저는 텔레비전을 보고 있었습니다.
   (A) was watching   (B) watch

유형 분석 및 출제 포인트

유형 1 ▶ 시간 부사어-시제 일치

The company / ------- // (last quarter due to competitors' inexpensive prices).
　　주어　　　　동사　　　　　수식어 1　　　　　　　　수식어 2

(A) suffer　　　(B) suffers　　　(C) will suffer　　　**(D) suffered**

해석
그 회사는 경쟁사들의 저렴한 가격 때문에 지난 분기에 고생했다.

어휘
last quarter 지난 분기에　competitor 경쟁사　inexpensive 저렴한　suffer 고생하다

포인트

❶ 보기 유형을 먼저 확인합니다.
　동사의 알맞은 형태를 선택하는 문제로, '수-태-시제' 순으로 동사의 문법성을 검증하도록 합니다.

❷ 수 일치와 능동/수동태를 먼저 확인합니다.
　주어는 'The company'이므로 단수 동사로 수 일치시켜야 하고, 동사 'suffer(고생하다)'는 1형식 동사로 쓰였기 때문에 빈칸 뒤에 목적어가 없어도 능동형을 유지합니다.

❸ 시간 부사어를 찾아 동사의 시제를 일치시킵니다.
　시간 부사어 'last quarter(지난 분기에)'는 과거를 의미하기 때문에 정답은 과거 시제인 (D) suffered입니다.

유형 2 ▶ 주절/종속절의 시제 일치

Ms. Monroe / described the proposal // (while　she / ------- // at the meeting).
　주어 1　　　동사 1　　목적어　　　종속접속사　주어 2　동사 2　　　수식어

(A) is　　　(B) will be　　　**(C) was**　　　(D) has been

해석
먼로 씨는 모임을 갖는 동안에 제안서를 설명했다.

어휘
describe ~을 설명하다, 묘사하다　proposal 제안서　meeting 모임

포인트

❶ 보기 유형을 먼저 확인합니다.
　동사의 알맞은 형태를 선택하는 문제로, '수-태-시제' 순으로 동사의 문법성을 검증하도록 합니다.

❷ 수 일치와 능동/수동태를 먼저 결정합니다.
　부사절의 주어가 'she'이므로 동사를 단수로 일치시키고, be동사는 1형식이므로 능동형을 유지합니다.

❸ 주절과 종속절의 시제를 일치시킵니다.
　주절의 동사 'described'는 과거 시제이므로 종속절의 동사도 과거 시제로 일치시킵니다. 그러므로 보기 중 과거 기본 시제인 (C) was가 정답입니다.

SPARTA TEST

해설 p.372

1. MK Corp. ------- a contract for the last two months.
   (A) has negotiated
   (B) have negotiated
   (C) is negotiating
   (D) are being negotiated

2. Green Foods usually ------- only recyclable packaging materials.
   (A) are using
   (B) used
   (C) uses
   (D) will be used

3. Metro Flooring ------- maintenance services since 2002.
   (A) provide
   (B) has provided
   (C) has been provided
   (D) were providing

4. Sun Hotel ------- special rates to repeat customers every month.
   (A) is offering
   (B) will offer
   (C) offered
   (D) offers

5. Ford, Inc. technicians ------- two seminars each year.
   (A) attends
   (B) attend
   (C) are attending
   (D) have attended

6. Industry magazines frequently ------- writings of many professionals.
   (A) publish
   (B) have been published
   (C) are publishing
   (D) published

7. Recently, the cost of a round trip to Europe -------.
   (A) reduces
   (B) is reducing
   (C) will be reduced
   (D) has been reduced

8. The fair ------- on July 2 next year in the west wing.
   (A) holds
   (B) was held
   (C) have been held
   (D) will be held

9. When you ------- a travel expense report, you should list accommodation fees.
   (A) was submitted
   (B) submitted
   (C) will submit
   (D) submit

10. All applicants ------- to indicate what skills they possess.
    (A) are asked
    (B) is asked
    (C) will be asked
    (D) was asked

UNIT 10 동사의 시제

UNIT 11 준동사

INTRO

영어를 공부한다.
좋아한다.

이 두 문장을 하나로 합치려면 어떻게 해야 할까요?
어떻게 두 문장 속에 있는 각각의 동사들을 한 문장으로 결합할 수 있을까요?

나는 영어를 공부하는 것을 좋아한다.
나는 좋아하는 영어를 공부한다.
나는 좋아해서 영어를 공부한다.

이처럼 한 문장에서 여러 개의 동사를 표현해야 하는 경우가 있는데, 동사의 역할을 바꿈으로써 한 문장에서 여러 동작을 표현할 수 있습니다.

나는 영어를 **공부하는 것을** **좋아한다**.
▶ 명사 (~하는 것)

나는 **좋아하는** **영어**를 공부한다.
▶ 형용사 (~하는)

나는 **좋아해서** 영어를 **공부한다**.
▶ 부사 (~해서: 이유)

동사의 이러한 쓰임을 '동사에 준한다'고 하여 준동사라고 합니다. 준동사는 동사의 성격은 유지하되 문장 내에서 동사가 아닌 다른 기능의 품사로 쓰이는 것을 뜻하며, to부정사, 동명사, 분사의 3가지 형태로 활용됩니다.
그럼, 동사인 듯, 동사 아닌, 동사 같은 준동사! 이제부터 공부해 볼까요?

출제 유형 1 | to부정사 [to + 동사원형]

1 ▶ to부정사의 역할

+ 명사적 용법 : 문장에서 주어, 목적어, 보어의 역할로 쓰입니다.

- **주어** **To review a contract carefully** is very important.
  계약서를 신중히 검토하는 것은 매우 중요합니다.

- **목적어** We plan **to build a new sports complex next year**.
  우리는 내년에 새로운 스포츠 단지를 세우는 것을 계획하고 있습니다.

- **주격보어** His job is **to train new employees every year**.
  그의 업무는 매년 신입직원들을 훈련하는 것이다.

- **목적격보어** We recommend you **to make a reservation in advance**.
  사전에 예약하실 것을 추천합니다.

+ 형용사적 용법 : 명사를 수식하는 역할로 쓰입니다.

- **수식어** I found an opportunity **to transfer to New York City**.
  나는 뉴욕시로 전근 갈 기회를 찾았다.

+ 부사적 용법 : 동사, 형용사, 부사, 문장 전체를 수식하는 역할로 쓰입니다.

- **목적** You must have communication skills **(in order) to apply for the position**.
  그 직책에 지원하려면 의사소통 기술이 있어야 합니다. ▶ in order to : ~하기 위해

- **이유** We are pleased **to announce the opening of the national park**.
  우리는 국립 공원의 개장을 발표하게 되어서 기쁩니다.

2 ▶ to부정사의 의미상 주어

+ to부정사의 주체를 의미하며, to부정사 앞에 [for + 목적격]의 형태로 나타냅니다.

It is possible **for you** to attend a class. 당신이 수업에 참여하는 것은 가능합니다.

3 ▶ to부정사를 목적어로 취하는 동사

want to V ~하는 것을 원하다	plan to V ~하는 것을 계획하다	intend to V ~할 작정이다
wish to V ~하는 것을 바라다	decide to V ~하는 것을 결정하다	fail to V ~하는 것을 실패하다
hope to V ~하길 희망하다	expect to V ~하는 것을 예상하다	

SPARTA ✓ CHECK-UP

해설 p.373

1 각 문장에 쓰인 to부정사의 용법을 쓰세요.

① We plan to build a new sports complex next year.　(　　　)
② I found an opportunity to transfer to New York City.　(　　　)
③ We are pleased to announce the opening of the national park.　(　　　)

출제 유형 2 | 동명사 [동사원형 + -ing]

1 ▶ 동명사의 역할

✚ 동명사는 문장에서 주어, 목적어, 보어 역할로 쓰입니다.

주어   **Reviewing a contract carefully** is very important.
계약서를 신중히 검토하는 것은 매우 중요합니다.

목적어   I avoid **working at the construction site**. ▶ 타동사의 목적어
나는 건축 현장에서 작업하는 것을 피한다.

The notice reminded us of **complying with the new policy**. ▶ 전치사의 목적어
그 공지는 우리에게 새로운 규정을 따를 것을 상기시켰다.

보어   His job is **training new employees every year**.
그의 업무는 매년 신입직원들을 훈련하는 것이다.

2 ▶ 동명사의 의미상 주어

✚ 동명사의 주체를 의미하며, 동명사 앞에 소유격 형태로 나타냅니다.

The supervisor appreciated **your** helping the assistant.
감독관은 당신이 조수를 도와준 것을 고마워했습니다.

3 ▶ 동명사를 목적어로 취하는 동사

enjoy V-ing	~하는 것을 즐기다	consider V-ing	~할 것을 고려하다
avoid V-ing	~하는 것을 피하다	recommend V-ing	~할 것을 추천하다
finish V-ing	~하는 것을 끝내다	suggest V-ing	~할 것을 제안하다
mind V-ing	~하는 것을 꺼리다	discontinue V-ing	~하는 것을 중단하다

4 ▶ 동명사 관용 표현

look forward to V-ing	~할 것을 고대하다	feel like V-ing	~하고 싶다
be opposed to V-ing	~하는 데 반대하다	be busy V-ing	~하느라 바쁘다
be dedicated to V-ing	~하는 데 헌신하다	spend time V-ing	~하는 데 시간을 보내다
be accustomed to V-ing	~하는 데 익숙하다	by V-ing	~함으로써

SPARTA ✓ CHECK-UP

해설 p.373

2 다음 동명사 관용 표현의 뜻을 쓰세요.

① look forward to V-ing   (   )
② be dedicated to V-ing   (   )
③ feel like V-ing   (   )
④ spend time V-ing   (   )

출제 유형 3 분사 [동사원형 + -ing/-ed]

1 ▶ 분사의 역할

✚ 분사는 형태와 쓰임에 따라 현재분사(동사원형+-ing)와 과거분사(동사원형+-ed)로 구분되며, 명사를 수식하는 형용사 역할을 합니다.

✚ 현재분사는 '능동', '진행'의 의미, 과거분사는 '수동', '완료'의 의미로 쓰입니다.

수식어
I watched the **boring** movie. 나는 지루한 영화를 봤다.

There were **bored** people in the theater. 극장에는 지루해진 사람들이 있었다.

주격보어
The movie was **boring**. 그 영화는 지루했다.

People in the theater were **bored** by the movie.
극장에 있는 사람들은 그 영화 때문에 지루해졌다.

목적격보어
People in the theater found the movie **boring**.
극장에 있는 사람들은 그 영화가 지루하다는 것을 알았다.

The movie made people in the theater **bored**.
그 영화는 극장에 있는 사람들을 지루하게 만들었다.

출제 유형 4 분사구문

1 분사구문이란? [부사절 접속사 + 주어 + 동사]로 이루어진 부사절을 분사가 들어간 '구'로 만든 것입니다. 부사절을 바꾼 것이므로 문장에서 부사 역할을 합니다.

현재분사 구문
After she gave a presentation, the speaker felt satisfied.
→ (After) **giving a presentation**, the speaker felt satisfied.
연설하고 난 후, 연설자는 만족감을 느꼈다.
▶ 정확한 의미 전달을 위해 부사절 접속사를 앞에 남겨두기도 합니다.

과거분사 구문
Once we are merged with Star Bank, we will dominate other companies.
→ (Being) **merged with Star Bank**, we will dominate other companies.
스타 은행과 합병하자마자, 우리는 다른 회사들보다 우위를 점할 것이다.
▶ 분사구문이 Being으로 시작될 경우 생략 가능합니다.

SPARTA ✓ CHECK-UP

해설 p.373

3 다음 분사(구문)가 각 문장에서 어떤 역할을 하는지 쓰세요.

① There were bored people in the theater.   (   )
② Giving a presentation, the speaker felt satisfied.   (   )

출제 유형 5 그 밖에 알아두어야 할 분사 표현

1 ▶ 감정 관련 분사

✚ 주체가 감정을 유발할 경우 현재분사를, 감정을 느낄 경우 과거분사를 사용합니다.

현재분사 vs. 과거분사			
amazing 놀라게 하는	amazed 놀란	fascinating 매혹적인	fascinated 매혹된
boring 지루하게 하는	bored 지루한	interesting 흥미롭게 하는	interested 흥미가 있는
confusing 혼란스럽게 하는	confused 혼란스러운	pleasing 즐겁게 하는	pleased 기쁜
disappointing 실망하게 하는	disappointed 실망한	satisfying 만족스럽게 하는	satisfied 만족한
embarrassing 당황하게 하는	embarrassed 당황한	surprising 놀라게 하는	surprised 놀란
exciting 흥미진진한	excited 즐거운	impressing 감명을 주는	impressed 감명 받은

현재분사　The result of the survey was **satisfying**. 조사 결과는 만족스러웠다.

　　　　　the **satisfying** result of the survey 만족스러운 조사 결과

과거분사　The team members were **satisfied** with the result of the survey.
　　　　　팀원들은 조사 결과에 만족했다.

　　　　　the **satisfied** team members 만족스러운 팀원들

2 ▶ 자주 출제되는 [분사+명사] 표현

현재분사 + 명사	과거분사 + 명사
existing equipment 기존의 장비	unlimited access 자유로운 출입
challenging problem 어려운 문제	written consent 서면 동의
demanding job 까다로운 일	experienced staff 숙련된 직원들
missing luggage 분실된 수하물	dedicated members 헌신하는 멤버들
increasing demand 증가하는 수요	finished product 완제품
overwhelming result 압도적인 결과	distinguished guest 귀빈
remaining funds 남아있는 자금	enclosed instructions 동봉된 지시사항
lasting memories 오래 지속되는 기억	established organization 인정 받는 기관
confusing question 혼란스러운 질문	detailed explanation 상세한 설명

SPARTA ✓ CHECK-UP

해설 p.373

4 주어진 뜻에 알맞은 분사를 쓰세요.

① (　　　　　) equipment 기존의 장비

② (　　　　　) luggage 분실된 수하물

③ (　　　　　) staff 숙련된 직원들

④ (　　　　　) explanation 상세한 설명

SPARTA PRACTICE

해설 p.373

- 빈칸에 알맞은 것을 고르세요.

1. We plan ------- a new sports complex next year.
   우리는 내년에 새로운 스포츠 단지를 세우는 것을 계획하고 있습니다.

   (A) build   (B) to build

2. I found an opportunity ------- to New York City. 나는 뉴욕시로 전근 갈 기회를 찾았다.

   (A) transfers   (B) to transfer

3. We are pleased ------- the opening of the national park.
   우리는 국립 공원의 개장을 발표하게 되어서 기쁩니다.

   (A) announce   (B) to announce

4. I avoid ------- at the construction site. 나는 건축 현장에서 작업하는 것을 피한다.

   (A) work   (B) working

5. People in the theater were ------- by the movie. 극장에 있는 사람들은 그 영화 때문에 지루해졌다.

   (A) boring   (B) bored

6. People in the theater found the movie -------. 극장에 있는 사람들은 그 영화가 지루하다는 것을 알았다.

   (A) boring   (B) bored

7. ------- a presentation, the speaker felt satisfied. 연설하고 난 후, 연설자는 만족감을 느꼈다.

   (A) Giving   (B) Given

8. ------- with Star Bank, we will dominate other companies.
   스타 은행과 합병하자마자, 우리는 다른 회사들보다 우위를 점할 것이다.

   (A) Merging   (B) Merged

9. The result of the survey was -------. 조사 결과는 만족스러웠다.

   (A) satisfying   (B) satisfied

10. We recommend you ------- a reservation in advance. 사전에 예약하실 것을 추천합니다.

    (A) to make   (B) making

유형 분석 및 출제 포인트

유형 1 ▶ 준동사 자리 확인

The chief editor / intends ------- some changes // (at the next meeting).
    주어   동사   목적어(명사적 용법)   수식어

(A) announce   (B) to announce   (C) announced   (D) is announcing

해석
편집장은 다음 회의에서 몇 가지 변경사항을 발표할 계획입니다.

어휘
chief editor 편집장 intend to ~할 작정이다 change 변경사항 announce 발표하다

포인트

❶ 보기 유형을 확인합니다.
   보기 중에 동사와 준동사가 있으므로 빈칸에 어떤 기능의 품사가 필요한지 결정해야 합니다. 문장의 동사는 'intends'이므로 빈칸에는 목적어가 나와야 합니다.

❷ 목적어가 될 만한 준동사를 선택합니다.
   빈칸 뒤에 명사 'some changes'가 있으므로 이를 받을 수 있는 타동사 성격의 준동사 (B) to announce를 선택해야 합니다.

유형 2 ▶ 분사 형태 확인

We / are ------- // (by his outstanding project management skills).
주어 동사 보어   수식어

(A) impression   (B) impressed   (C) impress   (D) impressing

해석
우리는 그의 뛰어난 프로젝트 처리 능력에 감명 받았다.

어휘
outstanding 뛰어난 management 처리 skill 기술 impress ~에게 감명을 주다

포인트

❶ 보기 유형을 확인합니다.
   보기에 다양한 품사가 있으므로 어형 문제로 접근합니다. 빈칸은 동사 'are' 뒤에 위치하므로 보어가 될 수 있는 형용사를 선택해야 합니다. 명사인 (A) impression도 보어가 될 수 있으나, 주어인 'We'와 동격 관계가 아니므로 오답 처리합니다.

❷ 보어가 될 만한 준동사를 선택합니다.
   형용사로 쓰이는 과거분사 (B) impressed(감명 받은)와 현재분사 (D) impressing(감명을 주는) 중, 사람 주어 'We'와 어울리는 것은 수동을 의미하는 (B) impressed입니다. 감정 관련 분사가 사람 명사와 어울릴 경우, 주로 수동의 의미인 과거분사가 나옵니다.

SPARTA TEST

해설 p.373

1. It is necessary ------- hotel reservations in advance.
   (A) to make
   (B) makes
   (C) is making
   (D) made

2. The construction site coordinator keeps ------- documents in the cabinet.
   (A) relating
   (B) related
   (C) relate
   (D) to relate

3. ------- certification usually requires a high school diploma.
   (A) Obtaining
   (B) Obtain
   (C) Obtains
   (D) Obtained

4. The director scheduled several presentations in order ------- the new strategies.
   (A) explaining
   (B) to explain
   (C) explanation
   (D) explained

5. The 25th International Conference is the largest event ------- in Asia this year.
   (A) hold
   (B) holding
   (C) held
   (D) has held

6. Milton Industry Supply is a ------- distributor of auto parts.
   (A) leading
   (B) leader
   (C) leadership
   (D) leads

7. Please send the original receipt and a ------- form to the center.
   (A) completing
   (B) completed
   (C) completes
   (D) will complete

8. You should attend the seminar ------- for March 21.
   (A) has scheduled
   (B) schedule
   (C) will schedule
   (D) scheduled

9. The assistant reviews reports before ------- with the legal team.
   (A) to consult
   (B) consults
   (C) consulted
   (D) consulting

10. ------- working with professionals, we are developing our new products.
    (A) By
    (B) During
    (C) Because
    (D) So that

UNIT 12 접속사

INTRO

영어는 재미있다.
영어는 유용하다.

이 두 문장을 하나로 이어주려면 연결 고리가 필요합니다.

영어는 재미있다. + (그리고) + 영어는 유용하다.

English is fun **and** English is helpful. 영어는 재미있고 영어는 유용하다.

이렇게 문장과 문장, 단어와 단어, 구와 구를 연결하는 것을 **등위접속사**라고 하고, and, but, or, so 등이 해당됩니다. 또한 동일한 요소를 대등하게 연결하므로 앞뒤에 반복되는 부분은 생략 가능합니다.

English is fun **and** (English is) helpful.
　　　　　　등위접속사

➜ English is fun **and** helpful. 영어는 재밌고 유용하다.

그럼, 아래와 같은 의미로 두 문장을 연결하려면 어떻게 해야 할까요?

<u>영어는 유용하기 때문에</u> 영어는 재미있다.
　　　　　(이유)

Because it is helpful, English is fun. (it = English)
종속접속사　　종속절　　　　주절

여기서 '영어는 유용하다'는 문장은 '영어는 재미있다'라는 주가 되는 문장(주절)에 '이유'의 의미로 종속되어 연결됩니다. 이렇게 주절에 다른 문장이 종속되는 경우 종속접속사가 필요한데, 종속절이 어떤 품사로 연결되느냐에 따라 **명사절 종속접속사, 형용사절 종속접속사(관계사), 부사절 종속접속사**로 구분됩니다.

영어 문법의 마무리인 접속사! 즐거운 마음으로 학습해 봅시다.

출제 유형 1 등위접속사 및 상관접속사

1 ▶ 등위접속사의 종류

| and 그리고 | but/yet 그러나 | or 혹은 | so 그래서 |

He speaks <u>slowly</u> **and** <u>correctly</u>. 그는 천천히 그리고 정확하게 말한다.
　　　　　단어　　　　단어

Would you like to meet <u>at 11 A.M.</u> **or** <u>in the late afternoon</u>?
　　　　　　　　　　　구　　　　　　　구
오전 11시에 만나고 싶습니까, 아니면 늦은 오후에 만나고 싶습니까?

<u>I plan to travel abroad</u>, **so** <u>I need to book a flight ticket</u>.
　　　절　　　　　　　　　　　　　　절
저는 해외로 나갈 계획이어서, 항공편을 예약해야 합니다.

<u>We have enough time</u>, **but** <u>you should hurry</u>. 충분히 시간이 있지만 서둘러야 합니다.
　　　절　　　　　　　　　　　　절

2 ▶ 상관접속사의 종류

both A and B A와 B 둘 다	not A but B A가 아니라 B
either A or B A 혹은 B	not only A but (also) B A뿐만 아니라 B도
neither A nor B A와 B 둘 다 아닌	B as well as A A뿐만 아니라 B도

Both <u>accounting</u> **and** <u>finance</u> are my fields of expertise. 회계와 재무는 제 전문 분야입니다.
　　　　명사　　　　　　명사

You can **either** <u>take it</u> **or** <u>leave it</u>. 당신은 그것을 가져가거나 놓고 가실 수 있습니다.
　　　　　　동사구　　　　동사구

📖 TIP! 등위접속사 및 상관접속사의 수 일치

A and B both A and B	+ 복수 동사
A or **B** either A or **B** / neither A nor **B** not A but **B** not only A but (also) **B** = **B** as well as A	+ B에 수 일치

SPARTA ✓ CHECK-UP
해설 p.374

1 빈칸에 알맞은 접속사 표현을 쓰세요.

① (　　　　) accounting <u>and</u> finance are my fields of expertise.

② You can <u>either</u> take it (　　　　) leave it.

UNIT 12 접속사 **221**

출제 유형 2 | 명사절 접속사

1 명사절이란? 명사처럼 문장에서 주어, 목적어, 보어 역할을 하는 절을 명사절이라고 하며, 이러한 절을 이끄는 접속사를 명사절 접속사라고 합니다. 명사절 접속사에는 that, whether, if가 해당됩니다.

1 ▶ that(~라는 것)

주어   **That we participate in the workshop** is necessary.
우리가 워크숍에 참석하는 것은 필수입니다.

목적어   The director announced **that he cannot accept the offer**.
이사는 그 제안을 받아들일 수 없다고 발표했습니다.

보어   The objective is **that new products are launched this year**.
목표는 신제품들이 올해 출시되는 것입니다.

2 ▶ whether, if(~인지 아닌지)

주어   **Whether she will lead the team** has not been decided yet.
그녀가 그 팀을 이끌지 안 이끌지는 아직 결정되지 않았습니다.
▶ 주어 자리에 오는 명사절에는 if를 쓰지 않습니다.

목적어   I want to know **if[whether] you can offer us a group discount**.
저희에게 단체 할인가를 제공해 줄 수 있는지를 알고 싶습니다.

보어   The question is **whether the standard is appropriate (or not)**.
문제는 그 기준이 적절한가 아닌가 하는 것입니다.
▶ 명사절 접속사 whether는 의미를 강조하기 위해 or not(~인지 아닌지)을 덧붙여 쓸 수 있습니다.

SPARTA ✓ CHECK-UP

해설 p.374

2 다음 문장에서 밑줄 친 명사절의 역할을 쓰세요.

① <u>That we participate in the workshop</u> is necessary. (　　　　)
② <u>Whether she will lead the team</u> has not been decided yet. (　　　　)
③ The director announced <u>that he cannot accept the offer</u>. (　　　　)
④ The objective is <u>that new products are launched this year</u>. (　　　　)

출제 유형 3 형용사절 접속사(관계대명사)

1 형용사절이란? 주절에 속한 명사(선행사)를 수식하는 절을 말합니다. 이때 종속절을 이끄는 접속사를 형용사절 접속사(관계대명사)라고 합니다.

1 ▶ 관계대명사의 종류

선행사	주격	소유격	목적격
사람	who	whose	who(m)
사물	which	whose, of which	which
사람/사물	that	-	that

2 ▶ 주격 관계대명사

The report is sent to **the official** **who[that]** is responsible for the contract.
<u>선행사(사람)</u>
보고서는 계약서를 담당하는 공무원에게 보내집니다.

The reservation **which[that]** was made by Milo is for our team.
<u>선행사(사물)</u>
마일로가 한 예약은 우리 팀을 위한 것입니다.

3 ▶ 소유격 관계대명사

I will have a meeting with **the artist** **whose** works are very popular.
<u>선행사(사람)</u>
나는 매우 인기 있는 작품의 예술가와 만날 예정이다.

Companies **whose[of which]** regulations are strict can prevent many accidents.
<u>선행사(사물)</u>
규제가 엄격한 회사는 많은 사고를 막을 수 있습니다.

4 ▶ 목적격 관계대명사

Management chose **three applicants** **who(m)[that]** Mr. Kang would train.
<u>선행사(사람)</u>
경영진은 강 씨가 교육시킬 3명의 지원자를 선택했습니다.

The home appliance **which[that]** we are launching tomorrow has been displayed.
<u>선행사(사물)</u>
우리가 내일 출시할 예정인 가전제품이 진열되었습니다.

SPARTA ✓ CHECK-UP

해설 p.374

3 밑줄 친 관계대명사의 격을 밝히세요.

① The reservation <u>which</u> was made by Milo is for our team.   (   )
② I will have a meeting with the artist <u>whose</u> works are very popular. (   )

UNIT 12 접속사

출제 유형 4 | 부사절 접속사

1 부사절이란? 문장의 앞뒤에서 부사 역할을 하는 절을 말하며, 이 절을 이끄는 접속사를 부사절 접속사라고 합니다. 시간, 조건, 양보, 이유 등의 의미를 나타냅니다.

1 ▶ 부사절 접속사의 종류

시간	before ~전에 after ~후에 when ~할 때 until ~까지 while ~하는 동안 since ~이래로 once ~하자마자 as soon as ~하자마자
조건	if 만약 ~한다면 unless 만약 ~하지 않는다면 once ~한다면 in case (that) ~하는 경우에 as long as ~하기만 한다면
양보	although / though / even though / even if ~임에도 불구하고
이유	because / since / as / now that ~때문에

You are not eligible for this position **although** you have completed the course.
　　　　　　　　　　　　　　　　　　　　　　'양보' 부사절
당신은 그 과목을 수료했음에도 불구하고, 그 직책에 대한 자격이 없습니다.

If you complete the course, you will be eligible for this position.
　'조건' 부사절
당신이 그 과목을 수료한다면, 그 직책에 대한 자격을 갖추게 될 것입니다.

2 ▶ 부사절 접속사와 전치사의 구분

	부사절 접속사 (+절)	전치사 (+명사)
~때문에	because, since	because of, due to
~임에도 불구하고	although, though, even though, even if	despite, in spite of
~일 경우에	in case (that)	in case of
~하자마자	as soon as	upon

Because the road is under construction, you are asked to take another route.
부사절 접속사　　　　　절
도로가 공사 중이기 때문에, 여러분은 다른 길을 이용하셔야 합니다.

Because of the road construction, you are asked to take another route.
　전치사　　　　명사구
도로 공사 때문에, 여러분은 다른 길을 이용하셔야 합니다.

SPARTA ✓ CHECK-UP

해설 p.374

4 괄호 안에 알맞은 부사절 접속사를 쓰세요.

① (　　　　) the road is under construction, you are asked to take another route.
　도로가 공사 중이기 때문에, 여러분은 다른 길을 이용하셔야 합니다.

② You are not eligible for this position (　　　　) you have completed the course.
　당신은 그 과목을 수료했음에도 불구하고, 그 직책에 대한 자격이 없습니다.

SPARTA PRACTICE

• 빈칸에 알맞은 것을 고르세요.

1 I plan to travel abroad, ------- I need to book a flight ticket.
   (A) so   (B) because

2 You can either take it ------- leave it.
   (A) and   (B) or

3 ------- we participate in the workshop is necessary.
   (A) That   (B) Which

4 The director announced ------- he cannot accept the offer.
   (A) that   (B) although

5 I want to know ------- you can offer us a group discount.
   (A) unless   (B) if

6 ------- she will lead the team has not been decided yet.
   (A) whether   (B) As

7 The report is sent to the official ------- is responsible for the contract.
   (A) whom   (B) who

8 The reservation ------- was made by Milo is for our team.
   (A) which   (B) if

9 I will have a meeting with the artist ------- works are very popular.
   (A) who   (B) whose

10 You are not eligible for this position ------- you have completed the course.
   (A) despite   (B) although

UNIT 12 접속사

유형 분석 및 출제 포인트

유형 1 ▶ 등위접속사 확인

Vancouver Textile / will give the customer a refund / ------- ship a replacement.
　　주어　　　　　동사　　　간접목적어　직접목적어　접속사　동사　　목적어

(A) and　　　　　(B) so　　　　　(C) but　　　　　(D) or

해석
밴쿠버 텍스타일 사는 고객에게 환불해 주거나 교체품을 발송해 줄 것입니다.

어휘
refund 환불　ship ~을 발송하다　replacement 교체품

포인트

❶ 보기 유형을 확인합니다.
　보기에 다양한 등위접속사가 나와 있으므로 해석을 통해 적절한 등위접속사를 선택하도록 합니다.

❷ 의미가 알맞은 접속사를 선택합니다.
　밴쿠버 텍스타일 사가 고객에게 환불이나 교환을 해주겠다는 선택사항을 언급하고 있으므로 'A or B(A 혹은 B)'의 표현이 정답으로 적절합니다. 따라서 답은 (D) or입니다.

유형 2 ▶ 관계대명사 확인

Employees (---------- / wish to attend the event) / must contact us // (before May 15).
　주어　　　　접속사　　　　　관계대명사절　　　　　　　동사　　　목적어　　　수식어

(A) which　　　　(B) whose　　　　(C) who　　　　(D) whom

해석
행사 참석을 희망하는 직원들은 5월 15일 전까지 우리에게 연락해야 합니다.

어휘
attend ~에 참석하다　contact ~에게 연락하다

포인트

❶ 보기 유형을 확인합니다.
　보기에 관계대명사가 주어져 있으므로 종속절이 문장 내에서 어떤 품사로 사용되었는지 확인합니다. 주어진 종속절은 주어 'Employees'와 동사 'must contact' 사이에 위치한 수식어 역할의 형용사절(관계사절)입니다.

❷ 적절한 관계대명사를 선택합니다.
　사람 선행사 'Employees'와 빈칸 바로 뒤에 위치한 종속절의 동사 'wish'를 고려해 볼 때 주격 관계대명사인 (C) who가 적절합니다.

SPARTA TEST

1. Applicants should submit ------- a copy of identification card and the form.
   (A) neither
   (B) whether
   (C) either
   (D) both

2. The location for the event has been selected, ------- the date has also been confirmed.
   (A) which
   (B) that
   (C) but
   (D) and

3. Anyone ------- experiences problems with computers should speak with technical support representatives.
   (A) who
   (B) which
   (C) whom
   (D) whose

4. The financial advisor recommended an investment ------- rose steadily over five years.
   (A) that
   (B) who
   (C) whose
   (D) whom

5. The museum will be closed to the public ------- it is being renovated.
   (A) during
   (B) while
   (C) after
   (D) along

6. ------- the meeting began late, he was able to explain the proposal in detail.
   (A) When
   (B) Despite
   (C) Although
   (D) If

7. Employers prefer to interview candidates ------- résumés are impressive.
   (A) that
   (B) whom
   (C) whose
   (D) what

8. Train tickets can be purchased either online ------- by phone.
   (A) but
   (B) yet
   (C) or
   (D) and

9. ------- the weather is getting cooler, please watch your health.
   (A) In case
   (B) While
   (C) Due to
   (D) Because

10. ------- the market continues to improve, we can increase our production line.
    (A) If
    (B) Upon
    (C) That
    (D) Either

SPARTA REVIEW TEST

1. ------- prices on various models, consumers can purchase items within their budget.
   (A) By comparing
   (B) By comparison
   (C) Compare
   (D) As compared

2. This ticket is valid for ------- the subway and the train system.
   (A) so
   (B) either
   (C) while
   (D) both

3. ------- most applicants were so qualified, the competition was intense.
   (A) Because
   (B) Unless
   (C) Even
   (D) After

4. Of all the customers ------- responded to the survey, only ten percent purchased the appliance.
   (A) who
   (B) whose
   (C) they
   (D) what

5. Computer programs ------- out-of-date so rapidly.
   (A) become
   (B) becomes
   (C) becoming
   (D) to become

6. ------- the shipment arrives, we will make room for the new items.
   (A) Since
   (B) Earlier
   (C) Once
   (D) By

7. Participants must show their photo identification ------- enter the conference room.
   (A) in order to
   (B) when
   (C) during
   (D) in front of

8. ------- you want to attend a course, please register in advance.
   (A) If
   (B) Nevertheless
   (C) Rather
   (D) Whether

9. ------- the results are released, the campaign for the new product cannot be started.
   (A) With
   (B) Onto
   (C) Until
   (D) Beyond

10. The colorful plants are guaranteed to ------- any landscape.
    (A) enhance
    (B) consider
    (C) describe
    (D) announce

11 The entrance to the parking garage is ------- on the north side of the building.

(A) locates
(B) located
(C) locating
(D) to locate

12 Items that are ------- at a discounted price are not refundable.

(A) rejected
(B) purchased
(C) used
(D) returned

13 It was revealed that she was ------- closely with the company's competitors.

(A) united
(B) notified
(C) blended
(D) associated

14 Roughly half of the employees at the branch ------- to work by bus.

(A) commutes
(B) commute
(C) commuting
(D) to commute

15 The department head has not decided ------- she will retire soon.

(A) while
(B) what
(C) whenever
(D) whether

16 Freshest seafood ------- at this restaurant all year round.

(A) is served
(B) served
(C) to serve
(D) serving

17 I have received an invoice, ------- the order has not been delivered yet.

(A) also
(B) then
(C) but
(D) even

18 ------- labor costs were lower last quarter, the company failed to make a profit.

(A) Although
(B) Despite
(C) In spite of
(D) Due to

19 Employees ------- to place their donations in the box in the lounge.

(A) will invite
(B) are inviting
(C) can invite
(D) are invited

20 The new train line, ------- serves the town's six stations, has been running since January.

(A) who
(B) what
(C) where
(D) which

UNIT 13 PART 6의 이해

INTRO

📝 예시 1

The flight for Sidney is ------- booked.

이렇게 한 문장 속에 빈칸을 주면 과연 무엇을 물어볼 수 있을까요?

📝 예시 2

We are now looking for an experienced, skilled, and talented accounting manager to work in our office in Denver.
Fluency in written and spoken English is a must, and foreign language proficiency is not required but highly recommended. Applicants must also possess a degree in economics or accounting and have at least six years of work experience.
If you want to apply for the position, please bring your application with a résumé in person to Gary Dier in the personnel department by the end of this month.

그럼, 이렇게 여러 문장이 묶인 지문 하나를 주면 어떤 것을 물어볼 수 있을까요?

<예시 1>을 보면 주어와 동사 그리고 수식어들이 하나의 문장을 구성하고 있는 것을 알 수 있습니다. 이처럼 문장 하나에는 여러 문법 사항이 담겨 있는데, 가장 적절한 문법 사항을 빈칸에 채워 넣도록 하는 것이 바로 PART 5입니다.

반면, <예시 2>에서는 하나의 지문에 여러 개의 문장들이 서로 이어져 있습니다. 그러므로 이런 형태의 문제는 문법보다는 하나의 지문이 전달하고자 하는 '줄거리'에 집중해야 합니다. 이것이 바로 맥락을 물어보는 PART 7입니다.

📝 예시 3

-------. This change indicates the ------- of the ownership. Mr. Desmond Harrington, the
　139　　　　　　　　　　　　　140
new owner, studied in the United States of America before returning to Sydney three months ago to begin his establishment.

The company, formerly owned by Ms. Jena Malone, is located in Sun Professional Building on Main Street, ------- Ms. Malone has managed the business for many
　　　　　　　　　　　　　　　　141
years. For the time being, Ms. Malone ------- at the company with Mr. Harrington on a
　　　　　　　　　　　　　　　　　　　142
part-time basis until her retirement in June.

그럼, <예시 3>에서는 무엇을 물어볼 수 있을까요?

잘 살펴보면 하나의 문장에 빈칸을 주는 것은 PART 5와 같고, 여러 문장들을 하나의 지문으로 엮어 놓은 것은 마치 PART 7과 같습니다. 즉, 한 문장에 담긴 문법 사항과 여러 문장이 말하고자 하는 줄거리를 동시에 확인하는 유형인 거죠. 이것이 PART 6입니다.

문장 단위에 집중하는 PART 5의 문법에서 줄거리에 집중하는 PART 7의 독해로 자연스럽게 연결시켜 주는 것이 바로 PART 6입니다. 어때요? 각 PART에 이런 출제 원리가 숨겨져 있다는 거, 몰랐죠? 그럼 이제부터 PART 6의 풀이 방법을 배워 볼까요?

READING POINT

▶ 어형 문제

Question 1 refers to the following notice.

New Computer System

Dear employees,

We will begin using the new computer system as of the 1st of September. Some demonstrations will be conducted by the technical support manager. As you have been informed, the new system is ------- from our previous one. So it is highly
                                                              1
recommended that all staff members attend one of these workshops.

---

1 (A) different   (B) differently   (C) defer   (D) defers

포인트

❶ 지문의 전반적인 내용을 파악합니다.
제목과 첫 문장을 통해 새로운 컴퓨터 시스템에 대한 공지라는 것을 파악합니다.

❷ 전반적인 내용을 예측하며 속독합니다.
새로운 시스템의 도입으로 변경될 내용이 전개될 것임을 예측하며 맥락을 빠르게 확인합니다.

❸ 빈칸이 나오면 문제 유형을 확인합니다.
보기를 보면 빈칸에 알맞은 품사를 고르는 어형 문제임을 알 수 있습니다. 그러므로 앞뒤 문장들과 관계없이 PART 5처럼 주어진 문장의 구조만 판단하여 알맞은 품사를 결정하면 됩니다.

❹ 문장의 동사를 찾아 빈칸에 알맞은 품사를 선택합니다.
빈칸은 2형식 동사인 'is' 뒷자리이므로 주격보어가 되는 형용사 (A) different(다른)가 정답입니다.

해석

새로운 컴퓨터 시스템

친애하는 직원분들께,

우리 회사는 9월 1일자로 새로운 컴퓨터 시스템을 사용하기 시작할 것입니다.
일부 시연이 기술 지원 부장에 의해 시행될 것입니다. 여러분도 들었다시피, 새로운 시스템은 이전 시스템과 다릅니다. 따라서 전 직원이 이 강습회 중 하나에 참석할 것을 강력히 추천합니다.

어휘

as of ~일자로
demonstration 시범, 시연
conduct 시행하다
technical support 기술 지원
be informed 알림을 받다
previous 이전의
highly 매우
recommend 추천하다
workshop 강습회, 워크숍

▶ 어휘 문제

Question 2 refers to the following e-mail.

From: Bella Heathcote
To: Sanada Hiroyuki
Date: June 11
Subject: Your new position

Dear Ms. Hiroyuki,

I am pleased to inform you that our management has approved your promotion. Your new position as director of production will begin on July 1. Your paycheck for July that you receive on August 2 will reflect the 10% increase in salary. I will meet with you next week to discuss the main ------- of your new position.
                                                         2

---

2   (A) examples   (B) responsibilities   (C) foundation   (D) knowledge

---

포인트

❶ **지문의 전반적인 내용을 파악합니다.**
제목과 첫 문장을 통해 새로운 직책, 즉 승진에 대해 알리는 이메일인 것을 파악합니다.

❷ **전반적인 내용을 예측하며 속독합니다.**
새로운 직책과 관련한 세부 내용이 전개될 것을 예측하며 맥락을 빠르게 확인합니다.

❸ **빈칸이 나오면 문제 유형을 확인합니다.**
보기를 보면 빈칸에 알맞은 어휘를 고르는 문제임을 알 수 있습니다. PART 5와는 달리, 주어진 문장만이 아니라 전체 문맥에 알맞은 어휘를 고르도록 합니다.

❹ **문맥을 이어줄 적절한 의미의 어휘를 선택합니다.**
지문 전체 내용이 승진에 대한 것이므로 새로운 업무에 대해 논의할 것임을 추측할 수 있습니다. 그러므로 정답은 (B) responsibilities(임무)입니다. 어휘 문제를 해결하려면 독해 능력이 필요합니다.

해석

발신: 벨라 히스코트
수신: 사나다 히로유키
날짜: 6월 11일
제목: 당신의 새로운 직책

친애하는 히로유키 씨에게,

우리 경영진이 당신의 승진을 승인했다는 사실을 알리게 되어 기쁩니다.
생산 담당자로서의 당신의 새로운 직책은 7월 1일에 시작될 것입니다. 당신이 8월 2일에 수령하게 될 7월 급여는 급여의 10% 인상이 반영될 것입니다. 저는 다음 주에 당신을 만나서 당신의 새로운 직책에 대한 주요 임무를 논의할 것입니다.

어휘

position 직책
approve 승인하다
promotion 승진
paycheck 급여
reflect 반영하다
discuss 논의하다

READING POINT

▶ 문장 삽입 문제

Question 3 refers to the following e-mail.

From: Jonathan Teplitzky
To: Sam Reid
Date: April 3
Subject: RE: Problem with my order

Dear Mr. Reid,

We are sorry to hear that the item you ordered from the Art Gallery had a crack. Please accept our apologies.

-------. To receive a full refund, please return it with the completed return form and be sure to get it delivered no later than April 15.
　　3

---

3. (A) We are offering a great benefit to you.
   (B) These products were sold to another gallery.
   (C) We would like to offer you solutions free of charge.
   (D) We are researching the trends in the field.

포인트

❶ 지문의 전반적인 내용을 파악합니다.
제목과 첫 문장을 통해 주문품에 생긴 문제에 대한 답장 이메일인 것을 파악합니다.

❷ 전반적인 내용을 예측하며 속독합니다.
발생한 문제에 대한 해결책이 언급될 것을 예측하며 맥락을 빠르게 확인합니다.

❸ 빈칸이 나오면 문제 유형을 확인합니다.
보기를 보면 맥락에 맞는 문장을 채워 넣는 유형의 문제입니다.

❹ 지문을 바탕으로 빈칸에 알맞은 문장을 선택합니다.
전체 줄거리의 흐름과 빈칸 앞뒤의 논리적 전개를 염두에 두어, 보기 중에 가장 연결성 있는 문장을 선택하도록 합니다. 빈칸 앞은 문제 발생에 대한 사과를 하고 있고, 빈칸 뒤에는 환불 방법을 설명하고 있으므로 '해결책을 제공하겠다'는 (C)가 정답입니다. 이 유형은 오답을 소거하는 방식으로 푼다면 더욱 쉽게 정답을 찾을 수 있습니다.

해석

발신: 조나단 테플리츠키
수신: 샘 리드
날짜: 4월 3일
제목: 답신: 주문 관련 문제

리드 씨에게,

귀하가 미술관에서 구매한 물품에 금이 있었다는 얘기를 듣게 되어 유감입니다. 저희의 사과를 받아주십시오. 저희는 귀하께 무료로 해결책을 제안하고 싶습니다. 진액 환불을 받으시려면, 반품 신청서를 작성하셔서 제품과 함께 반송해 주시고 늦어도 4월 15일까지는 반드시 배송되도록 해 주세요.

3. (A) 저희는 귀하께 큰 혜택을 제공할 예정입니다.
   (B) 이 제품들은 다른 미술관에 판매되었습니다.
   (C) 저희는 귀하께 무료로 해결책을 제안하고 싶습니다.
   (D) 저희는 그 분야의 동향을 연구 중입니다.

어휘

order 주문
accept 받아들이다
refund 환불
return form 반품 신청서
crack 흠집, 금
apology 사과
completed 완성된
no later than 늦어도 ~까지

SPARTA PRACTICE

• 빈칸에 알맞은 것을 고르세요.

> Please call our 24-hour customer service center. A service representative will help you by ------- your ticket. Please visit our Web site for your needs.
>
> 1

1 (A) replacing (B) replace (C) replaced (D) to replace

> Dear Mr. Bell,
>
> I am sorry to inform you that the musical performance has been rescheduled for Thursday, March 13. Please arrive at least 30 minutes before the showtime to pick up your tickets at the ticket office. Again, I apologize for this -------.
>
> 2

2 (A) inconvenience (B) opportunity (C) increase (D) damage

> We want you to know the following steps to protect your financial information.
>
> First, do not store this information on any of your hard disk drives. -------. Third, send an e-mail with personal information to the following e-mail address: scbank@onlinepayments.com.
>
> Thank you for your cooperation.
>
> 3

3 (A) And then, do not use the same password for different Web sites.

(B) We are trying to protect your account information.

(C) We always instruct our staff to correct errors of financial information.

(D) You have responsibilities to inspect your computer system.

SPARTA TEST

Questions 1-4 refer to the following memo.

To: All Staff
From: Stanley Bolt, Manager
Subject: Coffee Vending Machine Installation

I found that employees leave the office to purchase coffee at the nearby café. To allow staff to get their coffee more easily, the purchasing department has ------- with Java Coffee
　　　1
to install two coffee vending machines on each floor.

The machines will provide regular coffees, cappuccino, and hot chocolate. You can use them ------- all times. The machines will be ready with a fresh cup of coffee.
　　　　　2

Two weeks later, they will be installed by Java Coffee. Please put up with any inconvenience that ------- by the installation. -------. Thank you!
　　　　 3　　　　　　　　　　　　　 4

1. (A) contracted
   (B) equipped
   (C) discounted
   (D) decided

2. (A) by
   (B) in
   (C) at
   (D) on

3. (A) causes
   (B) is caused
   (C) caused
   (D) has caused

4. (A) Installation will start on the top floor.
   (B) Management will decide on this matter soon.
   (C) We ask you to submit a proposal to select a supplier.
   (D) You can enjoy the delicious coffee immediately.

Questions 5-8 refer to the following e-mail.

From: John Wesley
To: Glenn Smith
Subject: Job Offer

Dear Ms. Smith,

Thank you for offering me the opportunity to work as an accountant for your company. However, after much -------, I have decided not to accept your offer of employment.
　　　　　　　　　　　　　　　　　5

-------. It was a difficult decision to make. Also, I am truly grateful for your time and effort
6

to talk about the -------.
　　　　　　　　　7

I am ------- by your company's reputation, management, and devotion to quality.
　　　　　8

I wish that you will always be successful.

---

5   (A) considering
    (B) consideration
    (C) considered
    (D) consider

6   (A) I worked with your company three years ago.
    (B) We are providing you with a job opportunity.
    (C) I am planning to join another firm next week.
    (D) I was very regretful to leave here.

7   (A) reception
    (B) celebration
    (C) position
    (D) contribution

8   (A) impressed
    (B) understood
    (C) agreed
    (D) relieved

Questions 9-12 refer to the following letter.

Dear Ms. Poesy,

Thank you for your order. ------- the athletic shoes you ordered are unfortunately not in stock in your size at this time, we do have the same product available in light pink. -------.
                         9   **10**

If you order now, we can offer you a 20% discount with free shipping on your ------- order,
                                                                                            11

and you could have the items by the end of this week. If you are interested, please contact our customer service department.

We apologize for any inconvenience this may cause you. We ------- forward to serving you
                                                                12

and offering you with the best products in the future.

Sincerely,

Michael Caine
Customer Service Representative

9 (A) After
   (B) When
   (C) Even
   (D) Although

10 (A) We could send you them right away.
   (B) Thank you for returning them.
   (C) These will be available early next season.
   (D) You can exchange yours for a larger size.

11 (A) thorough
   (B) ready
   (C) entire
   (D) general

12 (A) look
   (B) had been looking
   (C) were looking
   (D) looked

Questions 13-16 refer to the following notice.

The Oklahoma Art Museum is going to conduct a survey to learn how it can better ------- (13) the needs of the public. The information from the survey will help set up ------- (14) next three-year plan. ------- (15).

It can be completed on our Web site at www.oklahomaartmusem.org/survey. Visitors can also pick up a ------- (16) at the reception desk at the main entrance. Museum members are strongly recommended to respond to the survey. For further information, call 501-546-1247.

13 (A) met
(B) meet
(C) meets
(D) meeting

14 (A) its
(B) her
(C) yours
(D) their

15 (A) The questions were the same as from those three years ago.
(B) Patrons are asked to attend the event.
(C) Membership should be renewed regularly.
(D) This plan covers various promotion methods.

16 (A) brochure
(B) feedback
(C) newspaper
(D) copy

UNIT 14 PART 7의 이해 I

INTRO

우리는 3명의 요리사를 찾고 있습니다.

이 문장에는 어떤 정보들이 내포되어 있을까요?

- 요리사가 필요한 식당이다.
- 현재 이 식당은 요리사가 충분하다.
- 이 글은 구인 광고이다.
- 이 글은 요리사 자격이 있는 사람을 대상으로 한다.

'현재 이 식당은 요리사가 충분하다'라는 두 번째 항목을 제외하고 다 맞는 정보입니다. 이처럼 우리가 단순히 접하는 하나의 문장에도 생각보다 많은 정보가 내포되어 있습니다.

We are looking for three chefs.

그러면 이렇게 영어로 된 문장을 보면 어떻습니까?
여기에서도 한국어 문장처럼 많은 정보를 끌어낼 수 있나요?

아마도 아닐 겁니다. 영어를 접하면 우리는 보통 우리말로 번역하는 데만 집중합니다. 하지만 어떤 언어든지 문장에 내포된 많은 정보를 찾아내야 원활한 의사소통을 할 수 있습니다. 이것이야말로 진정한 **독해**라고 할 수 있습니다.

PART 7에서는 여러 개의 문장으로 구성된 지문이 제시됩니다. 여기서 흥미로운 점은 각각의 문장들이 서로 다른 뜻을 의미해도 결국 전달하고자 하는 핵심 메시지는 하나라는 것입니다. '우리는 3명의 요리사를 찾고 있습니다.'에 많은 정보들이 내포되어 있는 이유와 같습니다.

그러므로 PART 7에서는 꼼꼼한 번역이 아닌 핵심 메시지를 파악하는 '독해'를 잘할 수 있어야 합니다. PART 7은 독해 능력을 평가하는 시험이니까요.

READING POINT

▶ 전반적인 내용을 묻는 문제 (General Question)

➕ 자주 출제되는 문제 유형

What is the **topic** of the notice? 공지의 주제는 무엇인가?
What is the **purpose** of this advertisement? 광고의 목적은 무엇인가?
What is the text message **about**? 문자 메시지는 무엇에 관한 것인가?

➕ 예제

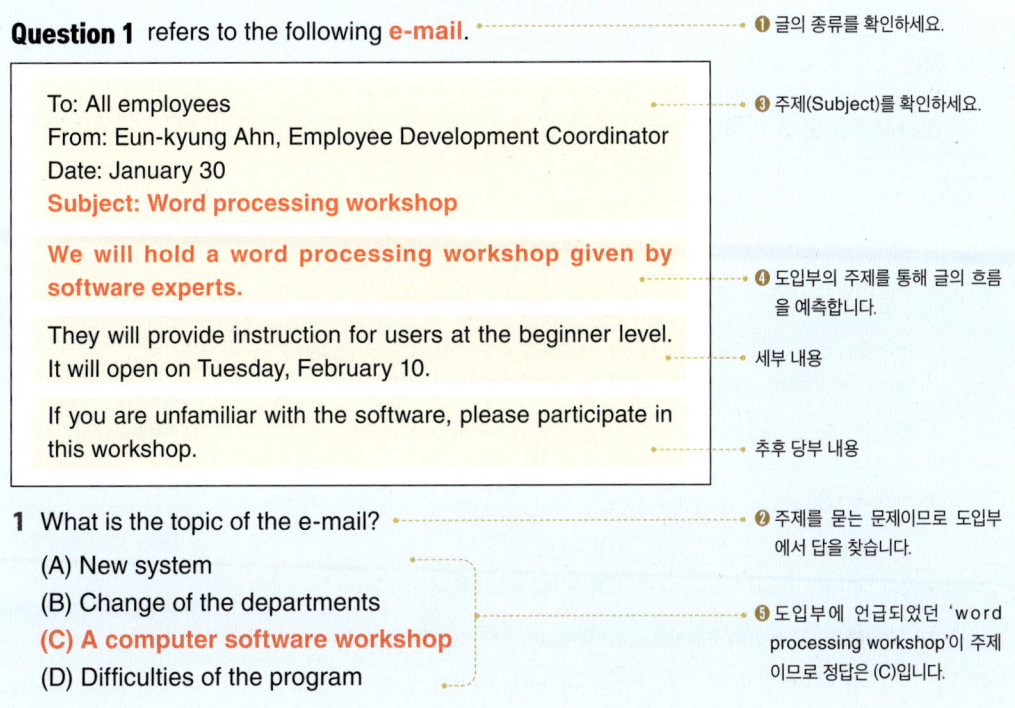

해석

수신: 모든 직원
발신: 은경 안, 직원 개발 담당자
날짜: 1월 30일
제목: 워드프로세싱 워크숍

우리는 소프트웨어 전문가들에 의해 제공되는 워드프로세싱 워크숍을 개최할 것입니다.
그들은 초급 레벨의 사용자들을 위한 교육을 제공할 것입니다. 워크숍은 2월 10일 화요일에 열립니다.
만약에 그 소프트웨어에 익숙하지 않다면, 워크숍에 참여하세요.

1. 이메일의 주제는 무엇인가?
   (A) 새로운 시스템
   (B) 부서들의 변동
   (C) 컴퓨터 소프트웨어 워크숍
   (D) 프로그램의 어려움

어휘

employee development 직원 개발
coordinator 조정자, 진행자
workshop 강습회, 워크숍
hold 개최하다
expert 전문가
provide 제공하다
instruction 교육
beginner level 초급
be unfamiliar with ~에 익숙하지 않다
participate in ~에 참여하다

READING POINT

▶ 세부 내용을 묻는 문제 (Specific Question)

✚ 자주 출제되는 문제 유형

일반적인 세부 내용	**Why** was the flight **delayed**? 왜 비행기가 연착되었는가?
	What is Mr. Thomson scheduled to **present**? 톰슨 씨는 무엇을 발표할 예정인가?
진위 여부 확인	What is **NOT a requirement** of the job? 이 직책의 자격요건이 아닌 것은 무엇인가?
추후 당부 사항	What will the **editor do next**? 편집자는 이후에 무엇을 할 것인가?

✚ 예제

Questions 2-3 refer to the following **notice**. ● ❶ 글의 종류를 확인하세요.

Notice

When our offices need to close because of inclement weather, an e-mail alert will be sent to all staff.

In such cases, it will be sent by 6:00 A.M. Also, employees can find information about office closures on our Web site.

So please check your registered e-mail address again.

❹ 주제문을 찾고 글의 흐름을 추측합니다.
❺ 추측을 바탕으로 속독하며 핵심어의 앞뒤에서 단서를 찾습니다.
❼ 명령문으로 시작하는 추후 당부 사항을 확인합니다.
❷ 문제의 핵심어를 파악합니다. (일반적인 세부 내용을 찾는 문제)

2 **When** will the e-mail be **sent**?
  (A) **Before 6:00 A.M.**   (B) At 6:30 A.M.
  (C) Before 5:30 P.M.   (D) After 6:00 P.M.

❻ 오전 6시까지 이메일을 받을 것이라고 했으므로 답은 (A)입니다.

3 What will the employees most likely **do next**?
  (A) Send an e-mail   (B) Call the office
  (C) Close the office   (D) **Check information**

❸ 문제의 핵심어를 파악합니다. (추후 당부 사항을 찾는 문제)
❽ 이메일 주소를 다시 한번 확인하라고 했으므로 정답은 (D)입니다.

해석

공지

좋지 못한 날씨 때문에 사무실의 문을 닫아야 할 때, 모든 직원들에게 알림 이메일이 전송될 것입니다.

이러한 경우, 오전 6시까지 이메일이 전송될 것입니다. 또한, 직원들은 우리 웹 사이트에서도 사무실 폐쇄에 대한 정보를 얻을 수 있습니다.

그러니 여러분이 등록한 이메일 주소를 다시 한번 확인해 주세요.

2. 이메일은 언제 전송될 것인가?
  (A) 오전 6시 이전에   (B) 오전 6시 30분에
  (C) 오후 5시 30분 이전에   (D) 오후 6시 이후에

3. 직원들은 다음에 무엇을 할 것 같은가?
  (A) 이메일 보내기   (B) 사무실에 전화하기
  (C) 사무실 문 닫기   (D) 정보 확인하기

어휘

notice 공지
inclement (날씨가) 좋지 않은
alert 알림
in such cases 이러한 경우에
closure 폐쇄
registered 등록된

▶ 숨겨진 의도를 묻는 문제

✚ 자주 출제되는 문제 유형

At 2:19 P.M., what does Joanna mean when she writes, **"No thank you"**?

오후 2시 19분에, 조앤나가 쓴 "고맙지만 사양할게요"는 무엇을 의미하는가?

✚ 예제

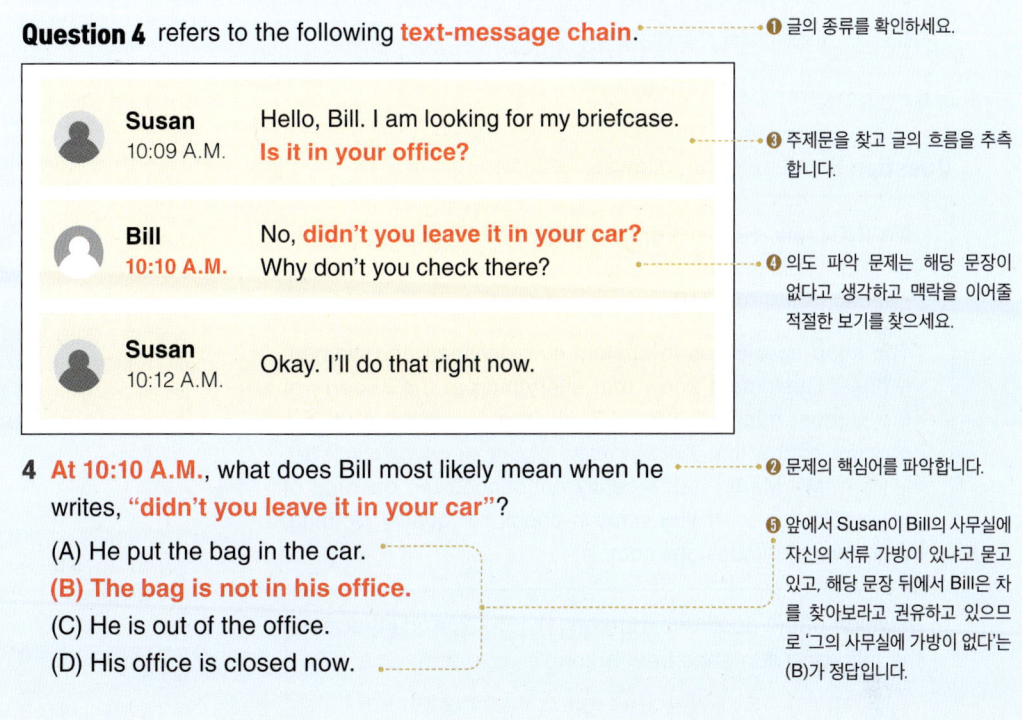

4 At 10:10 A.M., what does Bill most likely mean when he writes, "didn't you leave it in your car"?
(A) He put the bag in the car.
(B) The bag is not in his office.
(C) He is out of the office.
(D) His office is closed now.

❶ 글의 종류를 확인하세요.

❸ 주제문을 찾고 글의 흐름을 추측합니다.

❹ 의도 파악 문제는 해당 문장이 없다고 생각하고 맥락을 이어줄 적절한 보기를 찾으세요.

❷ 문제의 핵심어를 파악합니다.

❺ 앞에서 Susan이 Bill의 사무실에 자신의 서류 가방이 있냐고 묻고 있고, 해당 문장 뒤에서 Bill은 차를 찾아보라고 권유하고 있으므로 '그의 사무실에 가방이 없다'는 (B)가 정답입니다.

해석
수잔 (오전 10:09) : 안녕, 빌. 내 서류 가방을 찾고 있어. 그게 너의 사무실에 있니?
빌 (오전 10:10) : 아니, 네 차에 둔 게 아닐까? 거길 확인해 봐.
수잔 (오전 10:12) : 그래. 당장 그렇게 해볼게.

4. 오전 10시 10분에, 빌이 쓴 "네 차에 둔 게 아닐까"는 무엇을 의미하는 것 같은가?
(A) 그는 가방을 차에 뒀다.
(B) 가방은 그의 사무실에 없다.
(C) 그는 외출 중이다.
(D) 그의 사무실은 지금 닫혀 있다.

어휘
look for ~을 찾다
briefcase 서류 가방
leave ~을 두다
check 확인하다
right now 지금 당장

READING POINT

▶ 맥락을 완성하는 문제

➕ 자주 출제되는 문제 유형

In which of the positions marked [1], [2], [3], and [4] does the following sentence best belong?

"However, you will find your new ones."

지문에 표시된 [1], [2], [3], [4] 중에서 다음 문장이 들어가기에 가장 좋은 위치는 어디인가?

"하지만 당신은 새로운 것들을 찾을 겁니다."

➕ 예제

Question 5 refers to the following *article*. ········· ❶ 지문의 종류를 확인하세요.

IRVING(July 19) — For the past seven years, Martin Designs has been the most popular shop in town for special clothing. —[1]—.

The shop specializes in custom suits for men and women. —[2]—. Customers know that everything in the shop is of the highest quality. —[3]—. Each item is artistic and is a product of the fine customized skills of owner Martin. —[4]—. Mr. Martin has recently announced the opening of a new Web site. If you want to check his quality clothing, visit www.martindesigns.com.

❸ 주제문을 찾고 글의 흐름을 추측합니다.

❹ 속독하면서 줄거리 흐름의 공백이나 비약을 찾습니다. (마틴의 맞춤 서비스와 새로운 웹사이트 개시 사이에 공백을 찾을 수 있음.)

❷ 문제의 핵심어를 파악합니다. 지시형용사(this)를 통해 앞뒤 내용을 미리 짐작합니다.

5 In which of the positions marked [1], [2], [3], and [4] does the following sentence best belong?

   "Customers can enjoy this service with a reservation."

   (A) [1]   (B) [2]   (C) [3]   **(D) [4]**

❺ 마틴 디자인즈 사는 맞춤 의류 서비스를 제공한다는 내용 다음에 예약을 통해 이 서비스를 누릴 수 있다는 내용이 나와야 적절합니다. 따라서 정답은 (D)입니다.

해석

어빙(7월 19일) - 지난 7년 동안, 마틴 디자인즈 사는 지역에서 특수 의류로 가장 유명한 가게였습니다.
그 가게는 남성과 여성 맞춤옷을 전문적으로 다루고 있습니다. 고객들은 이 가게의 모든 옷들이 최고급 제품이라는 것을 알고 있습니다. 각 제품은 예술적이며 마틴 사장의 훌륭한 맞춤 기술로 만들어집니다. <u>고객들은 예약을 통해 이 서비스를 누릴 수 있습니다.</u> 마틴 씨는 최근에 새로운 웹 사이트 개시를 발표했습니다. 그의 질 좋은 의류를 확인하고 싶다면, www.martindesigns.com을 방문해 주세요.

5. 지문에 표시된 [1], [2], [3], [4] 중에서 다음 문장이 들어가기에 가장 좋은 위치는 어디인가?

   "고객들은 예약을 통해 이 서비스를 누릴 수 있습니다."

   (A) [1]   (B) [2]   (C) [3]   (D) [4]

어휘

popular 유명한, 인기 있는
clothing 의류
specialize in ~을 전문적으로 다루다
custom suit 맞춤옷
quality 품질이 좋은; 고급
artistic 예술적인
customized 맞춤의
owner 소유주
recently 최근에
announce 발표하다
reservation 예약

SPARTA PRACTICE

Questions 1-3 refer to the following advertisement.

Break Restaurant

Break Restaurant offers delicious food at reasonable prices. We are proud to provide fresh seafood, ocean views, and complimentary parking. In addition, we are the town's favorite 24-hour restaurant, popular with both tourists and residents.

Join us in celebrating our 10th anniversary! Enjoy food at Break from July 5 to 11 and receive 7 percent off your total bill (taxes not included).

---

1 What is the purpose of the advertisement?

(A) To advertise a restaurant
(B) To announce the opening of a new restaurant
(C) To inform tourists of a special menu
(D) To introduce a new menu item

2 What feature is NOT mentioned in the advertisement?

(A) 24-hour services
(B) A free parking area
(C) A place for various parties
(D) View of the ocean

3 What are customers recommended to do?

(A) Participate in a seminar
(B) Submit a proposal for an event
(C) Make a reservation in advance
(D) Receive the benefit of discounts

SPARTA TEST

Questions 1-2 refer to the following text-message chain.

David Patterson
7:30 P.M.

Hi, Laura. Have you heard that the Mixing Group is giving a concert next Friday?

Laura Gomez
7:35 P.M.

Oh, really? I have looked forward to seeing the performance for so long.

David Patterson
7:37 P.M.

Will you join me? I will make a reservation for you.

Laura Gomez
7:40 P.M.

Thanks, but I have an appointment with a potential client on that day. I will try to join you next time.

---

1 Why is Mr. Patterson sending the message?

(A) To ask for help from Ms. Gomez
(B) To recommend an artist
(C) To inform Ms. Gomez of an event
(D) To make a reservation

2 At 7:40 P.M., what does Ms. Gomez imply when she writes, "I will try to join you next time"?

(A) She wants to reschedule the concert.
(B) She has no time to go to this concert.
(C) She can get a ticket for Mr. Patterson later.
(D) She should work at the concert.

Questions 3-5 refer to the following letter.

Dear Mr. Reynolds,

— [1] —. As you know, we are expected to begin using a new payroll system on February 8. — [2] —.

To avoid a delay in the processing of paycheck, please be familiar with how to use the system on the company Web site and follow the instructions. — [3] —. And then, you will be able to use the system easily whenever you want to review paycheck statements and find all other related information.

— [4] —. If you have a problem using the system, contact Tod Lim, the help desk manager.

Thank you,

Dias Soto

Payroll department

3 What is the purpose of this letter?

(A) To notify Mr. Reynolds of a new system
(B) To ask Mr. Reynolds to control the system
(C) To offer a new position
(D) To reach an agreement

4 In which of the positions marked [1], [2], [3], and [4] does the following sentence best belong?

"Therefore, every employee must enter their personal information into the new system prior to that day."

(A) [1]
(B) [2]
(C) [3]
(D) [4]

5 Who should be contacted to solve the system problem?

(A) A technical support manager
(B) A chief executive director
(C) A payroll department assistant
(D) A help desk manager

Questions 6-7 refer to the following notice.

Glasgow Culinary Institute Guidelines

1. Use equipment appropriately such as knives, cookers, and other utensils and put them back when you're done.

2. Always clean up your own area immediately and thoroughly.

3. Know where fire extinguishers and first aid kits are and how to use them in case of an emergency. There is the map for their locations near an entrance in each room.

6 What are the participants asked to do?

(A) Dispose of some ingredients after use
(B) Wash their aprons periodically
(C) Keep the workplace clean
(D) Attend safety training sessions

7 What is true about first aid kits?

(A) Instructions for use are in a handbook.
(B) Information on their locations can be noticed.
(C) They are located next to the door.
(D) They are inspected monthly.

Questions 8-9 refer to the following advertisement.

Do you want to learn to play tennis? Here is the best way to learn from professionals of our local tennis club!

The classes are open to all Quebec residents from the age 59 to 65. Morning classes will always be held from 6 A.M. to 11 A.M. at Royal Square Park. Evening classes will be held from 5 P.M. to 9 P.M. not on weekends at the same place too. Each participant should attend the training with their own rackets.

All of the classes are for beginners. Places are limited, so don't hesitate to sign up. Go to www.quebectennisclub.ca/class to learn more.

8 Who is most likely interested in the advertisement?

   (A) Tennis team members
   (B) Senior residents
   (C) Park maintenance supervisors
   (D) Class coordinators

9 What is indicated about the tennis club?

   (A) Previous experience is not necessary to attend the class.
   (B) All classes are planned at the different locations.
   (C) All participants can use the equipment for free.
   (D) There are no restrictions to space for classes.

UNIT 15 PART 7의 이해 II

INTRO

📝 유형 1

지문 1   지문 2

토익 176번부터 185번까지 총 10문제가 이러한 **이중 지문** 형태로 출제됩니다. 영어가 두려운 학생들에게는 어려울 수 있는 유형입니다. 하지만 지문이 2개라고 해서 읽는 양도 2배가 되는 것은 아니니 미리 겁먹지 마세요.

PART 7은 여러 문장이 말하고자 하는 하나의 주요 메시지를 파악하는 독해 시험입니다. 또한, 이중 지문에 나오는 각 지문들은 서로 연계된 내용으로 출제됩니다. 그러므로 첫 지문의 줄거리를 잘 파악하면 두 번째 지문도 비슷한 내용이 반복되는 경우가 많으므로 단시간에 핵심 줄거리를 파악할 수 있습니다.

📝 유형 2

지문 1 → 지문 3 ← 지문 2

이것은 186번부터 200번까지 총 15문제가 출제되는 **삼중 지문**의 형태입니다. 이 유형 역시 지문의 내용이 서로 연계되어 있기 때문에 첫 지문의 줄거리를 파악하면 나머지 두 지문의 내용도 쉽게 파악할 수 있죠. 특히 세 번째 지문은 첫 번째 지문이나 두 번째 지문의 세부 내용을 일부 발췌하여 표와 같은 양식으로 출제되는 경향이 있어 읽어야 할 양이 그리 많지는 않습니다.

결국 다중 지문 문제를 잘 해결하려면 지문 속에 담긴 공통된 주요 메시지를 찾아내는 게 중요하다고 할 수 있습니다.
자 그럼, 이제부터 주어진 지문이 무엇을 이야기하고 싶어 하는지 찾아볼까요?

READING POINT

▶ 이중 지문 (Double Passages)

Question 1 refers to the following **memo and e-mail**. ● ········· ● 지문 종류를 확인하세요.

> To : All employees **Subject : Survey results** ········· ● 주제를 확인하세요.
> From : Danny Boyle, Vice president Date : February 2
>
> Last month, our research department conducted a customer ······ ● 주제문이 나올 때까지 글을 속 satisfaction survey. The results showed that it takes a long time for 독해하며 흐름을 파악합니다.
> new clients to get memberships for our service.
>
> **Therefore, starting next month, new contracts less than $2,000** ······ ● 주제문을 찾습니다.
> **require only one signature of the sales director.** This policy will
> simplify the process and help us better serve our clients.
>
> If you have any questions, please don't hesitate to contact me. ········· ● 추후 당부 사항과 두 번째 지문으로 연결될 내용을 추측합니다.

> From: Lena Maria Date: February 3 ········· ● 첫 번째 지문의 당부 사항과 연결하여 두 번째 지문의 주제를
> To: Danny Boyle **Subject: Memorandum** 확인합니다.
>
> Hello, Mr. Boyle,
>
> I saw the memo you sent yesterday, and **I think the change you** ········· ● 두 지문을 연결시키는 배경지식 **mentioned is a great idea.** 을 파악합니다.
>
> In addition to the change, **I think it is better that we could speed up**
> **the process by allowing contracts to be signed electronically.** ········· ● 주제문을 찾고 글의 흐름을 추측합니다.
>
> I will be happy if you look into it.
> Lena ········· ● 추후 당부 내용을 확인합니다.

1 What is implied about new contracts? ········· ● 문제를 확인합니다.

   (A) An electronic system has been installed for them.
   (B) They require a more complex process.
   (C) Certain contracts can be signed online. ········· ● 읽은 내용을 토대로 두 지문을
   (D) They have to be signed by Mr. Boyle. 연계시켜 정답을 찾습니다.

지문 해석

수신 : 전 직원들 제목 : 조사 결과
발신 : 대니 보일, 부사장 날짜 : 2월 2일
지난달, 우리 연구 부서가 고객 만족도 조사를 실시하였습니다. 결과는 신규 고객들이 서비스 멤버쉽을 발급받는 데 시간이 오래 걸린다는 걸 보여줬습니다. 그러므로 다음 달부터 2,000달러 아래의 신규 계약은 판매 부장의 서명만 받으셔야 합니다. 이 규정은 절차를 간소화시키고 고객에게 더 좋은 서비스를 제공하도록 도울 겁니다. 질문 있으시면 주저 말고 저에게 연락주세요.

발신 : 레나 마리아 날짜 : 2월 3일
수신 : 대니 보일 제목 : 회람
안녕하세요, 보일 씨,
어제 당신이 보낸 회람을 보았고, 당신이 언급한 변경사항은 좋은 생각이라고 생각합니다.
그 변경사항에 덧붙여, 계약서를 전자상으로 서명한다면 절차의 속도를 높여 더 좋을 것이라고 생각합니다.
이것을 검토해 주셨으면 좋겠네요.
레나

문제 해석

신규 계약에 대해 무엇이 암시되는가?
(A) 신규 계약을 위해 전자 시스템이 설치되었다.
(B) 더 복잡한 절차를 필요로 한다.
(C) 특정 계약은 온라인으로 서명될 수 있다.
(D) 보일 씨의 서명을 받아야 한다.

해설

첫 지문의 'Therefore, ~ new contracts less than $2,000 require only one signature of the sales director.'와 두 번째 지문의 'I think ~ to be signed electronically.'에서 특정 금액 이하의 계약은 전자상으로 처리될 수 있음을 알 수 있으므로 정답은 (C)입니다. 지문의 electronically가 online으로 패러프레이징되었습니다.

UNIT 15 PART 7의 이해 II **251**

READING POINT

▶ 삼중 지문 (Triple Passages)

Question 2 refers to the following **information, form, and e-mail**. ······● ❶ 지문 종류를 확인하세요.

Save your money with YOURS MOVERS! ············● ❸ 제목을 통해 주제를 확인하세요.

We are a moving company with over ten years of experience.

We treat your belongings carefully. We are fully equipped to move yours locally or internationally. ············● ❹ 주제문을 찾고 글 전체의 흐름을 추측합니다.

Our standard rates are:

2 movers = $140 / 3 movers = $170 / **4 movers = $200** ············● ❺ 추측한 내용이 있는지 살피며 속독합니다.

If you require special care, additional charges may apply.

To get an estimate, please complete an order form online. ············● ❻ 추후 당부 사항에서 두 번째 지문이 쓰인 이유를 찾습니다.

YOURS MOVERS	
Request Form	
Today's date	Thursday, November 12
Name	James Belushi
Telephone	(626) 395-6811
Moving from	San Jose, Cal.
Moving to	Santa Maria, Cal.
Moving date	November 16
Items	3 large refrigerators
Description	I am moving the large refrigerators from the manufacturer to my restaurant. **The large ones weigh a lot, so I guess at least three people will be needed.** I'm getting estimates from movers all over the region. I listed November 16 as the moving date, so I want your response quickly.

············● ❼ 주제를 찾아 글 전체의 흐름을 추측하고 첫 지문과 두 번째 지문의 연관성을 따집니다.

············● ❽ 추측한 내용이 있는지 살피며 속독합니다.

To : James Belushi
From : YOURS MOVERS
Date : November 13
Subject : Your move ············● ❾ 주제를 확인하세요.

Thank you for your request for an estimate. We regularly work with various local businesses, so we know from experience that **three people will not be enough, especially for three large refrigerators. We expect one more mover to be needed than you've required.**

············● ❿ 주제문을 찾고 글 전체의 흐름을 추측합니다. 위의 두 지문과의 연관성을 고려합니다.

Please feel free to call our office at (626) 364-5733 with any questions about your estimate, so we can finalize the date and details of your move.

Sincerely,
YOURS MOVERS

2 How much would **Mr. Belushi be charged** from the moving company?

(A) $140
(B) $170
(C) $200
(D) $280

❷ 문제를 확인합니다.

⓫ 읽은 내용을 토대로 첫 지문과 세 번째 지문을 연계시켜 정답을 찾습니다.

지문 해석

유어스 이삿짐 운송업체와 함께 당신의 돈을 아끼세요!

우리 회사는 10년이 넘는 경력을 보유한 이삿짐 운송업체입니다.
우리는 당신의 물건을 주의해서 다루며, 짐을 국내 혹은 해외로 옮길 수 있는 장비를 완벽히 갖추고 있습니다.

기본 가격은 다음과 같습니다.
2명의 운반 직원 = 140달러 / 3명의 운반 직원 = 170달러 / 4명의 운반 직원 = 200달러
취급 시 특별한 주의가 필요할 경우, 추가 비용이 적용될 수 있습니다.
견적서를 원하시면, 온라인상으로 주문서를 작성해 주세요.

유어스 이삿짐 운송업체
요청서

작성 날짜 : 11월 12일 목요일
성명 : 제임스 벨루시
전화번호 : (626) 395-6811
출발지 : 캘리포니아 산호세
도착지 : 캘리포니아 산타 마리아
이사 날짜 : 11월 16일
운송 물품 : 대형 냉장고 3대
설명 :
저는 대형 냉장고들을 제조업체에서 제 식당으로 옮길 예정입니다. 그 대형 냉장고들은 무게가 많이 나가서 제 생각에 적어도 3명이 필요할 것 같습니다. 이 지역에 있는 이삿짐 업체들로부터 견적서를 받고 있습니다. 이사 날짜를 11월 16일로 명시해 두었으니 당신의 신속한 답변을 바랍니다.

수신 : 제임스 벨루시
발신 : 유어스 이삿짐 운송업체
날짜 : 11월 13일
제목 : 귀하의 이사

견적서를 요청해 주셔서 감사합니다. 저희는 정기적으로 다양한 지역 업체들과 작업하고 있으므로 경험상 특히 3대의 대형 냉장고를 운반하기에 3명은 충분치 않다는 것을 알고 있습니다. 요청하신 것보다 1명의 운반자가 더 필요하다고 예상합니다.
당신의 이사 날짜와 세부사항을 마무리 지을 수 있도록 견적서에 대한 질문이 있으면 (626) 364-5733으로 언제든지 저희 사무실에 연락 주십시오.

진심을 다해,
유어스 이삿짐 운송업체

문제 해석

벨루시 씨는 이삿짐 회사로부터 얼마를 청구받을 것 같은가?
(A) 140달러
(B) 170달러
(C) 200달러
(D) 280달러

해설

세 번째 지문의 'so we know from experience that three people will not be enough'에서 벨루시 씨가 원래 3명의 직원을 요청했음을 알 수 있고, 'We expect one more mover to be needed than you've required.'를 보면 총 4명의 이삿짐을 나를 사람이 필요하다고 언급하고 있습니다. 그러므로 첫 번째 지문에 명시된 가격에 따라, 청구될 금액이 (C) 200달러임을 알 수 있습니다.

Questions 1-2 refer to the following notice and form.

Event Permits

Anyone wishing to hold an event for more than twenty people in any community centers in New York must have an event permit from the City Recreation Department.

Things to Know Before You Apply

* There is a $25.00 non-refundable processing fee for all event permits.

* A permit request must be submitted at least one month before the event.

To see the dates on which community centers have already been reserved, please view the Event Calendar at www.c-recdept.com.

Event Permit Application

Applicant: Courtney Hunt
Event Name: Italian Food Festival
Description: The purpose of this event is to enjoy the diverse food culture of Italy. Visitors can meet the local chefs and taste Italian food free of charge from a variety of food vendors.
Start Date / Time: Saturday, October 29 / 10:00 A.M.
End Date / Time: Saturday, October 29 / 4:00 P.M.
Location: Lake Community Center
Anticipated Attendance: 200-250 people

1 What is implied about Ms. Hunt?

(A) She submitted the application before September 29.
(B) She offers cooking demonstrations every Saturday.
(C) She moved to New York recently.
(D) She was employed by a well-known local restaurant.

2 What is indicated about Italian Food Festival?

(A) It is scheduled to last for two days.
(B) It requires an admission fee.
(C) It will feature live music performances.
(D) It is expected to attract over 200 people.

Questions 3-4 refer to the following advertisement, receipt, and review.

Explore Wonder Place with Adventures

For over 10 years, we have offered a variety of sightseeing trips around Eastern Africa. Read a brief description of our current tour offerings below.

Taste of Africa / Every Mon-Wed, 3:30 P.M. to 8:00 P.M.
Spend your afternoon sampling local dishes of the city's best restaurants. End your day with a catered dinner along the beautiful river.

Mauritius Island Escape / Every Fri.
Take a five-hour boat ride around this remote nature area and enjoy spectacular views from the deck. Jody Lyn, our tour guide, will show you various wild animals along the way.

Reservation Receipt

Date Purchased: Friday, April 3
Customer Name: Kenneth Choi

Tour	Price(per ticket)	Total
Two people - Mauritius Island Escape (May 15)	$75	$150
Two people - Taste of Africa (May 18)	$150	$300

Please print out this online receipt and take it with you on the day of your trip.

WP Adventures customer review:
Overall, I was very pleased with WP Adventures.
Our first guide, Ms. Lyn, was wonderful. She mentioned interesting stories about the animals and helped our group observe them. The tour boat was too crowded, but at least we still could see the animals. The views from the boat were so spectacular, and I was impressed.
On our second tour, we thoroughly enjoyed the local food. At the end of the evening, as we ate dessert nearby river, we made a unanimous decision to come here again next spring.

Kenneth Choi
May 25

3 What does Mr. Choi suggest about the tour?

(A) The Taste of Africa tour ended too early.
(B) The Mauritius Island Escape tour was crowded.
(C) The Taste of Africa tour had an excellent guide.
(D) The Mauritius Island did not have beautiful views.

4 What will Mr. Choi most likely do next year?

(A) Join a food tour
(B) Buy a new video camera
(C) Take a trip to the zoo
(D) Hike in a nature reserve

SPARTA TEST

Questions 1-5 refer to the following information and e-mail.

Vacation Home in New Zealand

Property A : 34 Arthur Street, Blenheim
- Stay nights in a row and enjoy complimentary 6th night stay
- Suited for people who want to enjoy a relaxing and restful vacation
- Lake view

Property B : 41 Colman Street, Queenwood
- With private beach
- $900 per week

Property C : 23 Tomin Road, Glenview
- Complimentary shuttle service to the downtown area
- City view

Property D : 52 Hall Street, Newtown
- Equipped with all kinds of furniture and appliances
- Including free breakfast

To: Anthony Bragman <anbrag@nzholidayrentals.co.nz>
From: Tara Wood <tawood@vemuneltd.co.nz>
Date: June 11
Re: Property A

Hello, Mr. Bragman,

I did business with you last year when I booked my family's holiday accommodation in New Zealand and was very satisfied with the room and services provided. However, the destination was not satisfactory as I expected because the city was too crowded. This year, I'd like to find a more relaxing location with a beach or lake access. I do not want to spend more than $700 for a week. Therefore, I'm interested in property A. Please provide me with the dates available. It seems to meet my requirements.

I look forward to your reply.

Regards,

Tara Wood

1. According to the information, what offers a free night's stay?

   (A) Property A
   (B) Property B
   (C) Property C
   (D) Property D

2. Why did Ms. Wood send the e-mail?

   (A) To request information
   (B) To cancel a reservation
   (C) To confirm a deposit
   (D) To ask for advice

3. What was Ms. wood dissatisfied with on her last vacation?

   (A) The cleanliness of the room
   (B) The customer service
   (C) The congestion
   (D) The room charge

4. Why is the property B unsuitable for Ms. Wood?

   (A) She wants an accommodation with two bedrooms.
   (B) She is looking for something less expensive.
   (C) She prefers to stay in an apartment.
   (D) She does not like the beach.

5. Which location is Ms. Wood referring to?

   (A) Blenheim
   (B) Queenwood
   (C) Glenview
   (D) Newtown

Questions 6-10 refer to the following Web page and e-mail.

| HOME | Introduction | Reviews | Contact us |

Any Place Car Service

We at Any Place Car Service in Bristol offer traveling services for students who want to tour museums and theaters. In order that you enjoy our service comfortably, we do our best to maintain the vehicles and train the drivers regularly and thoroughly, which our founder, Mr. Scott Glenn, has strongly emphasized.

We operate in the city, and we are planning to open a branch in Dublin at the end of this year. Also, to celebrate our 10th anniversary, we will give a 10% discount to those who make reservations in December. Please contact us right away!

FROM: Any Place Car Service
TO: Tracey Bonner
SUBJECT: Confirmation
DATE: 7 December

Dear Ms. Bonner,

Thank you for your reservation!
We are confirming it for 3 January.

Reservation Number: #2473
Pickup date: 3 January
Pickup time: 9:20 A.M.
Pickup location: The Royal High School
Destination: The Bristol Museum
Total number of passengers: 23

If you have any questions, please visit our Web site and leave us a message.

6 What does the Web page suggest about the company?

(A) It will be moved later this year.
(B) It is 10 years old.
(C) It has changed the policy.
(D) It offers services to other businesses.

7 According to the Web page, where will the company start providing the new service?

(A) In Bristol
(B) In London
(C) In Birmingham
(D) In Dublin

8 Who is Mr. Glenn?

(A) A driver
(B) A student
(C) A tour guide
(D) A company owner

9 Why was the e-mail written?

(A) To schedule an event
(B) To provide a plan
(C) To make a suggestion
(D) To confirm a reservation

10 What is implied about Ms. Bonner?

(A) She works at school.
(B) She will go to the museum alone.
(C) She can maintain vehicles.
(D) She will be a new customer.

Questions 11-15 refer to the following e-mails and form.

From : Lena Dunham
To : Michael Chapman
Subject : Presentation
Date : May 17

Dear Mr. Chapman,

Upon arriving at the airport, I am writing this e-mail. Unfortunately, I have lost my baggage including the materials for our demonstration tomorrow. Although I still have the multimedia presentation materials in my hand luggage, most of the product samples are in the missing bag. The airport told me that the bag should be delivered to my hotel in at least two days, so it seems I will not get it before the event tomorrow. Could you postpone our demonstration by a few days? I would like to hear good news from you.

Sincerely,

Lena Dunham

Lost and Found Team

We are very sorry for your inconvenience caused by the mishandling of your luggage. We will use the information you provide to trace your belongings as quickly as possible. Please describe your bag in detail.

Report Number : _4419F2_
Passenger Name : _Lena Dunham_
Address : _Mantle Hotel_
Type of Bag : _Large suitcase_
Color : _Brown_
Manufacturer : _AM Tourist_

The contents of your baggage :

Description
Earrings, Bracelets, Necklaces, Rings, etc.
Camera, Charging cables, Mobile speakers, Portable projector, etc.
Travel guides, Keys

From: Lost and Found Team <lostfound@informair.com>
To: Lena Dunham <ldham@falaccess.ca>
Subject: Baggage Claim 4419F2
Date: May 18

Dear Ms. Dunham,

I am writing to let you know that we have found your baggage. You can receive it at the address you have indicated tomorrow afternoon. We are sorry for your inconvenience again.

We will strive to serve you better. Thank you.

Regards,

Lost and Found Team

11 What does Ms. Dunham indicate about the presentation?

(A) She won't be able to make it on time.
(B) Some related materials are in her hand luggage.
(C) A short video clip will be shown.
(D) It needs to be shortened.

12 What does Ms. Dunham ask Mr. Chapman to do?

(A) Pick her up from the hotel
(B) Drive her to the airport
(C) Prepare product samples
(D) Reschedule an event

13 What will Ms. Dunham most likely present?

(A) Cookware
(B) Gardening tools
(C) Accessories
(D) Kitchen appliances

14 In the form, the word "trace" in paragraph 1, line 2, is closest in meaning to

(A) find
(B) copy
(C) record
(D) replace

15 Where will the delivery be sent?

(A) To the airport
(B) To the lost and found team
(C) To the customs office
(D) To Mantle Hotel

SPARTA REVIEW TEST

Questions 1-4 refer to the following notice.

Please be advised of a change to train service. ------- (1). However, the other train services will be continued to all stations, including Parsons Green Station. Please visit our Web site for ------- (2) routes.

Also, we would like you to be ------- (3) to fellow passengers at all times. An increasing number of passengers recently felt uncomfortable with ------- (4). Please keep your mobile phone silent when you are on the train.

Thank you for your cooperation.

1. (A) We are happy to announce fare cuts.
   (B) Please note that Parsons Green Station is currently under construction.
   (C) New station facilities will soon be available.
   (D) Starting this May, the express train will no longer be stopped at Parsons Green Station.

2. (A) updating
   (B) updated
   (C) updates
   (D) to update

3. (A) clear
   (B) relevant
   (C) considerate
   (D) friendly

4. (A) noise
   (B) attention
   (C) factor
   (D) delay

Questions 5-8 refer to the following online chat discussion.

New Chat

Madison Johnson [4:55 P.M.]
Hello, everyone. Thank you all for your hard work to win the bid this month. Why don't we get together to celebrate it after work?

Randal Gonzalez [4:58 P.M.]
That's a great idea! I think we worked very hard and deserved it.

Morena Baccarin [5:01 P.M.]
I think so, too. Where is the best place for a get-together? Do you have any suggestions?

Madison Johnson [5:03 P.M.]
Maybe Butcher Bar or Tivoli Kitchen? Both are conveniently located. I like Butcher Bar better, but it would be a little small for everyone.

Randal Gonzalez [5:07 P.M.]
Well, let's go to Tivoli Kitchen in that case.

Madison Johnson [5:13 P.M.]
Okay. Can anyone talk to the other staff about the plan?

Morena Baccarin [5:20 P.M.]
I'd love to do that.

---

5 What is mainly discussed?

(A) A grand opening
(B) A coworker's promotion
(C) A successful bid
(D) A casual gathering

6 What is suggested about the bid?

(A) Ms. Johnson was in charge of it.
(B) Mr. Gonzalez did not prepare it.
(C) It was quite important to the company.
(D) It took much effort to work on it.

7 Why isn't Butcher Bar suitable for meeting?

(A) It has limited menus.
(B) Its size is small.
(C) It is far from the office.
(D) It is not available now.

8 At 5:13 P.M., what does Ms. Johnson most likely mean when she writes, "Okay"?

(A) She has visited Butcher Bar.
(B) The budget for the gathering has been approved.
(C) She wants the team to make more suggestions.
(D) They will visit a larger place.

Questions 9-13 refer to the following advertisement and e-mail.

RENTAL

Single bedroom available for rent

Features
1. It is fully furnished with a single bed.
2. It has a private bathroom.
3. It has a living room and a kitchen for common use.
4. The total monthly rental fee is $850 including utilities.
5. It is a five-minute walk from Ryerson University and a ten-minute walk from Union station.
6. The lease lasts until December.

My name is Denzil Smith, a student at Ryerson University. Because my roommate is moving to his hometown on the weekend, I would like someone who is a student to share the spacious two-bedroom rental apartment. If interested, please contact me at dsmith@ru.edu.

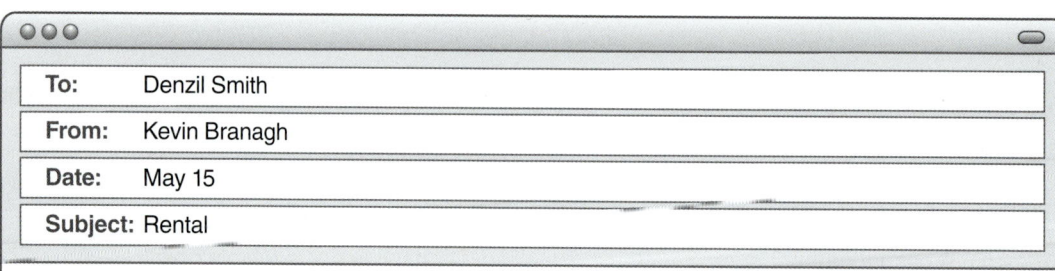

To:	Denzil Smith
From:	Kevin Branagh
Date:	May 15
Subject:	Rental

Hello, Denzil,

I noticed your post on the Ryerson University Web page. I was wondering if it is still available. If so, I would like to share the apartment as soon as possible. I can move next Wednesday and stay for the term by the end of the lease.

My major is French Literature. After school, I work part-time at a pub near the university. I want to be good friends with you.

Kevin Branagh

9 What is indicated about the apartment?

(A) It includes a washer.
(B) It is near a department store.
(C) It costs $850 except for utilities for rental.
(D) It has every kind of furniture.

10 What is Mr. Smith looking for?

(A) A part-time job
(B) An apartment
(C) A train station
(D) A roommate

11 What is suggested about Mr. Branagh?

(A) He graduated from university last year.
(B) He usually goes to work by train.
(C) He lives with his family.
(D) He can meet Mr. Smith's requirements.

12 In the e-mail, the word "term" in paragraph 1, line 3, is closest in meaning to

(A) word
(B) contract
(C) period
(D) situation

13 What does Mr. Branagh mention about his job?

(A) It is not a full-time job.
(B) It is at a university.
(C) It started last month.
(D) It is a night shift.

Questions 14-18 refer to the following Web page and e-mails.

Labele uniforms for dining establishments

We offer practical and trendy apparel perfect for your own restaurant and staff. In addition, we can help you save considerable money with a 20% discount on large orders as well as offer free shipping on a purchase of £80 or more. Order now!

Model #	Name and Description	Size	Color	Price
FA79	**Pittsburgh Uniform** Short-sleeved shirt with 1 pocket and trousers	XS-XL	White	£33.00
FA80	**Novel Uniform** Short-sleeved shirt with 2 pockets and trousers	XS-XL	White, Black	£35.00
FA81	**Moto Uniform** Long-sleeved shirt with 2 pockets and trousers	XS-XL	White, Black, Blue	£40.00

To	Rod Lurie <rlurie@gaucho.co.uk>
From	Labele <shop@labele.co.uk>
Subject	Your Order
Date	19 February

Dear Mr. Lurie,

Thank you for your purchase. Please confirm your order below.

Model # FA80 / Black		
Size	Quantity	Price
Small	5	£175.00
Medium	3	£105.00
Subtotal		£280.00
Tax (10%)		£28.00
Shipping		£0.00
Total price		**£308.00**

If you have any questions regarding your order, please call our customer service center.

Sincerely,

Customer Service Center, Labele

To: All staff <notice@gaucho.co.uk>
From: Rod Lurie <rlurie@gaucho.co.uk>
Subject: Staff uniforms
Date: 2 March

Dear staff members,

Our new clothing has arrived. Please pick them up at the staff lounge.

According to our Gaucho Restaurant's policy, we annually provide one uniform per person. For additional uniforms, you can place an order directly at www.labele.co.uk/purchase.

Thank you all for your hard work.

Rod Lurie

---

14 What is indicated about Labele?

(A) Its shipping cost is free.
(B) It produces clothing for women.
(C) It makes uniforms for various industries.
(D) It offers discounts on large orders.

15 According to the Web page, what characteristics do the models have in common?

(A) The size
(B) The number of pockets
(C) The color
(D) The price

16 Which product did Mr. Lurie purchase?

(A) Pittsburgh Uniform
(B) Novel Uniform
(C) Moto Uniform
(D) All of them

17 In the second e-mail, what are the employees asked to do?

(A) Submit suggestions
(B) Request new apparel
(C) Review the policy
(D) Collect their uniforms

18 What is suggested about Gaucho Restaurant?

(A) It has at least 8 staff members.
(B) It has recently changed its policy.
(C) It purchases the uniforms quarterly.
(D) It recommends its staff have extra uniforms.

토익 빈출 어휘

DAY 01

단어	의미	표현
1	**read** 읽다	**read** a book 책을 읽다
2	**newspaper** 신문	buy a **newspaper** 신문을 사다
3	**steps** 계단	go up **steps** 계단을 올라가다
4	**rest** 휴식; 휴식을 취하다	take a **rest** 쉬다
5	**fountain** 분수대	look at the **fountain** 분수대를 보다
6	**hold** 붙잡다, 들다	**hold** a cup 컵을 들다
7	**glasses** 안경	wear **glasses** 안경을 쓰다
8	**copy machine** 복사기	use a **copy machine** 복사기를 쓰다
9	**note** 노트, 필기	take a **note** 필기를 하다
10	**sit** 앉다	**sit** on the chair 의자에 앉다
11	**stand** 서다	**stand** in the street 길에 서 있다
12	**lean against** ~에 기대다	**lean against** the wall 벽에 기대다
13	**lie** (드러)눕다	**lie** on the grass 잔디에 눕다
14	**stroll** 산책하다	**stroll** in the park 공원을 산책하다
15	**paperwork** 서류 작업	do some **paperwork** 서류 작업을 하다

••• 토익 빈출 어휘

	단어	의미	표현
16	speech	연설	give a **speech** 연설하다
17	auditorium	강당	in the **auditorium** 강당에서
18	board	게시판, 칠판	on the **board** 게시판에
19	presentation	발표	give a **presentation** 발표하다
20	meeting room	회의실	in the **meeting room** 회의실에서
21	instrument	악기	play an **instrument** 악기를 연주하다
22	picture	그림, 사진	take a **picture** 사진을 찍다
23	draw	그리다	**draw** a painting 그림을 그리다
24	admire	감상하다	**admire** a picture 그림을 감상하다
25	congested	혼잡한, 막힌	The traffic is **congested**. 교통이 막힌다.
26	push	밀다	**push** a cart 카트를 밀다
27	examine	살펴보다	**examine** an item 물건을 살펴보다
28	inspect	검사하다	**inspect** a product 물품을 검사하다
29	monitor	화면, 모니터	look at the **monitor** 모니터를 보다
30	microscope	현미경	look through the **microscope** 현미경을 통해서 보다

토익 빈출 어휘 **271**

DAY 02

	단어	의미	표현
1	row	일렬	park in a **row** 일렬로 주차하다
2	stack	쌓다	The boxes are **stacked**. 상자들이 쌓여 있다.
3	light	전등	**Lights** are hung on the wall. 전등이 벽에 걸려 있다.
4	place	놓다	be **placed** on the table 테이블 위에 놓여 있다
5	position	위치시키다	be **positioned** behind the sofa 소파 뒤에 있다
6	situate	위치시키다	be **situated** next to the bed 침대 옆에 있다
7	display	진열하다	be **displayed** on the shelves 선반에 진열되어 있다
8	arrange	정리하다, 배열하다	be **arranged** in rows 일렬로 정리되어 있다
9	unfold	펴다	Umbrellas have been **unfolded**. 파라솔들이 펴져 있다.
10	fold	접다	**fold** a sheet of paper 종이를 접다
11	pull out	뽑다	**pull out** the weeds 잡초를 뽑다
12	wash	닦다	The cup is being **washed**. 컵이 닦이고 있다.
13	clean	청소하다	The dishes are being **cleaned**. 접시들이 닦이고 있다.
14	faucet	수도꼭지	The **faucet** is being turned on. (누군가) 수도꼭지를 틀고 있다.
15	mop	(대걸레로) 걸레질하다	The floor is being **mopped**. 바닥이 대걸레로 닦이고 있다.

272 스파르타 토익 START

••• 토익 빈출 어휘

	단어	의미	표현
16	bucket	양동이	The **bucket** is being used. 양동이가 사용되고 있다.
17	shield	가리다	be **shielded** from the sun 태양으로부터 가려지다
18	shade	가리다	be **shaded** by the trees 나무들로 가려지다
19	open	열린	be left **open** 열린 채로 있다
20	cover	덮다	be **covered** by the umbrella 우산으로 덮여 있다
21	serve	제공하다	The food is being **served**. 음식이 제공되고 있다.
22	vehicle	차량, 차	The **vehicle** is being examined. 자동차를 검사하는 중이다.
23	equipment	장비	The **equipment** has been stacked. 장비가 쌓여 있다.
24	crowded	붐비는	The restaurant is **crowded** with people. 레스토랑이 사람들로 붐빈다.
25	scrub	닦다	The dishes are being **scrubbed**. 접시를 문질러 닦는 중이다.
26	wipe	닦다	The window is being **wiped**. 창문이 닦이고 있다.
27	empty	비어 있는	The room is **empty**. 방이 비어 있다.
28	under	아래에	**under** the table 테이블 아래에
29	seat	좌석	Some **seats** are occupied. 좌석에 사람들이 있다.
30	entrance	입구, 출입구	block the **entrance** 출입구를 막다

토익 빈출 어휘 **273**

DAY 03

단어	의미	표현
1 handle	손잡이; (일을) 처리하다	**handle** the problem 문제를 처리하다
2 file	서류; 서류를 철하다	Who has the **file**? 누가 파일을 가지고 있나요?
3 pile	더미; 쌓다	Who **piled** up the books? 누가 이 책들을 쌓았나요?
4 document	서류	read a **document** 서류를 읽다
5 manager	매니저, 부장	We are looking for a new **manager**. 저희는 새 매니저를 찾고 있습니다.
6 director	이사	Who is the **director**? 이사님이 누구인가요?
7 assistant	비서, 조수	Jenny is my **assistant**. 제니는 제 비서입니다.
8 coworker	동료	He is a good **coworker**. 그는 좋은 동료입니다.
9 cancel	취소하다	When was the meeting **canceled**? 언제 회의가 취소되었나요?
10 finish	끝내다	**finish** the report 보고서를 끝내다
11 submit	제출하다	**submit** the form 양식을 제출하다
12 fix	수리하다	**fix** the copier 복사기를 고치다
13 appointment	약속	make an **appointment** 약속을 하다
14 article	기사	read the **article** 기사를 읽다
15 deadline	마감일	Next Friday is the **deadline**. 다음 주 금요일이 마감일입니다.

토익 빈출 어휘

	단어	의미	표현
16	client	고객	meet the **client** 고객을 만나다
17	accept	받아들이다	**accept** their proposal 그들의 제안을 받아들이다
18	begin	시작하다	When does his speech **begin**? 언제 그의 연설이 시작하나요?
19	depart	출발하다	The plane **departs** at 10:20 A.M. for Paris. 비행기는 오전 10시 20분에 파리를 향해 출발한다.
20	release	출시하다	When was the game **released**? 언제 그 게임이 출시되었나요?
21	briefcase	서류 가방	Where did you put your **briefcase**? 어디에 서류 가방을 뒀어요?
22	drawer	서랍장	Where can I put the **drawer**? 서랍장을 어디에 둘까요?
23	notepad	메모장	look for a **notepad** 메모장을 찾다
24	staff	직원	All of the **staff** members are working now. 모든 직원들이 현재 일하고 있다.
25	headquarters	본사	Where is the **headquarters**? 본사가 어디인가요?
26	board meeting	이사회 (회의)	The **board meeting** will be held on May 2. 5월 2일에 이사회가 열릴 것이다.
27	banquet	연회	Where was the **banquet** held? 연회가 어디에서 열렸나요?
28	seminar	세미나	I missed the **seminar** last month. 나는 지난달에 세미나에 가지 못했다.
29	training session	연수 과정	attend the **training session** 교육과정에 참석하다
30	refreshments	다과	Free **refreshments** are available. 무료 다과가 준비되어 있습니다.

DAY 04

단어	의미	표현
1 design	디자인	a vase with a rose **design** 장미 무늬가 있는 꽃병
2 estimate	견적	I need the total **estimate**. 저는 총 견적이 필요해요.
3 qualifications	자격요건, 자질	What are his **qualifications**? 그의 자질이 무엇입니까?
4 contact	연락하다	Please **contact** us anytime if you want. 원하시면 언제든 저희한테 연락 주세요.
5 address	주소; 연설하다	What is her **address**? 그녀의 주소는 무엇입니까?
6 subscribe	구독하다	Which magazine will you **subscribe** to? 어느 잡지를 구독하실 겁니까?
7 recommend	추천하다	Which copier do you **recommend**? 어느 복사기를 추천하십니까?
8 audience	관중	a quiet **audience** 조용한 관중
9 construction	공사	The building is under **construction**. 그 건물은 공사 중입니다.
10 job seeker	구직자	What do **job seekers** need to prepare? 구직자들이 준비해야 하는 것은 무엇입니까?
11 project	프로젝트	The **project** was led by Ms. Williams. 윌리엄스 씨가 그 프로젝트를 진행했어요.
12 renovation	보수, 개조	How is the **renovation** going? 보수 공사가 어떻게 진행되고 있나요?
13 repair	수리; 수리하다	How much will the **repairs** cost? 수리 비용이 얼마나 듭니까?
14 budget	예산	How much is in the **budget**? 예산은 얼마입니까?
15 conference	회의, 학회	It is a good place for the **conference**. 그곳은 학회를 하기에 좋은 장소다.

276 스파르타 토익 START

토익 빈출 어휘

	단어	의미	표현
16	interview	인터뷰, 면접	How was your **interview**? 면접 어땠어요?
17	interviewer	면접관	How can I contact the **interviewer**? 어떻게 면접관에게 연락할 수 있나요?
18	deliver	배달하다	have the shipment **delivered** 물품을 배달시키다
19	replace	교체하다	get her computer **replaced** 그녀의 컴퓨터를 교체하다
20	work out	운동하다	How often do you **work out**? 얼마나 자주 운동하나요?
21	directions	길 안내, 지시	ask for **directions** 길을 묻다
22	straight	곧장	go **straight** for two blocks 두 블록을 직진하다
23	payment	지불	make the **payment** 지불하다
24	diligent	근면한	Tom is very **diligent**. 톰은 매우 부지런하다.
25	delay	연기하다	Why was the meeting **delayed**? 왜 회의가 연기되었나요?
26	postpone	연기하다	**postpone** the staff meeting 직원 회의를 연기하다
27	review	검토하다	**review** the report 보고서를 검토하다
28	résumé	이력서	turn in the **résumé** 이력서를 제출하다
29	commute	통근하다	Why do you **commute** by subway? 왜 지하철을 타고 통근하나요?
30	exchange	교환하다	**exchange** the item 물건을 교환하다

DAY 05

단어	의미	표현
1	familiar	친숙한, 익숙한	be **familiar** with the company 그 회사에 익숙하다
2	disappointed	실망한	be **disappointed** with the service 서비스에 실망하다
3	upset	화난	Tony was very **upset**. 토니는 매우 화가 났다.
4	extra	여분의, 추가의	**extra** tickets for the concert 여분의 공연 티켓
5	refund	환불	get a **refund** for the computer 컴퓨터를 환불 받다
6	job fair	취업 박람회	enroll in the **job fair** next week 다음 주 취업 박람회에 등록하다
7	reception	연회	plan to attend the **reception** 연회에 참석할 계획이다
8	agreement	동의서, 합의	sign the **agreement** 동의서에 서명하다
9	lead	이끌다	**lead** the seminar 세미나를 진행하다
10	save	저장하다	**save** the file 파일을 저장하다
11	deal with	~을 처리하다	**deal with** customers' complaints 고객들의 불만사항을 처리하다
12	board	탑승하다; 이사회	**board** the train 기차에 탑승하다
13	way	길, 방법	Are you on your **way** to work? 출근하는 길인가요?
14	official	공식적인	at the **official** press conference 공식적인 기자회견에서
15	complaint	불만	hear **complaints** all the time 항상 불만을 듣다

토익 빈출 어휘

	단어	의미	표현
16	product	상품	launch the **product** next June 내년 6월에 제품을 출시하다
17	subscription	구독	sign up for a **subscription** 정기 구독을 신청하다
18	trouble	곤경, 문제	Did you get in **trouble**? 당신은 곤경에 빠졌나요?
19	accurate	정확한	an **accurate** map of the town 동네의 정확한 지도
20	colleague	동료	Tom is one of my **colleagues**. 톰은 내 동료 중 한 명이다.
21	supervisor	상사	He is a demanding **supervisor**. 그는 까다로운 상사이다.
22	release	발표하다	**release** the news quarterly 분기별로 뉴스를 내보내다
23	finalize	마무리짓다	**finalize** plans 계획을 마무리짓다
24	promote	승진시키다, 홍보하다	be **promoted** to branch manager 지점장으로 승진하다
25	forward	전송하다	Did he **forward** mails? 그는 우편물을 보냈나요?
26	pass	표; 통과하다	We have enough **passes**. 우리는 충분한 탑승권을 가지고 있다.
27	remove	치우다	**remove** the files from the desk 파일을 책상에서 치우다
28	resign	사임하다	He **resigned** yesterday. 그는 어제 사임했다.
29	retire	은퇴하다	Didn't Lisa **retire** a few years ago? 리사는 몇 년 전에 은퇴하지 않았나요?
30	store	가게; 저장하다	a plan to open a new **store** 새 가게를 열 계획

DAY 06

단어	의미	표현
1 completely	완전히, 전적으로	agree with you **completely** 당신에게 전적으로 동의하다
2 book	예약하다	**book** the plane tickets 비행기 표를 예약하다
3 administration	관리, 행정	Don't forget to tell **administration**. 경영 관리실에 알려 주는 것을 잊지 마세유
4 extend	연장하다	**extend** the deadline 마감 기한을 연장하다
5 observe	관찰하다	**observe** a selection of plants 다양한 식물을 관찰하다
6 in order	정돈된	They are **in order**. 그것들은 정돈되어 있어요.
7 stairs	계단	take the **stairs** 계단으로 가다
8 remind	상기시키다	He **reminded** me about his birthday. 그는 나에게 그의 생일을 상기시켜 주었다.
9 browse	열람하다, 검색하다	**browse** through the listings 목록을 검색하다
10 downtown	시내에	open a new store **downtown** 시내에 새로운 가게를 열다
11 congestion	혼잡, 교통 체증	There will be traffic **congestion**. 교통 정체가 있을 것이다.
12 serious	심각한	It's a very **serious** problem here. 여기서는 그게 심각한 문제예요.
13 wet	축축한, 젖은	It's still **wet**. 그건 아직 축축해요.
14 order	주문하다	**order** some food 음식을 주문하다
15 designer	디자이너	She is a Web **designer**. 그녀는 웹 디자이너이다.

••• 토익 빈출 어휘

	단어	의미	표현
16	hire	고용하다	**hire** new employees 신입직원들을 고용하다
17	informative	유익한	The documents are **informative**. 그 서류들은 유익하다.
18	education	교육	in the **education** field 교육 분야에서
19	restriction	제한	remove **restrictions** 제한을 없애다
20	last	지속되다	**last** for around three hours 약 세 시간 동안 지속되다
21	later	나중에	Can you call me back **later**? 나중에 다시 전화 주시겠어요?
22	leave	떠나다	I think we'd better **leave** soon. 곧 떠나는 게 좋겠어요.
23	regulation	규정	safety **regulations** 안전 규정
24	travel	여행하다	**travel** by train 기차로 여행하다
25	damaged	손상된	**damaged** goods 손상된 물건들
26	resolve	해결하다	**resolve** traffic jams 교통 체증을 해결하다
27	annual	연례의	the **annual** Christmas dinner 연례 크리스마스 만찬
28	both	양쪽의; 둘 다	I like **both** of them. 둘 다 좋아요.
29	comment	논평, 의견	if you have any **comments** 하실 말씀이 있으시면
30	difference	다름, 차이	It makes no **difference**. 별 차이가 없어요.

토익 빈출 어휘 **281**

DAY 07

단어	의미	표현
1 **organize**	준비하다	**organize** the meeting 회의를 준비하다
2 **predict**	예보하다, 예측하다	**predict** that a storm is coming 폭풍우가 올 것을 예보하다
3 **agenda**	안건	discuss the **agenda** 안건을 의논하다
4 **commercial**	상업의; 광고	a **commercial** company 영리 회사
5 **contract**	계약, 계약서	win a **contract** 계약을 따내다
6 **approve**	승인하다	**approve** the plan 계획을 승인하다
7 **sign**	서명하다	**sign** a contract 계약서에 서명하다
8 **negotiate**	협상하다	**negotiate** a deal 거래를 협상하다
9 **finance**	재정	a **finance** director 재무 담당자
10 **report**	보고서; 보고하다	submit a **report** 보고서를 제출하다
11 **list**	목록; (목록에) 기입하다	make a **list** 목록을 만들다
12 **retirement**	은퇴	announce his **retirement** 그의 은퇴를 발표하다
13 **prestigious**	칭송 받는	the **prestigious** position 영예로운 자리
14 **proposal**	제안서	approve the **proposal** 제안서를 승인하다
15 **supplier**	공급업자	contact a **supplier** 공급업자와 연락하다

282 스파르타 토익 START

• • • 토익 빈출 어휘

	단어	의미	표현
16	office supplies	사무용품	order **office supplies** 사무용품을 주문하다
17	prepare	준비하다	**prepare** copies 복사본을 준비하다
18	blanket	담요	an extra **blanket** 여분의 담요
19	temperature	기온	with **temperatures** below zero 영하의 기온으로
20	investigate	조사하다	**investigate** the accident 사고를 조사하다
21	attached	첨부된	an **attached** file 첨부된 파일
22	enclosed	동봉된	an **enclosed** letter 동봉된 편지
23	detached	분리된	a **detached** house 단독 주택
24	accountant	회계사	new **accountants** 신입 회계사들
25	temporary	임시의	**temporary** workers 임시직 근로자들
26	issue	문제점; 발행하다	current **issues** 최근 문제점들
27	apply for	~에 지원하다	**apply for** the position 그 직책에 지원하다
28	degree	(온도) 도	with a high of thirteen **degrees** 최고 기온이 13도가 되면서
29	excessive	지나친, 과도한	an **excessive** heat warning 극심한 혹서 주의보
30	appoint	임명하다	**appoint** him as vice president 그를 부사장으로 임명하다

토익 빈출 어휘 **283**

DAY 08

	단어	의미	표현
1	bother	괴롭히다, 귀찮게 하다	Don't **bother** me. 저를 귀찮게 하지 마세요.
2	detour	우회로	take a **detour** 우회로로 가다
3	malfunctioning	작동하지 않는	His computer is **malfunctioning**. 그의 컴퓨터가 작동하지 않는다.
4	smell	냄새가 나다	**smell** wonderful 냄새가 좋다
5	delicious	맛있는	look **delicious** 맛있어 보인다
6	guest	손님	invite some **guests** 손님들을 초대하다
7	concern	걱정; 걱정시키다	express one's **concern** 걱정하다
8	amount	양	**amount** of food 음식의 양
9	technical	기술의	**technical** support team 기술 지원 부서
10	booklet	소책자	read the **booklet** 안내 책자를 읽다
11	look through	훑어보다	**look through** the report 보고서를 훑어보다
12	waiting list	대기자 명단	We can add you to our **waiting list**. 대기자 명단에 당신의 이름을 올려 드릴 수 있어요.
13	legal	법률의	call the **legal** department 법률 부서에 연락하다
14	unfavorable	불리한, 좋지 않은	**unfavorable** weather for a trip 여행하기에 좋지 않은 날씨
15	tile	타일	replace the **tiles** 타일을 교체하다

• • • 토익 빈출 어휘

	단어	의미	표현
16	flooding	홍수	**Flooding** continued in Louisiana. 루이지애나에 홍수가 계속되었다.
17	disaster	재해	a natural **disaster** 자연 재해
18	transfer	(다른 번호로) 전화를 돌려주다	I will **transfer** your call. 전화를 돌려드리겠습니다.
19	sponsor	후원자; 후원하다	a short break to hear from our **sponsors** 후원 업체(광고주)에서 전하는 말씀
20	deposit	예금하다	**deposit** money 돈을 예금하다
21	unlock	열다	**unlock** the door 문을 열다
22	set up	설치하다	**set up** equipment 장비를 설치하다
23	identification	신분(증)	We need your **identification**. 당신의 신분증이 필요합니다.
24	passport	여권	Bring your **passport**. 여권을 가져 오세요.
25	attend	참석하다	**attend** a meeting 회의에 참석하다
26	take part in	참석하다	**take part in** a workshop 워크숍에 참석하다
27	participate in	참석하다	**participate in** a conference 회의에 참석하다
28	enroll in	등록하다	**enroll in** the session 과정에 등록하다
29	traffic	교통	**traffic** congestion 교통 체증
30	farewell party	송별회	attend a **farewell party** 송별회에 참석하다

토익 빈출 어휘 **285**

DAY 09

	단어	의미	표현
1	effort	노력, 수고	make our best **efforts** 최선을 다하다
2	route	통로, 노선	an air **route** 항공로
3	malfunction	고장 나다	The machines **malfunctioned** last night. 그 기계가 어젯밤에 고장 났다.
4	alternate	교대의, 다른	take an **alternate** route 다른 길로 우회하다
5	shipment	선적, 선적물	The **shipment** should arrive by tomorrow. 선적물이 내일까지 도착할 것이다.
6	in charge	책임이 있는	a person **in charge** 책임자
7	rush	분주함; 서두르다	I'm in a **rush**. 저는 바빠요.
8	spot	얼룩; 발견하다	**spot** a problem 문제를 목격하다
9	relieved	안심된	I'm so **relieved**. 매우 안심이 되었다.
10	organic	유기농의	**organic** food 유기농 음식
11	ingredient	성분, 재료	the **ingredients** for making a cake 케이크를 만드는 데 필요한 재료
12	traditional	전통적인	a **traditional** dance 전통 무용
13	inclement	험악한, 궂은	**inclement** weather 악천후
14	managerial	관리의	take the **managerial** position 관리직을 받아들이다
15	orientation	오리엔테이션	**orientation** for the new employees 신입직원을 위한 오리엔테이션

••• 토익 빈출 어휘

단어	의미	표현
16 session	학기, 과정	The **session** ends at noon. 그 과정은 정오에 끝난다.
17 resident	주민	the **residents** of the village 그 마을의 주민들
18 property	부동산, 재산	purchase the **property** 부동산을 매입하다
19 expert	전문가	a historical **expert** 역사 전문가
20 encourage	장려하다, 독려하다	**encourage** everyone to attend 모든 사람들에게 참석할 것을 권하다
21 insurance	보험	**insurance** packages 보험 상품
22 urgent	급한	on **urgent** business 급한 일로
23 unbelievable	믿을 수 없는	It's **unbelievable**. 믿을 수가 없다.
24 taste	맛	The **taste** is really great. 맛이 정말 좋다.
25 present	선물; 나타내다, 주다	look for a **present** 선물을 찾다
26 sales	판매, 매출	talk about our **sales** plans 판매 계획에 대해서 이야기하다
27 be scheduled for	~로 예정되다	**be scheduled for** Tuesday 화요일로 예정되다
28 mandatory	의무적인	The meeting is **mandatory**. 회의에 의무적으로 참석해야 합니다.
29 interior	인테리어; 내부의	The **interior** looks really great. 인테리어가 정말 멋져 보여요.
30 luggage	수화물, 짐	have the **luggage** delivered 수화물을 배달해 주다

토익 빈출 어휘 **287**

DAY 10

	단어	의미	표현
1	attention	주의, 경청	get **attention** from customers 고객들의 관심을 끌다
2	currently	현재, 지금	**currently** on sale 현재 할인하는
3	canned	통조림으로 된	**canned** goods 통조림 제품
4	throughout	~동안, 전역에 걸쳐서	**throughout** the country 전국에 걸쳐서
5	free of charge	무료로	get another one **free of charge** 무료로 하나 더 받다
6	special	특별한	a **special** sale 특별 할인
7	passenger	승객	Attention all **passengers**. 승객 여러분께 알려드립니다.
8	station	역	at a train **station** 기차역에서
9	break	(잠시의) 휴식	coffee **breaks** 휴식 시간
10	intend	~할 작정이다	**intend** to renovate the office 사무실을 개조할 계획이다
11	vegetable	야채	get some **vegetables** 야채를 구매하다
12	produce	농산물; 생산하다	**produce** section 농산물 코너
13	last-minute	막바지의	for all you **last-minute** shoppers 마지막 고객이신 여러분들을 위해
14	join	합류하다	Let's **join** that team. 저 팀에 합류합시다.
15	celebration	축하 행사	a special **celebration** 특별 축하 행사

288 스파르타 토익 START

··· 토익 빈출 어휘

	단어	의미	표현
16	honored	명예로운, 존중 받는	an **honored** guest 귀빈
17	career	경력, 직업	seek a **career** as a lawyer 변호사를 직업으로 구하다
18	achievement	업적	his career and **achievements** 그의 생애와 업적
19	patron	후원자, 단골 손님	regular **patrons** of the restaurant 식당의 단골 손님들
20	exceed	초과하다	**exceed** the speed limit 속도 제한을 초과하다
21	sales goal	매출 목표	set **sales goals** 매출 목표를 세우다
22	influential	영향력 있는, 유력한	our country's most **influential** people 우리나라의 가장 영향력 있는 사람들
23	certification	증명, 증명서	a full **certification** course 전 자격증 과정
24	kitchenware	주방용품	All **kitchenware** are 20% off. 모든 주방용품이 20퍼센트 할인됩니다.
25	bakery	제과점	He works in a **bakery**. 그는 제과점에서 일한다.
26	boarding pass	탑승권	be sure to have your **boarding pass** 탑승권을 확실히 소지하다
27	bound for	~로 향하는	**bound for** New York 뉴욕으로 향하는
28	founder	설립자	as the **founder** of this organization 이 단체의 설립자로서
29	regular	규칙적인, 정규의	20% off the **regular** price 정가에서 20퍼센트 할인
30	opportunity	기회	take advantage of the **opportunity** 기회를 이용하다

DAY 11

단어	의미	표현
1 **productivity**	생산성	increase **productivity** 생산성을 높이다
2 **satisfactory**	만족스러운	The price is **satisfactory**. 가격이 만족스럽다.
3 **be in charge of**	~을 담당하다	He **is in charge of** the project. 그는 그 프로젝트를 담당한다.
4 **conference room**	회의실	in the **conference room** 회의실에서
5 **defective**	결함 있는	**defective** products 결함 있는 상품들
6 **abroad**	해외로	I plan to travel **abroad**. 저는 해외로 나갈 계획입니다.
7 **enough**	충분한	We have **enough** time. 우리는 충분히 시간이 있다.
8 **offer**	제안; ~을 제공하다	**offer** a better service 더 나은 서비스를 제공하다
9 **complete**	~을 작성하다	**complete** the form 서식을 작성하다
10 **reasonable**	합리적인	offer a **reasonable** price 합리적인 가격을 제공하다
11 **objective**	목표	Our **objective** is to increase sales this year. 우리의 목표는 올해 판매를 늘리는 것입니다.
12 **benefit**	혜택	offer various **benefits** 다양한 혜택을 제공하다
13 **accounting**	회계(학)	**Accounting** is my field of expertise. 회계는 저의 전문 분야입니다.
14 **correctly**	정확하게	He speaks slowly and **correctly**. 그는 천천히 그리고 정확하게 말한다.
15 **hold**	~을 개최하다	The organization **holds** the event. 그 단체는 행사를 개최한다.

토익 빈출 어휘

	단어	의미	표현
16	proper	적당한, 적절한	within **proper** standards 적절한 기준 내에서
17	hurry	서두르다	You should **hurry**. 당신은 서둘러야 합니다.
18	approach	접근	new **approaches** to various cultures 다양한 문화에 대한 새로운 접근
19	promotional	판촉의	design **promotional** products 판촉용품을 디자인하다
20	be dependent on	~에 의존하다	**be dependent on** their co-workers 그들의 동료에게 의존하다
21	assignment	업무, 할당	equally distribute **assignments** 업무를 균등하게 분배하다
22	be responsible for	~을 책임지다	**be responsible for** maintenance services 관리 서비스를 책임지다
23	magazine	잡지	a weekly **magazine** 주간 잡지
24	exhibition	전시회	the **exhibition** on history 역사에 관한 전시회
25	discount	할인	offer special **discounts** to customers 고객들에게 특별 할인 혜택을 제공하다
26	strict	엄격한	The regulations are **strict**. 규제가 엄격하다.
27	local	지역의	for **local** businesses 지역 사업체들을 위해
28	helpful	유익한	very **helpful** information 매우 유익한 정보
29	prevent	예방하다	**prevent** construction accidents 건설 현장의 사고를 예방하다
30	eligible	자격이 있는	He is **eligible** for this position. 그는 그 직책에 자격이 있습니다.

DAY 12

	단어	의미	표현
1	visit	방문하다	He **visits** the doctor yearly. 그는 매년 그 의사를 찾아간다.
2	often	종종	Flat tires are **often** preventable. 구멍 난 타이어들은 종종 예방 가능하다.
3	take	(탈 것 따위를) 타다	They **take** the train at noon. 그들은 정오에 기차를 탄다.
4	seek	찾다	The company is **seeking** experienced staff. 그 회사는 숙련된 직원을 찾고 있다.
5	yearly	해마다, 매년	The seminar is held **yearly**. 학회는 매년 개최됩니다.
6	replacement	교체(품)	deliver **replacements** 교체품을 배송하다
7	find	찾다	It is difficult to **find** a reviewer. 검토할 사람을 찾는 것은 어렵다.
8	necessary	필수의	It is **necessary** to complete the form. 그 서식을 완성하는 것은 필수이다.
9	select	선택하다	The location for interviews has been **selected**. 인터뷰를 위한 장소가 선정되었다.
10	economist	경제학자	Mr. Nakamura is an excellent **economist**. 나카무라 씨는 훌륭한 경제학자이다.
11	send	보내다	The company can **send** items here. 그 회사는 여기로 물품들을 보낼 수 있다.
12	ride	(탈 것 따위에) 태움, 탐	He offered her a **ride**. 그는 그녀를 차에 태워주었다.
13	call	~라고 부르다	You can **call** me Jim. 저를 짐이라고 불러주세요.
14	complete	완성하다, 끝내다	All employees **completed** the assignment. 모든 직원들은 그 업무를 끝냈다.
15	volunteer	지원자	Many **volunteers** helped us. 많은 지원자들이 우리를 도왔다.

토익 빈출 어휘

	단어	의미	표현
16	form	서식	an application **form** 신청서
17	attractive	매력적인	I find her **attractive**. 나는 그녀가 매력적이라는 것을 안다.
18	workshop	워크숍, 연수회	This **workshop** is a good opportunity. 이 연수회는 좋은 기회이다.
19	leader	지도자, 선도자	He became a great **leader** of the team. 그는 그 팀의 좋은 지도자가 되었다.
20	information	정보	in order to get **information** 정보를 얻기 위해
21	president	회장, 사장	an assistant to the **president** 회장의 보좌관
22	present	발표하다	We will **present** the plan. 우리는 그 계획을 발표할 것이다.
23	continue	~을 지속하다	The market **continues** to improve. 시장이 지속적으로 개선되다.
24	cost	가격, 비용	consider **costs** such as insurance 보험료와 같은 비용을 고려하다
25	lately	최근에	He has been working hard **lately**. 그는 최근에 열심히 일하고 있습니다.
26	compliment	칭찬, 찬사	Please accept my **compliments**. 제 칭찬을 받아 주세요.
27	signature	서명	require a **signature** of the sales director 영업 부장의 서명을 요청하다
28	assist	돕다	**assist** them to get a job 그들이 취업하도록 돕다
29	become	~이 되다	The company will **become** a leader in the industry. 그 회사는 업계의 선두 회사가 될 것이다.
30	keep	~을 유지하다	**Keep** your employees motivated. 당신의 직원들이 동기 부여가 되도록 하세요.

DAY 13

단어	의미	표현
1 office	사무실	He is in the **office**. 그는 사무실에 있다.
2 advertising	광고(업)	I work at an **advertising** company. 나는 광고 회사에서 일한다.
3 allow	허락하다	He **allowed** us to leave. 그는 우리가 떠나는 것을 허락했다.
4 comply with	~을 따르다	**comply with** the rule 규칙을 따르다
5 get	(어떤 상태가) 되다	The weather is **getting** cooler. 날씨가 점점 시원해지고 있다.
6 situation	상황	The **situation** grows worse. 상황이 더 악화되고 있다.
7 available	이용 가능한	The new product became **available**. 신상품은 이용 가능해졌다.
8 calm	조용한, 침착한	He remained **calm** at the presentation. 그는 발표에서 침착히 있었다.
9 look	~처럼 보이다	You **look** tired today. 당신은 오늘 피곤해 보여요.
10 launch	출시하다	**launch** the new item 신상품을 출시하다
11 discuss	논의하다	**discuss** the sales goal 판매 목표를 논의하다
12 quality	질 좋은; 품질	the highest **quality** product 최고급 제품
13 specialize in	~을 전문적으로 다루다	The shop **specializes in** custom suits. 그 가게는 맞춤옷을 전문적으로 다룬다.
14 solve	해결하다	An assistant **solved** the problem. 한 조수가 그 문제를 해결했다.
15 complimentary	무료의	**complimentary** parking 무료 주차

토익 빈출 어휘

	단어	의미	표현
16	representative	대표자, 직원	speak to the **representative** 직원에게 말하다
17	presenter	발표자	The **presenter** will show you the trend. 발표자가 당신에게 동향을 보여 줄 것이다.
18	customer	고객	The café offers **customers** juice. 그 카페는 고객들에게 주스를 제공한다.
19	yet	아직	It has not been decided **yet**. 그것은 아직 결정되지 않았습니다.
20	durable	견고한	found the new product **durable** 신상품이 견고하다는 것을 알아냈다
21	protect	보호하다	**protect** your financial information 당신의 금융 정보를 보호하다
22	receptionist	접수원	a **receptionist** in the lobby 로비의 접수원
23	package	짐 꾸러미, 소포	Her **package** has arrived. 그녀의 소포가 도착했습니다.
24	candidate	지원자	All **candidates** attended interviews. 모든 지원자들이 인터뷰에 참석했다.
25	management	경영진	the senior **management** 고위 관리직
26	department	부서	the public relations **department** 홍보 부서
27	unusual	이상한, 여느 때와 다른	the recent **unusual** weather 최근의 이상한 날씨
28	account for	~의 이유를 밝히다, ~을 설명하다	**account for** the increase in the price 가격 인상의 이유를 설명하다
29	competent	유능한	experienced and **competent** staff 숙련되고 유능한 직원들
30	trend	추세, 경향	the **trend** of public opinion 여론의 추세

DAY 14

단어	의미	표현
1	carefully	신중하게	review the contract **carefully** 계약서를 신중히 검토하다
2	investment	투자	the information about the **investment** 투자에 대한 정보
3	complex	단지; 복잡한	build a new sports **complex** 새로운 스포츠 단지를 짓다
4	job	업무, 직업	His **job** is to train new employees. 그의 업무는 신입직원들을 훈련하는 것이다.
5	plan	계획	The director told the staff about the **plan**. 이사는 직원들에게 그 계획에 대해 말했다.
6	transfer	옮기다, 전근 가다	an opportunity to **transfer** to New York City 뉴욕 시로 전근 갈 기회
7	efficient	효율적인	Our products are energy-**efficient**. 저희 제품들은 에너지 효율이 좋습니다.
8	artist	예술가	He is a great **artist**. 그는 훌륭한 예술가이다.
9	air pollution	공기 오염	the current **air pollution** 최근의 공기 오염
10	experienced	숙련된	consider him an **experienced** staff member 그를 숙련된 직원이라고 여기다
11	novel	소설	It is his first **novel**. 그것은 그의 첫 번째 소설이다.
12	carry	취급하다	**carry** books about science 과학 관련 서적들을 취급하다
13	crop	농작물	We need just a little water for **crops**. 우리는 농작물을 위해 약간의 물이 필요합니다.
14	totally	완전히	All programs are **totally** controlled by him. 모든 프로그램들은 그에 의해 완전히 통제됩니다.
15	department head	부서장, 부장	provide new **department heads** with information 새로운 부장들에게 정보를 제공하다

296 스파르타 토익 START

••• 토익 빈출 어휘

단어	의미	표현
16 take precautions	예방 조치를 취하다, 조심하다	**take precautions** for shipment 배송을 위한 예방 조치를 취하다
17 achieve	성취하다	This year's goal was **achieved**. 올해의 목표가 달성되었습니다.
18 be about to	막 ~하려고 하다	A new version **is about to** be launched. 새로운 버전이 곧 출시될 예정입니다.
19 renovate	개조하다	decide to **renovate** the office 사무실의 개조를 결정하다
20 applicant	지원자	Each **applicant** should submit a résumé. 각 지원자는 이력서를 제출해야 한다.
21 impact	영향	make an **impact** on policies 정책에 영향을 주다
22 significant	상당한	The changes have a **significant** impact. 그 변화는 상당한 영향력을 가집니다.
23 research	연구	spend significant time on the **research** 연구에 많은 시간을 쓰다
24 make a speech	연설하다	The mayor will **make a speech**. 시장님이 연설을 할 것입니다.
25 merge	합병하다	The company is to **merge** with a competitor. 그 회사는 경쟁사와 합병할 예정이다.
26 opening	개장, 개방	the **opening** of the national park 국립 공원의 개장
27 mayor	시장	the **mayor** of New York 뉴욕 시장
28 current	현재의	meet the **current** demand 현재의 수요를 맞추다
29 attract	끌어들이다	**attract** attention 주의를 끌다
30 goal	목표	Its **goal** is to attract more customers. 그것의 목표는 더 많은 고객들을 끌어 모으는 것이다.

토익 빈출 어휘 **297**

DAY 15

	단어	의미	표현
1	conduct	수행하다	**conduct** a customer survey 소비자 조사를 수행하다
2	easy	쉬운	It is **easy** to learn English. 영어를 배우는 것은 쉽습니다.
3	authorization	허가	without your **authorization** 당신의 허가 없이
4	reputation	평판, 명성	have a good **reputation** 좋은 평판을 가지다
5	avoid	피하다	I **avoid** working at the construction site. 나는 건축 현장에서 작업하는 것을 피한다.
6	quarter	분기	the plan for next **quarter** 다음 분기에 대한 계획
7	duty	업무	Organizing the meeting room is your **duty**. 회의실 정리는 당신의 업무이다.
8	well-organized	잘 조직된	a **well-organized** management system 잘 조직된 경영 시스템
9	employee	직원	His job is training new **employees**. 그의 업무는 신입직원들을 훈련하는 것이다.
10	introduce	소개하다	The new employees **introduced** themselves. 신입직원들이 자기소개를 했다.
11	boring	지루한	I watched the **boring** movie. 나는 지루한 영화를 보았다.
12	bored	지루해진	There were **bored** people in the theater. 극장에 지루해진 사람들이 있었다.
13	remarkable	주목할 만한, 훌륭한	predict **remarkable** growth 주목할 만한 성장을 예측하다
14	suggest	제안하다	The supervisor **suggested** helping the assistant. 감독관은 조수를 도와줄 것을 제안했다.
15	policy	정책, 규정	This is the **policy** for employee holidays. 이것은 직원 휴일을 위한 규정이다.

... 토익 빈출 어휘

	단어	의미	표현
16	instruction	교육, 지시사항	provide **instruction** for users 사용자들을 위한 교육을 제공하다
17	private	사적인	That is the place for **private** parties. 저곳은 사적인 모임을 위한 장소입니다.
18	be familiar with	~에 익숙하다	You should **be familiar with** the software. 당신은 그 소프트웨어에 익숙해야 합니다.
19	publish	출판하다	This novel was recently **published**. 이 소설은 최근에 출판되었다.
20	organizer	조직자	It was submitted directly to the event **organizer**. 그것은 행사 조직자에게 직접 제출되었다.
21	population	인구	The **population** of China 중국의 인구
22	security	보안	a high level of **security** 높은 보안 수준
23	sign up	등록하다	You should **sign up** in advance. 당신은 사전에 등록해야 합니다.
24	access	(데이터 따위에) 접근하다, 이용하다	**access** the Web page 웹 페이지에 접근하다
25	mail room	우편물실	There are some packages in the **mail room**. 우편물실에 몇 개의 소포가 있다.
26	place	곳, 장소	Experience a lot of attractive **places**. 많은 매력적인 장소를 경험하세요.
27	closure	폐점	information about **closures** 폐점에 관한 정보
28	unexpected	예상치 못한	an **unexpected** schedule change 예상치 못한 일정 변경
29	due to	~ 때문에	Nothing was decided **due to** the canceled meeting. 회의 취소 때문에 아무것도 결정되지 않았다.
30	implement	실행하다	We will **implement** other systems. 우리는 다른 시스템들을 실행할 것이다.

DAY 16

단어	의미	표현
1 **business**	기업, 사업	importance of small **businesses** 소규모 기업의 중요성
2 **successful**	성공적인	a **successful** candidate 합격자
3 **interesting**	흥미로운	an **interesting** story 흥미로운 이야기
4 **valuable**	귀중한, 가치가 있는	**valuable** for your business 당신의 사업을 위해 귀중한
5 **nervous**	초조한	He became **nervous**. 그는 초조해졌다.
6 **potential**	잠재적인	**potential** abilities 잠재적인 능력
7 **hopeful**	희망이 있는, 희망적인	The possibility makes me **hopeful**. 그 가능성이 나를 희망차게 만든다.
8 **competitive**	경쟁적인	consider us **competitive** 우리가 경쟁력 있다고 여기다
9 **informed**	소식에 밝은, 잘 알고 있는	keep the staff **informed** of new policy 직원들이 새로운 규정에 대해 잘 알게 하다
10 **few**	(수가) 거의 없는	There are **few** books which you can borrow in this library. 당신이 이 도서관에서 빌릴 수 있는 책은 거의 없습니다.
11 **little**	(양이) 거의 없는	There is **little** competition in this field. 이 분야에서는 경쟁이 거의 없다.
12 **friendly**	친근한	**friendly** atmosphere 친근한 분위기
13 **timely**	때맞춘, 시기적절한	in a **timely** manner 시기적절하게
14 **costly**	비용이 많이 드는	the **costly** plan 비용이 많이 드는 계획
15 **daily**	매일의	**daily** newspaper 일간지

••• 토익 빈출 어휘

	단어	의미	표현
16	alternative	대안; 대안적인	some **alternatives** to the plan 계획에 대한 몇 가지 대안
17	confidential	기밀의	**confidential** information 기밀 정보
18	confident	자신이 있는	The speaker looks so **confident**. 연설자는 매우 자신 있어 보인다.
19	chief	수석의, 주요한	The **chief** editor announced some changes. 편집장이 몇 가지 변경사항을 발표했다.
20	maintenance	보수 관리	a **maintenance** manager 보수 관리자
21	device	기기, 장치	read a book on an electronic **device** 전자 기기로 책을 읽다
22	outstanding	뛰어난	his **outstanding** project management skills 그의 뛰어난 프로젝트 관리 능력
23	correct	정정하다, 고치다	You can **correct** several errors. 당신은 몇 가지 오류를 고칠 수 있습니다.
24	innovative	혁신적인	create **innovative** products 혁신적인 상품을 만들다
25	laboratory	실험, 실험실	must have **laboratory** experiences 반드시 실험 경험이 있어야 한다
26	business trip	출장	go on a **business trip** 출장 가다
27	preparation	준비	**preparation** for the promotional event 판촉 행사를 위한 준비
28	create	창조하다, 만들다	**create** a new trend 새로운 트렌드를 만들다
29	participant	참여자	Many **participants** joined the program. 많은 참석자들이 프로그램에 참여했다.
30	latest	최신의	the **latest** product brochure 최신 상품 팸플릿

토익 빈출 어휘 **301**

DAY 17

단어	의미	표현
1	considerably	상당히	**considerably** increase the sales 매출을 상당히 올리다
2	sales representative	판매 직원	contact a **sales representative** 판매 직원에게 연락하다
3	already	이미	His team has **already** achieved the goal. 그의 팀은 이미 목표를 달성했다.
4	perfectly	완벽하게	The promotion was **perfectly** successful. 판촉 행사는 완벽하게 성공적이었다.
5	describe	설명하다, 묘사하다	The presenter **described** the trend. 발표자는 트렌드를 설명했다.
6	product line	제품군	The **product line** is not available. 그 제품군은 이용할 수 없다.
7	usually	보통, 주로	We **usually** have a meeting at 2 P.M. 우리는 보통 오후 2시에 회의를 한다.
8	always	항상	That customer is **always** complaining. 그 고객은 항상 불평한다.
9	dietary	식사의, 음식의	a **dietary** cure 식이 요법
10	hardly	거의 ~하지 않다	The employee **hardly** made an effort. 그 직원은 거의 노력하지 않았다.
11	late	늦은; 늦게	The project team arrived **late**. 프로젝트팀은 늦게 도착했다.
12	either A or B	A 또는 B	**either** take it **or** leave it 그것을 가져가거나 놓아두다
13	popular	인기 있는	one of the most **popular** electronic tools 가장 인기 있는 전자 도구 중 하나
14	performance	공연	The **performance** was popular. 그 공연은 인기가 좋았다.
15	dramatically	급격히, 극적으로	reduce **dramatically** 급격히 감소하다

302 스파르타 토익 START

••• 토익 빈출 어휘

	단어	의미	표현
16	consistently	꾸준히	Profits are increasing **consistently**. 수익이 꾸준히 증가하고 있다.
17	check	확인하다	He will be **checking** his e-mail from home. 그는 집에서 이메일을 확인할 것이다.
18	drop	떨어지다, 내려가다	The price **dropped** by 10 percent. 가격이 10퍼센트 떨어졌다.
19	revenue	소득, 수익	increase the **revenue** 소득을 올리다
20	specific	구체적인	for a **specific** reason 구체적인 이유로
21	actually	사실상	The standards are not **actually** specific. 그 기준은 사실상 명확하지 않다.
22	have a meeting	회의를 하다	**have a meeting** weekly 매주 회의를 하다
23	sometimes	때때로	**Sometimes**, it can be more effective. 때로는 그것이 더 효과적일 수도 있다.
24	mention	언급하다	as **mentioned** above 위에서 언급한 대로
25	sell out	매진되다, 다 팔리다	The tickets **sold out** very quickly. 입장권은 매우 빨리 매진되었습니다.
26	standard	기준	It is up to the **standard**. 그것은 기준에 달려 있다.
27	increasingly	점차, 갈수록	become **increasingly** popular 갈수록 인기가 있다
28	improved	개선된	the **improved** product design 개선된 상품 디자인
29	response	반응	the readers' **responses** to the story 그 이야기에 대한 독자들의 반응
30	updated	갱신된	an **updated** manual 갱신된 설명서

DAY 18

	단어	의미	표현
1	by -ing	~함으로써	**by making** a reservation 예약함으로써
2	delivery	배송	the **delivery** of ordered items 주문한 물품의 배송
3	problem	문제	There are some **problems** with it. 그것에 약간의 문제가 있다.
4	broad	광범위한, 넓은	**broad** knowledge 광범위한 지식
5	thanks to	~ 덕분에	**thanks to** the campaign 그 광고 덕분에
6	until	~까지	**until** tomorrow afternoon 내일 오후까지
7	festival	축제	hold a summer **festival** 여름 축제를 개최하다
8	convention	집회, 정기 총회	enter the room during the **convention** 집회 도중에 방에 들어가다
9	library	도서관	The **library** opens until 7 o'clock. 도서관은 7시까지 열려 있다.
10	borrow	빌리다	**borrow** the equipment 장비를 빌리다
11	return	반납하다	**return** borrowed books 빌린 책을 반납하다
12	at a low cost	낮은 가격으로	provide the services **at a low cost** 낮은 가격으로 서비스를 제공하다
13	make a reservation	예약하다	**make a reservation** online 온라인으로 예약하다
14	promote	판촉하다, 홍보하다	We can **promote** the products. 우리는 제품을 판촉할 수 있습니다.
15	dominate	우세하다	We will **dominate** other companies. 우리는 다른 회사들보다 우위를 점할 것이다.

토익 빈출 어휘

	단어	의미	표현
16	internship	인턴직	**internship** candidate 인턴 지원자
17	newest	최신의	show its **newest** vehicle 최신 차량을 보여주다
18	boast	자랑하다	**boast** its factory 그곳의 공장을 자랑하다
19	closet	벽장, 장	take it from the supply **closet** 비품장에서 그것을 가져오다
20	unfortunately	유감스럽게도	**Unfortunately**, it was too expensive. 유감스럽게도, 그것은 너무 비쌌다.
21	wrong	잘못된	to the **wrong** address 잘못된 주소로
22	original	원본의	You should keep the **original** receipt. 당신은 영수증 원본을 가지고 있어야 합니다.
23	proof	증명, 증거	as **proof** of purchase 구매 증거로
24	expand	확장하다	**expand** the business 사업을 확장하다
25	over	~이 넘게, ~이상	for **over** 10 years 10년 이상
26	parts	부품	The company sells auto **parts**. 그 회사는 자동차 부품을 판다.
27	budget report	예산 보고서	complete the **budget report** 예산 보고서를 완성하다
28	merchandise	상품	several pieces of **merchandise** 여러 가지 상품
29	time limit	기한	a **time limit** for returning merchandise 상품 반품에 대한 기한
30	appropriate	적절한	find an **appropriate** specialist 적절한 전문가를 찾다

토익 빈출 어휘 **305**

DAY 19

단어	의미	표현
1 winner	수상자, 우승자	He is the **winner** of the award. 그는 그 상의 수상자이다.
2 branch	지사	They work at the **branch** this week. 그들은 이번 주에 지사에서 근무한다.
3 various	다양한	**Various** information will be provided. 다양한 정보가 제공될 것이다.
4 facility	시설	Both companies inspect our **facilities**. 두 회사가 우리 시설을 검사한다.
5 participation in	~에의 참여	**Participation in** the seminars is necessary. 세미나 참여는 필수입니다.
6 right	권리	**right** to be respected 존중 받을 권리
7 subscriber	구독자	Each **subscriber** has the right to the best service. 각 구독자는 최상의 서비스를 받을 권리를 가진다.
8 artwork	예술작품	**artwork** in the gallery 미술관의 예술작품
9 charge	요금, 비용	use room service without any extra **charges** 추가 비용 없이 룸서비스를 이용하다
10 compensation	보상	**compensation** for the disaster 재난에 대한 보상
11 distributor	유통업체	We are a leading **distributor** in the industry. 우리는 업계에서 선두 유통업체이다.
12 manufacturer	제조업체	The **manufacturer** is responsible for the situation. 그 제조업체가 이러한 상황에 책임이 있다.
13 acquisition	인수	the **acquisition** proposal 인수 제안
14 fund	기금, 자금	generate **funds** for children 아이들을 위한 기금을 조성하다
15 answer	답변하다	**answer** customers' questions directly 고객들의 질문에 직접 답변하다

306 스파르타 토익 START

• • • 토익 빈출 어휘

	단어	의미	표현
16	citizen	시민	The **citizens** found her to be a great politician. 시민들은 그녀가 훌륭한 정치가가 될 것임을 알았다.
17	important	중요한	Management considers the project **important**. 경영진은 그 프로젝트가 중요하다고 여긴다.
18	accident	사고	A terrible **accident** occurred at the airport. 공항에서 끔찍한 사고가 발생했다.
19	delegate	대표자	The **delegate** arrived at our office. 대표자가 우리 사무실에 도착했습니다.
20	rise	오르다	Salary **rises** every year. 급여가 매년 오른다.
21	attendance	출석률	She was disappointed at the **attendance**. 그녀는 출석률에 실망했다.
22	politician	정치가	**Politicians** make decisions for our society. 정치가들은 우리 사회를 위해 결정을 내린다.
23	efficiency	효율성	increasing energy **efficiency** 증가하는 에너지 효율
24	brand-new	신형의	He prefers a **brand-new** car. 그는 신형 자동차를 선호한다.
25	initial	초기의	The **initial** plan was rejected. 초기 계획이 거절되었다.
26	follow	따르다	**follow** the safety regulations 안전 규정을 따르다
27	indicate	나타내다, 알리다	**indicate** health problems 건강상의 문제를 나타내다
28	reject	거절하다	**reject** an offer 제안을 거절하다
29	contribution	공헌	**contribution** to the field 그 분야에 대한 공헌
30	satisfied with	~에 만족한	They were **satisfied with** the result. 그들은 결과에 만족했다.

DAY 20

	단어	의미	표현
1	restaurant	식당	The **restaurant** offers Italian food. 그 식당은 이탈리아 음식을 제공합니다.
2	capital	수도	The **capital** of Korea is Seoul. 한국의 수도는 서울입니다.
3	museum	박물관	The **museum** opened in 1980. 그 박물관은 1980년에 문을 열었습니다.
4	consult with	~와 상담하다	**consult with** the legal team 법률팀과 상담하다
5	fair	박람회	The trade **fair** will be held next year. 무역 박람회가 내년에 열릴 것입니다.
6	steadily	꾸준히	The price of fuel has increased **steadily**. 연료 가격이 꾸준히 증가하였습니다.
7	never	결코 ~하지 않다	I have **never** been to Europe before. 저는 이전에 유럽에 가본 적이 없습니다.
8	just	막, 단지	The assistant has **just** finished the **research.** 조수는 연구를 방금 끝냈다.
9	lost	분실하다 (lose의 과거, 과거분사형)	I have **lost** my watch. 저는 시계를 분실했습니다.
10	vice president	부사장	as the **vice president** of Star Inc. Star 사의 부사장으로서
11	license	면허증	get a driver's **license** 운전 면허증을 따다
12	competitor	경쟁사, 경쟁자	due to **competitors'** inexpensive prices 경쟁사들의 저렴한 가격 때문에
13	while	~하는 동안에	**while** she was at the meeting 그녀가 회의하는 동안에
14	develop	개발하다, 발전시키다	We are **developing** new products. 우리는 신제품을 개발하는 중이다.
15	material	재질, 재료	The company uses different **materials**. 그 회사는 다양한 재료를 사용합니다.

• • • **토익 빈출**어휘

	단어	의미	표현
16	so far	지금까지	I have spent 150 dollars **so far**. 나는 지금까지 150달러를 썼다.
17	every month	매달	offer discounts **every month** 매달 할인을 제공하다
18	technician	기술자	**Technicians** attended two seminars. 기술자들은 두 개의 학회에 참석했다.
19	professional	전문가	They only employ **professionals**. 그들은 전문가만 고용한다.
20	round trip	왕복	the cost of a **round trip** 왕복 차비
21	wing	부속 건물	The event will be held in the west **wing**. 행사는 서관(서쪽 부속 건물)에서 열릴 것이다.
22	site	현장, 장소	at the construction **site** 공사 현장에서
23	possess	소유하다	You should **possess** good communication skills. 당신은 의사소통 기술이 좋아야 한다.
24	previous	이전의	be different from the **previous** years 예년과 다르다
25	position	직책	new **position** as director of production 생산 담당자로서의 새로운 직책
26	paycheck	급여	your **paycheck** for July 당신의 7월 급여
27	reflect	반영하다	**reflect** the 10 percent increase in salary 급여의 10퍼센트 인상을 반영하다
28	apology	사과	Please accept our **apologies**. 저희의 사과를 받아주세요.
29	full refund	전액 환불	receive a **full refund** 전액을 환불 받다
30	reschedule	(일정 따위를) 다시 잡다	The performance has been **rescheduled**. 공연 일정이 다시 조정되었습니다.

토익 빈출 어휘 **309**

정답 및 해설

PART 1

UNIT 01 … 인물 사진

SPARTA CHECK-UP
| p. 21-22

1 (A) **2** (C)

1 (A) She is using a **copy** machine.
(B) She is **taking** notes.
(C) She is doing some **paperwork**.
(D) She is holding a **pen**.

(A) 여자가 복사기를 사용하고 있다.
(B) 여자가 메모하고 있다.
(C) 여자가 서류 작업을 하고 있다.
(D) 어지기 손에 펜을 쥐고 있다.

해설 여자가 복사기 앞에 서서 복사를 하는 사진이므로 이를 나타낸 (A)가 정답이다.

어휘 **copy machine** 복사기 **take notes** 메모하다 **paperwork** 서류 작업 **hold** 손에 쥐다, 들다, 개최하다

2 (A) They are **lying** on the grass.
(B) They are **leaning** against the wall.
(C) They are **sitting** on the bench.
(D) They are **strolling** in the park.

(A) 그들은 잔디에 누워 있다.
(B) 그들은 벽에 기대어 있다.
(C) 그들은 벤치에 앉아 있다.
(D) 그들은 공원에서 산책하고 있다.

해설 두 사람이 벤치에 앉아 있는 모습의 사진이므로 정답은 (C)이다. (A)는 배경에 잔디(grass)가 보이지만, 누워 있지 않아서 오답이다. (B)는 벽 (wall)에 기대어 있다는 표현 때문에 오답이며, 공원(park)에서 산책 (stroll)하는 모습이 아니므로 (D)도 오답이다.

어휘 **lie on** ~에 눕다 **grass** 잔디 **lean against** ~에 기대다 **stroll** 산책하다

SPARTA PRACTICE
| p.24

1 (A) **2** (A) **3** (C) **4** (D)

1 (A) A woman is **making** a phone call.
(B) A woman is **using** a microphone.
(C) A woman is **holding** a cup.
(D) A woman is **putting** on glasses.

(A) 여자가 전화 통화를 하고 있다.
(B) 여자가 마이크를 사용하고 있다.
(C) 여자가 컵을 들고 있다.
(D) 여자가 안경을 쓰고 있다.

해설 여자가 길에서 전화 통화를 하고 있는 사진으로, 이를 표현한 (A)가 정답이다.

어휘 **microphone** 마이크 **put on** ~을 쓰다 **glasses** 안경

2 (A) They are **strolling** in the street.
(B) They are **staring** at each other.
(C) They are **walking** on the crosswalk.
(D) They are **sitting** on the ground.

(A) 그들은 거리를 산책하고 있다.
(B) 그들은 서로를 바라보고 있다.
(C) 그들은 건널목을 걷고 있다.
(D) 그들은 바닥에 앉아 있다.

해설 거리를 산책하고 있는 사람들의 모습을 묘사한 (A)가 정답이다. (B)는 마주보고 있는 사람들은 보이지 않으므로 오답이다. (C)는 사진 속에 등장하지 않은 건널목을 언급했으므로 답이 될 수 없다. (D)는 사람들이 모두 걷고 있으므로 답이 될 수 없다.

어휘 **stare** 응시하다, 바라보다 **crosswalk** 건널목, 횡단보도 **ground** 땅, 바닥

3 (A) They are **making** dinner in the kitchen.
(B) A woman is **washing** the dishes in the sink.
(C) They are **enjoying** a meal in the dining room.
(D) A waiter is **pouring** water into a glass.

(A) 그들은 부엌에서 저녁을 만들고 있다.
(B) 여자가 싱크대에서 설거지를 하고 있다.
(C) 그들은 식당에서 식사를 즐기고 있다.
(D) 종업원이 유리잔에 물을 붓고 있다.

해설 식당에서 사람들이 식사하고 있는 사진으로, 이를 묘사한 (C)가 정답이다. (A)는 이미 식사를 하고 있으므로, '만들고 있다'는 표현은 적합하지 않아 오답이다. 사진 속에 싱크대(sink)는 없고, 설거지를 하고 있는 여자나 잔에 물을 붓고 있는 종업원은 보이지 않으므로 (B), (D)도 오답이다.

어휘 **make dinner** 저녁 식사를 준비하다 **wash the dishes** 설거지하다 **sink** 싱크대 **dining room** 식당 **pour** 따르다

4 (A) He is **admiring** a painting on the deck.
(B) He is **playing** instruments in the park.
(C) He is **looking** at a picture in the square.
(D) He is **taking** a picture outdoors.

(A) 그는 갑판에서 그림을 감상하고 있다.
(B) 그는 공원에서 악기를 연주하고 있다.
(C) 그는 광장에서 그림을 보고 있다.
(D) 그는 야외에서 사진을 찍고 있다.

해설 남자가 부두로 보이는 곳에서 사진을 찍고 있는 모습으로, 이를 알맞게 묘사한 것은 (D)이다.

어휘 **admire** 감상하다 **deck** 갑판 **instrument** 악기 **picture** 그림 **square** 광장 **take a picture** 사진을 찍다 **outdoors** 야외에서

SPARTA TEST
| p.25

1 (C) **2** (C) **3** (D) **4** (D)
5 (B) **6** (A)

1 (A) He is hanging a painting.
(B) He is sitting on the chair.
(C) He is drawing a picture.
(D) He is taking a photograph.
(A) 그는 그림을 걸고 있다.
(B) 그는 의자에 앉아 있다.
(C) 그는 그림을 그리고 있다.
(D) 그는 사진을 찍고 있다.

해설 한 남자가 그림을 그리고 있는 사진으로, 정답은 (C)이다. (A) 그림을 걸고 있지 않으므로 동작 묘사 오류, (B) 서 있으므로 동작 묘사 오류, (D) 사진을 찍고 있는 모습이 아니므로 오답이다.

어휘 **hang** 걸다 **painting** 그림 **draw** 그리다 **take a photograph** 사진 찍다

2 (A) A woman is wearing a uniform.
(B) A woman is pushing a cart.
(C) A woman is examining an item.
(D) A woman is holding a musical instrument.
(A) 여자가 유니폼을 입고 있다.
(B) 여자가 카트를 밀고 있다.
(C) 여자가 물건을 보고 있다.
(D) 여자가 악기를 들고 있다.

해설 여자가 시장에서 물건을 살펴보고 있는 모습으로, 이를 묘사한 (C)가 정답이다. 여자가 들고 있는 것은 악기가 아니므로 (D)는 오답이다.

어휘 **uniform** 유니폼 **push** 밀다 **examine** 검사하다, 살펴보다 **musical instrument** 악기

3 (A) They are sitting on the stairs.
(B) They are leaning against the railing.
(C) They are walking along the path.
(D) They are going up the steps.
(A) 그들은 계단에 앉아 있다.
(B) 그들은 난간에 기대고 있다.
(C) 그들은 산책로를 따라 걷고 있다.
(D) 그들은 계단을 올라가고 있다.

해설 두 사람이 계단을 올라가고 있는 사진으로, 이를 표현한 (D)가 정답이다. 계단에 앉아 있지 않고, 난간에 기대거나 산책로를 따라 걷고 있지 않으므로 나머지 보기는 오답이다.

어휘 **stairs** 계단 **lean against** ~에 기대다 **railing** 난간 **path** 길, 도로 **steps** 계단

4 (A) A man is standing near a bench.
(B) They are pointing at the leaves.
(C) One of them is watering some plants.
(D) They are sitting next to each other.
(A) 남자가 벤치 근처에 서 있다.
(B) 그들은 나뭇잎을 가리키고 있다.
(C) 그들 중 한 명이 식물에 물을 주고 있다.
(D) 그들은 나란히 앉아 있다.

해설 벤치에 사람들이 나란히 앉아 있으므로 (D)가 정답이다. (A) 남자가 의자에 앉아 있으므로 동작 묘사 오류, (B) 나뭇잎을 가리키고 있지 않아 오답, (C) 식물에 물을 주는 모습은 보이지 않으므로 답이 될 수 없다.

어휘 **point** 가리키다 **leaf** 나뭇잎(복수형: leaves) **water** 물을 주다

5 (A) They are reading the brochure.
(B) They are looking at the monitor.
(C) They are setting the table.
(D) They are looking out the window.
(A) 그들은 안내책자를 읽고 있다.
(B) 그들은 모니터를 보고 있다.
(C) 그들은 상을 차리고 있다.
(D) 그들은 창밖을 바라보고 있다.

해설 두 남자가 모니터를 보고 있는 모습으로, 이를 묘사한 (B)가 정답이다. 책자를 읽거나, 상을 차리고 있는 모습이 아니므로 (A), (C)는 동작 묘사 오류, (D) 사진에서 창문이 보이지 않아 오답이다.

어휘 **brochure** 안내책자 **monitor** 모니터, 화면 **set a table** 상을 차리다

6 (A) They are resting outside.
(B) They are hanging around the street.
(C) They are taking a walk along the shore.
(D) They are walking with a dog.
(A) 그들은 야외에서 쉬고 있다.
(B) 그들은 길을 걷고 있다.
(C) 그들은 해안가를 따라 걷고 있다.
(D) 그들은 개와 함께 걷고 있다.

해설 두 여자가 야외에서 쉬고 있는 사진이므로 답은 (A)이다. (D) 사진에 개가 보이지만 같이 걷고 있는 사진은 아니다.

어휘 **rest** 쉬다, 휴식을 취하다 **outside** 밖에서 **hang around** 서성거리다 **take a walk** 걷다, 산책하다 **shore** 해안가

정답 및 해설 **313**

UNIT 02 ··· 사물/풍경 사진

SPARTA CHECK-UP | p.27-28

1 (B)   **2** (D)

1 (A) Books are arranged **under** the table.
(B) A computer is **placed** on the desk.
(C) Many books are **stacked** on the floor.
(D) Lights are **hung** on the wall.

(A) 책들이 테이블 아래에 정렬되어 있다.
(B) 컴퓨터가 책상 위에 있다.
(C) 많은 책들이 바닥에 쌓여 있다.
(D) 전등이 벽에 걸려 있다.

해설 책상 위에 컴퓨터가 놓여 있는 사진으로, 이를 묘사한 (B)가 정답이다.

어휘 **arrange** 정렬하다, 정리하다   **floor** 바닥   **light** 조명, 전등   **hang** 걸다, 매달다(과거형/과거분사형: hung)   **wall** 벽

2 (A) The trees have been **planted**.
(B) Some trees have been **pulled** out.
(C) Several seats have already been **taken**.
(D) The seats in a **row** have been left unoccupied.

(A) 나무들이 심어져 있다.
(B) 나무 몇 그루가 뽑혀 있다.
(C) 몇몇 좌석에 사람들이 앉아 있다.
(D) 한 줄로 늘어선 좌석들이 비어 있다.

해설 한 줄로 놓인 의자와 테이블이 비어 있는 모습을 묘사한 (D)가 정답이다.

어휘 **plant** 심다   **pull out** 뽑다   **seat** 좌석   **in a row** 연달아, 이어서   **unoccupied** 비어 있는

SPARTA PRACTICE | p.30

1 (C)   **2** (A)   **3** (D)   **4** (D)

1 (A) The table is **situated** behind the lamp.
(B) The fans are **positioned** against the wall.
(C) The lights are **hung** from the ceiling.
(D) The rug is **fixed** on the wall.

(A) 테이블이 램프 뒤에 있다.
(B) 선풍기가 벽에 기대어 있다.
(C) 전등이 천장에 매달려 있다.
(D) 양탄자가 벽에 고정되어 있다.

해설 (A) 테이블이 보이기는 하나 램프 뒤에 있다고 할 수 없으므로 오답, (B) 선풍기는 보이지 않으므로 오답, (D) 벽에 고정된 양탄자도 보이지 않아 오답이다. 전등이 천장에 매달려 있는 모습을 묘사한 (C)가 정답이다.

어휘 **situate** 위치시키다   **behind** ~뒤에   **position** 위치시키다   **wall** 벽   **ceiling** 천장   **fix** 고정시키다

2 (A) Items are **displayed** on shelves.
(B) Lights have been **turned** off.
(C) The store is **filled** with people.
(D) The sign is being **removed**.

(A) 상품이 선반에 진열되어 있다.
(B) 조명이 꺼져 있다.
(C) 가게가 사람들로 꽉 차 있다.
(D) 간판이 제거되고 있다.

해설 서점의 진열대에 책이 진열되어 있는 사진으로, 이를 나타낸 (A)가 정답이다. 조명이 켜져 있으므로 (B)는 오답이다. 가게에 사람들은 보이지 않고, 간판이 제거되고 있는 모습도 아니므로 (C), (D)도 오답이다.

어휘 **display** 진열하다   **shelf** 선반(복수형: shelves)   **turn off** (조명, 불을) 끄다   **sign** 간판   **remove** 없애다

3 (A) A bridge is being **constructed**.
(B) Buildings are **located** near the river.
(C) People are **swimming** in the river.
(D) Boats are **docked** in the water.

(A) 다리가 지어지고 있다.
(B) 건물들이 강 근처에 위치해 있다.
(C) 사람들이 강에서 수영하고 있다.
(D) 배들이 물가에 정박해 있다.

해설 몇 대의 배들이 물가에 정박해 있는 사진으로, 이를 묘사한 (D)가 정답이다. 다리나 건물은 보이지 않고, 수영하는 사람들도 없으므로 나머지 보기는 오답이다.

어휘 **bridge** 다리   **construct** 건설하다   **located** ~에 위치한   **dock** (배를) 부두에 대다

4 (A) Some food is being **served**.
(B) Dishes are **stacked** on the table.
(C) All seats have been **occupied**.
(D) Some plates are **placed** on the table.

(A) 음식이 서빙되고 있다.
(B) 접시들이 테이블 위에 쌓여 있다.
(C) 모든 좌석이 다 찼다.
(D) 그릇들이 테이블 위에 놓여 있다.

해설 테이블 위에 접시들이 놓여 있는 사진으로, 이를 표현한 (D)가 정답이다. (A) 음식을 제공하는 사람은 보이지 않고, (B) 접시들이 쌓여 있는 모습은 아니며, (C) 좌석이 다 찼는지는 사진으로 알 수 없다.

어휘 **serve** 제공하다, 서빙하다   **dish** 접시   **stack** 쌓다   **occupy** 차지하다   **plate** 접시

314 스파르타 토익 START

SPARTA TEST
| p.31

1 (B) **2** (C) **3** (C) **4** (D)
5 (B) **6** (D)

1 (A) A car has been parked on the
street.
(B) A car has been raised for
repairs.
(C) Cars have been displayed for
sale.
(D) Rear doors are left open.

(A) 자동차가 거리에 주차되어 있다.
(B) 자동차가 수리되기 위해 들어 올려져 있다.
(C) 자동차들이 판매되기 위해 진열되어 있다.
(D) 뒷문이 열려 있다.

해설 자동차가 수리되기 위해 들어 올려져 있는 사진으로, 답은 (B)이다. (A)
도로에 주차된 자동차의 모습이 아니므로 오답이고, (C) 판매되기 위해
진열되어 있다고 볼 수 없으며, (D) 차 뒷문이 열려 있는지는 보이지 않
는다.

어휘 **park** 주차하다   **raise** 들어 올리다   **repair** 수리   **for sale**
판매하기 위해   **rear door** 뒷문

2 (A) Some boxes have been stacked
on the floor.
(B) The bookshelves are almost
empty.
(C) Books are placed on the
shelves.
(D) Curtains are being closed.

(A) 상자들이 바닥에 쌓여 있다.
(B) 책꽂이가 거의 비어 있다.
(C) 책들이 선반에 놓여 있다.
(D) 커튼을 치고 있다.

해설 (A), (D) 사진에 상자나 커튼은 보이지 않으므로 오답, (B) 책장이
비어 있지 않으므로 오답이다. 책들이 책꽂이에 꽂혀 있으므로 정답은
(C)이다. 진열되어 있는 사물을 묘사할 때 쓰이는 동사구 be placed,
be put, be set, be displayed는 시험에 자주 출제된다.

어휘 **stack** 쌓다   **floor** 바닥   **bookshelf** 책꽂이   **almost** 거의
empty 빈

3 (A) A picture is hung on the wall.
(B) A painting is being displayed at a
museum.
(C) A sculpture is located next to the door.
(D) A sculpture is being moved into the
house.

(A) 그림이 벽에 걸려 있다.
(B) 그림이 미술관에 전시되어 있다.
(C) 조각상이 문 옆에 위치해 있다.
(D) 조각상이 집 안으로 옮겨지는 중이다.

해설 건물의 문 옆에 조각상이 놓여 있는 사진으로, 이를 알맞게 묘사한 것은
(C)이다. (A) 벽에 걸린 그림은 보이지 않고, (B) 미술관에 전시된 그림도
보이지 않으며, (D) 조각상이 안으로 옮겨지고 있는 모습도 아니다.

어휘 **picture** 그림, 사진   **display** 전시하다   **museum** 미술관
sculpture 조각상

4 (A) Various foods are set on the
table.
(B) The restaurant is crowded with
people.
(C) Lamps are positioned next to
the sink.
(D) Chairs are arranged in a row.

(A) 다양한 음식이 테이블 위에 놓여 있다.
(B) 레스토랑이 사람들로 붐빈다.
(C) 전등이 싱크대 옆에 있다.
(D) 의자들이 일렬로 놓여 있다.

해설 의자들이 일렬로 배치되어 있는 사진으로, 답은 (D)이다. (A) 사진 속의
테이블에는 음식이 차려져 있지 않아 오답, (B) 레스토랑에 사람이 없으
므로 오답, (C) 램프는 싱크대 옆이 아닌 천장에 매달려 있다.

어휘 **various** 다양한   **restaurant** 식낭   **be crowded with** ~로
가득하다   **arrange** 배열하다   **in a row** 일렬로

5 (A) The market is closed.
(B) The goods are on display.
(C) Some people are shopping for
groceries.
(D) Posters are being put up on
the street.

(A) 시장이 문을 닫았다.
(B) 물건들이 진열되어 있다.
(C) 몇몇 사람들이 장을 보고 있다.
(D) 포스터가 거리에 붙여지고 있다.

해설 과일이 진열되어 있는 사진으로, 이를 묘사한 (B)가 정답이다. (A) 시장
은 문을 연 상태이고, (C) 장을 보는 사람들은 보이지 않으며, (D) 포스터
를 거리에 붙이고 있는 사람 또한 보이지 않는다.

어휘 **market** 시장   **goods** 상품, 물건   **on display** 진열된
shop for groceries 장을 보다   **put up** ~을 붙이다, 게시하다

6 (A) Some road signs are being
installed.
(B) Some people are crossing the
street.
(C) A car is being washed outdoors.
(D) Buildings are lined up along
the road.

(A) 도로 표지판이 설치되고 있다.
(B) 사람들이 길을 건너고 있다.
(C) 차 한 대가 야외에서 세차되는 중이다.
(D) 건물들이 길을 따라 줄지어 있다.

해설 (A) 도로에 표지판을 설치하고 있는 사람들은 없고, (B) 길을 건너고 있
는 사람들도 보이지 않으며, (C) 사진상 차가 세차되고 있다고 보기 어렵
다. 건물들이 길을 따라(along the road) 줄 지어 있다고 한 (D)가 정답
이다.

어휘 **sign** 표지판   **install** 설치하다   **cross** 건너다   **outdoors** 야외에서
line up 줄을 서다, 나란히 있다   **along the road** 길을 따라

정답 및 해설 **315**

UNIT 03 ··· 혼합 사진

SPARTA CHECK-UP
| p.33-34

1 (A)　　**2** (A)

---

1 (A) The floor is being **cleaned**.
(B) The bucket is being **used**.
(C) The step is being **mopped**.
(D) The floor is being **fixed**.
(A) 바닥이 청소되고 있다.
(B) 양동이가 사용되고 있다.
(C) 계단이 대걸레로 닦이고 있다.
(D) 바닥이 수리되고 있다.

해설 청소부로 보이는 여자가 바닥을 쓸고 있는 사진으로, 이를 묘사한 (A)가 정답이다. (B) 양동이는 보이시 않으며, (C) 계단 역시 보이지 않는다. (D) 바닥을 쓸고 있지 수리하고 있는 것은 아니다.

어휘 **clean** 청소하다, 닦다　**bucket** 양동이　**step** 계단　**mop** 대걸레로 닦다　**floor** 바닥　**fix** 수리하다, 고치다

2 (A) There is a couple **walking** in the park.
(B) There are trees **planted** near the bench.
(C) There is a river **running** through the park.
(D) There are two people **jogging** with a dog.
(A) 공원을 산책하고 있는 부부가 있다.
(B) 벤치 근처에 나무들이 심어져 있다.
(C) 공원을 가로질러 흐르는 강이 있다.
(D) 개와 함께 조깅하고 있는 두 사람이 있다.

해설 두 사람이 공원에서 산책하고 있는 모습을 묘사한 (A)가 정답이다. (B), (C) 사진에 벤치와 강은 보이지 않아 오답이고, (D) 조깅하는 모습이라고 볼 수 없다.

어휘 **park** 공원　**run through** ~을 가로질러 흐르다　**jog** 조깅하다

SPARTA PRACTICE
| p.36

1 (A)　　**2** (C)　　**3** (A)　　**4** (A)

---

1 (A) There are some people **looking** at monitors.
(B) There are some people **standing** in a circle.
(C) There is a monitor **hanging** from the ceiling.
(D) There is a monitor **leaning** against the wall.
(A) 몇몇 사람들이 모니터를 보고 있다.
(B) 몇몇 사람들이 동그랗게 모여 서 있다.
(C) 모니터가 천장에 매달려 있다.
(D) 모니터가 벽에 기대어 있다.

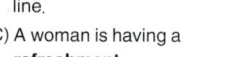

해설 공항 또는 역으로 보이는 곳에 사람들이 모여 모니터 화면을 보고 있는 사진으로, 이를 알맞게 묘사한 것은 (A)이다. (B) 사람들이 동그랗게 모여 있지 않으므로 오답이고, (C), (D) 천장에 매달려 있거나 벽에 기대어 있는 모니터는 보이지 않는다.

어휘 **in a circle** 동그랗게　**hang** 매달리다, 걸리다　**ceiling** 천장
lean against ~에 기대다

2 (A) There is a bridge **overlooking** the water.
(B) There are people **getting** on the boat.
(C) There are people **walking** along the dock.
(D) There are lampposts **standing** in a row.
(A) 바다를 내려다보는 다리가 있다.
(B) 배에 타고 있는 사람들이 있다.
(C) 부두를 따라 걷는 사람들이 있다.
(D) 일렬로 서 있는 가로등이 있다.

해설 해안가를 거닐고 있는 사람들을 묘사한 (C)가 정답이다. (A) 사진 속에 다리는 보이지 않아 오답, (B) 배에 타고 있는 사람도 보이지 않아 오답이다. (D) 일렬로 서 있는 가로등도 보이지 않는다.

어휘 **overlook** 내려다보다　**dock** 부두　**lamppost** 가로등　**in a row** 일렬로, 한 줄로

3 (A) Some items are **displayed** on the shelves.
(B) Some people are **waiting** in a line.
(C) A woman is having a **refreshment**.
(D) A store is **crowded** with many people.
(A) 상품들이 선반 위에 진열되어 있다.
(B) 몇몇 사람들이 줄을 서서 기다리고 있다.
(C) 여자가 다과를 먹고 있다.
(D) 가게가 많은 사람들로 붐비고 있다.

해설 가게 내부의 선반에 상품이 진열되어 있는 모습으로, 이를 제대로 묘사한 것은 (A)이다. (B) 줄을 서 있는 사람들은 보이지 않는다. (C) 여자가 다과를 먹고 있는 모습은 아니다. (D) 가게 내부에는 종업원으로 보이는 여자만 있다.

어휘 **display** 진열하다　**shelf** 선반(복수형: shelves)　**wait** 기다리다　**in a line** 한 줄로　**refreshment** 다과　**be crowded with** ~로 붐비다

4 (A) They are **relaxing** in the park.
(B) The lawn is being **mowed**.
(C) Some plants are being **watered**.
(D) They are sitting around a **table**.
(A) 그들은 공원에서 쉬는 중이다.
(B) 잔디를 깎고 있다.
(C) 식물에 물을 주는 중이다.
(D) 그들은 테이블 주위에 앉아 있다.

해설 야외에서 쉬고 있는 사람들의 모습으로, 이를 묘사한 (A)가 정답이다. (B) 잔디를 깎고 있지 않으므로 오답, (C) 식물에 물을 주는 사람은 보이지 않으므로 오답, (D) 테이블 주위가 아닌 바닥에 앉아 있으므로 오답이다.

어휘 **relax** 쉬다　**lawn** 잔디　**mow** (잔디를) 깎다　**water** 물을 주다

316 스파르타 토익 START

SPARTA TEST
						p.37
1 (B)	**2** (B)	**3** (A)	**4** (D)			
5 (A)	**6** (C)					

1 (A) A woman is searching in her bag.
(B) An item is being examined.
(C) Some clothes are being folded.
(D) A woman is paying for an item.
(A) 여자가 가방 안을 뒤지고 있다.
(B) 물건을 살펴보고 있다.
(C) 옷을 개고 있다.
(D) 여자가 물건의 가격을 지불하고 있다.

해설 여자가 쇼핑 중에 물건을 살펴보고 있는 모습으로, 이를 가장 잘 묘사한 것은 (B)이다. (A) 가방을 메고 있지 가방 안을 뒤지고 있는 모습은 아니다. (C) 옷을 개고 있지 않고, (D) 가격을 지불하고 있지도 않다.

어휘 search 찾다   examine 살펴보다   fold 개다, 접다   pay 지불하다

2 (A) The screen is being turned on.
(B) They are sitting side by side.
(C) Some documents are piled up on a desk.
(D) They are putting on their hats.
(A) 화면이 켜지고 있다.
(B) 그들은 나란히 앉아 있다.
(C) 서류가 책상 위에 쌓여 있다.
(D) 그들은 모자를 쓰고 있다.

해설 작업복을 입은 두 남자가 나란히 앉아 있는 모습으로, 이를 표현한 (B)가 정답이다. (A) 모니터 화면은 이미 켜져 있다. (C) 책상 위에 쌓여 있는 서류는 보이지 않고, (D) 모자를 이미 착용 중인 상태(are wearing)이므로 틀렸다. 상태 동사 wear와 동작 동사 put on을 구분하자.

어휘 screen 화면   turn on ~을 켜다   side by side 나란히   document 문서   be piled up 쌓여 있다   put on ~을 입다   hat 모자

3 (A) A man is working on a building.
(B) A man is going up the ladder.
(C) A window is being installed.
(D) A building is under construction.
(A) 남자가 건물에서 일하고 있다.
(B) 남자가 사다리를 오르고 있다.
(C) 창문이 설치되고 있다.
(D) 건물이 공사 중이다.

해설 남자가 건물 외벽에서 작업하고 있는 사진으로, 이를 가장 잘 표현한 것은 (A)이다. (B) 사진에 사다리는 보이지 않으며, (C) 모든 창문이 이미 설치되어 있고, (D) 사진상으로는 건물이 공사 중이라고 볼 수 없다.

어휘 building 건물   go up ~에 오르다   ladder 사다리   install 설치하다   under construction 공사 중인

4 (A) There are some trees being planted.
(B) The leaves have been raked into piles.
(C) Some people are lying on the grass.
(D) There are people having a picnic.
(A) 나무 몇 그루를 심고 있다.
(B) 나뭇잎이 긁어모아져 쌓여 있다.
(C) 사람들이 잔디에 누워 있다.
(D) 사람들이 소풍을 즐기고 있다.

해설 사람들이 공원에서 시간을 보내고 있는 모습으로, 이를 가장 잘 표현한 것은 (D)이다. (A) 나무를 심고 있는 사람은 없고, (B) 쌓여 있는 나뭇잎은 보이지 않는다. (C) 잔디에 누워 있는 사람도 찾아볼 수 없다.

어휘 plant 심다   rake 갈퀴로 긁어모으다   pile 쌓아 올린 것, 더미   lie 눕다   grass 잔디, 풀밭

5 (A) Some people are walking along the street.
(B) Some people are waiting to cross the road.
(C) Cars are parked in a parking lot.
(D) Buildings are on both sides of the road.
(A) 사람들이 길을 따라 걷고 있다.
(B) 사람들이 길을 건너려고 기다리고 있다.
(C) 자동차들이 주차장에 주차되어 있다.
(D) 건물들이 길 양쪽에 있다.

해설 사람들이 길을 따라 걷고 있는 모습으로, 이를 묘사한 (A)가 정답이다. (B) 길을 건너려는 사람은 보이지 않고, (C) 주차되어 있는 차들도 보이지 않는다. (D) 건물이 길 양쪽으로 있지 않으므로 답이 될 수 없다.

어휘 cross 건너다   park 주차하다   parking lot 주차장   both 양쪽의

6 (A) A man is walking his dog.
(B) A fence is being repaired.
(C) A man is sitting on the bench.
(D) The grass is being cut.
(A) 남자가 개를 산책시키고 있다.
(B) 울타리를 고치고 있다.
(C) 남자가 벤치에 앉아 있다.
(D) 풀을 베고 있다.

해설 남자가 강아지와 함께 벤치에 앉아 있는 모습으로, 이와 일치하는 것은 (C)이다. (A) 강아지와 앉아 있지 산책시키고 있는 모습은 아니고, (B) 울타리는 보이지만 고치고 있지 않으므로 오답이다. (D) 풀을 깎고 있는 모습은 아니므로 오답이다.

어휘 walk 걷다, 산책시키다   fence 울타리   repair 고치다   cut 자르다, 베다

정답 및 해설 **317**

SPARTA REVIEW TEST | p.38

1 (C) **2** (A) **3** (B) **4** (D)
5 (B) **6** (C)

1
(A) A man is pouring coffee into a cup.
(B) A man is holding a flower pot.
(C) A man is wearing glasses.
(D) A man is drinking a glass of water.

(A) 남자가 컵에 커피를 따르고 있다.
(B) 남자가 화분을 들고 있다.
(C) 남자가 안경을 쓰고 있다.
(D) 남자가 물을 마시고 있다.

해설 안경을 쓴 남자의 모습을 묘사한 (C)가 정답이다. 남자가 식물에 물을 주고 있으므로 컵에 커피를 따르고 있다는 (A)나, 화분을 들고 있다고 한 (B), 물을 마시는 중이라는 (D)는 모두 오답이다.

어휘 **pour** 따르다 **hold** 들다, 잡다 **flower pot** 화분 **glasses** 안경

2
(A) They are resting on the bench.
(B) They are spending time indoors.
(C) They are taking off their uniforms.
(D) They are putting on their gloves.

(A) 그들은 벤치에서 쉬고 있다.
(B) 그들은 실내에서 시간을 보내고 있다.
(C) 그들은 유니폼을 벗고 있다.
(D) 그들은 장갑을 끼고 있다.

해설 벤치에 앉아 쉬고 있는 모습으로, 이를 가장 잘 묘사한 것은 (A)이다. (B) 실내가 아닌 실외(outdoors)이므로 답이 될 수 없고, (C) 유니폼을 벗고 있지 않으므로 오답이다. (D) 장갑을 끼고 있는지는 사진으로 알 수 없다.

어휘 **rest** 쉬다 **indoors** 실내에서 **take off** (옷을) 벗다 **gloves** 장갑

3
(A) Baked goods are being served.
(B) Some items have been arranged.
(C) The dishes on the table are empty.
(D) A table is being cleared.

(A) 오븐에 구운 제품이 서빙되고 있다.
(B) 제품이 진열되어 있다.
(C) 테이블 위의 접시들이 비어 있다.
(D) 테이블을 치우고 있다.

해설 접시에 제품들이 진열되어 있는 사진으로, 이를 가장 잘 묘사한 것은 (B)이다. (A) 빵을 서빙하고 있는 사람이나 서빙 받는 사람은 보이지 않고, (C) 테이블 위의 접시에 음식이 있으므로 오답, (D) 테이블을 치우고 있는 사람도 보이지 않는다.

어휘 **bake** 굽다 **serve** 제공하다, 서빙하다 **arrange** 진열하다 **empty** 비어 있는 **clear** 치우다

4
(A) Cars are stopped at the traffic light.
(B) One of the women is trying on a coat.
(C) The women are shaking hands with each other.
(D) The women are walking in the same direction.

(A) 차들이 신호등에 멈춰 서 있다.
(B) 여자 중 한 명이 코트를 입어보고 있다.
(C) 여자들이 서로 악수를 하고 있다.
(D) 여자들이 같은 방향으로 걷고 있다.

해설 같은 방향으로 걷고 있는 여자들의 모습으로, 이를 가장 잘 나타낸 것은 (D)이다. (A) 신호등에 멈춰 서 있는 차들은 보이지 않아 오답, (B) 여자 둘 다 코트를 입어 보고 있지 않으므로 오답, (C) 여자들이 악수하고 있는 동작은 보이지 않으므로 오답이다.

어휘 **traffic light** 신호등 **try on** 입어 보다 **shake hands** 악수하다 **direction** 방향

5
(A) Some items are stacked on the ground.
(B) The doors have been left open.
(C) A truck is being repaired.
(D) Vehicles have been parked in a row.

(A) 물건들이 바닥에 쌓여 있다.
(B) 문이 열려 있다.
(C) 트럭 한 대가 수리되고 있다.
(D) 차량들이 일렬로 주차되어 있다.

해설 뒷문이 열려 있는 차량의 사진으로, 이를 가장 잘 묘사한 것은 (B)이다. (A) 물건들은 바닥이 아닌 차 안에 쌓여 있고, (C) 트럭은 보이지만 수리 중은 아니므로 오답, (D) 길가에 주차되어 있는 차는 한 대뿐이다.

어휘 **stack** 쌓다 **ground** 땅, 바닥 **vehicle** 차량 **in a row** 연달아, 일렬로

6
(A) Some people are boarding a boat.
(B) Some umbrellas are being folded.
(C) Buildings are overlooking the water.
(D) Boats are floating in the water.

(A) 몇몇 사람들이 배를 타고 있다.
(B) 파라솔을 접고 있다.
(C) 건물들이 바다를 내려다보고 있다.
(D) 배들이 물에 떠 있다.

해설 해안가에서 물놀이를 즐기고 있는 사람들의 사진으로, 사람 대신 멀리 보이는 건물을 묘사한 (C)가 정답이다. (A) 배를 타고 있는 사람들은 보이지 않아 오답, (B) 파라솔은 보이지만 접고 있는 사람들은 보이지 않고, (D) 물에 떠 있는 배도 보이지 않는다.

어휘 **board** 타다 **umbrella** 우산, 파라솔 **fold** 접다 **overlook** 내려다보다 **float** 뜨다

318 스파르타 토익 START

PART 2

UNIT 04 ··· Where, When 의문문

SPARTA **CHECK-UP** | p.43-44

| **1** (B) | **2** (A) | **3** (A) | **4** (A) |

1 **Where** can I find the **notepad**? 메모장이 어디 있죠?
(A) 메모한다는 걸 잊었어요.　　(B) 창문 옆 캐비닛에요.

2 **Where** do they work **now**? 그들은 지금 어디에서 일해요?
(A) 도시에서요.　　　　　　(B) 지금 당장은 아니에요.

3 **When** is her first day of **work**? 그녀의 첫 출근일이 언제예요?
(A) 확인해 볼게요.　　　　　(B) 그녀는 열심히 일해요.

4 **When** did you **submit** the proposal? 제안서를 언제 제출했어요?
(A) 어제 회의 끝나고 나서요.　(B) 그 제안서는 거절되었어요.

SPARTA **PRACTICE** | p.46

1
Q **When** are you leaving? 언제 출발해요?
A In **half** an hour. 30분 뒤에요.
해설 언제 출발할 것인지를 묻는 When 의문문으로, '30분 뒤에요'라고 답하고 있다. 여기서 전치사 in은 시간의 경과를 나타낸다.
어휘 leave 출발하다 in half an hour 30분 뒤에

2
Q **Where** is that noise **coming** from? 소음이 어디서 나는 건가요?
A On the **second** floor. 2층에서요.
해설 소음이 어디서 나는지를 묻는 Where 의문문으로, 2층에서 나는 소리라며 위치를 설명하는 응답이 가능하다.
어휘 noise 소음

3
Q **When** will my car be **ready**? 제 차가 언제 준비되나요?
A **How soon** do you need it? 얼마나 빨리 차가 필요하신데요?
해설 차가 언제 준비되는지를 묻는 When 의문문으로, 얼마나 빨리 필요한지 되묻고 있다.
어휘 ready 준비된

4
Q **When** did you **move** to the Sales Department?
언제 영업 부서로 옮기셨어요?
A **Last** year. 작년에요.
해설 부서를 옮긴 시점을 묻는 When 의문문으로, '작년'이라는 구체적인 시기로 답하고 있다.
어휘 move 옮기다 Sales Department 영업 부서

5
Q **Where** did you **put** the reports? 보고서를 어디에 뒀어요?
A I **gave** them to Mr. Jackson. Jackson 씨에게 줬어요.
해설 보고서를 둔 곳을 묻는 Where 의문문으로, 특정 장소로 답하지 않고 제3자에게 줬다고 말하고 있다.
어휘 put 두다 report 보고서

6
Q **When** are you **meeting** the client today?
오늘 언제 그 고객을 만날 거예요?
A **Soon after** I finish the report. 보고서를 끝내자마자요.
해설 고객과 만날 시간을 묻는 When 의문문으로, 보고서를 끝내자마자 만날 거라고 답하고 있다.
어휘 client 고객 finish 끝내다

7
Q **Where** is the book fair **taking place**?
도서 박람회는 어디에서 열리나요?
A At the **convention** center. 컨벤션 센터에서요.
해설 어디에서 박람회가 열리는지 묻는 Where 의문문으로, '컨벤션 센터'라는 구체적 장소로 답하고 있다.
어휘 fair 박람회 take place 일어나다, 발생하다

8
Q **When** will Ms. Morgan be **available**?
Morgan 씨는 언제 시간이 되나요?
A I'm afraid she is **busy** today. 그녀는 오늘 바쁜 것 같은데요.
해설 언제 시간이 되는지 묻는 When 의문문에, '오늘 바빠서 만나기 힘들 것이다'라고 답하고 있다.
어휘 available 시간이 있는, 이용 가능한 afraid 유감스러운

SPARTA TEST | p.47

| **1** (C) | **2** (C) | **3** (A) | **4** (A) | **5** (A) |
| **6** (C) | **7** (A) | **8** (C) | **9** (B) | **10** (A) |

1 Where can I find a bank?
(A) It opens at 9 A.M.
(B) I drove a car there.
(C) Down this street on your left.
은행은 어디에 있나요?
(A) 오전 9시에 엽니다.
(B) 저는 그곳에 차를 운전해 갔습니다.
(C) 이 길을 따라 왼편에 있어요.
해설 은행의 위치를 묻는 질문으로, 구체적인 방향을 나타내는 (C)가 정답이다.
어휘 find 찾다

2 Where is the music coming from?
(A) Yes, this is my favorite music.
(B) It was a refreshing flavor.
(C) There is a radio in Steve's office.

정답 및 해설 **319**

음악이 어디서 흘러나오는 거죠?
(A) 네, 제가 제일 좋아하는 음악이에요.
(B) 상쾌한 맛이었어요.
(C) Steve의 사무실에 라디오가 있어요.

해설 음악이 어디서 나오는지를 묻는 Where 의문문으로, Steve's office라고 구체적인 출처를 언급한 (C)가 정답이다.

어휘 **come from** ~로부터 나오다　**refreshing** 상쾌한　**flavor** 풍미, 맛

3 Where should I leave the packages?
(A) Under my desk.
(B) Please help me pack this box.
(C) I left it there yesterday.
소포를 어디에 둘까요?
(A) 제 책상 밑에요.
(B) 박스 포장하는 것 좀 도와주세요.
(C) 어제 거기에 그것을 두었습니다

해설 어디에 물건을 둘지 묻는 질문에, 장소를 나타내는 전치사 under를 이용하여 대답한 (A)가 정답이다.

어휘 **leave** 두다(과거형: left)　**package** 소포　**pack** 포장하다

4 Where do you plan to go for the holidays?
(A) I haven't decided yet.
(B) Yes, that's the plan.
(C) For three weeks.
휴가 때 어디 갈 계획이에요?
(A) 아직 결정을 못했어요.
(B) 네, 그것이 계획이에요.
(C) 3주 동안이요.

해설 휴가를 어디로 갈 건지 묻는 Where 의문문으로, 구체적인 장소를 답해도 되지만 이 문제처럼 '아직 결정되지 않아서 모른다'는 답변도 가능하다. 이와 유사한 표현으로 I don't know. / I can't be sure. 등이 정답으로 등장하기도 한다.

어휘 **plan** 계획하다; 계획　**holiday** 휴일　**decide** 결정하다

5 Where does this subway stop next?
(A) At the civic center.
(B) The subway doesn't stop there.
(C) Just sign at the bottom.
이 지하철은 다음에 어디에서 정차하나요?
(A) 시민회관에서요.
(B) 지하철은 거기에서 서지 않아요.
(C) 밑에 서명만 해주세요.

해설 지하철이 정차하는 곳을 묻는 질문으로, 시민회관이라고 답한 (A)가 가장 적절하다. (B)의 경우, 질문에 나온 subway, stop의 반복으로 혼동을 주었을 뿐 적절한 답변이 아니다.

어휘 **subway** 지하철　**civic center** 시민회관; 도심

6 When do you expect to receive the sales data?
(A) It's ten to five.
(B) It's on sale now.
(C) By the end of today.
영업 자료를 언제 받을 것으로 예상하세요?
(A) 지금은 5시 10분 전입니다.
(B) 지금 세일 중입니다.
(C) 오늘 저녁 안으로요.

해설 자료를 받을 예상 시간을 묻는 질문에, 전치사 by를 이용하여 구체적인 시점을 말한 (C)가 정답이다. (A)는 현재 시간을 말하고 있고, (B)는 유사 표현(sales-on sale)을 이용한 오답이다.

어휘 **expect** 예상하다　**receive** 받다　**sales data** 매출 자료　**on sale** 세일 중인

7 When does your employment contract expire?
(A) Next month.
(B) Since last year.
(C) I can manage, thanks.
당신의 고용 계약서는 언제 만료되나요?
(A) 다음 달에요.
(B) 작년부터요.
(C) 제가 할 수 있어요, 감사합니다.

해설 고용 계약서가 만료되는 시점을 묻고 있으므로 구체적인 시점을 말한 (A)가 정답이나. (B)도 시점을 언급하긴 했지만 시제가 맞지 않아 오답이다.

어휘 **employment contract** 고용 계약서　**expire** 만료되다　**manage** 관리하다, 처리하다

8 When are we opening the branch in Madrid?
(A) Yes, Spain is very beautiful at this time of year.
(B) Tuesday is too soon.
(C) After we hire the staff.
저희는 언제 마드리드의 지점을 개점합니까?
(A) 네, 스페인은 이맘때면 아주 아름다워요.
(B) 화요일은 너무 이른데요.
(C) 직원을 고용한 다음에요.

해설 언제 지점을 여는지를 묻는 질문에, 접속사 after를 이용하여 불확실한 시점을 언급한 (C)가 정답이다. (A)는 Madrid에서 연상할 수 있는 Spain을 이용한 오답이고, (B)도 시점을 언급하긴 했지만 질문과는 관련 없는 대답이다.

어휘 **branch** 지점　**at this time of year** 이맘때　**soon** 곧, 머지않아　**hire** 고용하다

9 When will the materials be ready?
(A) They will be prepared to leave soon.
(B) It should be finished by seven thirty.
(C) Yes, it will be ready right away.
자료들은 언제 준비되나요?
(A) 그들은 곧 떠날 준비가 될 거예요.
(B) 7시 30분까지는 완료될 거예요.
(C) 네, 바로 준비될 거예요.

해설 시점을 묻는 When 의문문에 선택지 모두 시간 표현이 제시되었으므로 주의해야 한다. 전치사 by를 이용하여 구체적 시간을 대답한 (B)가 정답이다. 여기서 should는 '마땅히 ~일 것이다'라는 추측의 의미이다. (A)는 soon이라는 시간 표현이 등장했지만 질문과는 관련 없고, (C)는 의문사 의문문에 Yes/No로 답할 수 없으므로 오답이다.

어휘 **material** 자료, 재료　**ready** 준비된　**prepare** 준비하다　**leave** 떠나다　**finish** 마치다

10 When did you join the firm?
(A) Just last month.
(B) Please complete this form.
(C) I don't usually work on weekends.

320 스파르타 토익 START

언제 회사에 입사하셨어요?

(A) 지난달에요.

(B) 이 양식을 작성해 주세요.

(C) 주말에는 보통 일하지 않습니다.

해설 회사에 입사한 시기를 묻고 있다. 지난달(last month)이라는 정확한 시점을 언급한 (A)가 정답이다. (B) 질문의 firm과 발음이 유사한 form을 이용한 오답이고, (C) firm에서 work을 연상할 수 있으나 질문과는 관련 없다.

어휘 join 합류하다   usually 주로

UNIT 05 ··· What/Which, Who 의문문

SPARTA CHECK-UP | p.49-50

1 (A)	2 (B)	3 (A)	4 (B)

1 **What** is the due **date** for this report?
보고서 마감일이 언제예요?

(A) 다음 주 목요일이요.   (B) 그녀와 약속이 있어요.

2 **Which** coat should I **buy**? 어떤 코트를 사야 할까요?

(A) 어제 샀어요.   (B) 검은색 어때요?

3 **Who** is the man **next** to Mr. Lee?
Lee 씨 옆에 있는 남자는 누구예요?

(A) 저희 사장님이에요.   (B) 저는 거기에 가봤어요.

4 **Who** handles the **workshop**? 누가 워크숍을 관리하나요?

(A) 손잡이가 고장 났어요.   (B) 매니저가 해요.

SPARTA PRACTICE | p.52

1
Q **Who** is **working** next week? 다음 주에 누가 출근하나요?
A I **certainly** am not. 전 확실히 아니에요.

해설 다음 주에 일하는 사람이 누구인지 묻는 Who 의문문으로, 누구인지 직접적으로 답하지 않고 자신은 아니라고 말하고 있다.

어휘 certainly 확실히

2
Q **What** are the advertising **costs**? 광고비는 얼마인가요?
A About **five hundred** dollars a month. 한 달에 약 500달러요.

해설 광고비를 묻는 What 의문문으로, 가격을 직접적으로 언급하고 있다.

어휘 advertising 광고   cost 비용   about 약, 대략

3
Q **Who** did you **speak** to on the **phone**? 누구와 통화했나요?
A **One** of my **colleagues**. 제 동료 중 한 명이요.

해설 누구와 통화했는지를 묻는 Who 의문문으로, '동료 중 한 명과 통화했다'고 응답하고 있다.

어휘 colleague 동료

4
Q **What color** would you **prefer** for the doors?
문에 어떤 색을 원해요?
A Black **or** brown. 검은색이나 갈색이요.

해설 선호하는 색깔을 묻는 What 의문문으로, 특정 색으로 대답하고 있다.

어휘 prefer 선호하다

정답 및 해설 **321**

5

Q **Which** folder is **yours**, Nick? Nick, 어떤 폴더가 당신 거예요?

A The **one next** to my desk. 제 책상 옆에 있는 거요.

해설 어떤 것이 본인 소유인지를 묻는 Which 의문문으로, 구체적인 위치를 알려 주고 있다.

어휘 **folder** 폴더, 서류철

6

Q Who has the **key** to the **warehouse**? 누가 창고 열쇠를 가지고 있죠?

A I'll have to **ask**. 물어봐야 해요.

해설 누가 창고 열쇠를 가지고 있냐는 물음에, 본인은 모르고 다른 사람에게 물어봐야 한다고 답할 수 있다.

어휘 **warehouse** 창고 **ask** 묻다

7

Q Which **computer** would you **like**? 어떤 컴퓨터를 원하시나요?

A **Whichever** costs less. 비용이 적게 드는 거요.

해설 어떤 컴퓨터를 원하는지 묻는 Which 의문문에, 비용이 더 적게 드는 걸 원한다고 답하고 있다.

어휘 **whichever** 어느 것(쪽)이든지 **cost** 비용이 들다 **less** 덜, 적게

8

Q **What** did you like most about his **proposal**? 그의 제안서에서 무엇이 제일 좋았어요?

A I haven't **seen** it yet. 아직 못 봤어요.

해설 What did you like ~?로 제안서의 어떤 점이 좋았는지 묻는 질문에, 본인의 의견이 아닌 '아직 못 봤다'는 응답이 가능하다.

어휘 **most** 가장 **proposal** 제안(서) **yet** 아직

SPARTA TEST | p.53

| **1** (C) | **2** (C) | **3** (B) | **4** (A) | **5** (C) |
| **6** (B) | **7** (C) | **8** (A) | **9** (C) | **10** (A) |

1 What do you want for lunch today?
 (A) We launched a new menu.
 (B) No, I've already had dinner.
 (C) Soup and pasta.
 오늘 점심으로 무엇을 먹고 싶어요?
 (A) 우리는 새로운 메뉴를 출시했어요.
 (B) 아니요, 저는 이미 저녁을 먹었어요.
 (C) 수프랑 파스타요.

해설 What do you want ~?로 점심으로 뭘 먹고 싶은지를 묻고 있다. (A)는 유사 어휘(lunch-launched)로 혼동을 주고 있고, (B)는 연상 어휘(lunch-dinner)를 이용한 오답 함정이다. 구체적인 메뉴로 답한 (C)가 정답이다.

어휘 **launch** 출시하다

2 What's included in this price?
 (A) It's too expensive.
 (B) Half the price.
 (C) A color printer with this computer.

이 가격에 무엇이 포함되나요?
 (A) 그것은 너무 비싸요.
 (B) 절반 가격으로요.
 (C) 이 컴퓨터와 컬러 프린터요.

해설 가격에 무엇이 포함되는지를 묻고 있으므로, 컴퓨터와 더불어 컬러 프린터를 포함하고 있다는 의미의 (C)가 정답이다. (A)는 price와 관련 있는 expensive를 이용한 오답이고, (B)는 가격을 묻는 질문에 대한 응답이다.

어휘 **include** 포함하다 **expensive** 비싼 **half** 절반의

3 Which parking area is for employees?
 (A) Approximately one hundred workers.
 (B) The one behind the building.
 (C) It's on the side of the machine.
 어느 주차장이 직원용인가요?
 (A) 대략 100명의 직원들이요.
 (B) 건물 뒤에 있는 곳이요.
 (C) 기계 옆쪽에 있어요.

해설 어디가 직원용 주차장인지를 묻는 Which 의문문으로, 정답은 주차장의 위치를 설명하는 (B)이다. (A)는 employees와 같은 의미인 workers를 언급한 오답 함정으로, How many ~?에 대한 답이 될 수 있다. (C)는 위치를 묻는 Where 의문문에 적합한 응답이다.

어휘 **parking area** 주차장 **approximately** 약, 대략

4 Which division will be sponsoring the banquet?
 (A) That hasn't been announced yet.
 (B) It looks like a good plan.
 (C) In the paper this morning.
 어느 부서가 연회를 후원할 건가요?
 (A) 아직 발표되지 않았어요.
 (B) 좋은 계획인 것 같아요.
 (C) 오늘 아침 신문에서요.

해설 어느 부서가 연회를 후원하는지를 묻는 Which 의문문이다. 만능 정답 표현인 That hasn't been announced yet.(아직 발표되지 않았어요)을 기억해 두자. 어느 부서인지 묻고 있으므로 (B)와 (C)는 답이 될 수 없다.

어휘 **division** 부서 **sponsor** 후원하다 **banquet** 연회 **announce** 발표하다 **paper** 신문, 종이

5 What's the price of that brown coat?
 (A) Next to the menswear.
 (B) A large size should be enough.
 (C) Two hundred dollars plus tax.
 저 갈색 코트의 가격은 얼마인가요?
 (A) 남성복 매장 옆이요.
 (B) 라지 사이즈면 충분할 거예요.
 (C) 200달러에 세금이 추가됩니다.

해설 코트의 가격을 묻는 What 의문문으로, 구체적인 가격을 말한 (C)가 정답이다. (A)는 coat와 관련 있는 menswear를 이용한 함정이고, (B)는 coat를 듣고 연상할 수 있는 size를 이용한 함정이다.

어휘 **menswear** 남성복 **enough** 충분한 **plus** 더하여, 추가하여 **tax** 세금

322 스파르타 토익 START

6 Which hotel should I reserve for our visitors?

(A) The hotel is too far to walk.

(B) The one near the airport.

(C) I've already reserved a ticket.

우리 방문객들을 위해 어느 호텔을 예약할까요?

(A) 그 호텔은 걸어가기엔 너무 멀어요.

(B) 공항에 가까운 곳이요.

(C) 저는 이미 티켓을 예약했어요.

해설 어느 호텔(Which hotel)을 예약할지 묻는 말에, 공항 옆에 있는 호텔을 예약하자는 (B)가 적절한 응답이다. (A)의 너무 멀다거나 (C)의 티켓을 예약했다는 것은 문맥상 부적절하다.

어휘 **reserve** 예약하다 **visitor** 방문객 **far** 먼 **near** 가까운 **airport** 공항 **already** 이미

7 Who were you talking to?

(A) A talk show that I enjoy.

(B) Nobody knows.

(C) An acquaintance of mine.

누구와 얘기하고 있었나요?

(A) 제가 좋아하는 토크쇼요.

(B) 아무도 몰라요.

(C) 제가 아는 사람이요.

해설 누구와 얘기 중이었냐는 물음에, 누구라고 구체적으로 밝히지는 않았으나 acquaintance(아는 사람)라고 답한 (C)가 적절한 응답이다. (B)와 같이 '모른다'는 식의 회피성 응답은 정답이 되는 경우가 많지만 본인이 누구와 얘기하고 있었는지에 대해 '아무도 모른다'는 대답은 어색하다.

어휘 **enjoy** 즐기다 **nobody** 아무도 **acquaintance** 아는 사람, 지인

8 Who drove you to the conference center?

(A) My secretary Bill did.

(B) I drive my car almost every day.

(C) I'll take the bus.

누가 당신을 컨퍼런스 센터에 데려다 줬어요?

(A) 제 비서인 Bill이 데려다 줬어요.

(B) 저는 거의 매일 운전을 해요.

(C) 저는 버스를 탈게요.

해설 누가 컨퍼런스 센터까지 데려다 줬는지를 묻는 Who 의문문이다. (B)는 유사 발음(drove-drive)을 이용한 오답 함정이고, (C)는 시제 불일치의 오답 함정이다. 정답은 인물을 언급한 (A)이다.

어휘 **drive** 운전하다, 태워다 주다(과거형: drove) **almost** 거의

9 Who was at the door just now?

(A) She wants to visit there.

(B) I've lost my key yesterday.

(C) The mailman, I think.

방금 누가 현관에 있었어요?

(A) 그녀는 그곳을 방문하고 싶어 해요.

(B) 어제 열쇠를 잃어버렸어요.

(C) 우체부 같은데요.

해설 누가 현관에 있었냐는 Who 의문문에, mailman이라고 답한 (C)가 정답이다. (A) 질문의 door와 유사 발음인 there을 이용한 오답 함정이고, (B) door에서 연상 가능한 key를 이용하여 혼동을 주고 있다.

어휘 **visit** 방문하다 **mailman** 우체부

10 Who is looking into the problems with the printer?

(A) No one has had a chance yet.

(B) I'm looking for the machine.

(C) I'll print it out right away.

누가 프린터의 문제점을 알아보고 있어요?

(A) 아직 아무도 할 기회가 없었어요.

(B) 저는 그 기계를 찾고 있는 중이에요.

(C) 제가 당장 출력할게요.

해설 누가 프린터의 문제점을 알아보고 있느냐는 Who 의문문으로, '아무도 아직 살펴보지 못했다'고 한 (A)가 답이다. (B) look into(~을 조사하다)와 look for(~을 찾다)의 혼동을 노린 오답이다. (C) 유사 어휘(printer-print out)를 이용한 오답 함정이다.

어휘 **look into** ~을 조사하다, 살펴보다 **have a chance** 기회를 갖다 **look for** ~을 찾다 **print out** 출력하다

정답 및 해설 **323**

UNIT 06 ··· Why, How 의문문

SPARTA CHECK-UP | p.55-56

| 1 (A) | 2 (A) | 3 (B) | 4 (B) |

1 **Why** is Roger still **waiting** at the airport?
왜 Roger가 아직도 공항에서 기다리고 있어요?
(A) Bill이 차를 태워줄 거라고 생각했대요.
(B) 왜냐하면 그는 거기서 일하지 않기 때문이에요.

2 **Why can't** we have a party there?
왜 거기서 파티를 하면 안 돼요?
(A) 장소를 예약하지 못했어요.　(B) 아뇨, 안 돼요.

3 **How** should I **contact** him? 그에게 어떻게 연락해야 할까요?
(A) 그는 계약을 취소했어요.　(B) 이메일을 보내시면 돼요.

4 **How long** have you been here? 여기 계신 지 얼마나 되셨죠?
(A) 저는 뉴욕에 가본 적 있어요.　(B) 거의 3시간이요.

SPARTA PRACTICE | p.58

1
Q **How many** days off are we going to get?
저희는 며칠을 쉴 수 있나요?
A **Twelve**, I think. 제 생각에는 12일이요.
해설 수량을 묻는 How many 의문문으로, 며칠을 쉬게 되는지에 대한 물음에 구체적인 기간으로 답하고 있다.
어휘 **off** (근무를) 쉬는

2
Q **Why** did you decide to apply for this **job**?
왜 이 일자리에 지원하기로 결정했어요?
A I was **interested** in the game industry.
게임 산업에 관심이 있어서요.
해설 일자리에 지원한 이유를 묻는 Why 의문문으로, 게임 산업에 관심이 있어서라고 구체적인 지원 사유를 언급하고 있다.
어휘 **decide** 결정하다　**apply for** 지원하다　**be interested in** ~에 관심 있다　**industry** 산업

3
Q **How** did you go to the **airport**? 공항에 어떻게 가셨어요?
A I **took** a bus. 버스 탔어요.
해설 교통 수단을 묻는 How 의문문으로, 버스라는 구체적인 수단으로 답하고 있다.
어휘 **airport** 공항

4
Q Why was the **delivery** so **late**? 배달이 왜 이렇게 늦었어요?
A Due to the **heavy** snow. 폭설 때문에요.
해설 배달이 늦은 이유를 묻는 Why 의문문으로, 폭설 때문이라고 구체적인 이유를 대고 있다.
어휘 **delivery** 배달　**late** 늦은　**heavy snow** 폭설

5
Q How **many** computers will you need for the **training**?
교육용 컴퓨터가 몇 대 필요해요?
A At least **ten, I guess**. 최소한 10대는 필요할 것 같아요.
해설 컴퓨터가 몇 대 필요한지 수량을 묻는 How many 의문문으로, 최소한 10대라고 구체적으로 답하고 있다.
어휘 **training** 훈련, 교육　**at least** 최소한　**guess** 추측하다

6
Q How can I **get** the battery **replaced**?
배터리를 교체하려면 어떻게 해야 하나요?
A Did you **check** the **manual**? 설명서 확인해 보셨어요?
해설 배터리를 교체하는 방법을 묻는 말에, 설명서를 봤냐고 반문하는 응답이 가능하다.
어휘 **battery** 배터리　**replace** 교체하다　**check** 확인하다　**manual** 설명서

7
Q **Why** is the main entrance **closed**? 왜 정문이 닫혀 있죠?
A Because of some **repairs**. 보수 공사 때문에요.
해설 출입구가 닫힌 이유를 묻는 Why 의문문에, 보수 공사 때문이라고 답하고 있다.
어휘 **main** 주된, 주요의　**entrance** 입구　**close** 닫다　**repair** 보수

8
Q Why has the **flight** from New York been **delayed**?
뉴욕에서 오는 항공편이 왜 지연됐나요?
A There was an engine **problem**. 엔진에 문제가 있었어요.
해설 뉴욕발 항공편이 왜 지연되었는지를 묻는 말에, 엔진 문제로 늦어졌다고 답하고 있다.
어휘 **flight** 비행, 항공편　**delay** 지연시키다　**problem** 문제

SPARTA TEST | p.59

| 1 (C) | 2 (C) | 3 (B) | 4 (A) | 5 (B) |
| 6 (C) | 7 (A) | 8 (A) | 9 (B) | 10 (C) |

1 Why did the store close early yesterday?
(A) It's close to the shop.
(B) Because I got caught in traffic.
(C) Due to the unexpected bad weather.
왜 어제 가게가 문을 일찍 닫았나요?
(A) 그곳은 가게 가까이에 있습니다.
(B) 차가 막혔어요.
(C) 예상치 못한 악천후 때문에요.
해설 왜 가게가 일찍 닫았는지를 묻는 질문에, due to를 써서 악천후 때문이라고 답한 (C)가 정답이다. 이유를 묻는 Why 의문문의 경우, (B)처럼 because (of)가 나온다고 무조건 답으로 고르지 말고 끝까지 잘 들어야 한다.
어휘 **traffic** 교통　**due to** ~ 때문에　**unexpected** 예상치 못한　**weather** 날씨

2 Why do you come to work so early every morning?
(A) I'm sure the manager called.
(B) No, he doesn't work every day.
(C) To avoid the heavy traffic.

324 스파르타 토익 START

매일 아침 왜 이렇게 일찍 출근해요?
(A) 부장님이 전화했다고 확신해요.
(B) 아니요, 그는 매일 일하지 않아요.
(C) 교통 체증을 피하기 위해서요.

해설 일찍 출근하는 이유를 묻고 있으므로, 교통 체증을 피하기 위해서라는 (C)가 적절한 응답이다. (A)는 연상어 함정(work-manager), (B)는 어휘(work, every) 반복 함정이다.

어휘 avoid 피하다 heavy traffic 교통 체증

3 Why isn't Mr. Lee answering the phone?
(A) I had something to do.
(B) He's on sick leave.
(C) Sometime next week.
왜 Lee 씨가 전화를 받지 않죠?
(A) 저는 할 일이 있었어요.
(B) 그는 병가 중이에요.
(C) 다음 주쯤에요.

해설 Lee 씨가 전화를 받지 않는 이유를 묻는 Why 의문문으로, 병가 중이어서 전화를 받을 수 없다는 (B)가 정답이다. (A)는 대명사 오류로, He had something to do.였다면 답이 될 수 있다. (C)는 When 의문문에 대한 응답이다.

어휘 answer the phone 전화를 받다 sick leave 병가

4 Why did you cancel your doctor's appointment?
(A) I'm feeling much better.
(B) I canceled it yesterday.
(C) I went there for a general checkup.
왜 진료 예약을 취소했어요?
(A) 몸이 훨씬 좋아져서요.
(B) 어제 취소했어요.
(C) 종합 검진 때문에 거기에 갔어요.

해설 진료 예약을 취소한 이유를 묻는 Why 의문문으로, 몸이 많이 좋아졌기 때문에 취소했다고 답한 (A)가 적절한 응답이다. (B) 어휘(cancel-canceled) 반복 함정, (C) 병원을 방문한 목적을 묻는 질문에 대한 응답이다.

어휘 cancel 취소하다 appointment 약속, 예약 general 종합적인, 일반적인 checkup (정기) 건강 검진

5 Why is the park so crowded today?
(A) Yes, I will go there tomorrow.
(B) There is a music festival later.
(C) You can't park here.
공원이 오늘 왜 이렇게 붐비죠?
(A) 네, 저는 내일 거기에 갈 거예요.
(B) 이따가 음악 축제가 있어요.
(C) 여기에 주차하시면 안 돼요.

해설 공원이 붐비는 이유를 묻는 Why 의문문으로, 이따가 음악 축제가 있어서 붐빈다고 하는 (B)가 정답이다. (A) 연상어(today-tomorrow) 함정, (C) 동일 어휘(park) 반복 함정으로 전혀 다른 의미로 쓰였다.

어휘 park 공원; 주차하다 crowded 붐비는, 혼잡한 festival 축제 later 나중에

6 How many employees does your company have?
(A) We have some popular products.
(B) We'll have to hire another twenty this month.
(C) We must have over three thousand.

당신 회사에는 직원이 몇 명이나 있어요?
(A) 인기 있는 상품들이 좀 있어요.
(B) 이번 달에 20명 더 고용해야 해요.
(C) 3,000명이 넘는 것 같아요.

해설 How many ~?로 직원 수를 묻고 있으므로, over three thousand라고 구체적인 인원을 언급한 (C)가 정답이다. (B) 숫자가 등장하긴 했으나 내용상 관련 없다.

어휘 employee 직원, 고용인 popular 인기 있는 hire 고용하다

7 How much is the membership fee?
(A) Only thirty dollars.
(B) About two hours.
(C) Actually, I bought forty.
회비가 얼마예요?
(A) 30달러밖에 안 해요.
(B) 대략 두 시간 정도요.
(C) 사실 40개를 샀어요.

해설 가격을 묻는 How much 의문문으로, 30달러라고 말한 (A)가 정답이다. (B)는 기간을 묻는 How long 의문문에 적합하며, (C)는 How many 의문문에 대한 답이 될 수 있다.

어휘 membership 회원권 fee 비용 actually 사실은

8 How do you commute to work?
(A) I usually take the train.
(B) Twice a week.
(C) That would be fine.
어떻게 출퇴근해요?
(A) 주로 기차를 타요.
(B) 일주일에 두 번이요.
(C) 그거 좋겠네요.

해설 출퇴근 수단을 묻는 How 의문문으로, 기차로 통근한다는 (A)가 정답이다. (B)는 How often ~?에 대한 답으로 가능하며, (C)는 권유나 제안을 나타내는 Why don't you(we) ~?에 대한 응답이 될 수 있다.

어휘 commute 통근하다 usually 주로, 보통

9 How long will you be staying in Tokyo?
(A) At the Comfort Hotel.
(B) About a couple of days.
(C) I had a good time.
도쿄에서 얼마나 머무르실 계획이에요?
(A) Comfort 호텔에서요.
(B) 약 이틀 정도요.
(C) 좋은 시간이었습니다.

해설 How long은 기간을 묻는 표현으로, 정답은 구체적인 기간을 언급한 (B)이다. (A)는 Where 의문문에 적합한 응답이고, (C)는 How was the trip?(여행 어땠어요?)에 대한 답이 될 수 있다.

어휘 stay 머무르다 a couple of 둘의

10 How can we use this machine?
(A) Yes, I can use it.
(B) The one on the right.
(C) You should check the manual.
이 기계는 어떻게 사용하는 거예요?
(A) 네, 저는 그것을 사용할 수 있어요.
(B) 오른쪽에 있는 거요.
(C) 설명서를 확인해 보세요.

정답 및 해설 **325**

해설 기계 작동법을 묻는 How 의문문으로, 설명서를 보라고 하는 (C)가 적절한 응답이다. (A) 동일 어휘(use) 반복 함정으로, 의문사 의문문에 Yes/No로 답할 수 없다. (B) 질문과 관련 없는 응답이다.

어휘 machine 기계   check 확인하다   manual 설명서

UNIT 07 ··· 일반/기타 의문문

SPARTA CHECK-UP | p.62-64

1 (A)	2 (A)	3 (B)	4 (A)
5 (A)	6 (B)		

1 **Will** you be at the **banquet**? 연회에 가실 건가요?
  (A) 네, 그럴 것 같아요.   (B) 연회는 8시에 시작합니다.

2 **Didn't** you take a bus to **get** here?
  여기까지 버스 타고 온 거 아니에요?
  (A) 아니요, 제 차를 운전해서 왔어요.   (B) 네, 저는 지하철을 타요.

3 **Would** you like to book a morning or afternoon **flight**?
  아침 비행기를 예약하시겠어요, 아니면 오후 비행기를 예약하시겠어요?
  (A) 비행기가 지연되었습니다.   (B) 더 저렴한 걸로 주세요.

4 You **don't** like to travel by bus, **do** you?
  버스로 여행하는 거 안 좋아하죠, 그렇죠?
  (A) 기차 타는 게 더 좋아요.
  (B) 많은 버스들이 파손됐어요.

5 **How about** meeting at Vince's diner after work?
  일 끝나고 Vince 식당에서 만나는 게 어때요?
  (A) 스케줄을 먼저 확인해야 해요.
  (B) 그는 그게 필요하지 않다고 말했어요.

6 I'd like to **cancel** my **presentation** this week.
  이번 주에 있을 제 발표를 취소하고 싶어요.
  (A) 아니요, 저는 발표할 준비가 되지 않았어요.
  (B) 그건 좋은 생각이 아닌 것 같은데요.

SPARTA PRACTICE | p.67

1
Q **Did** you go to the concert **last** night?
  어제 저녁에 콘서트에 갔어요?
A It was **canceled**. 취소됐어요.

해설 어제 콘서트에 갔는지를 묻는 일반 의문문으로, 취소되어서 못 갔다고 답하고 있다.

어휘 concert 콘서트   cancel 취소하다

2
Q Is there a **subway station** around here?
  이 근처에 지하철역이 있나요?
A Yes, right **across** the **street**. 네, 길 바로 건너편에 있어요.

해설 근처에 지하철역이 있는지를 묻는 일반 의문문으로, '길 바로 건너편에 있다'고 알려 주고 있다.

어휘 subway station 지하철역   across 건너서   street 거리

326 스파르타 토익 START

3

Q Do you **want** coffee **or** ice cream?
커피 드시겠어요, 아니면 아이스크림을 드시겠어요?

A **Can** I have **both**, please? 둘 다 먹어도 되나요?

해설 A or B 구조의 선택 의문문으로, 커피를 먹을 건지 아이스크림을 먹을 건지 묻고 있다. 둘 중 하나를 선택해도 되지만 '둘 다 골라도 괜찮냐'고 되묻는 응답도 자주 등장한다.

어휘 **both** 둘 다

4

Q Is the paint on the door **still wet**?
문에 페인트가 아직 안 말랐나요?

A It should be **dry** by **now**. 지금쯤 말랐을 거예요.

해설 페인트가 말랐는지를 묻는 일반 의문문으로, '지금쯤 말랐을 것이다'라고 응답하고 있다.

어휘 **wet** 젖은   **dry** 마른

5

Q I really **enjoyed** the book you gave me.
저한테 주신 책 정말 재미있었어요.

A Really? What was the **title**? 정말요? 제목이 뭐였죠?

해설 받은 책이 재미있었다는 평서문으로, 제목이 뭐였는지를 되묻는 응답이 가능하다.

어휘 **enjoy** 즐기다   **title** 제목

6

Q The new **offices** are wonderful, **aren't they**?
새 사무실이 정말 좋네요, 그렇지 않나요?

A Yes, they are in a good **location**. 네, 위치가 좋죠.

해설 사무실이 정말 좋지 않느냐고 묻는 부가 의문문으로, 그렇다고 동의하면서 장점을 덧붙이고 있다. 부가 의문문의 경우 질문에 동의하면 Yes, 동의하지 않으면 No로 답한다.

어휘 **office** 사무실   **wonderful** 멋진   **location** 위치

7

Q **Why don't** you come to the party with me?
저랑 파티에 가지 않을래요?

A **That's** a good **idea**. 좋은 생각이에요.

해설 Why don't you ~? 형태의 권유/청유문으로, 파티에 같이 가자고 제안하고 있다. 이에 좋은 생각이라고 하면서 수락하고 있다.

어휘 **idea** 아이디어, 생각

8

Q Mr. Edwards will be **arriving** tomorrow morning, **won't** he?
Edwards 씨는 내일 오전에 도착하죠, 그렇지 않나요?

A No, he'll arrive **next week**. 아니요, 그는 다음 주에 와요.

해설 Edwards 씨가 내일 오전에 도착할 예정인지를 확인하는 부가 의문문으로, '다음 주에 올 것이다'라는 새로운 정보를 주고 있다.

어휘 **arrive** 도착하다

9

Q Could you please **email** me your menu with **prices**?
귀사의 메뉴를 가격과 함께 메일로 보내 주시겠어요?

A Yes, I'll **send** it right **away**. 네, 즉시 보내드릴게요.

해설 상대방에게 무언가를 부탁할 때 쓰는 요청문으로, 가격과 함께 메뉴를 보내 줄 것을 요청하자, 바로 보내겠다고 수락하고 있다.

어휘 **price** 가격   **send** 보내다   **right away** 바로

10

Q Will you be **able** to **finish** it on time?
제시간에 그것을 끝낼 수 있겠어요?

A **Probably**. 아마도요.

해설 제시간에 일을 끝낼 수 있는지 묻는 일반 의문문으로, '아마도' 가능할 거라고 긍정으로 답하고 있다.

어휘 **finish** 끝내다   **on time** 제시간에   **probably** 아마

SPARTA TEST | p.68

1 (A)	2 (C)	3 (A)	4 (B)	5 (A)
6 (B)	7 (C)	8 (B)	9 (C)	10 (A)

1 Is that your phone ringing?
(A) Oh, you're right.
(B) He called me yesterday.
(C) No, that's not my ring.
당신 전화기가 울리고 있는 거죠?
(A) 네, 맞아요.
(B) 그가 어제 저한테 전화했어요.
(C) 아니요, 그것은 제 반지가 아니에요.

해설 상대방의 전화기가 울리고 있는지 묻는 질문에, 그렇다고 한 (A)가 정답이다. (B) 연상 어휘(phone-call)로 혼동을 주고 있고, (C) 유사 어휘(ringing-ring)를 이용한 오답 함정으로, 전혀 다른 의미로 쓰였다.

어휘 **ring** (벨이) 울리다; 반지

2 Do you have any idea how to solve the problem?
(A) I have no time to read.
(B) We've got a new problem.
(C) Let me think about it.
그 문제를 해결할 좋은 생각 있어요?
(A) 읽을 시간이 없어요.
(B) 우리에게 새로운 문제가 생겼어요.
(C) 생각해 봐야겠어요.

해설 문제를 해결할 좋은 생각이 있는지를 묻고 있다. 잘 모르겠으니 생각해 보겠다는 (C)가 정답이다. 관용적인 표현으로 자주 등장하니 꼭 알아 두자. (A) Have you read the book?이라고 물었을 때 답으로 가능하고, (B)는 질문의 problem을 반복해 혼동을 유도하고 있다.

어휘 **solve** 해결하다, 풀다

3 The proposal is due by this Wednesday, isn't it?
(A) No, it can be turned in next Monday.
(B) The proposal wasn't very good.
(C) Yes, I always do.
제안서가 이번 주 수요일까지죠, 그렇지 않아요?
(A) 아니요, 다음 주 월요일에 제출하면 돼요.
(B) 그 제안서는 별로였어요.
(C) 네, 저는 늘 합니다.

정답 및 해설 **327**

해설 제안서의 제출일이 이번 주 수요일이냐고 묻는 부가 의문문으로, 다음 주 월요일이라고 정정하여 알려 주는 (A)가 정답이다. (B) proposal을 반복한 오답 함정으로, 제안서의 마감일에 대해 묻고 있 내용을 묻는 것이 아니다. (C) always를 이용하여 빈도를 표현했으나 마감일과는 관련 없다.

어휘 **proposal** 제안서 **due** 만기가 된, 마감에 가까워진 **turn in** 제출하다

4 Aren't the cabinets supposed to be installed today?
(A) Yes, I think that would be fine.
(B) No, they're behind schedule.
(C) From the warehouse.
캐비닛을 오늘 설치하기로 하지 않았나요?
(A) 네, 그게 괜찮을 것 같아요.
(B) 아니요, 스케줄이 미뤄졌어요.
(C) 창고로부터요.

해설 부정 의문문은 긍정 의문문으로 간주하고 문제를 풀면 된다. 캐비닛을 오늘 설치해야 하지 않고 묻는 질문에, 일정이 미뤄졌다고 한 (B)가 정답이다. (A) 질문과 어울리지 않는 응답이고, (C) 연상 어휘(cabinet-warehouse)를 이용한 오답 함정으로, Where 의문문에 적합한 응답이다.

어휘 **install** 설치하다 **behind schedule** 예정보다 늦어진(미뤄진) **warehouse** 창고

5 You won't be late for your doctor's appointment, will you?
(A) No, I'll be there on time.
(B) I wasn't disappointed at all.
(C) I got up early yesterday.
병원 예약에 늦지 않을 거죠, 그렇죠?
(A) 아니요, 정시에 갈게요.
(B) 저는 전혀 실망하지 않았어요.
(C) 저는 어제 일찍 일어났어요.

해설 병원 예약 시간에 늦지 않게 올 것인지를 묻는 부가 의문문으로, 제시간에 가겠다는 (A)가 정답이다. (B)의 disappointed는 appointment와 유사 발음으로 오답을 유도하고 있고, (C)는 질문의 late에서 연상되는 early를 이용한 오답이다.

어휘 **appointment** 약속, 예약 **on time** 정시에 **disappointed** 실망한 **get up** 일어나다

6 I think it's better to book a table inside than on the patio.
(A) Turn on the radio.
(B) Anywhere is fine.
(C) It's on this side.
파티오보다는 실내에 있는 테이블을 예약하는 게 낫겠어요.
(A) 라디오를 켜세요.
(B) 어느 곳이든 좋아요.
(C) 그것은 이쪽에 있어요.

해설 실내와 파티오 중 실내로 예약하는 것이 좋겠다는 의견을 말하는 평서문이다. 정답은 어느 곳이든 좋다는 (B)이다. (A)는 patio와 유사 발음인 radio를, (C)는 inside의 유사 발음인 side로 혼동을 주고 있다.

어휘 **inside** 안에, 내부에 **patio** 파티오, 안뜰

7 I'm not sure if I should contact the main office today or not.
(A) We signed the contract yesterday.
(B) There is a waiting room.
(C) I'd say tomorrow.

오늘 본사에 연락해야 할지 말아야 할지 모르겠네요.
(A) 우리는 어제 그 계약서에 서명했어요.
(B) 대기실이 있어요.
(C) 내일 하죠.

해설 연락을 오늘 해야 할지 말아야 할지 모르겠다는 평서문으로, 내일 하라고 한 (C)가 정답이다. (A) 유사 발음(contact-contract)를 이용한 오답이고, (B) 질문의 office에서 연상 가능한 waiting room을 이용한 오답이다.

어휘 **contact** 연락하다 **sign** 서명하다 **contract** 계약서 **waiting room** 대기실

8 The ideas presented in the proposal were very interesting.
(A) It's a lovely gift.
(B) Yes, they were.
(C) Fax it or mail it.
제안시에 제시된 아이니어늘이 매부 흥미로웠어요.
(A) 멋진 선물이네요.
(B) 네, 그랬어요.
(C) 팩스나 우편으로 보내세요.

해설 제안서에 제시된 아이디어가 흥미롭다고 하는 평서문에, 동의하는 표현인 (B)가 정답이다. (A)는 present가 '선물'이라는 의미일 경우 연상할 수 있는 gift를 이용하여 혼동을 주고 있다. (C)의 팩스나 우편으로 보내라는 것은 아이디어가 흥미로웠다는 의견에 대한 답이 될 수 없다.

어휘 **present** 나타내다, 제출하다; 선물 **proposal** 제안서

9 Could you change my seat, please?
(A) I prefer an aisle seat.
(B) I have enough changes.
(C) Where would you like to sit?
제 자리 좀 바꿔 주시겠어요?
(A) 저는 복도 측 좌석을 더 좋아해요.
(B) 저는 충분한 잔돈이 있어요.
(C) 어디에 앉고 싶으세요?

해설 자리를 바꿔 줄 수 있는지 묻는 요청문으로, 어디에 앉고 싶은지를 되묻는 (C)가 적절한 응답이다. (A) 동일 어휘(seat)를 반복한 오답 함정으로, 자리를 바꿔 달라고 한 질문에 본인의 선호도를 언급한 부자연스러운 응답이고, (B) 동일 어휘(change)를 반복한 오답 함정으로, '잔돈'이라는 전혀 다른 의미로 쓰였다.

어휘 **change** 바꾸다, 변경하다; 잔돈 **aisle** 복도 **enough** 충분한

10 Is the meeting being held today or tomorrow?
(A) Our manager will know.
(B) I was at home yesterday.
(C) All employees should attend the meeting.
회의가 오늘 열리나요, 아니면 내일 열리나요?
(A) 우리 매니저가 알 거예요.
(B) 저는 어제 집에 있었어요.
(C) 모든 직원들이 회의에 참석해야 해요.

해설 회의가 오늘 열리는지 내일 열리는지를 묻는 선택 의문문으로, 본인은 모르고 매니저가 알 거라고 하는 (A)가 적절한 응답이다. (B) 질문의 today or tomorrow에서 연상 가능한 yesterday를 이용한 오답 함정, (C) meeting을 반복 사용하여 혼동을 주고 있다.

어휘 **meeting** 회의 **attend** 참석하다

328 스파르타 토익 START

SPARTA REVIEW TEST
| p.69

1 (B) **2** (A) **3** (A) **4** (C) **5** (A)
6 (B) **7** (A) **8** (B) **9** (A) **10** (C)

1 Where can I get the shuttle to the airport?
(A) Yes, let's meet at the airport.
(B) In front of the hotel.
(C) It's the flight for Seattle.
공항으로 가는 셔틀 버스를 어디에서 탈 수 있나요?
(A) 네, 공항에서 만나요.
(B) 호텔 앞에서요.
(C) 시애틀로 가는 항공편이에요.

해설 공항으로 가는 셔틀 버스를 어디에서 탈 수 있느냐는 Where 의문문에, 구체적 장소를 알려준 (B)가 정답이다. (A)는 동일 어휘(airport) 반복 함정이며, (C)는 연상어(airport-flight) 함정이다.

어휘 **shuttle** 셔틀 버스 **flight** 비행편

2 When do you think the shipment will go out?
(A) It will leave tomorrow.
(B) Let's go there today.
(C) Sorry, it was because of the typhoon.
언제 선적이 나갈 것 같아요?
(A) 내일 나갈 거예요.
(B) 오늘 거기에 갑시다.
(C) 죄송합니다만, 태풍 때문이었습니다.

해설 시점을 묻는 When 의문문에, 내일(tomorrow)이라고 답한 (A)가 정답이다. (B)는 물건이 배송되는 것이지 사람이 가는 것이 아니므로 오답, (C)는 배송에 차질이 있었던 경우에 할 수 있는 응답이다.

어휘 **shipment** 선적 **typhoon** 태풍

3 Are you still waiting for Mr. Button to call?
(A) No, I talked to him yesterday.
(B) No, I can't wait.
(C) No way, he is highly qualified for it.
아직 Button 씨가 전화하기를 기다리고 있어요?
(A) 아니요, 어제 그와 얘기했어요.
(B) 아니요, 너무 기다려지네요.
(C) 아니요, 그는 그 일을 수행할 충분한 능력이 있어요.

해설 여전히 전화를 기다리는지 묻고 있다. 그와 어제 얘기했기 때문에 더 이상 전화를 기다리지 않는다는 의미의 (A)가 정답이다. (B)는 No로 전화를 기다리지 않는다고 한 후, I can't wait으로 기대된다고 말하고 있어 앞뒤 문맥이 어색하다.

어휘 **highly** 매우, 몹시 **qualified** 자격 있는

4 If you need any help with your new assignment, just ask.
(A) Yes, you got another assignment.
(B) Please help yourself.
(C) Thanks, I will.
새로운 업무에 도움이 필요하시면, 말씀만 하세요.
(A) 네, 당신은 다른 업무를 맡게 되었어요.
(B) 많이 드세요.
(C) 고마워요, 그렇게 할게요.

해설 새 업무에 도움이 필요하면 요청하라는 말에, 고맙다면서 그렇게 하겠다고 응답하는 (C)가 정답이다. (A)는 질문에 나온 assignment를 이용한 오답 함정이며, (B) 역시 질문에 나온 help를 반복한 오답 함정이다.

어휘 **assignment** 임무, 업무

5 Why don't you come to the movies with us?
(A) I have too much work to do.
(B) I'll move it over there.
(C) You should come earlier tomorrow.
저희랑 영화 보러 가지 않을래요?
(A) 할 일이 너무 많아요.
(B) 그것을 저쪽으로 옮겨 놓을게요.
(C) 내일 더 일찍 오세요.

해설 Why don't you ~?는 상대방에게 무언가를 권할 때 쓰이는 표현이다. '같이 영화 보러 가지 않겠냐'는 질문에, '할 일이 너무 많다'라는 응답이 자연스러우므로 정답은 (A)이다. (B)는 질문에 나온 movies와 발음이 유사한 move를 이용한 오답 함정이며, (C)는 질문에 나온 come을 반복해 혼동을 주고 있다.

어휘 **move** 옮기다 **earlier** 더 일찍

6 The tailor altered my suit to fit me.
(A) No, I'm afraid you can't.
(B) Oh, how much did it cost?
(C) This job doesn't suit me.
재단사가 정장을 제 몸에 맞게 수선해 줬어요.
(A) 아니요, 죄송하지만 그렇게 하실 수 없어요.
(B) 아, 비용이 얼마나 들었나요?
(C) 이 일은 저한테 안 맞아요.

해설 재단사가 옷을 수선해 줬다는 평서문으로, '얼마 들었냐'고 되묻는 응답이 적절하므로 정답은 (B)이다. (A) 질문과 관련이 없는 응답이고, (C)는 질문의 suit를 반복해 혼동을 유발하고 있다.

어휘 **alter** 수정하다, (옷을) 고치다 **suit** 정장; 잘 맞다 **fit** 맞다

7 Who has the key to the supply room?
(A) I'll have to ask.
(B) Yes, it's the new one.
(C) I don't know where to go.
누가 비품실 열쇠를 가지고 있죠?
(A) 물어봐야 해요.
(B) 네, 그건 새 거예요.
(C) 어디로 가야 할지 모르겠어요.

해설 누가 비품실 열쇠를 가지고 있냐는 물음에, 본인은 모르니 다른 사람에게 물어봐야 한다고 하는 (A)가 답이다. (B) 의문사 의문문에 Yes/No로 답할 수 없고, (C) 질문과는 관련 없는 응답이다.

어휘 **supply room** 비품실 **ask** 묻다

8 Why did Mr. Hanks request the new file?
(A) I already knew it.
(B) Didn't he tell you?
(C) During the next month.
왜 Hanks 씨가 새로운 파일을 요청했죠?
(A) 저는 이미 알고 있었어요.
(B) 그가 말하지 않았어요?
(C) 다음 달 중에요.

정답 및 해설 **329**

해설 Hanks 씨가 왜 파일을 요청했는지 묻는 Why 의문문으로, 그가 말해 주지 않았냐고 반문하는 (B)가 답이다. (A)는 유사 발음인 new-knew 를 이용한 오답 함정, (C)는 이유가 아닌 시기에 대한 응답이다.

어휘 request 요청하다   during ~동안

9 You are scheduled for a job interview today, aren't you?
(A) No, it was delayed.
(B) Yes, I'll be ready by tomorrow.
(C) Will you interview them?
오늘 구직 면접이 잡혀 있죠, 그렇지 않나요?
(A) 아뇨, 연기됐어요.
(B) 네, 저는 내일까지 준비될 거예요.
(C) 당신이 그들을 인터뷰할 거예요?

해설 오늘 면접이 잡혀 있는지를 묻는 부가 의문문으로, No라고 한 후 연기 됐다고 한 (A)가 정답이다. (B)는 질문의 today를 듣고 연상할 수 있는 tomorrow를 이용한 오답 함정이며, (C)는 interview를 반복해 혼동을 주고 있다.

어휘 be scheduled ~할 예정이다   job interview 구직 면접
delay 연기시키다   interview 인터뷰를 하다

10 Is the seminar being held in Beijing or Hong Kong this year?
(A) Okay, that should be fine.
(B) It's an annual event.
(C) We won't know until next week.
올해 세미나는 베이징에서 열리나요, 아니면 홍콩에서 열리나요?
(A) 알겠어요, 그렇게 하는 게 좋겠네요.
(B) 그건 연례 행사예요.
(C) 다음 주나 되어야 알 거예요.

해설 올해 세미나가 베이징에서 열리는지 아니면 홍콩에서 열리는지 묻는 선택 의문문으로, 다음 주가 되어야 알 수 있다고 한 (C)가 정답이다. (A)는 질문과 관련 없는 응답이고, (B)는 질문의 this year에서 연상 가능한 annual을 이용해 혼동을 주고 있다.

어휘 hold 개최하다   annual 연례의

PART 3

UNIT 08 ··· 주제 및 화자 문제

SPARTA **CHECK-UP** | p.73-74

1 (A)   **2** (A)

1
W: 그 보고서 아직도 완료 못 했나요? 방금 기관에서 전화 와서 어디에 있는지 물었어요.
M: 거의 다 끝났어요. 몇 분만 시간을 더 주세요.
W: 알았어요, 대신 최대한 빨리 인쇄소로 가져가야 돼요.

Q 화자들은 무엇에 대해 이야기하고 있는가?
(A) 미완성 보고서   (B) 분실된 서류

2
W: 무엇이 문제인가요? 간호사가 말하기로는 복통을 겪으셨다던데요.
M: 네, 이틀 동안 배탈이 났었고 아무것도 먹을 수가 없었습니다.
W: 약 처방전을 써 드릴 테니, 1층에 있는 약국에서 가져가세요.

Q 여자는 누구인 것 같은가?
(A) 의사   (B) 간호사

SPARTA **PRACTICE** | p.76

1 (A)   **2** (B)

1
W: Dr. Wilson's office, how can I **help** you?
M: Yes, I'm Smith Taylor, and I'm **scheduled** for a regular **checkup** this Friday. I need to **cancel** that, please.
W: All right. Do you want to reschedule it **then**?
- -
W: Wilson 박사님 사무실입니다, 무엇을 도와드릴까요?
M: 네, 저는 Smith Taylor라고 합니다. 이번 주 금요일로 정기 검진 예약을 했는데요. 취소해야 할 것 같습니다.
W: 알겠습니다. 그러면 일정을 다시 잡으시겠어요?

Q 남자는 왜 전화하는가?
(A) 예약을 취소하기 위해   (B) 예약하기 위해

해설 남자가 전화를 건 목적은 남자의 대사에서 단서를 찾아야 한다. 남자가 I need to cancel that, please.라고 했으므로 진료 예약을 취소하기 위해 전화했음을 알 수 있다.

2
W: Hi, you're Michael Smith, the **new accountant**, aren't you? I know it's **your first** day, so I just want to see if you have any questions.
M: Thank you. Actually, I have a question. I've never used this type of accounting software before. Is there a **training manual** for it?
W: That's new to everyone here. Let me email you the manual in a **minute**.
- -

330 스파르타 토익 START

W: 안녕하세요, 새로운 회계사인 Michael Smith 씨죠? 제가 알기로는 오늘이 당신의 첫 날인데 혹시 질문이 있으신지 궁금합니다.

M: 고맙습니다. 실은 질문이 하나 있어요. 저는 전에 이런 종류의 회계 소프트웨어를 써 본 적이 없어요. 그것에 대한 교육 안내서가 있나요?

W: 그것은 여기 있는 모두에게 새로운 것입니다. 제가 잠시 후에 메일로 안내서를 보내드릴게요.

Q 남자는 누구인 것 같은가?

(A) 잠재 소비자   (B) 신입직원

해설 남자가 누구인지를 묻고 있다. 여자의 첫 번째 대사에서 you're Michael Smith, the new accountant라고 얘기한 후 I know it's your first day라고 했으므로 (B)가 답임을 알 수 있다.

SPARTA TEST | p.77

1 (C)	2 (D)	3 (C)	4 (B)	5 (D)
6 (B)	7 (A)	8 (B)	9 (B)	10 (C)
11 (B)	12 (C)			

Q 1-3

M: Hello. I'm William Paterson. I have an appointment with Dr. Thompson.

W: Hello, Mr. Paterson. What time is your appointment?

M: It's at three o'clock. I made it last Friday. I guess I'm a little bit early.

W: That's no problem. He's examining another patient now. Please have a seat in the reception area for a few minutes. Dr. Thompson will be with you shortly.

M: 안녕하세요. 저는 William Paterson입니다. Thompson 박사님과 약속이 있습니다.

W: 안녕하세요, Paterson 씨. 약속이 몇 시입니까?

M: 3시예요. 지난 금요일에 약속했고요. 좀 일찍 온 것 같네요.

W: 괜찮습니다. 박사님께서는 지금 다른 환자를 진료 중입니다. 대기실에 앉아서 잠깐 기다려 주세요. 곧 Thompson 박사님을 만나 보실 수 있을 겁니다.

어휘 appointment 약속 examine 진료하다, 검사하다 patient 환자 reception area 접대실, 대기실 shortly 곧

1 여자는 누구인 것 같은가?

(A) 변호사
(B) 의사
(C) 접수 담당 직원
(D) 환자

해설 여자가 의사와 진료 약속이 있는 남자를 안내하고 있으므로 병원에서 일하는 접수원임을 알 수 있다.

2 화자들은 어디 있는가?

(A) 공항에
(B) 약국에
(C) 상점에
(D) 병원에

해설 남자가 I have an appointment with Dr. Thompson.이라고 했고, 여자가 He's examining another patient now.라고 한 말을 미루어 볼 때 대화 장소는 (D) 병원임을 알 수 있다.

3 여자가 남자에게 제안하는 것은 무엇인가?

(A) 약속을 확인한다
(B) 커피를 마신다
(C) 잠깐 앉아 있는다
(D) 3시에 돌아온다

해설 여자가 남자의 약속을 확인한 후 Please have a seat in the reception area for a few minutes.라면서 앉아서 기다리면 곧 Thompson 씨를 만나게 될 거라고 얘기하고 있다. 따라서 (C)가 정답이다.

Q 4-6

M: Welcome to Candy's. Do you have any questions about the menu?

W: This is my first time here, so what would you recommend for dinner?

M: Well, we have a delicious vegetable soup today, and the chopped steak is very good too. Are you ready to order, or do you need a few more minutes?

W: I think I need a few more minutes to decide if you don't mind. But could you please bring me a diet coke while I think about it?

M: Candy's에 오신 것을 환영합니다. 메뉴에 대한 질문 있으신가요?

W: 여기 처음 왔는데요, 저녁식사를 추천해 주실래요?

M: 음, 오늘은 맛있는 야채 수프가 있고요, 찹 스테이크도 아주 훌륭합니다. 주문하실 준비가 되셨나요, 아니면 좀 더 시간이 필요하세요?

W: 괜찮으시면 결정할 시간을 더 주세요. 하지만 생각하는 동안 다이어트 콜라 좀 가져다주시겠어요?

어휘 recommend 추천하다 delicious 맛있는 vegetable soup 야채 수프 chop 잘게 다지다 decide 결정하다 mind 꺼리다

4 화자들은 어디에 있을 것 같은가?

(A) 체육관에
(B) 레스토랑에
(C) 요리 수업에
(D) 슈퍼마켓에

해설 대화 중, Do you have any questions about the menu?, recommend for dinner?, Are you ready to order, or do you need a few more minutes? 등으로 미루어 보아 (B) 레스토랑에서 대화가 이루어지고 있음을 알 수 있다.

5 여자가 남자에게 요청하는 것은 무엇인가?

(A) 메뉴를 가져온다
(B) 조리법을 제공한다
(C) 다이어트 음식을 만든다
(D) 음식을 추천한다

해설 여자의 첫 번째 대사 what would you recommend for dinner?에서 답이 (D)임을 알 수 있다.

정답 및 해설 **331**

6 여자는 다음에 무엇을 할 것 같은가?

(A) 저녁식사를 준비한다

(B) 메뉴를 고른다

(C) 계산서를 요청한다

(D) 후기를 작성한다

[해설] 대화 마지막 부분의 I think I need a few more minutes to decide if you don't mind. But could you please bring me a diet coke while I think about it?에서 답이 (B)임을 알 수 있다.

Q 7-9

M: Will any food be served after the meeting?

W: Yes, drinks and snacks are being served in the conference room.

M: That's great. I think everybody would be getting hungry about now.

W: You're right. You know that one of the caterers is Jenny's Table? Their food is fantastic!

M: 회의 후 음식이 제공되나요?

W: 네, 회의실에서 음류수와 스낵이 제공될 거예요.

M: 좋네요. 지금쯤이면 모두들 배가 고플 거예요.

W: 맞아요. 출장 요리 업체 중 하나가 Jenny's Table인 거 알아요? 거기 음식 정말 끝내줘요!

[어휘] **serve** 제공하다 **conference room** 회의실 **caterer** 요리 제공 업체 **fantastic** 환상적인

7 화자들이 논의하고 있는 것은 무엇인가?

(A) 다과

(B) 회의 안건

(C) 참석률

(D) 회의실

[해설] 회의 후 음식이 제공되는지와 그 음식에 대해 말하고 있으므로 정답은 (A)이다. 지문의 drinks and snacks가 refreshments로 패러프레이징되었다.

8 Jenny's Table은 어떤 종류의 업체인가?

(A) 식료품점

(B) 요리 제공 업체

(C) 가구점

(D) 요리 학원

[해설] 대화 마지막 부분에, one of the caterers is Jenny's Table이라고 언급했으므로 답이 (B)임을 알 수 있다.

9 여자는 음식에 대해 뭐라고 말하는가?

(A) 아직 준비되지 않았다.

(B) 맛있다.

(C) 전에 먹어본 적 없다.

(D) 그녀가 직접 만들었다.

[해설] 여자가 마지막에, You know that one of the caterers is Jenny's Table? Their food is fantastic!이라면서 업체의 음식이 끝내준다고 했으므로 이와 일치하는 것은 (B)이다.

Q 10-12

M: Excuse me. I don't have an umbrella with me, and I just heard on the news that it'll be raining all day today. Are there any shops in the building where I can buy an umbrella?

W: Of course. You can find the hotel gift shop on the first floor. It usually opens at 10 A.M.

M: All right, thanks. I should stop by there after breakfast then.

M: 실례합니다. 제가 우산이 없어서 그러는데요, 뉴스에서 오늘 하루 종일 비가 올 거라고 들었어요. 건물에 우산을 살 수 있는 곳이 있을까요?

W: 물론이죠. 1층에 호텔 기념품점이 있을 거예요. 보통 오전 10시에 엽니다.

M: 네, 고마워요. 그럼 아침식사 후에 들르면 되겠군요.

[어휘] **umbrella** 우산 **shop** 가게 **gift shop** 선물 가게 **stop by** 들르다 **breakfast** 아침식사

10 대화가 이루어지는 곳은 어디인 것 같은가?

(A) 쇼핑몰

(B) 지하철

(C) 호텔

(D) 라디오 방송국

[해설] 건물에 우산을 살 곳이 있냐고 묻는 남자의 질문에 여자가 You can find the hotel gift shop on the first floor, 즉 1층에 호텔 기념품점이 있다고 했으므로 대화가 이루어지는 곳은 (C) 호텔임을 유추할 수 있다.

11 남자가 묻고 있는 것은 무엇인가?

(A) 날씨

(B) 위치

(C) 메뉴

(D) 가격

[해설] 남자의 첫 번째 대사에서, Are there any shops in the building where I can buy an umbrella?라면서 우산을 살 수 있는 곳이 어디인지를 묻고 있으므로 답은 (B)이다.

12 남자는 가게를 언제 방문할 것인가?

(A) 정오에

(B) 오전 10시 전에

(C) 오전 10시 후에

(D) 오후 10시에

[해설] 여자가 가게 여는 시간이 10시(It usually opens at 10 A.M.)라고 언급했고, 이어서 남자가 그러면 아침식사 후에 가면 되겠다고 말하고 있다. 따라서 남자는 가게 오픈 시간 이후, 즉 (C) 오전 10시 후에 가게에 갈 것임을 알 수 있다.

UNIT 09 ··· 제안&요청/미래에 할 일

SPARTA CHECK-UP | p.79-80

1 (B)   **2** (A)

1
W: 실례합니다. 법률 서류를 가지러 왔습니다.
M: 죄송하지만, 다른 건물로 오셨습니다. 지도를 그려 드릴 테니, 써 드린 지시대로 따라가시면 됩니다.

Q 남자는 무엇을 하겠다고 제안하는가?
(A) 법률 부서에 연락하기   (B) 길 알려 주기

2
M: 안녕하세요. 여기 1층에서 행사 잡혀 있는 게 있나요?
W: 다음 주말에 저희가 미술 전시회를 엽니다. 지역 예술가들이 그린 작품을 전시하고 모두 판매할 거예요. 여기 정보가 담긴 안내책자가 있습니다.
M: 감사합니다. 방문해 보는 게 좋겠네요.

Q 다음 주말에 어떤 행사가 열릴 것인가?
(A) 미술 전시회   (B) 시상식

SPARTA PRACTICE | p.82

1 (B)   **2** (A)

1
M: Here's the key to the conference equipment room. **You'll find** a slide projector, a white board, and flip charts there.
W: Thank you. I appreciate your **help**. Where exactly is the **equipment** room?
M: It's at the back of the **main hall** on the right. I could **come with** you and show you where it is if you like.

M: 회의 장비 창고 열쇠 여기 있어요. 그곳에 가면 슬라이드 프로젝터, 화이트보드와 플립 차트를 찾으실 수 있습니다.
W: 고맙습니다. 도움을 주셔서 감사합니다. 장비 창고가 정확히 어디인가요?
M: 오른쪽 메인 홀 뒤편에 있습니다. 원하시면 제가 함께 가서 어디인지 알려 드릴 수 있어요.

Q 남자는 무엇을 해주겠다고 제안하는가?
(A) 문을 열어준다   (B) 그녀를 방까지 안내한다

해설 남자가 해주겠다고 제안(offer)한 내용이 무엇인지를 묻고 있다. 대화 후반부에 I could come with you and show you where it is if you like.에서 원하면 함께 가서 장비실이 어디에 있는지 알려 주겠다고 했으므로 답은 (B)이다.

2
M: I was in the kitchen **updating** the special of the day. I **brought** back all the **menus** with me to reflect the **changes**.
W: Okay, good. Can you do me a **favor**? I need to bring some water and napkins to the **customer** at table six.
M: Sure, I'll **take care** of that.

M: 오늘의 특별 요리를 업데이트하느라 부엌에 있었어요. 변경 사항을 반영하려고 모든 메뉴판을 다시 가져 왔어요.
W: 네, 좋아요. 그리고 부탁 하나 좀 들어줄래요? 6번 테이블 손님께 물과 냅킨을 갖다 줘야 해요.
M: 물론이죠. 제가 처리할게요.

Q 남자는 다음에 무엇을 할 것인가?
(A) 손님을 돕는다   (B) 메뉴를 수정한다

해설 여자가 부탁이 있다고 하면서 6번 테이블 손님을 응대해야 한다고 했고, 이에 남자가 본인이 처리하겠다(I'll take care of that.)고 응답했으므로 정답은 (A)이다.

SPARTA TEST | p.83

1 (A)	**2** (C)	**3** (B)	**4** (B)	**5** (B)
6 (C)	**7** (A)	**8** (D)	**9** (B)	**10** (B)
11 (B)	**12** (C)			

Q 1-3

W: Tom, how is your finance report coming along? Will you be ready to submit it on Wednesday? The project manager needs it by then so that he can include your results in his presentation to the company director.
M: Well, I have a lot more to do in order to complete it, but I think I can get it done in time.
W: If the schedule is too tight, I can request an extension of one day from the project manager. He won't be presenting until Friday afternoon.
M: Thanks, but I don't think that'll be necessary. I'll be sure to submit it on Wednesday.

W: Tom, 재정 보고서는 어떻게 진행되고 있어요? 수요일에 제출할 수 있겠어요? 프로젝트 담당자가 이사님께 발표할 때 당신의 결과를 포함시키려면 그때까지는 보고서가 필요해요.
M: 음, 완성하려면 해야 할 일이 많지만, 시간 내에 끝낼 수 있을 것 같아요.
W: 일정이 너무 촉박하면, 제가 프로젝트 담당자에게 하루 더 연장해 달라고 요구할 수 있어요. 그는 금요일 오후에 발표할 거예요.
M: 고맙지만 그럴 필요는 없을 것 같아요. 수요일에 꼭 제출할게요.

어휘 **come along** 진전되다   **be ready to** ~할 준비가 되다   **submit** 제출하다   **so that** ~하도록   **presentation** 발표   **director** 이사   **complete** 완결 짓다   **tight** (일정, 돈 등이) 여유가 없는   **request** 요청하다   **extension** (기간) 연장   **necessary** 필요한   **be sure to** 꼭 ~하다

1 대화는 주로 무엇에 대한 것인가?
(A) 임무 완수하기
(B) 프레젠테이션 미루기
(C) 설문 조사 결과 검토하기
(D) 회의 잡기

해설 첫 대사에서 여자가 남자에게 보고서가 어디까지 작업되었는지를 물었고, 이에 남자가 기한 내에 끝낼 수 있다고 답하고 있으므로 (A)가 정답이다.

정답 및 해설 **333**

2 여자는 무엇을 해주겠다고 제안하는가?
(A) 자료를 보낸다
(B) 이사와 얘기한다
(C) 기한 연장을 요청한다
(D) 보고서 일을 돕는다

해설 남자가 할 일이 많다고 얘기하자, 여자가 남자를 위해 프로젝트 담당자에게 연장을 요청해 줄 수 있다고 언급하는 부분(I can request an extension of one day from the project manager.)에서 (C)가 답임을 알 수 있다.

3 남자는 보고서를 언제 제출할 것 같은가?
(A) 화요일에
(B) 수요일에
(C) 목요일에
(D) 금요일에

해설 남자가 마지막에 I'll be sure to submit it on Wednesday.라고 답하고 있으므로 정답은 (B)이다.

Q 4-6

W: Good afternoon. I don't have an account at this bank, but I need to rent a safety deposit box.
M: Well, you can certainly do that. However, I will need to see some identification. Do you have a photo ID with you?
W: Yes, I do. I have both my passport and driver's license.
M: Your passport will do just fine. I need to make a photocopy of it. While I do that, would you fill out the application form for a safety deposit box, please?

- -

W: 안녕하세요. 여기 은행에 계좌는 없지만 귀중품 보관함을 대여하고 싶어서요.
M: 음, 물론 그러실 수는 있지만 신분증을 확인해야 합니다. 사진이 부착된 신분증을 가지고 계신가요?
W: 네. 여권이랑 운전면허 둘 다 가지고 있어요.
M: 여권이면 충분합니다. 복사를 해야 하는데요. 제가 복사하는 동안 귀중품 보관함 신청서를 작성해 주시겠어요?

어휘 **account** 계정, 계좌 **rent** 빌리다 **safety deposit box** 귀중품 보관함, 안전 금고 **certainly** 확실히 **identification** 신원 확인, 신분증 **make a photocopy** 복사하다 **fill out** 작성하다 **application form** 신청서

4 화자들은 어디에 있는 것 같은가?
(A) 여권 사무소에
(B) 은행에
(C) 운전면허 학원에
(D) 사진관에

해설 대화의 장소를 묻는 질문으로, account at this bank(이 은행의 계좌), safety deposit box(귀중품 보관함)를 통해 (B) 은행에서 이루어지고 있는 대화임을 알 수 있다. 귀중품 보관함은 흔히 이용하는 서비스는 아니지만 은행에서 제공하는 서비스임을 알아 두자. 운전면허증과 여권은 신원 확인을 위한 증명서로 언급되었으므로 (A), (C)는 함정이다.

5 어떤 서류가 사용될 것인가?
(A) 운전면허증
(B) 여권
(C) 신용카드
(D) 은행카드

해설 여자가 신분 증명을 위해 소지한 것이 운전면허증과 여권인데, 남자가 Your passport will do just fine.(여권이면 충분합니다)이라고 했으므로 (B)가 답임을 알 수 있다.

6 여자는 다음에 무엇을 할 것 같은가?
(A) 귀중품 보관함을 이용한다
(B) 사진을 찍는다
(C) 양식을 작성한다
(D) 돈을 입금한다

해설 대화 이후의 행동은 자신이 어떤 행동을 하겠다는 I'll ~, Let me ~, I think I should/will/have to ~ 등의 미래 표현으로 제시되지만, 무언가를 해달라는 상대방의 대사에서 힌트가 제시될 수도 있다. 남자가 마지막에, 복사하는 동안 신청서 작성을 부탁했으므로 fill out을 complete로 패러프레이징한 (C)가 답이다.

Q 7-9

M: Do you know when the new sales representatives from the London office will be arriving? I've been looking forward to meeting them, but I'm leaving for New York on Friday.
W: You won't miss them. All the international representatives are coming on Tuesday.
M: That's good. We talked so often on the telephone, and all of them were so nice.
W: I know. The welcoming reception on Wednesday evening will give everyone else in the sales department a chance to get to know one another.

- -

M: 런던 사무실에서 새 영업 직원들이 언제 도착하는지 알아요? 그들을 만나고 싶었는데, 금요일에 뉴욕으로 떠나야 해서요.
W: 그들을 만날 수 있을 거예요. 모든 해외 직원들은 화요일에 와요.
M: 잘됐네요. 전화로 자주 이야기를 나눴는데, 모두들 정말 친절하더군요.
W: 맞아요. 수요일 저녁에 열리는 환영회는 영업부에 있는 모든 다른 사람들에게 서로에 대해 알 수 있는 좋은 기회가 될 거예요.

어휘 **sales representative** 영업 사원 **look forward to** ~을 고대하다 **leave** 떠나다 **miss** 놓치다 **international** 해외의 **welcoming reception** 환영회 **sales department** 영업부 **chance** 기회 **get to know** 알게 되다 **one another** 서로

7 화자들은 누구인 것 같은가?
(A) 영업 사원
(B) 여행사 직원
(C) 호텔 접수원
(D) 전화 교환원

해설 남자가 Do you know when the new sales representatives from the London office will be arriving?이라고 말하는 부분과, 여자의 대사 The welcoming reception on Wednesday evening will give everyone else in the sales department a chance to get to know one another.을 통해 (A) 영업부 직원들 간의 대화임을 알 수 있다.

8 화자들이 논의하고 있는 것은 무엇인가?
(A) 회의에 참석하는 것
(B) 새 직원들을 고용하는 것
(C) 해외에서 근무하는 것
(D) 동료들을 만나는 것

해설 남자의 대사, Do you know when the new sales representatives from the London office will be arriving?과 여자의 대사, All the international representatives are coming on Tuesday.에서 다른 사무실에서 오는 동료들을 만나는 것에 대해 이야기하고 있다는 것을 알 수 있다. 따라서 답은 (D)이다.

9 수요일에 무엇이 계획되어 있는가?
(A) 면접
(B) 사교 모임
(C) 출장
(D) 취업 박람회

해설 여자의 대사 중, The welcoming reception on Wednesday evening will give everyone else in the sales department a chance to get to know one another.에서 수요일에 환영회가 있다는 것을 알 수 있다. 이를 패러프레이징한 (B)가 정답이다.

Q 10-12

W: Dr. Clinton's office, how may I help you?
M: Yes, I'm James Dillon, and I'm scheduled for an eye examination next Tuesday. But I need to cancel it, please.
W: All right. Do you want to reschedule it then? You can see the doctor on Wednesday afternoon.
M: No. Actually, I think I'll be busy all next week, so I'm not really sure yet. I will call you back on Monday morning and let's discuss the schedule for the appointment then.

- -

W: Clinton 박사님 사무실입니다, 무엇을 도와드릴까요?
M: 네, 저는 James Dillon이라고 합니다. 다음 주 화요일로 시력 검사 예약을 했는데요. 취소해야 할 것 같습니다.
W: 알겠습니다. 그러면 일정을 다시 잡으시겠어요? 수요일 오후에 진찰을 받으실 수 있는데요.
M: 아니요. 실은 제가 다음 주 내내 바쁠 것 같아서 아직 확신할 수가 없네요. 월요일 아침에 다시 연락을 드릴 테니, 그때 진료 일정을 얘기해 보죠.

어휘 **be scheduled for** ~할 예정이다 **eye examination** 시력 검사 **cancel** 취소하다 **discuss** 논하다 **appointment** 약속

10 남자는 왜 전화했는가?
(A) 날짜를 미루기 위해
(B) 예약을 취소하기 위해
(C) 의사와 얘기하기 위해
(D) 예약하기 위해

해설 남자의 첫 번째 대사, I'm scheduled for an eye examination next Tuesday. But I need to cancel it, please.를 통해 남자는 진료 예약을 취소하려고 전화했음을 알 수 있다. 따라서 답은 (B)이다.

11 여자가 남자에게 제안하는 것은 무엇인가?
(A) 무료 검사
(B) 약속 일정 변경
(C) 의사의 연락처
(D) 의료 자문

해설 여자의 두 번째 대사, Do you want to reschedule it then? You can see the doctor on Wednesday afternoon.에서 '일정 조정을 원하면 수요일 오후에 검진 받을 수 있다'고 했으므로 (B)가 답이 된다.

12 남자는 무엇을 하겠다고 말하는가?
(A) 메일에 답장한다
(B) 다른 병원에 간다
(C) 나중에 다시 전화한다
(D) 약을 먹는다

해설 남자가 하겠다고 하는 것을 묻고 있으므로 남자의 대사에 집중해서 들어야 한다. 남자가 마지막에 I will call you back on Monday morning and let's discuss the schedule for the appointment then.이라고 한 부분을 통해 (C)가 답임을 알 수 있다.

LC | Part 3

정답 및 해설 **335**

UNIT 10 ··· 의도 파악/추론 문제

SPARTA CHECK-UP
| p.85-86

1 (A)　　**2** (B)

1
> M: 회의는 어떻게 됐어요?
> W: 잘 진행됐어요. 저희는 일정을 확정했고 발표자 목록을 준비했어요. 모든 것이 제때에 잘 맞아떨어져서 다행이에요.

Q 여자가 "잘 진행됐어요"라고 말한 의미는 무엇인가?
(A) 계획에 진전이 있었다.　　(B) 보고서를 승인 받았다.

2
> W: 신입직원들을 위한 연수는 어땠어요?
> M: 회의에 효과적으로 참여하는 방법을 알 수 있는 좋은 기회였어요. 당신은 훈련이 어땠어요?
> W: 실은 훈련에 집중할 수가 없었어요. 더 재미있을 수도 있었는데 말이죠.

Q 여자는 강좌에 대해 무엇을 암시하는가?
(A) 흥미로웠다.　　(B) 지루했다.

SPARTA PRACTICE
| p.88

1 (A)　　**2** (B)

1
> W: Hi, Tom. Would it be **possible** to give me a **ride** to work this morning?
> M: I'd be happy to give you a ride, but my car is in the **repair** shop now. It won't be **ready** until tomorrow. Well, I'm just going to **take** a taxi to work. Do you want to **share** one?
> W: That'd be nice! I'll be ready in ten **minutes**.
>
> W: 안녕하세요, Tom. 오늘 아침에 회사까지 태워줄 수 있어요?
> M: 태워주고 싶지만 지금 제 차가 수리 중이에요. 내일이나 되어야 쓸 수 있어요. 음, 회사까지 택시 탈 건데, 같이 갈래요?
> W: 그거 좋겠네요! 10분 내로 갈게요.

Q 여자는 왜 "그거 좋겠네요"라고 말하는가?
(A) 택시 합승에 동의하기 위해
(B) 그의 차가 수리되도록 하기 위해

해설 택시를 같이 탈 것인지(Do you want to share one?)를 묻는 말에 여자가 이어서 하는 말로, 남자의 제안을 수락하고 있는 상황이다. 따라서 정답은 (A)이다.

2
> W: This model here is a really **popular** one.
> M: It's nice, but it's a bit **pricey**. I was hoping to find something **cheaper**. Do you have anything that is less **expensive**?
> W: We sure do. The KW505 is the same **brand**, just the older model. It has **similar** options but is less expensive.
>
> W: 여기 이 모델은 정말 인기 있습니다.
> M: 좋긴 한데, 좀 비싸네요. 저는 더 저렴한 것을 찾고 싶었거든요. 덜 비싼 것도 있나요?
> W: 물론입니다. KW505은 같은 브랜드이지만 구형 모델입니다. 비슷한 성능을 갖추고 있지만 더 쌉니다.

Q KW505에 대해 무엇이 암시되는가?
(A) 최신 모델이다.　　(B) 가격이 더 저렴하다.

해설 여자의 마지막 대사를 보면, It has similar options but is less expensive.라고 했으므로 가격이 더 저렴한 모델임을 알 수 있다.

SPARTA TEST
| p.89

1 (B)	**2** (B)	**3** (D)	**4** (C)	**5** (A)
6 (A)	**7** (C)	**8** (B)	**9** (A)	**10** (C)
11 (A)	**12** (D)			

Q 1-3
> W: I just heard that the meeting is scheduled for Tuesday at 10:30 A.M.
> M: Yes, we're going to talk about our sales plans and take some time to meet the new manager who's starting next week.
> W: I had no idea it was on Tuesday. I have an appointment with an important client then. I think it'll be at least eleven before I get back to the office.
> M: Oh, that's okay. You won't miss that much being thirty minutes late. Just make sure you let the other people know.
> W: Don't worry! If there is anything important, I'll let you know.
>
> ----
>
> W: 방금 화요일 오전 10시 반에 회의가 잡혔다고 들었는데요.
> M: 맞아요, 우리 판매 계획에 대해 얘기하고, 다음 주부터 근무할 새 매니저를 만날 시간도 갖기로 했어요.
> W: 화요일인 줄은 몰랐어요. 그때 중요한 고객과 약속이 있어요. 사무실로 돌아오면 적어도 11시는 될 거 같아요.
> M: 아, 괜찮아요. 30분 늦는 걸로 많이 놓치진 않을 거예요. 다른 사람들이 확실히 알 수 있게만 해주세요.
> W: 걱정 마세요! 중요한 부분이 있으면 알려 드릴게요.

어휘 sales 판매　take time 시간을 갖다　manager 지배인, 관리자　appointment 약속　important 중요한　client 고객　at least 적어도　miss 놓치다　make sure 확실히 하다

1 회의는 무슨 요일로 예정되어 있는가?
(A) 월요일
(B) 화요일
(C) 수요일
(D) 목요일

해설 대화 도입부에서 여자가 I just heard that the meeting is scheduled for Tuesday at 10:30 A.M.이라며 회의가 화요일로 예정되어 있다는 사실을 밝히고 있다. 따라서 정답은 (B).

2 회의에서 누가 소개될 것 같은가?
(A) 고객
(B) 매니저
(C) 비서
(D) 판매원

해설 남자가 we're going to talk about our sales plans and take some time to meet the new manager who's starting next week.에서 회의 때 할 일들을 얘기하면서 다음 주부터 근무를 시작할 매니저를 만날 거라고 했다. 따라서 정답은 (B)이다.

336 스파르타 토익 START

3 여자가 "화요일인 줄은 몰랐어요"라고 말한 의미는 무엇인가?
(A) 그녀는 회의를 취소해야 한다.
(B) 그녀는 판매 계획에 실수를 했다.
(C) 그녀는 고객에게 전화하는 것을 잊었다.
(D) 그녀는 스케줄이 겹친다.

해설 여자가 I had no idea it was on Tuesday. I have an appointment with an important client then.이라며 화요일에 회의가 있는지 몰랐고 그날 고객과 약속이 있다고 말하므로 약속이 겹친다고 한 (D)가 답이다.

Q 4-6

M: Would you care for some dessert or coffee?
W: No, thank you. I'd just like the check, please.
M: Certainly. I'll bring it back to your table, and you can pay the cashier whenever you're ready.
W: Oh, I have to pay the cashier? The last time I was here, I paid the waiter, and he brought the change back.

M: 디저트나 커피 드시겠습니까?
W: 아니요, 괜찮아요. 그냥 계산서만 주세요.
M: 알겠습니다. 테이블로 갖다드릴 테니 준비되는 대로 계산대에서 지불하시면 됩니다.
W: 아, 계산대에서 지불해야 한다고요? 지난번에 제가 여기에 왔을 때 웨이터에게 돈을 지불했고, 잔돈을 저한테 가져다줬는데요.

어휘 Would you care for ~? ~하시겠어요? dessert 후식 check 계산서(=bill) Certainly. 물론이죠. cashier 출납원, 계산대 change 잔돈

4 남자는 누구인 것 같은가?
(A) 요리사
(B) 고객
(C) 웨이터
(D) 사장

해설 대화 초반에 남자가 디저트나 커피를 권하고(Would you care for some dessert or coffee?) 있고, 계산서를 가져다주겠다(I'll bring it back to your table)고 했으므로 이로 미루어 볼 때 남자는 식당이나 카페 종업원임을 알 수 있다. 따라서 답은 (C)이다.

5 여자는 남자에게 무엇을 요구하는가?
(A) 계산서
(B) 후식
(C) 메뉴판
(D) 잔돈

해설 대화 초반에 여자가 I'd just like the check, please.(그냥 계산서만 주세요.)라고 했으므로 답은 (A)가 된다.

6 여자가 "아, 계산대에서 지불해야 한다고요"라고 말한 의도는 무엇인가?
(A) 그녀는 지난번에 다른 방법으로 계산했다.
(B) 그녀는 항상 계산대에서 지불한다.
(C) 그녀는 계산서가 잘못됐다고 생각한다.
(D) 그녀는 이미 계산했다.

해설 남자가 계산대에서 지불하면 된다고 안내하자, 여자가 지난번에 왔을 때는 웨이터에게 돈을 줬고, 잔돈을 가져다 줬다(The last time I was here, I paid the waiter, and he brought the change back.)고 했으므로 이와 일치하는 (A)가 정답이다.

Q 7-9

W: Thank you for being our guest on Book Focus. First of all, have you spent much time in Asia?
M: Yes, I lived in Tokyo and Singapore for ten years, and I've been in Thailand for about thirty years now.
W: Well, your books offer a fascinating look at Asian history.
M: Right, thank you. The main purpose for why I am writing these books is to explain that a lot of Asian cultures are misunderstood. And I'd like to show people how nice Asia really is.

W: 북 포커스에 출연해 주셔서 감사합니다. 먼저, 아시아에 오래 계셨나요?
M: 네, 도쿄와 싱가포르에서 10년 살았고, 현재 태국에서 30년 정도 살고 있습니다.
W: 음, 당신의 책들은 아시아 역사의 매혹적인 모습을 보여주는군요.
M: 맞아요, 감사합니다. 제가 이런 책을 쓰는 주된 목적은 많은 아시아 문화가 잘못 이해되고 있음을 설명하기 위해서입니다. 그리고 사람들에게 아시아가 얼마나 멋진 곳인지를 보여주고 싶어요.

어휘 guest 손님, 고객 fascinating 매혹적인, 황홀한 history 역사 purpose 목적 culture 문화 misunderstand 오해하다

7 남자는 지금 어디에 살고 있는가?
(A) 도쿄에
(B) 싱가포르에
(C) 태국에
(D) 미국에

해설 도쿄와 싱가포르에서 10년 살았고(I lived in Tokyo and Singapore for ten years), 현재는 약 30년째 태국에서 살고 있다(I've been in Thailand for about thirty years now)고 했으므로 답은 (C)이다.

8 남자는 무엇에 대해 글을 썼는가?
(A) 태국에서 성공적으로 사는 법
(B) 아시아 역사와 문화
(C) 아시아 국가로의 여행을 위한 팁
(D) 좋은 작가가 되기 위한 조언

해설 여자의 두 번째 대사에서 your books offer a fascinating look at Asian history.(당신의 책들은 아시아 역사의 매혹적인 모습을 보여주는군요)라고 언급한 부분과 남자의 마지막 대사 중, The main purpose for why I am writing these books ~ how nice Asia really is.를 통해 남자가 쓴 책은 (B) 아시아의 역사와 문화에 대한 내용임을 알 수 있다.

9 남자에 관해 추측할 수 있는 것은 무엇인가?
(A) 아시아에서 오랫동안 살고 있다.
(B) 수많은 도시로 여행을 갔다.
(C) 곧 태국으로 떠날 것이다.
(D) 역사를 전공했다.

해설 남자가 대화 초반에, I lived in Tokyo and Singapore for ten years, and I've been in Thailand for about thirty years now.라고 언급한 부분을 통해, (A) 아시아에서 오랫동안 살아왔음을 알 수 있다. (C) 현재 태국에 살고 있으므로 오답, (B) 도시로의 여행이나 (D) 전공에 관한 내용은 언급되지 않았다.

정답 및 해설 **337**

Q 10-12

W: How do you like working with Mr. Smith?

M: It's great! He has many excellent ideas, and he's really good with people.

W: He's been in the Sales Department for twenty years, so you could learn a lot from him.

M: Was he? I heard he was in the Marketing Department for seven years but didn't know he worked in sales for so long.

W: Smith 씨랑 일하는 건 어때요?

M: 좋아요! 그는 멋진 아이디어도 많고 대인관계가 정말 좋아요.

W: 그는 20년 동안 영업 부서에 있었으니 많은 걸 배울 수 있을 거예요.

M: 그래요? 마케팅 부서에서 7년 동안 있었다는 건 들었지만 영업 부서에서 그렇게 오랫동안 일한 줄은 몰랐네요.

어휘 **excellent** 훌륭한 **sales** 판매, 영업 **department** 부서

10 화자들은 무엇에 대해 논의하고 있는가?
(A) 전근
(B) 예산
(C) 동료
(D) 전략

해설 전체 대화 내용을 볼 때, 직장 동료 Smith 씨의 장점 및 경력에 대해 얘기 나누고 있으므로 정답은 (C)이다.

11 Smith 씨는 누구인 것 같은가?
(A) 영업 부서 직원
(B) 마케팅 부서 직원
(C) 회사 고객
(D) 회사 사장

해설 대화 중반에 He's been in the Sales Department for twenty years라며 현재까지 영업 부서에 재직 중임이 언급되어 있다. 따라서 정답은 (A)이다. (B) 마케팅 부서는 전에 7년간 일했던 부서이고, (C), (D)는 언급된 바 없다.

12 여자는 Smith 씨에 대해 무엇을 암시하는가?
(A) 그는 신입사원들을 교육시킨다.
(B) 그는 회사에 막 입사했다.
(C) 그는 올해의 직원 상을 수상했다.
(D) 그는 영업 분야에 아는 것이 많다.

해설 여자의 두 번째 대사, He's been in the Sales Department for twenty years, so you could learn a lot from him.을 통해, 그가 영업 분야 전문임을 추론할 수 있다. 따라서 정답은 (D)이다.

UNIT 11 ··· 시각 자료 연계 문제

SPARTA CHECK-UP
p.91-92

1 (B)　　**2** (B)

1

M: 어떤 카드를 신청하고 싶으세요?

W: 음, 추천 좀 해주시겠어요? 저는 가족과 쇼핑하는 것을 좋아하는데요.

카드	혜택
아메리칸 익스프레스 플러스	5% 식당 할인
아메리칸 익스프레스 프리미엄	10% 상점 할인

Q 시각 자료를 보시오. 여자는 어떤 카드를 신청할 것 같은가?
(A) 아메리칸 익스프레스 플러스
(B) 아메리칸 익스프레스 프리미엄

2

W: 실례지만, 제 계산서에 오류가 있는 것 같아요. 확인 좀 해주시겠어요?

M: 혼동을 드려 죄송합니다만 저희가 아직 메뉴를 업데이트하지 못했습니다. 18달러가 아니고 20달러입니다.

메뉴	
스테이크	35달러
파스타	20달러
피자	18달러
음료	5달러

Q 시각 자료를 보시오. 어떤 메뉴가 수정되어야 하는가?
(A) 파스타　　　　(B) 피자

SPARTA PRACTICE
p.94

1 (B)　　**2** (B)

1

M: Good afternoon. What can I do for you?

W: I'd like to have this **jacket cleaned**. How much does it **cost**?

M: It **depends** on the **material** the jacket is made of. Let me see... It's going to be **fifteen** dollars.

W: Oh, it's much more **expensive** than I **expected**.

M: 안녕하세요. 무엇을 도와드릴까요?

W: 이 재킷을 세탁하고 싶은데요. 비용이 얼마죠?

M: 재킷의 재질에 따라 다릅니다. 어디 봅시다... 비용은 15달러입니다.

W: 아, 제가 생각한 것보다 훨씬 비싸네요.

해피 드라이클리닝

직물	가격
면	8달러
울	10달러
실크	15달러
가죽	18달러

Q 시각 정보를 보시오. 재킷은 무엇으로 만들어졌는가?
(A) 면　　　　　　(B) 실크

해설 남자가 재킷을 세탁하는 데 15달러가 든다고 했으므로 시각 자료를 보면 이에 해당하는 것은 (B) 실크이다.

338 스파르타 토익 START

2

W: Hi, Carl. Have you **reserved** a ticket for the film festival in Madrid?

M: In fact, I was **just looking** into that now.

W: I was hoping we could **travel** to Madrid together. But I can't **stay** the whole time with you because I have to make a **speech** on Thursday.

W: 안녕, Carl. 마드리드에서 열리는 영화 축제 티켓을 예약했어요?

M: 실은 지금 찾아보고 있었어요.

W: 마드리드로 갈 때 같이 갔으면 해서요. 하지만 저는 목요일에 연설을 해야 해서 일정 내내 함께 머무를 수는 없어요.

일정표

요일	도시
화요일	마드리드
목요일	바르셀로나
금요일	파리
토요일	로마

Q 시각 자료를 보시오. 여자는 어디에서 연설을 할 것인가?

(A) 마드리드   (B) 바르셀로나

해설 여자의 마지막 대사에서 목요일에 연설을 해야 한다고 했으므로, 시각 자료에서 이에 해당하는 도시는 (B) 바르셀로나임을 알 수 있다.

SPARTA TEST | p.95

1 (D)	2 (C)	3 (C)	4 (A)
5 (C)	6 (C)		

Q 1-3

W: Excuse me. I'm looking for a present for my cousin. I think she'd like one of these sweaters, but do you have any in pink?

M: I'm pretty sure everything we have is out here on the display table, but I can check the stockroom in the back if you'd like.

W: Thanks, that would be great. I brought this discount coupon with me too.

M: Let me see. Yes, we accept this coupon. Now, I'll be going to see if we've still got a pink one in the stockroom.

W: 실례합니다. 사촌 동생에게 줄 선물을 고르고 있는데요. 이 스웨터를 마음에 들어 할 것 같은데, 핑크색으로 있나요?

M: 진열대에 있는 게 전부인 것 같습니다만, 원하시면 뒤쪽 창고에 있는지 확인해 드릴 수 있습니다.

W: 감사합니다. 그렇게 해주시면 좋겠어요. 제가 할인 쿠폰도 들고 왔거든요.

M: 어디 한번 볼게요. 네, 쿠폰 사용 가능합니다. 지금 창고에 핑크색 옷이 아직 남아 있는지 확인해 보겠습니다.

Square Mall
할인 쿠폰

신발 -- 10%
선글라스 -- 20%
의류 -- 30%
액세서리 -- 40%

어휘 look for 찾다   present 선물   cousin 사촌   display table 진열대   stockroom 창고   accept 받아들이다

1 여자는 무엇을 찾고 있는가?

(A) 제품 영수증
(B) 새 상점의 위치
(C) 잃어버린 할인 쿠폰
(D) 친척을 위한 선물

해설 여자의 말, I'm looking for a present for my cousin.에서 사촌을 위한 선물을 찾고 있다는 것을 알 수 있다. 따라서 답은 (D)이다.

---

2 시각 자료를 보시오. 여자는 얼마를 할인 받을 것 같은가?

(A) 10%
(B) 20%
(C) 30%
(D) 40%

해설 여자가 사려고 하는 품목은 스웨터로, 쿠폰에 의류는 30% 할인이라고 명시되어 있으므로 답은 (C)이다.

3 남자는 다음에 무엇을 할 것 같은가?

(A) 가격을 비교한다
(B) 길을 알려 준다
(C) 창고를 확인한다
(D) 쿠폰을 발급한다

해설 남자의 마지막 말, Now, I'll be going to see if we've still got a pink one in the stockroom.에서 창고를 확인해 볼 것임을 알 수 있다. 따라서 정답은 (C)이다.

Q 4-6

W: Hello, I'm here because I have an appointment with Mr. Leo in K&M Law Firm. This is my first visit here, but I can't find the law firm's name on the building directory. Could you tell me where to go?

M: Sorry for the inconvenience. The law firm just moved in a few days ago, so we couldn't change the listing of the publisher to the law firm.

W: Okay. Anyway, I just parked in the parking lot. What's the hourly rate here?

M: Actually, customers visiting offices in this building can park here for free. When you leave later, please show the pass from the office you visited.

W: 안녕하세요, K&M 법률 사무소의 Leo 씨와 약속이 있어서 왔는데요. 이 건물은 처음 방문하는데, 건물 안내도에 법률 사무소 이름이 안 보이네요. 어디로 가야 하는지 알려주시겠어요?

M: 불편을 드려 죄송합니다. 법률 사무소가 며칠 전에 막 입주해서, 안내도에 출판사에서 법률 사무소로 바꿀 수 없었습니다.

W: 그렇군요. 그런데, 제가 방금 주차장에 주차했는데요. 여기 주차 요금은 시간당 얼마인가요?

M: 사실, 이 건물 사무실에 방문하는 고객들은 이곳에 무료로 주차할 수 있습니다. 나중에 나가실 때, 방문하신 사무실에서 받은 통행증을 보여 주시면 됩니다.

건물 안내도

닥터 리 클리닉	105호
HKC 은행	205호
뉴웨이브 출판사	305호
월드베스트 여행사	405호

어휘 appointment 약속   law firm 법률 사무소   building directory 건물 안내도   inconvenience 불편함   publisher 출판사   parking lot 주차장   customer 고객   for free 무료로   leave 떠나다   pass 통행증

4 여자가 방문한 목적은 무엇인가?

(A) 변호사를 만나기 위해
(B) 계좌를 개설하기 위해
(C) 원고를 전달하기 위해
(D) 의사의 진료를 받기 위해

해설 여자의 첫 번째 대사에서 I have an appointment with Mr. Leo in K&M Law Firm.이라는 부분을 통해 여자는 법률 사무소에 볼 일이 있어서 왔음을 알 수 있다. 따라서 답은 (A)이다.

정답 및 해설 **339**

5 남자는 여자에게 무엇을 하라고 제안하는가?
(A) 다른 주차 공간을 찾는다
(B) 요금을 온라인으로 지불한다
(C) 주차권을 제시한다
(D) 안내도를 수정한다

해설 남자의 마지막 대사에서 나중에 통행증을 보여주면 무료로 주차할 수 있다고 했으므로, 이와 내용상 일치하는 것은 (C)이다.

6 시각 자료를 보시오. 여자는 어느 사무실로 갈 것 같은가?
(A) 105호
(B) 205호
(C) 305호
(D) 405호

해설 남자의 대사 초반에, 여자가 찾는 법률 사무소가 며칠 전에 막 들어와서 안내도의 출판사 이름을 바꿀 수 없었다(The law firm just moved in a few days ago, and we couldn't change the listing of the publisher to the law firm.)고 언급했다. 따라서 여자는 출판사가 있었던 곳인 305호로 갈 것임을 알 수 있으므로 답은 (C)이다.

SPARTA REVIEW TEST | p.96

1 (C)	2 (A)	3 (D)	4 (B)	5 (C)
6 (C)	7 (B)	8 (A)	9 (A)	10 (D)
11 (B)	12 (A)	13 (C)	14 (A)	15 (D)
16 (B)	17 (C)	18 (C)		

Q 1-3

M: Did you see Mike Sanders on the talk show last night? He is such a funny guy!
W: He sure is a great comedian. I wish I had watched it, but I had lots of work to do yesterday.
M: Oh, in that case, you can see it tomorrow. I heard they're broadcasting it again at 9 P.M. on the same channel.
W: Really? That's great! I should write it down somewhere in case I forget.

- -

M: 어젯밤 토크쇼에서 Mike Sanders 봤어요? 그 사람 너무 웃겨요!
W: 대단한 코미디언이죠. 저도 봤으면 좋았을 텐데, 어제 할 일이 많았어요.
M: 아, 그렇다면 내일 볼 수 있어요. 같은 채널에서 밤 9시에 재방송한다고 들었어요.
W: 정말요? 그거 좋네요! 잊어버리지 않게 어디 적어 놔야겠어요.

어휘 **funny** 웃긴, 재미있는 **comedian** 코미디언, 희극인 **watch** 보다 **in that case** 그런 경우에 **broadcast** 방송하다 **write down** 적다, 쓰다 **in case** ~할 경우에 대비해서 **forget** 잊어버리다

1 화자들은 주로 무엇에 대해 논의하고 있는가?
(A) 행사 일정
(B) 그들의 동료
(C) 텔레비전 쇼
(D) 초과 근무

해설 대화의 주제를 묻고 있다. Did you see Mike Sanders on the talk show last night?라는 남자의 질문을 시작으로, 토크쇼에 나온 인물, 재방송 시간 등을 얘기하고 있다. 이를 전체적으로 나타내는 (C)가 정답이다.

2 Mike Sanders는 누구인가?
(A) 연예인
(B) 가수
(C) 기자
(D) 프로듀서

해설 대화 중 언급되는 마이크 샌더스가 누구인지를 묻고 있다. 여자의 첫 대사 중 He sure is a great comedian.이라며 대단한 코미디언이라고 언급하고 있으므로 정답은 (A)이다.

3 여자는 다음에 무엇을 할 것인가?
(A) 텔레비전 방송국에 전화한다
(B) 온라인으로 쇼를 본다
(C) 작업을 마친다
(D) 무언가를 적는다

해설 여자가 다음에 할 일을 묻고 있다. 남자가 재방송 일정에 대해 알려 주자, 여자가 마지막에 I should write it down somewhere in case I forget.이라며 잊지 않게 적어둬야겠다고 말하고 있다. 따라서 다음으로 할 일은 (D)임을 알 수 있다.

Q 4-6

W: The documents that I was planning to use at the presentation are missing. I'm sure I brought them with me this morning.
M: Look in your suitcase again. They are probably somewhere amid your other paperwork.
W: No, they're not. I've already looked three times. Will you go first and get the conference room ready for the meeting? Let me just go back to my office and make some copies.

- -

W: 제가 발표에서 사용하려고 했던 자료들이 사라졌어요. 오늘 아침에 가져온 게 분명하거든요.
M: 서류 가방 안을 다시 찾아보세요. 다른 서류들이랑 섞여 어딘가에 있을 거예요.
W: 아니요, 없어요. 이미 세 번이나 봤어요. 먼저 가서 회의실 준비 좀 해 줄래요? 저는 사무실로 돌아가서 복사를 해야겠어요.

어휘 **document** 서류 **presentation** 발표 **missing** 잃어버린 **suitcase** 서류 가방 **probably** 아마 **somewhere** 어딘가 **amid** 가운데에 **paperwork** 문서, 서류 작업 **first** 먼저 **conference room** 회의실 **make copies** 복사하다

4 여자가 언급한 문제는 무엇인가?
(A) 그녀는 회의에 늦을 것이다.
(B) 그녀는 서류를 찾을 수 없다.
(C) 그녀는 마감일을 맞출 수 없다.
(D) 그녀는 서류 가방을 잃어버렸다.

해설 여자가 언급한 문제를 묻고 있으므로 여자의 대사에 집중해서 듣자. 처음에 The documents that I was planning to use at the presentation are missing.이라며 서류가 보이지 않는다고 언급하고 있다. 따라서 답은 (B)이다.

5 여자는 남자에게 무엇을 하라고 요청하는가?
(A) 그녀가 자료를 찾는 것을 도와준다
(B) 그녀의 사무실에 간다
(C) 회의 준비를 한다
(D) 문서를 다시 작성한다

340 스파르타 토익 START

해설 여자가 남자에게 요청하는 것이 무엇인지 묻고 있다. 대화 마지막 부분 Will you go first and get the conference room ready for the meeting?에서 여자가 먼저 가서 회의실 준비를 해달라고 했으므로 답은 (C)이다.

6 여자는 다음으로 어디에 갈 것인가?
(A) 회의실에
(B) 그녀의 집에
(C) 사무실에
(D) 인쇄소에

해설 여자가 다음으로 어디에 갈 것인지 묻고 있다. 여자가 마지막에 Let me just go back to my office and make some copies.라고 말했으므로 정답은 사무실로 간다는 (C)이다.

Q 7-9

W: Everyone's here now. Is dinner ready to be served in the main hall?
M: I'm afraid there has been some miscommunication regarding the schedule. I just spoke with the caterer on the phone, and he thought the food needs to be ready by seven o'clock.
W: Seven? But we told them dinner would be at six. They must have mistaken it for the next event. Well, I guess we'll have to change our plans. We should hold the awards ceremony first.

W: 이제 모두 왔군요. 메인 홀에 저녁식사가 서빙될 준비가 되었나요?
M: 유감스럽게도 스케줄상 의사소통이 잘 되지 않은 거 같아요. 방금 요리 제공업자와 통화했는데 음식이 7시까지 준비되어야 한다고 생각했대요.
W: 7시요? 하지만 저희는 저녁식사가 6시라고 말했는데요. 그 다음 행사랑 헷갈렸나 보네요. 음, 우리 계획을 바꿔야겠어요. 시상식을 먼저 하죠.

어휘 afraid 유감인 miscommunication 의사소통 오류 caterer 요리 제공업체 mistaken 오해하는 awards ceremony 시상식

7 대화의 주제는 무엇인가?
(A) 손님
(B) 일정
(C) 안건
(D) 비용

해설 여자가 대화 초반에 Is dinner ready to be served in the main hall?이라면서 식사가 준비되었는지 묻자, 남자가 스케줄상 문제가 있었음을 말하고 있다. 이에 여자가 기존의 일정을 바꾸자고 제안하고 있으므로 대화의 주제는 (B) 일정으로 볼 수 있다.

8 화자들은 어디에 있는 것 같은가?
(A) 대회의장에
(B) 사무용 빌딩에
(C) 식당에
(D) 식료품점에

해설 대화 초반에 여자가 Is dinner ready to be served in the main hall?이라면서 메인 홀에 식사 제공이 준비되었는지를 묻고 있고, 마지막에는 We should hold the awards ceremony first.라면서 시상식을 먼저 열자고 언급했다. 식사가 제공되고 시상식을 열 만한 장소로는 (A)가 적합하다.

9 여자가 "음, 우리 계획을 바꿔야겠어요"라고 말한 이미는 무엇인가?
(A) 저녁식사는 나중에 제공될 것이다.
(B) 그들은 행사를 취소할 것이다.
(C) 그들은 직원을 더 요구할 것이다.
(D) 그녀는 음식 제공업체를 바꾸고 싶어 한다.

해설 원래 저녁식사가 6시에 제공될 예정이었으나 업체가 일정을 헷갈려서 계획을 변경하자고 하는 상황이다. 이어서 시상식을 먼저 하자고 덧붙이고 있으므로 (A) 저녁식사는 나중에 제공될 것임을 알 수 있다.

Q 10-12

M: Laura, what a surprise! I didn't know you were coming.
W: Hi, Jamie! It's been a long time. I just couldn't get our last reunion out of my mind. Isn't it so great to be back here at school after all these years?
M: Yeah, it's a beautiful campus. I can't believe it's been fifteen years already since we graduated. Do you remember when we won the first prize at the chess tournament?
W: How can I forget that? It was one of the best moments of my college life.

M: Laura, 이게 웬일이야! 네가 올 줄은 몰랐어.
W: 안녕, Jamie! 정말 오랜만이야. 지난 동창회가 머리에서 떠나지 않더라고. 그 많은 세월이 지나고 이렇게 학교에 모이는 거 정말 굉장하지 않니?
M: 그래, 아름다운 캠퍼스지. 우리가 졸업한 지 벌써 15년이 되었다는 게 믿기지가 않아. 우리가 체스 경연 대회에서 1등 수상한 거 기억해?
W: 어떻게 잊겠어? 내 대학 생활 중 가장 좋은 순간 중 하나인 걸.

어휘 surprise 놀람 (school) reunion 동창회 get A out of mind A를 잊어버리다 graduate 졸업하다 remember 기억하다 prize 상 tournament 대회 moment 순간 college 대학

10 화자들은 누구인 것 같은가?
(A) 이웃
(B) 직장 동료
(C) 사업 파트너
(D) 학교 친구

해설 화자들의 관계를 묻고 있다. 여자가 언급한 last reunion, best moments of my college life와, 남자가 언급한 beautiful campus, since we graduated를 통해 화자들은 (D) 학교 친구임을 알 수 있다.

11 화자들에 대해 암시되는 것은 무엇인가?
(A) 그들은 체스 선수다.
(B) 그들은 한동안 보지 못했다.
(C) 그들은 막 학교를 졸업했다.
(D) 그들은 대학생들을 가르치고 있다.

해설 여자의 첫 번째 대사에서 It's been a long time.(정말 오랜만이야)이라고 언급하고 있으므로 이와 일치하는 (B)가 정답이다. (A) 체스 대회에서 수상했다고 했지 선수인지는 알 수 없고, (C) 졸업한 지 15년 되었다고 했으므로 오답, (D) 언급된 바 없다.

12 여자는 왜 "어떻게 잊겠어"라고 말하는가?
(A) 감정을 나타내기 위해
(B) 실수를 바로잡기 위해
(C) 불평하기 위해
(D) 도움을 요청하기 위해

정답 및 해설 **341**

해설 해당 문장에 이어서 It was one of the best moments of my college life.라면서 대학 생활 중 가장 좋았다고 회상하고 있으므로 그 감정을 강조하기 위해 한 말임을 알 수 있다. 따라서 정답은 (A)이다.

Q 13-15 (3인 대화)

W: Hi, Jason. Hi, Matthew. You're supposed to arrange a place for our reception today, aren't you?

M1: Yes, that's right. I've already booked a restaurant across from our building. It is said to have a lot of good reviews.

W: Actually, I just got a call from the manager saying that ten more people would come.

M1: Well, I wasn't expecting that.

M2: Don't worry. I heard the largest room is still available, and it would be big enough for all of our staff. Let me call them and ask if we can change the room.

W: Thanks, I'd really appreciate it.

W: 안녕하세요, 제이슨, 매튜. 당신들이 오늘 연회 장소를 준비하기로 했죠?

M1: 네, 맞아요. 우리 건물 맞은편에 있는 식당을 이미 예약했어요. 거기가 평이 좋다고 해서요.

W: 실은 방금 매니저한테 연락을 받았는데, 손님이 10명 더 올 거라고 해요.

M1: 음, 예상하지 못했던 일이네요.

M2: 걱정 마세요. 제일 큰 룸이 아직 남아 있다고 들었어요. 저희 직원 모두가 갈 수 있을 만큼 클 거에요. 제가 전화해서 방을 바꿀 수 있는지 알아볼게요.

W: 고마워요, 그렇게 해주시면 감사하겠습니다.

룸	수용 인원
사파이어	10
에메랄드	20
루비	30
다이아몬드	50

어휘 **be supposed to** ~하기로 되어 있다, ~할 것으로 예상되다 **arrange** 마련하다, 준비하다 **reception** 환영회, 리셉션 **book** 예약하다 **across from** ~의 맞은편에 **review** 검토, 평가 **expect** 기대하다, 예상하다 **enough** 충분한 **appreciate** 감사하다

13 화자들이 주로 이야기하는 것은 무엇인가?
(A) 신 메뉴
(B) 사무실 이전
(C) 직원 모임
(D) 신규 프로젝트

해설 대화의 주제는 주로 초반부에 단서가 나온다. 여자의 첫 대사 중, You're supposed to arrange a place for our reception today, aren't you?(당신들이 오늘 연회 장소를 준비하기로 했죠?)라는 문장과 그 뒤에 이어지는 내용으로 보아, 전체적인 대화의 주제는 (C)임을 알 수 있다.

14 여자가 언급하는 문제는 무엇인가?
(A) 참석자 수가 늘어날 것이다.
(B) 모임 장소가 너무 작다.
(C) 그녀는 행사에 참석할 수 없다.
(D) 식당이 폐업했다.

해설 여자가 언급하는 문제를 묻고 있으므로 여자의 말을 집중적으로 들어야 한다. 대화 중반부에, I just got a call from the manager saying that ten more people would come.(방금 매니저한테 연락을 받았는데, 손님이 10명 더 올 거라고 해요)에서 (A) 예정보다 참석자 수가 늘어난 것을 걱정하고 있음을 알 수 있다.

15 시각 자료를 보시오. 화자들은 어떤 방을 예약할 것 같은가?
(A) 사파이어
(B) 에메랄드
(C) 루비
(D) 다이아몬드

해설 대화 후반부에서 남자 중 한 명이, I heard the largest room is still available, and it would be big enough for all of our staff. Let me call them and ask if we can change the room.이라면서 가장 큰 방을 예약할 거라고 언급하고 있다. 도표에서 수용 인원이 가장 많은 (D)가 정답이다.

Q 16-18

W: Hi, I'm here to see Ms. Rebecca in the HR department for a job interview.

M: Okay, please fill in the form, and I'll give you a visitor's badge. You need to wear it while staying in this building.

W: Sure. Also, would you mind directing me to Ms. Rebecca's office? I forgot to ask where her office is.

M: She's on the second floor. After you get off the elevator, go straight and you should see the sign for her office. It's right across from the conference room. You can't miss it.

W: 안녕하세요, 구직 면접이 있어서 인사부의 Rebecca 씨를 만나려고 왔습니다.

M: 네, 양식을 작성하시면 방문객용 신분증을 드리겠습니다. 건물에 있는 동안 착용하고 계셔야 합니다.

W: 알겠습니다. 그리고 Rebecca 씨의 사무실로 안내 좀 부탁 드려도 될까요? 사무실 위치를 물어본다는 걸 깜빡했거든요.

M: 그녀는 2층에 있어요. 엘리베이터에서 내려서 곧장 가시면 사무실 간판이 보일 겁니다. 회의실 바로 건너편입니다. 쉽게 찾으실 거예요.

어휘 **department** 부서 **job interview** 구직 면접 **fill in a form** 양식을 작성하다 **visitor** 방문객 **badge** 배지 **stay** 머무르다 **would you mind -ing?** ~해주시겠어요? **direct** 안내하다 **straight** 곧장, 똑바로 **sign** 간판 **conference room** 회의실 **miss** 놓치다

16 남자는 여자에게 무엇을 하도록 요청하는가?
(A) 다른 출입구를 이용한다
(B) 신분증을 착용한다
(C) 휴대폰 전원을 끈다
(D) 나중에 다시 온다

해설 남자가 여자에게 요청하는 것은 남자의 대사를 집중해서 들어야 한다. 남자의 첫 번째 대사 please fill in the form, and I'll give you a visitor's badge. You need to wear it while staying in this buliding.에서 양식을 작성하면 주는 방문객용 신분증을 착용해 달라고 말하고 있다. 따라서 답은 (B)이다.

17 여자는 무엇을 요청하는가?
(A) 연락처
(B) 면접 스케줄
(C) 사무실로 가는 방법
(D) 주차권

342 스파르타 토익 START

해설 여자의 두 번째 대사 중 would you mind directing me to Ms. Rebecca's office?에서 사무실의 위치를 묻고 있다. 따라서 답은 (C)이다.

18 시각 자료를 보시오. 여자는 어느 사무실을 방문할 것인가?
(A) 201호
(B) 202호
(C) 203호
(D) 204호

해설 여자가 레베카 씨의 사무실 위치를 묻자, 남자가 It's right across from the conference room.이라면서 회의실 건너편이라고 했으므로 도표에서 이에 해당하는 것은 (C) 203호임을 알 수 있다.

PART 4

UNIT 12 ··· 공지, 광고

SPARTA CHECK-UP | p.101-102

1 (B)   **2** (A)

1
> Orgo's Happy Mart에 쇼핑 오신 여러분께 감사드립니다! 저희는 마지막 고객이신 여러분을 위해 농산물 코너에서 모든 채소들을 20% 할인 판매한다는 것을 알려드리고자 합니다.

Q 무엇에 관한 안내인가?
(A) 새로 생긴 식료품점   (B) 특별 할인

2
> 4월은 Creative Hair Solutions의 고객 감사의 달입니다. 헤어컷, 펌, 그리고 손톱 관리에 한하여 50% 할인을 해 드리고 있습니다.

Q 어떤 종류의 업체가 광고되고 있는가?
(A) 미용실   (B) 전자제품 매장

SPARTA PRACTICE | p.104

1 (A)   **2** (A)

1
> This year's **concert** is going to be unbelievable! We have an **amazing** lineup of bands and **singers** who will be at the **event**. It will be held at the brand-new Kennedy Hall in Chicago from April thirteenth to twenty-fourth. To get tickets for the event, simply go to your local **music store**, but you must hurry. These tickets are going **fast**! Or, keep listening to KLWY for a **chance** to win two tickets to this event.
>
> -
>
> 올해 콘서트는 믿기지 않으실 겁니다! 행사에는 대단한 밴드 및 가수 출연진들이 참여할 것입니다. 콘서트는 시카고의 신축 케네디 홀에서 4월 13일부터 24일까지 열릴 예정입니다. 행사 티켓을 구입하려면 근처 음반 가게에 가시면 되지만 서두르셔야 합니다. 티켓이 빠르게 동나고 있습니다! 아니면, KLWY 방송을 계속 청취하셔서 행사 티켓 두 매를 얻을 수 있는 기회를 잡을 수도 있습니다.

Q 무엇이 광고되고 있는가?
(A) 음악 공연   (B) 새 CD

해설 무엇이 광고되고 있는지 묻고 있다. This year's concert, lineup of bands and singers 등을 통해 음악 공연을 홍보하고 있음을 알 수 있다. 따라서 (A)가 정답이다.

2
> Ladies and gentlemen. Thank you for **participating** in the workshop this afternoon despite your busy **schedules**. If you're one of those who were unable to join us in the morning **session**, information packets are ready at the registration desk. Before starting the next session, I have an **important** announcement to make. Dr. Lim, our last speaker, is not able to give a **lecture** today due to other commitments. Luckily, Dr. Wagner will **share** his insights and knowledge instead.

정답 및 해설 **343**

신사 숙녀 여러분, 바쁜 일정에도 불구하고 오늘 오후 워크숍에 참석해 주셔서 감사합니다. 오전 세션에 함께하지 못하신 분들은 등록 데스크에 자료집이 준비되어 있습니다. 다음 세션을 시작하기 전에 중요한 안내 말씀 드리겠습니다. 마지막 연사인 Lim 박사님은 다른 일로 인해 오늘 강연을 하지 못하게 되었습니다. 다행히도 Wagner 박사님이 대신해서 의견과 지식을 공유해 주실 겁니다.

Q 안내가 이뤄지는 이유는 무엇인가?
(A) 일정 변경을 알리기 위해　　(B) 안건을 검토하기 위해

해설 이 안내의 목적은 크게 두 가지로, 하나는 오전에 참가하지 못한 사람을 위해 자료 제공을 안내하는 것이고, 나머지 하나는 연사 교체이다. 보기 중 이에 해당하는 (A)가 정답이다.

SPARTA TEST | p.105

1	(B)	2	(A)	3	(A)	4	(A)	5	(C)
6	(D)	7	(D)	8	(A)	9	(C)	10	(B)
11	(A)	12	(C)						

Q 1-3 (공지)

Attention, all passengers waiting to board Amtrak Train 286 to Washington, D.C. There has been a minor accident on the tracks north of Philadelphia. The departure time for all southbound trains from New York City to Washington D.C. will be delayed for a minimum of two hours. Passengers with urgent business in D.C. can take a flight from LaGuardia to Washington International Airport. If you speak to a customer representative, a shuttle bus will take you to the airport. Thank you for your understanding in advance. We apologize for the inconvenience.

워싱턴 DC행 Amtrak 열차 286편 탑승을 대기 중이신 승객 여러분께 알려드립니다. 필라델피아 북쪽 철로에서 경미한 사고가 있었습니다. 뉴욕발 워싱턴행의 전 남행 열차는 최소 두 시간 정도 출발이 지연될 예정입니다. 워싱턴 DC에 급한 용무가 있는 승객께서는 라구아디아 공항에서 출발하여 워싱턴 국제 공항으로 가는 항공편을 타실 수 있습니다. 고객 서비스 담당자에게 문의하시면 셔틀 버스가 공항으로 모셔다 드릴 겁니다. 양해해 주셔서 미리 감사드립니다. 불편을 끼쳐 드려 죄송합니다.

어휘 **board** 탑승하다　**minor accident** 가벼운 사고　**departure** 출발　**southbound** 남행의　**delay** 연기하다　**minimum** 최소　**urgent** 급한　**customer representative** 고객 서비스 담당자　**inconvenience** 불편

1 안내가 이뤄지는 곳은 어디일 것 같은가?
(A) 공항에서
(B) 기차역에서
(C) 셔틀 버스에서
(D) 버스 터미널에서

해설 지문이 Attention으로 시작하는 경우, 바로 뒤에서 청자와 장소를 유추할 수 있다. Attention, all passengers를 통해 승객을 대상으로 하는 안내임을 알 수 있고, train, tracks, all southbound trains 등을 통해 (B) 기차역임을 알 수 있다. (A) 공항은 셔틀 버스로 이동하게 될 장소이므로 오답이다.

2 지연된 이유는 무엇인가?
(A) 사고
(B) 악천후
(C) 기계 결함
(D) 직원 부족

해설 지문 중반에 There has been a minor accident on the tracks ~와 바로 뒤에 The departure time for ~ will be delayed를 통해 사고로 인해 지연됨을 알 수 있다. 따라서 답은 (A)이다.

3 일부 청자들에게 무엇이 제공될 것인가?
(A) 공항까지의 교통편
(B) 호텔 숙박
(C) 열차 무료 탑승
(D) 무료 식사

해설 지문 후반에, 라구아디아를 출발하여 워싱턴으로 가는 비행편을 이용할 승객들에 한하여 셔틀 버스로 공항까지 교통편을 제공한다(a shuttle bus will take you to the airport.)는 내용이 있으므로 (A)가 답이다.

Q 4-6 (광고)

Whether you're traveling to New York, Paris, Beijing, or any major cities in the world, you don't need to look any further than Pacific Views. We offer luxurious rooms at the most affordable prices. And right now, if you book a room online for two nights, we'll give you the third night for free. Promotions like this made World Travel magazine rank us the number one for online reservations for five years. So make your life easier by booking your stay online with us. Please visit www.pacificviews.com today.

여러분이 뉴욕, 파리, 베이징, 또는 세계의 어떤 주요 도시들을 여행하든지, Pacific Views 이외의 다른 곳은 살펴볼 필요가 없습니다. 저희는 가장 저렴한 가격에 고급 객실을 제공합니다. 그리고 지금 바로, 온라인상에서 2박을 예약하시면 1박을 무료로 제공합니다. 이런 판촉 행사는 World Travel 잡지가 5년 동안 저희 호텔을 온라인 예약 부문 1위로 뽑은 이유입니다. 귀하의 숙박을 저희 호텔에서 온라인으로 예약해, 인생을 보다 편하게 만들어 보십시오. www.pacificviews.com에 오늘 방문해 주세요.

어휘 **major** 주요한　**further** 추가로　**luxurious** 고급의　**affordable** 저렴한　**promotion** 판촉, 홍보　**rank** (순위를) 매기다　**reservation** 예약

4 무엇이 광고되고 있는가?
(A) 호텔
(B) 잡지
(C) 온라인 쇼핑몰
(D) 여행사

해설 무엇을 위한 광고인지 묻는 문제로, We offer luxurious rooms at the most affordable prices.를 통해 호텔 광고임을 알 수 있다.

5 여자는 왜 "Pacific Views 이외의 다른 곳은 살펴볼 필요 없습니다"라고 말하는가?
(A) 불평을 하기 위해
(B) 요청을 거절하기 위해
(C) 제안을 하기 위해
(D) 피드백을 요청하기 위해

해설 의도 파악 문제는 따옴표 안의 표현을 문맥상으로 이해해서 풀어야 한다. 이어지는 내용으로 luxurious rooms와 affordable prices 등 호텔

344 스파르타 토익 START

의 장점이 언급되므로 호텔 이용을 제안하기 위함임을 알 수 있다. 따라서 (C)가 가장 적절하다.

6 화자는 어떤 특별 제안을 언급하는가?
(A) 할인 쿠폰
(B) 무료 셔틀 버스
(C) 무료 조식 서비스
(D) 무료 숙박

해설 담화 중반에 if you book a room online for two nights, we'll give you the third night for free, 즉 2박을 묵으면 3일째는 무료 숙박을 제공한다고 했으므로 답은 (D)이다.

Q 7-9 (연설문)

It has been an honor to work with each of you over the past twenty-five years. Through the highs and lows of the industry, Platon Inc. has been a wonderful company to work for, and I'm proud to have contributed to the development of our products. Each member of the management team has maintained a high level of energy that has stimulated and encouraged me. I will miss all of you, but look forward to spending more time traveling with my family.

여러분 개개인과 지난 25년간 일을 할 수 있었던 것은 제게 큰 영광이었습니다. 이 산업이 좋을 때와 나쁠 때를 두루 거치면서 Platon 사는 일하기 좋은 회사였으며, 저는 제품을 개발하는 데 기여했다는 사실이 자랑스럽습니다. 경영진에 계신 모든 분들이 높은 수준의 열정을 유지했고 이것이 저를 고무시키고 격려했습니다. 여러분들 모두 그리워하겠지만, 가족들과 여행하면서 더 많은 시간을 보내고 싶습니다.

어휘 **honor** 영광, 명예 **highs and lows** 좋을 때와 나쁠 때 **contribute to** ~에 기여하다 **development** 개발 **management** 경영(진), 관리 **maintain** 유지하다 **stimulate** 자극하다 **encourage** 격려하다, 고무하다 **look forward to -ing** ~하기를 기대하다

7 연설의 대상은 누구인가?
(A) 대학생
(B) 신입사원
(C) 지역 사업주
(D) 동료 직원

해설 청자가 누구인지 묻는 문제 유형으로, 화자가 은퇴하면서 동료들에게 감사의 뜻을 전하는 내용이므로 정답은 (D)이다. fellow employees와 동의어인 colleagues나 coworkers도 알아 두자.

8 연설이 행해지는 장소는 어디인가?
(A) 은퇴 기념 행사에서
(B) 회의에서
(C) 교육 과정에서
(D) 오리엔테이션에서

해설 지문 초반에 Welcome to ~, Thanks for coming ~을 통해 직접적으로 장소를 제시하는 경우도 있지만, 그렇지 않은 경우 화자와 청자, 전체적인 지문 내용 등을 통해 유추해야 한다. 25년간 회사에서 근무했다는 내용과 은퇴 이후의 삶에 대해 이야기하는 부분에서 은퇴 기념 파티가 가장 적합하다고 볼 수 있다. 따라서 정답은 (A)이다.

9 화자는 다음에 무엇을 할 계획인가?
(A) 저서를 집필한다
(B) 신입사원을 교육한다
(C) 여행을 다닌다
(D) 회사 규정을 변경한다

해설 연설 마지막 부분에 but look forward to spending more time traveling ~을 통해 은퇴 후 여행을 하려고 함을 알 수 있다. 따라서 정답은 (C)이다.

Q 10-12 (공지 + 지도)

The City Hall announced the repair of Cedar Road between Central Avenue and Orchid Avenue yesterday. The three-month construction will begin next month, July first, and will cost approximately two million dollars. Although construction will be done at night, streets might sometimes be closed during the day. You should expect occasional traffic delays on Smith Road. Those of you who use Cedar Road might consider alternate routes from July through September.

시청은 어제 센트럴 대로와 오키드 대로 사이에 있는 시더 도로를 보수할 거라고 발표했습니다. 세 달에 걸친 공사는 다음 달인 7월 1일에 시작되고, 대략 2백만 달러가 들 것입니다. 공사는 밤에 진행될 테지만, 낮에도 종종 길이 폐쇄될 겁니다. 스미스 도로에서 때때로 교통 혼잡이 있을 것으로 예상하셔야 합니다. 시더 도로를 이용하는 분들은 7월부터 9월까지 대체 노선을 고려하시기 바랍니다.

어휘 **announce** 발표하다 **repair** 수리, 보수 **construction** 공사 **approximately** 대략 **million** 백만 **occasional** 가끔의 **delay** 지연 **consider** 고려하다 **alternate route** 대체 경로

10 담화는 주로 무엇에 관한 것인가?
(A) 교통 혼잡
(B) 공사 프로젝트
(C) 지역 축제
(D) 시 예산

해설 담화 도입 부분의 The City Hall announced the repair of Cedar Road between Central Avenue and Orchid Avenue yesterday.에서 시청은 시더 도로를 보수할 것이라고 언급하고 그에 관한 일정과 비용을 덧붙이고 있다. 따라서 주된 내용으로는 (B)가 적합하다.

11 시각 자료를 보시오. 어떤 건물이 공사의 영향을 가장 적게 받겠는가?
(A) 국립 은행
(B) 스퀘어 몰
(C) 메가 극장
(D) 역사 박물관

해설 담화 초반에, The City Hall announced the repair of Cedar Road between Central Avenue and Orchid Avenue yesterday.에서 시더 도로에 보수가 진행될 예정이라고 언급하고 있다. 도표에서 시더 도로와 근접해 있지 않은 (A) 국립 은행이 영향을 가장 적게 받을 것이라고 추측할 수 있다.

정답 및 해설 **345**

12 화자는 무엇을 하라고 제안하는가?

(A) 걸어서 출근한다

(B) 지도를 확인한다

(C) 다른 경로를 이용한다

(D) 조심해서 운전한다

해설 담화 마지막 부분에, Those of you who use Cedar Road might consider alternate routes ~에서 공사 때문에 다른 경로를 고려하라고 제안하고 있으므로 정답은 (C)이다.

UNIT 13 ··· 방송, 안내

SPARTA CHECK-UP | p.107-108

1 (B)   **2** (A)

1

> 오전 기상 예보의 Pam Sanders입니다. 최근에 겪고 있는 따뜻한 날씨에 변화가 있을 것으로 예상됩니다. 오늘은 매서운 날씨가 예상됩니다. 모직 코트 같은 따뜻한 옷차림을 권해 드립니다.

Q 화자는 청자들에게 무엇을 하도록 권하는가?

(A) 밖에 머문다   **(B) 따뜻하게 입는다**

2

> 안녕하세요. 교통 정보를 맡고 있는 Monica입니다. 오늘 저녁 70번 고속도로를 타고 시 외곽으로 이동하실 계획이라면, 교통 정체를 겪으실 겁니다. 동쪽 방향으로 가는 고속도로에서 사고가 발생하여 경찰이 차선 하나를 폐쇄했습니다.

Q 교통 정체를 야기하는 것은 무엇인가?

(A) 자동차 사고   (B) 도로 공사

SPARTA PRACTICE | p.110

1 (A)   **2** (A)

1

> Good evening. This is McKenzie Roe with the daily **weather forecast**. The rain, which began this morning, should stop tomorrow morning. Then, we will have **clear** skies until this weekend, but it will be **rainy** again next Monday. After the rain, it's going to be quite a bit **cooler**. So please **wear** a jacket or sweater if you are going to be outside. **Stay** tuned for the local traffic report after this short **message** from our **sponsor**.
>
> -
>
> 안녕하세요. 일일 일기 예보의 McKenzie Roe입니다. 오늘 아침에 시작한 비는 내일 오전에 그치겠습니다. 그 후, 이번 주말까지 하늘이 맑겠으나 다음 주 월요일에 다시 비가 내릴 것입니다. 비가 오고 난 후에는 꽤 서늘해지겠습니다. 그러니 외출하실 경우 재킷이나 스웨터를 꼭 입으시길 바랍니다. 짧은 광고 후에 지역 교통 방송을 들으시려면 채널 고정하세요.

Q 무엇에 관한 방송인가?

(A) 날씨   (B) 교통

해설 주제를 묻는 질문으로, 앞부분에서 단서를 찾아야 한다. 처음에 Good evening. This is McKenzie Roe with the daily weather forecast.라고 시작하는 부분에서 (A) 날씨에 관한 방송임을 알 수 있다.

2

> This is Janet Lee with your KMW **Traffic Report**. Unfortunately, exit five of Highway 17 is closed to **commuters** today due to an accident. The highway office **expects** to reopen **exit** five for commuters tomorrow morning. The good news for commuters and **shoppers** is that it looks like everything will be **ready** for the Queen's Park Mall to be open in March as **planned**.
>
> -

346 스파르타 토익 START

KMW 교통 방송의 Janet Lee입니다. 안타깝게도, 사고로 인해 17번 고속도로의 5번 출구는 오늘 통근자들이 이용할 수 없습니다. 고속도로 공사는 내일 오전에 통근자들을 위해 5번 출구를 다시 개방할 것으로 예상하고 있습니다. 통근자들 및 쇼핑객들을 위한 좋은 소식은 Queen's Park Mall이 예정대로 3월에 오픈할 모든 준비가 될 것으로 보인다는 점입니다.

Q 화자는 누구일 것 같은가?

    (A) 뉴스 기자   (B) 시 공무원

해설 누가 공지하는지는 담화 초반에 본인 소개 부분에서 힌트가 제시된다. This is Janet Lee with your KMW Traffic Report.에서 언급되었듯이 화자는 (A) 뉴스 기자임을 알 수 있다.

SPARTA TEST | p.111

1 (D)	2 (A)	3 (C)	4 (D)	5 (C)
6 (B)	7 (D)	8 (A)	9 (B)	10 (A)
11 (D)	12 (B)			

Q 1-3 (교통 방송)

Good morning. You are listening to the traffic report on your eight o'clock News. It's a busy one this morning because of the inclement weather condition. Traffic on Highway 805 going south is moving slowly due to heavy fog. Those of you wanting to use Highway 805 should consider another route. If you're heading south, you'd better take Highway 809 as an alternate route since weather conditions have already cleared on this road. High winds and heavy rains are expected to continue throughout this weekend, so motorcyclists should think about another form of transportation.

안녕하세요. 여러분은 8시 뉴스의 교통 안내 방송을 듣고 계십니다. 오늘 아침은 궂은 날씨 때문에 교통이 붐비고 있습니다. 남쪽으로 가는 805번 고속도로에서 짙은 안개 때문에 차량이 정체되고 있습니다. 805번 고속도로를 이용하고자 하시는 분들은 다른 길을 고려하셔야 할 것 같습니다. 남쪽으로 가실 경우, 809번 고속도로는 이미 날씨가 좋아진 상태이므로 그 도로를 대신 이용하시기 바랍니다. 이번 주말 동안 강풍과 폭우가 예상되므로, 오토바이 운전자 분들께서는 다른 교통수단을 고려하셔야 합니다.

어휘 inclement 험악한, 궂은 weather condition 기상 조건 fog 안개 consider 고려하다 another 다른 route 길, 경로 head 향하다 alternate 교대의, 대안의 expect 예상하다 continue 계속되다 throughout ~ 내내 transportation 운송, 수송

1 교통이 정체되고 있는 이유는 무엇인가?

    (A) 도로 건설
    (B) 고장 난 신호등
    (C) 특별 행사
    (D) 악천후

해설 지문 초반에 It's a busy one this morning because of the inclement weather condition. Traffic on Highway 805 going south is moving slowly due to heavy fog.에서 짙은 안개로 인해 교통이 지체되고 있다는 것을 알 수 있다. 따라서 정답은 (D)이다.

2 청자들은 무엇을 하라고 제안 받는가?

    (A) 우회도로를 이용하라고
    (B) 우비를 입으라고
    (C) 오토바이를 타라고
    (D) 집에서 일찍 출발하라고

해설 지문 중반에 Those of you wanting to use Highway 805 should consider another route. If you're heading south, you'd better take Highway 809 as an alternate route ~에서 우회도로를 이용하라고 했으므로 정답은 (A)이다.

3 화자는 이번 주말 날씨에 대해 뭐라고 말하는가?

    (A) 안개가 낀
    (B) 건조한
    (C) 비가 내리는
    (D) 맑은

해설 지문 후반의 High winds and heavy rains are expected to continue throughout this weekend ~에서 주말 동안 강풍과 폭우가 예상된다는 것을 알 수 있다. 그러므로 정답은 (C)이다.

Q 4-6 (일기 예보)

Good evening! This is Dan Heath with the weather on your eleven o'clock News at Night. It's going to be a chilly night with temperatures dropping below zero. Your morning wake up weather will be minus two degrees tomorrow, but things will warm up nicely as the sun comes up. The sky will be mainly sunny with an afternoon high of eleven degrees. A great day for raking up the rest of the fall leaves!

안녕하세요! 저는 11시 News at Night의 일기 예보를 알려드리는 Dan Heath입니다. 오늘 밤은 기온이 영하로 떨어지면서 쌀쌀하겠습니다. 내일 이른 아침 날씨는 영하 2도이지만, 해가 뜨면서 기분 좋게 따뜻해지겠습니다. 오후에는 최고 기온이 11도까지 오르면서 하늘도 대부분 맑겠습니다. 남아 있는 가을 낙엽을 긁어모으기에 좋은 날입니다!

어휘 chilly 쌀쌀한 drop 떨어지다 below zero 영하 minus 영하의 a high 최고 온도(↔ a low 최저 온도) rake up (낙엽 따위를) 긁어모으다

4 오늘 밤 날씨는 어떨 것 같은가?

    (A) 예년과 달리 따뜻한
    (B) 바람이 부는
    (C) 비가 오는
    (D) 추운

해설 지문 초반에 It's going to be a chilly night ~라는 부분을 통해, 오늘 밤은 날씨가 추울 것임을 알 수 있다. chilly를 cold로 표현한 (D)가 정답이다.

5 기온이 11도가 되는 것은 언제인가?

    (A) 밤 사이에
    (B) 내일 아침에
    (C) 내일 오후에
    (D) 월요일에

해설 핵심어를 미리 파악하고 들으면 단서를 쉽게 찾을 수 있다. 질문의 11 degrees가 단서이므로 해당 표현이 나오는 곳을 유심히 듣자. 지문 후반에 내일 날씨를 설명하면서 The sky will be mainly sunny with an afternoon high of eleven degrees.라고 말하고 있으므로, 11도에 이르는 것은 (C) 내일 오후임을 알 수 있다.

정답 및 해설 **347**

6 화자는 청자들에게 내일 무엇을 하라고 제안하는가?

(A) 모자와 장갑을 착용한다
(B) 오후에는 야외에서 시간을 보낸다
(C) 공원으로 소풍을 간다
(D) 해변에 간다

해설 지문 후반에, A great day for raking up the rest of the fall leaves!에서 낙엽을 청소하기에 좋은 날이라고 했다. 이를 야외에서 시간을 보낸다고 바꿔 표현한 (B)가 답이다.

Q 7-9 (뉴스)

The government has agreed on a budget for the coming year. One of the most notable changes is the large increase in money allotted for education and community projects. Healthcare-related spending will also be increased. Even with these changes, overall spending is expected to decrease slightly. This is due, in part, to cutbacks in large government expenditures such as highways and regional train service.

정부가 다음 해 예산안을 승인했습니다. 가장 주목할 만한 변화 중 하나는 교육과 지역사회 프로젝트에 대한 할당액이 크게 증가한 것입니다. 의료 관련 예산 또한 증가될 것입니다. 이러한 변화에도 불구하고, 총 지출은 약간 감소할 것으로 예상됩니다. 이는 부분적으로 고속도로와 지역 열차 서비스와 같이 정부의 큰 지출이 감소했기 때문입니다.

어휘 **government** 정부 **budget** 예산 **notable** 눈에 띄는, 주목할 만한 **increase** 증가; 증가하다 **allot** 할당하다 **education** 교육 **community** 지역사회 **spending** 지출 **overall** 전체적인 **decrease** 감소; 감소하다 **slightly** 약간 **cutback** 삭감, 축소 **expenditure** 지출, 소비 **highway** 고속도로 **regional** 지역의

7 뉴스는 주로 무엇에 대한 내용인가?

(A) 건강 관리
(B) 지역사회 프로젝트
(C) 고속도로 공사
(D) 예산 계획

해설 뉴스의 전체적인 내용을 묻고 있다. 담화 초반에 The government has agreed on a budget for the coming year.라고 정부 예산안에 대해 언급했고, 이어지는 내용은 이에 대한 부연 설명이다. 따라서 정답은 (D)이다. (A)와 (B)는 예산이 증가된 사항으로 언급되었고 (C)는 지출이 감소된 부문이다.

8 화자에 따르면, 지출에 큰 증가를 보일 것은 무엇인가?

(A) 교육
(B) 의료
(C) 열차 서비스
(D) 전반적인 비용

해설 담화 초반에 One of the most notable changes is the large increase in money allotted for education and community projects.에서 내년 예산안에서 가장 주목할 만한 변화 중 하나로 뽑은 것이 교육과 지역사회 프로젝트에 대한 예산의 큰 증가임을 알 수 있다. (B)도 증가가 예상되는 부문이지만 문제에서 언급한 'large increase'에 해당하는 것은 (A)이다.

9 화자는 왜 "이러한 변화에도 불구하고"라고 말하는가?

(A) 변화에 대한 우려를 표하기 위해
(B) 의외의 결과를 강조하기 위해
(C) 오해를 바로잡기 위해
(D) 예산에 대해 불평하기 위해

해설 해당 표현 앞에서는 예산 증가 부문에 대해 언급했고, 뒤에서는 총 지출이 감소할 것임을 언급하고 있다. '이러한 변화에도 불구하고'라는 표현은 일부 부문의 예산은 증가했으나 총 지출 감소로 이어진 결과의 의외성을 강조하기 위한 뉘앙스로 볼 수 있으므로 정답은 (B)이다.

Q 10-12 (뉴스 + 일기 예보)

Good morning. This is Ryan Choi. Thank you for tuning in to WSZ Broadcasting, your number one local news and weather station. Today is the hottest temperature we've ever recorded in May. If you want to enjoy high temperatures and bright sunshine, this Thursday will be the last clear day for a while. Unfortunately, there is a high chance that it will rain on the day of the Rock Festival. We will take a short break to hear from our sponsors, and then I will give the morning traffic report.

좋은 아침입니다. 저는 Ryan Choi입니다. 지역 최고의 뉴스와 날씨를 전해 드리는 WSZ 방송을 청취해 주셔서 감사합니다. 오늘은 5월 기록상 최고 기온입니다. 만약 높은 온도와 화창한 햇빛을 즐기시려면, 한동안은 이번 주 목요일이 마지막으로 화창한 날일 것입니다. 안타깝게도, 록 페스티벌이 있는 날에는 비가 내릴 확률이 높습니다. 잠시 후원 업체의 짧은 광고를 듣고 난 후에, 아침 교통 방송을 전해 드리겠습니다.

화요일	수요일	목요일	금요일
더움	흐림	맑음	비

어휘 **tune in** (채널을) ~에 맞추다 **local** 지역의 **weather station** 기상 관측소 **temperature** 온도 **record** 기록하다 **bright** 밝은, 화창한 **sunshine** 햇빛 **clear** 맑은 **for a while** 한동안 **chance** 가능성, 기회 **sponsor** 후원자 **traffic** 교통

10 화자는 누구인 것 같은가?

(A) 리포터
(B) 경찰관
(C) 가수
(D) 후원자

해설 담화 첫 부분 Good morning. This is Ryan Choi. Thank you for tuning in to WSZ Broadcasting, your number one local news and weather station.에서 본인을 소개하고 있는 내용으로 미루어 볼 때 (A)가 답임을 알 수 있다.

11 시각 자료를 보시오. 행사는 언제 열릴 것인가?

(A) 화요일에
(B) 수요일에
(C) 목요일에
(D) 금요일에

해설 담화 후반에 Unfortunately, there is a high chance that it will rain on the day of the Rock Festival.에서 록 페스티벌이 있는 날에 비가 올 가능성이 높다고 했고, 도표에서 비가 오는 날은 (D) 금요일임을 알 수 있다.

348 스파르타 토익 START

12 청자들은 다음에 무엇을 듣게 될 것인가?

(A) 음악 프로
(B) 광고
(C) 교통 방송
(D) 스포츠 뉴스

해설 담화 마지막 부분에, We will take a short break to hear from our sponsors, and then I will give the morning traffic report.에서 바로 이어서 광고를 듣고 그 다음에 교통 정보를 전할 거라고 언급하고 있다. 따라서 답은 (B)임을 알 수 있다.

UNIT **14** ··· 전화 메시지

SPARTA CHECK-UP | p.113-114

1 (B)   **2** (A)

1
> 안녕하세요, Jake Williams 씨. 저는 All-Good 가구점에서 전화 드리는 Sharon입니다. 지난주 금요일에 저희 웹 사이트에서 7개의 파일 캐비닛을 주문하셨습니다. 주문품을 배송하기 전에 원하시는 제품의 사양을 확인하고 싶습니다.

Q 화자는 왜 메시지를 남겼는가?
   (A) 주문을 취소하기 위해   (B) 정보를 요청하기 위해

2
> SPM 매표소에 전화 주셔서 감사합니다. 스포츠 경기 티켓에 대한 정보를 원하시면 1번을 누르세요. 라이브 공연 티켓에 대한 정보를 원하시면 2번을 눌러 주세요. 시민회관에서 공연 중인 뮤지컬 티켓은 3번을 누르세요.

Q 메시지는 무엇에 대한 것인가?
   (A) 행사 티켓   (B) 사무실 위치

SPARTA PRACTICE | p.116

1 (B)   **2** (A)

1
> Hello, this is a **message** for Jack Huston. My name is Katie Rose from the **Human** Resources Department at Texas Medical Center. I'm calling to let you know that we **received** your application and résumé for the emergency room **position**. In order to complete the application **process**, I'd like to schedule an interview with you for next week. Please call my **secretary** at 670-555-3328, and let her know when you'll be **available**. After interviewing, our head managers will finally make a **decision**.
>
> -
>
> 안녕하세요, Jack Huston 씨를 위해 메시지를 남깁니다. 저는 텍사스 의료 센터의 인사과에서 근무하는 Katie Rose입니다. 응급실 채용 공고에 대한 당신의 지원서와 이력서를 받았음을 알려 드리려고 전화 드렸습니다. 지원 절차를 마무리하기 위해, 다음 주 중에 면접을 잡았으면 합니다. 제 비서한테 670-555-3328번으로 전화 주셔서 언제 가능한지 알려 주시기 바랍니다. 면접 후에, 책임자들이 최종 결정을 할 것입니다.

Q 화자는 청자에게 무엇을 하도록 요구하는가?
   (A) 메일을 보낸다   (B) 전화를 한다

해설 화자가 청자에게 요구하는 것이 무엇인지를 묻고 있다. 대화 후반부에 Please call my secretary at 670-555-3328, and let her know when you'll be available.에서 전화를 달라고 했으므로 답은 (B)이다.

2
> Thank you for **calling** Sigma Tau Arts Museum. It has **exhibited** some of the greatest modern art. Now **celebrating** its twentieth year, Sigma Tau Arts has planned a **special** concert to commemorate their **anniversary**. To get tickets for the event, please **visit** www.sigmatauarts.com.

정답 및 해설 **349**

Sigma Tau 미술관에 전화 주셔서 감사합니다. 이곳은 가장 뛰어난 근대 미술품 일부를 전시해 왔습니다. 이제 20주년을 맞는 Sigma Tau 미술관은 기념일을 축하하기 위한 특별 콘서트를 기획했습니다. 행사 티켓을 구입하시려면 www.sigmatauarts.com을 방문해 주세요.

Q 청자는 어떻게 티켓을 구할 수 있는가?
(A) 온라인으로 구매한다   (B) 매표소를 방문한다

해설 지문 마지막 부분에, 티켓을 구매하려면 웹 사이트를 방문하라고 했으므로 답은 (A)이다.

SPARTA TEST | p.117

1 (C)	2 (B)	3 (B)	4 (A)	5 (C)
6 (C)	7 (B)	8 (A)	9 (C)	10 (B)
11 (B)	12 (D)			

Q 1-3 (개인 메시지)

Hello, this is Rosalia at 15 Lincoln Lane. I just bought a hot water heater from your store a few days ago. Unfortunately, when I tried to use it yesterday, it started making a strange noise and stopped working. So I left you a message yesterday about fixing the hot water heater that broke down. It's been over twenty-four hours, and I still haven't heard anything from you. It's winter, and I need hot water to take a shower and clean dishes. Please send someone to my house as soon as possible. I can't wait any longer.

안녕하세요, 저는 링컨 레인 15번지에 살고 있는 Rosalia입니다. 저는 며칠 전에 귀하의 가게에서 온수기를 샀습니다. 불행히도 어제 그것을 사용하려고 했을 때 이상한 소리가 나기 시작했고 작동을 멈췄습니다. 그래서 어제 고장 난 온수기를 고쳐 달라고 메시지를 남겼습니다. 24시간이 지난 지금까지 아무 소식도 듣지 못했습니다. 겨울이고, 저는 샤워하고 설거지를 할 따뜻한 물이 필요합니다. 최대한 빨리 저희 집에 누군가를 보내 주세요. 더 이상 기다릴 수 없습니다.

어휘 hot water heater 온수기 unfortunately 불행히도
strange 이상한 noise 소음 break down 고장 나다

1 메시지의 목적은 무엇인가?
(A) 배송 스케줄을 잡기 위해
(B) 편지에 응답하기 위해
(C) 문제를 알리기 위해
(D) 길을 묻기 위해

해설 서두의 I just bought a hot water heater from your store a few days ago. Unfortunately, when I tried to use it yesterday, it started making a strange noise and stopped working.과 전체적인 내용에서 온수기의 문제점을 알리고 수리를 요청하기 위해 메시지를 남기고 있다는 것을 알 수 있다. 따라서 답은 (C)이다.

2 화자는 제품에 대해 뭐라고 말하는가?
(A) 디자인이 독특하다.
(B) 제대로 작동하지 않는다.
(C) 부품 중 하나가 손상됐다.
(D) 사용 설명서가 부정확하다.

해설 여자가 when I tried to use it yesterday, it started making a strange noise and stopped working.에서 온수기가 이상한 소리

를 내면서 작동을 멈췄다고 언급했으므로 이와 일치하는 (B)가 답이다. 디자인이나 매뉴얼에 대한 언급은 없으므로 (A), (D)는 오답, (C) 부품이 손상되었다는 내용도 없었다.

3 화자는 청자에게 무엇을 해달라고 요청하는가?
(A) 환불해 줄 것
(B) 그녀의 집에 누군가를 보내줄 것
(C) 부품을 하나 더 주문해 줄 것
(D) 청구서를 보내줄 것

해설 지문 후반의 Please send someone to my house as soon as possible.에서 그녀의 집에 누군가를 보내줄 것을 요청하고 있으므로 답은 (B)이다.

Q 4-6 (개인 메시지)

Hi, Eric. I'm calling to discuss the workshop on communication skills that I'm leading next Wednesday. As you know, we've decided what project our employees will work on, and I've e-mailed you an outline for the workshop this morning. Unfortunately, there is an issue—fifty employees is a lot. So I think it would be difficult for us to conduct the workshop smoothly with that many people in a day. But we are also available on Thursday. Could you call me back today before six? I'd like to discuss this matter further as soon as possible.

안녕하세요, Eric. 다음 주 수요일에 제가 주관하는 의사소통 능력 관련 워크숍에 대해 논의하려고 전화 드립니다. 아시다시피, 저희는 직원들이 어떤 프로젝트를 맡을 것인지를 결정했고, 오늘 아침 당신한테 메일로 워크숍 개요를 보냈어요. 안타깝게도 한 가지 문제가 있는데, 50명은 너무 많아요. 하루에 인원이 그렇게 많으면 워크숍을 원활히 진행하기가 힘들 겁니다. 하지만 목요일도 시간이 가능하네요. 오늘 6시 전에 전화 좀 줄래요? 최대한 빨리 이 문제를 더 논의하고 싶어요.

어휘 discuss 논의하다 communication 의사소통 lead 이끌다
decide 결정하다 employee 직원 outline 개요
unfortunately 불행히도 conduct 수행하다 smoothly 순조롭게
available 시간이 있는 further 추가로

4 화자에 따르면, 다음 주에 예정된 일은 무엇인가?
(A) 워크숍
(B) 구직 면접
(C) 무역 박람회
(D) 공장 견학

해설 다음 주에 일어날 일에 대해 화자가 언급하는 부분을 찾는 문제로, 지문 초반에 I'm calling to discuss the workshop on communication skills that I'm leading next Wednesday.라고 하는 부분을 통해 다음 주에는 의사소통 능력 관련 워크숍이 예정되어 있음을 알 수 있다. 따라서 정답은 (A)이다.

5 청자는 아침에 무엇을 받았는가?
(A) 연락처
(B) 회의 안건
(C) 개요
(D) 상품 목록

해설 문제의 키워드, receive in the morning(아침에 받은 것)을 기억하고 지문을 듣자. 지문 중반에 I've e-mailed you an outline for the workshop this morning.을 통해 화자가 청자에게 워크숍 개요를 메일로 보냈음을 알 수 있으므로 정답은 (C)이다.

350 스파르타 토익 START

6 화자가 "하지만 목요일도 시간이 가능하네요"라고 말한 의미는 무엇인가?

(A) 그녀는 프로젝트가 연기되어야 한다고 생각한다.

(B) 그녀는 출석을 확인해야 한다.

(C) 그녀는 추가로 수업을 열기를 원한다.

(D) 그녀는 행사를 위해 새로운 사람을 고용해야 한다.

해설 화자 의도 파악 문제는 해당 표현뿐만 아니라 앞뒤 문맥을 살펴봐야 한다. 지문 중반에, So I think it would be difficult for us to conduct the workshop smoothly with that many people in a day.는 인원이 많아서 하루에 진행하기 어려울 수 있다는 의미이므로 목요일도 가능하다는 말은 추가로 수업을 열었으면 한다는 의미로 볼 수 있다. 따라서 이와 의미가 통하는 (C)가 정답이다.

Q 7-9 (자동 응답 메시지 + 목록)

Hello. You have reached the Value Department Store — one stop shopping for household goods. We are open every day except holidays from 10 A.M. to 8 P.M. If you need to speak with someone in customer service, press one on your telephone. If you need one of our specialty departments for fine china and furniture, press two. Please press three for inquiries about men's clothing or shoes. If you have any questions about our other departments, please hold for an operator who can connect you.

안녕하세요. 한 번에 모든 가정용품을 살 수 있는 Value 백화점에 연락하셨습니다. 저희 백화점은 공휴일을 제외하고 오전 10시에서 저녁 8시까지 매일 개장합니다. 고객 서비스 부서의 직원과 통화하시려면 1번을 누르세요. 고급 도자기 및 가구 전문 매장을 알아보고 싶으시면 2번을 눌러 주세요. 남성복 혹은 남성용 신발에 관해 질문 있으시면 3번을 눌러주세요. 만약 다른 부서에 관한 질문이 있으시면 당신을 연결해 줄 교환원과 통화할 수 있도록 기다려 주세요.

Value 백화점

내선번호	교환원
1	Andy Revaz
2	Sally Dickson
3	David Lukas
4	John Taylor

어휘 **reach** 연락하다, 도착하다 **department store** 백화점 **household goods** 가정용품 **except** ~을 제외하고 **holiday** 휴일 **fine china** 정교한 도자기 **furniture** 가구 **inquiry** 문의, 질문 **hold** (수화기를 들고) 기다리다 **operator** 전화 교환원 **connect** 연결하다

7 백화점은 무엇을 전문으로 취급하는가?

(A) 식료품

(B) 가정용품

(C) 철물

(D) 의류

해설 메시지 초반의 You have reached the Value Department Store — one stop shopping for household goods.에서 가정용품을 구매할 수 있다고 하므로 정답은 (B)임을 알 수 있다.

8 백화점은 언제 문을 여는가?

(A) 휴일을 제외한 매일

(B) 월요일부터 금요일

(C) 월요일부터 토요일

(D) 월요일부터 일요일

해설 메시지 초반의 We are open every day except holidays from 10 A.M. to 8 P.M.에서 휴일을 제외하고 매일 영업한다고 하므로 답은 (A)임을 알 수 있다.

9 시각 자료를 보시오. 신발에 관해 문의가 있는 사람은 누구와 통화하게 되는가?

(A) Andy Revaz

(B) Sally Dickson

(C) David Lukas

(D) John Taylor

해설 메시지 후반의 Please press three for inquiries about men's clothing or shoes.에서 남성복 및 남성용 신발에 관해 문의가 있는 사람은 3번을 누르라고 했다. 시각 자료를 보면 내선번호 3번은 David Lukas에게 연결되므로 정답은 (C)임을 알 수 있다.

Q 10-12 (개인 메시지)

Hello, Mr. Reid. This is Claire Campbell calling. We are considering a construction project on our house and are wondering if you would be interested in doing the work. We'd like to add a sunroom and a bathroom at the back of the first floor that will be approximately four hundred square feet. You did such a nice job on our house last year. Also, you are already familiar with its layout, so we'd really like to work with you again. Please let me know if you are interested in this project. I can be reached at 555-9755. Thank you.

안녕하세요, Reid 씨. 저는 Claire Campbell입니다. 저희는 집에 공사를 할까 생각 중이고, 당신이 그 일을 맡는 데 관심이 있는지 궁금합니다. 저희는 1층 뒤쪽에 약 400평방피트 넓이로 일광욕실과 욕실을 추가하고 싶습니다. 당신은 작년에 저희 집을 멋지게 작업해 주셨습니다. 그리고 저희 집 구조에 이미 익숙하시기 때문에, 당신과 다시 일하고 싶습니다. 이 프로젝트에 관심 있다면 알려주십시오. 555-9755번으로 연락하시면 됩니다. 감사합니다.

어휘 **consider** 고려하다 **construction** 공사 **wonder** 궁금해 하다 **sunroom** 일광욕실 **bathroom** 화장실, 욕실 **approximately** 대략 **square feet** 평방피트 **be familiar with** ~에 익숙하다 **layout** 배치(도) **reach** 연락하다

10 청자는 누구인 것 같은가?

(A) 배관공

(B) 주택 건설업자

(C) 변호사

(D) 집주인

해설 메시지 초반, We are considering a construction project on our house and are wondering if you would be interested in doing the work.에서 집 공사 작업에 관심이 있는지를 물었고, You did such a nice job on our house last year.에서 전에 집을 작업해 준 사람이라는 것을 알 수 있다. 따라서 정답은 (B)이다.

11 화자는 청자가 무엇을 하기를 원하는가?

(A) 욕실을 수리한다

(B) 집에 추가 시설을 짓는다

(C) 설계도를 변경한다

(D) 건설 융자를 신청한다

해설 지문 중반에, We'd like to add a sunroom and a bathroom at the back of the first floor ~ 부분을 통해 집에 일광욕실과 욕실을 추가하기를 원하고 있음을 알 수 있고, 후반에 so we'd really like to work with you again.에서 이번에도 청자가 작업을 해줬으면 한다고 했으므로 이와 의미가 통하는 (B)가 정답이다.

12 청자에 대해 암시되는 바는 무엇인가?

(A) Campbell 씨의 친구가 그를 추천했다.

(B) 그의 사무실이 근처에 있다.

(C) 그는 이 동네에 친숙하다.

(D) 그는 전에 Campbell 씨를 위해 일한 적이 있다.

해설 지문 후반에 You did such a nice job on our house last year.에서 작년에 그녀의 집을 작업했음을 알 수 있다. 따라서 이와 의미가 통하는 (D)가 정답이다.

UNIT 15 ··· 회의, 인물 소개

SPARTA CHECK-UP | p.119-120

1 (A) **2** (A)

1

> 안녕하세요, 여러분! 여러분 모두 이 새로운 제품 라인에 대해 저만큼 흥분될 거라고 기대합니다. 제 프레젠테이션이 끝날 때쯤에, 이 놀라운 프린터의 성능을 보실 텐데, 모두 세계 1위 프린터 회사인 Printek이 여러분께 선보이는 것입니다!

Q 담화의 목적은 무엇인가?

(A) 신상품을 소개하기 위해   (B) 전략을 설명하기 위해

2

> 오늘 주간 회의를 시작하기 전에, 새 직원인 Helen Kang 씨를 소개해 드리고자 합니다. 그녀는 잠시 후 짧은 연설을 할 것입니다. Kang 씨는 A&F Food 사에서 일했으며 영업 매니저들을 교육하는 업무를 담당했습니다. 이후에 여러분 모두 라운지에서 무료 음료를 즐기면서 Kang 씨를 더 잘 알 수 있는 기회를 가지시길 바랍니다.

Q 안내가 이루어지고 있는 장소는 어디인가?

(A) 회의실에서   (B) 라운지에서

SPARTA PRACTICE | p.122

1 (A) **2** (B)

1

> Hello, everyone! Thank you for **attending** our company event at the Plaza Hotel. This is not only our way of thanking our **employees** for their hard work, but also to thank their families for their **support**. We've had a great **quarter** as our cosmetics sales **placed** second among all the regional offices. We hope to continue **increasing** our sales of cosmetics with the goal of being number one in the **region** by the end of the year.
>
> --
>
> 안녕하세요, 여러분! Plaza 호텔에서 개최되는 사내 행사에 참석해 주셔서 감사합니다. 이는 저희 직원들의 노고뿐만 아니라 가족들의 지원에 감사의 마음을 표하기 위함입니다. 저희 화장품 매출이 모든 지역 영업소 중 2위를 차지하면서 멋진 한 분기를 보냈습니다. 저희는 연말까지 지역 내에서 1위가 되겠다는 목표로 저희의 화장품 매출을 계속 증가시키고자 합니다.

Q 담화는 주로 무엇에 대한 내용인가?

(A) 회사 매출   (B) 일자리

해설 We've had a great quarter as our cosmetics sales placed second among all the regional offices.와 이어지는 내용에서 회사 매출에 대해 언급하고 있으므로 답은 (A)이다.

2

> Good evening. As you're all **aware**, we are here tonight to honor the **retirement** of one of our **best** employees, Mr. Henry Montgomery. He has been with us **since** Victory Industries started thirty-five years ago. At that time, it was a very small **operation** consisting of just five people, but as the company grew, so did his **career**.
>
> --

---

352 스파르타 토익 START

안녕하세요. 여러분 모두가 아시는 것처럼, 저희는 오늘 밤 우리의 가장 유능한 종업원 중 한 명인 Henry Montgomery 씨의 은퇴를 기념하기 위해 모였습니다. 그는 35년 전에 Victory 사가 창립된 이후로 저희와 함께 해왔습니다. 당시에는 단 5명의 직원으로 이루어진 매우 조그만 회사였으나, 회사가 성장하면서 그의 경력도 함께 성장했습니다.

Q 담화의 목적은 무엇인가?
(A) 상품을 홍보하기 위해
(B) 누군가에게 경의를 표하기 위해

해설 담화 초반에 we are here tonight to honor the retirement of one of our best employees, ~라는 내용을 통해 답이 (B)임을 알 수 있다.

SPARTA TEST | p.123

1 (D)	**2** (D)	**3** (B)	**4** (C)	**5** (A)
6 (C)	**7** (C)	**8** (C)	**9** (B)	**10** (A)
11 (C)	**12** (D)			

Q 1-3 (회의)

Thank you for coming. I'm Susie Talbot, director of Human Resources for Morgan Products. Kenny Rogers from corporate headquarters asked me to meet with you today. Each of you represents one of our major sales regions. But more importantly, you are the top selling representative in that region. Therefore, I'm pleased to announce that each of you will receive a one-week holiday at a resort of your choosing. Congratulations.

자리해 주셔서 감사합니다. 저는 Morgan Products 사의 인사 부장 Susie Talbot입니다. 본사에 계신 Kenny Rogers 씨가 오늘 여러분들과 만나기를 제게 요청했습니다. 여러분은 각자 주요 판매 지역 중 한 곳을 대표하고 있습니다. 하지만 더 중요한 사실은 여러분이 그 지역에서 가장 많은 판매를 하고 있다는 겁니다. 그러므로 여러분이 선택한 리조트에서 1주일간 휴가를 받게 될 것임을 알리게 되어 기쁩니다. 축하드립니다.

어휘 **director** 부장 **corporate** 회사의 **headquarters** 본사 **represent** 대표하다 **region** 지역 **representative** 대표, 직원 **announce** 발표하다

1 화자는 어느 부서에서 일하는가?
(A) 마케팅
(B) 판매
(C) 회계
(D) 인사

해설 서두의 I'm Susie Talbot, director of Human Resources for Morgan Products.에서 화자는 인사 부서를 맡고 있음을 알 수 있다. 따라서 답은 Human Resources를 Personnel로 패러프레이징한 (D)이다.

2 담화는 누구를 대상으로 하는가?
(A) 전 직원
(B) 마케팅 부장들
(C) 신규 고객들
(D) 영업 사원들

해설 담화 중반에 Each of you represents one of our major sales regions. But more importantly, you are the top selling representative in that region.에서 주요 판매 지역을 대표하고 가장 많은 판매를 한 사람들이라고 언급했으므로 이와 일치하는 (D)가 정답이다.

3 청자들은 보상으로 무엇을 받을 것인가?
(A) 임금 인상
(B) 휴가
(C) 멤버십 카드
(D) 저녁식사 초대

해설 담화 마지막에, each of you will receive a one-week holiday at a resort of your choosing.이라고 언급된 부분을 통해 청자들은 휴가를 보상으로 받게 될 것임을 알 수 있다. 따라서 정답은 (B)이다.

Q 4-6 (소개)

Good evening, ladies and gentlemen. I'm pleased to introduce our featured speaker, Dr. Rodriguez. She has been a professor of archaeology for more than twenty years and also briefly served on the museum's board of directors. She has written three best-selling books, and her fourth book will be presented tonight in this place. After a while, Dr. Rodriguez is going to talk about how she conducted her research on early Southeast Asian cultures. Please welcome Dr. Rodriguez.

신사 숙녀 여러분, 안녕하세요. 특별 연사이신 Rodriguez 박사님을 소개하게 되어 영광입니다. 박사님께서는 고고학 교수로서 20년 이상 재직 중이시고 잠시 박물관 이사회에도 계셨습니다. 세 권의 베스트셀러를 집필하셨고, 오늘 밤 이 자리에서 네 번째 책이 소개됩니다. 잠시 후, Rodriguez 박사님께서는 어떻게 초기 동남아 문화에 관해 조사하셨는지 이야기하실 것입니다. Rodriguez 박사님을 환영해 주시기 바랍니다.

어휘 **introduce** 소개하다 **featured** 특집으로 하는 **speaker** 연사 **professor** 교수 **archaeology** 고고학 **briefly** 잠시 **conduct a research** 연구하다 **culture** 문화

4 Rodriguez 씨는 누구인가?
(A) 예술가
(B) 기자
(C) 교수
(D) 큐레이터

해설 담화 초반에 She has been a professor of archaeology for more than twenty years라고 언급된 부분을 통해 정답이 (C)임을 알 수 있다.

5 청자들은 오늘 밤에 무엇을 보게 될 것 같은가?
(A) 신간 도서
(B) 비디오
(C) 전시회
(D) 사진

해설 담화 중반에, She has written three best-selling books, and her fourth book will be presented tonight in this place.라고 언급되어 있다. 즉, 신간 도서가 소개될 것이므로 (A)가 답임을 알 수 있다.

정답 및 해설 **353**

6 Rodriguez 씨는 다음에 무엇을 할 것인가?
(A) 휴식을 취한다
(B) 양식을 작성한다
(C) 발표를 한다
(D) 면접을 진행한다

해설 담화 후반에 After a while, Dr. Rodriguez is going to talk about how she conducted her research on early Southeast Asian cultures.라고 언급된 부분을 통해 Rodriguez 씨는 (C) 발표를 할 것임을 알 수 있다.

Q 7-9 (회의 + 목록)

This meeting is to familiarize our team with changes to the orientation programs for new employees. First, I'll give you a quick overview of these changes. Then, we'll review the new manual that was created for all new employees. However, we'll spend most of our time talking about the revisions to the safety rules. It will take about fifty minutes, and then, Mr. Timothy will close with a Q&A session. Because we don't have enough time this morning, please hold any questions until we've gotten through all agendas.

이번 회의의 목적은 우리 팀이 신입직원들을 위한 오리엔테이션 프로그램의 변경 사항을 숙지하도록 하는 것입니다. 먼저, 제가 여러분들께 변경 사항에 대해 간단히 말씀드리겠습니다. 그 다음에, 모든 신입직원들을 대상으로 만든 새 매뉴얼을 검토해 보겠습니다. 하지만 회의 시

개관	Johnson 씨
새 매뉴얼	Peter 씨
안전 규정	McMiller 씨
질의응답	Timothy 씨

간 대부분을 안전 규정의 개정 사항에 대해 논의하는 데 할애할 것입니다. 이는 대략 50분 정도 소요될 것이며, 그 후 Timothy 씨와의 질의응답 시간을 끝으로 마치겠습니다. 오늘 아침에는 충분한 시간이 없기 때문에, 모든 안건을 마칠 때까지 질문을 보류해 주시기 바랍니다.

어휘 **familiarize** 익숙하게 하다 **orientation** 오리엔테이션 **overview** 개관 **create** 만들다 **revision** 개정, 수정 **safety rule** 안전 규정 **close** 끝내다 **hold** 보류하다 **go through** ~을 거치다, 겪다 **agenda** 안건

7 회의의 목적은 무엇인가?
(A) 불만 사항을 검토하기 위해
(B) 신입직원들을 소개하기 위해
(C) 변경 사항을 알리기 위해
(D) 제품을 홍보하기 위해

해설 회의의 목적은 주로 지문 초반에 언급된다. This meeting is to familiarize our team with changes to the orientation programs for new employees.에서 프로그램 변경 사항을 숙지시키기 위해서라고 했으므로 답이 (C)임을 알 수 있다.

8 시각 자료를 보시오. 어느 발표자가 가장 많은 시간을 필요로 하겠는가?
(A) Johnson 씨
(B) Peter 씨
(C) McMiller 씨
(D) Timothy 씨

해설 담화 중반에, However, we'll spend most of our time talking about the revisions to the safety rules.에서 안전 규정을 논의하는 데 가장 많은 시간을 할애할 것이라고 말하고 있다. 도표에서 이에 해당하는 발표자는 (C) McMiller 씨이다.

9 화자는 청자들에게 무엇을 하도록 요구하는가?
(A) 설문조사를 작성한다
(B) 나중에 질문한다
(C) 휴대폰을 끈다
(D) 피드백을 준다

해설 담화 후반에, please hold any questions until we've gotten through all agendas.에서 화자는 청자들에게 바로 질문하지 말고 안건 논의가 끝난 후에 할 것을 요구하고 있다. 따라서 답은 (B)이다.

Q 10-12 (회의)

Good morning. Before starting our meeting, I have a brief announcement to make. Our parking area is scheduled to be repaved beginning tomorrow. Therefore, you won't be able to park there until the repaving and inspection are completed. It will take about three days, so please take the public transportation. Our shuttle bus services will also run at Penne Station. The main entrance on Country Boulevard will be closed during this time. So I recommend you use the Redford Street entrance instead.

좋은 아침입니다. 회의를 시작하기 전에 간단히 말씀 드릴 것이 있습니다. 내일부터 주차장이 새로 포장될 예정입니다. 그러므로 포장 작업과 점검이 끝날 때까지 그곳에 주차하실 수 없을 겁니다. 작업은 3일 정도 걸릴 것이니, 대중교통을 이용하시기 바랍니다. Penne 역에서 저희 회사 셔틀 버스 역시 운행될 것입니다. 컨트리 대로에 있는 중앙 입구는 이 기간 동안 폐쇄됩니다. 그러니 대신 레드포드 도로의 출입문을 이용하시기 바랍니다.

어휘 **brief** 간단한 **announcement** 발표, 안내 **repave** 재포장하다 **inspection** 점검, 조사 **complete** 완성하다 **entrance** 입구 **boulevard** 대로 **close** 닫다, 폐쇄하다 **instead** 대신에

10 공지는 주로 무엇에 대한 것인가?
(A) 주차장 공사
(B) 새 고속도로 개통
(C) 상점 개조
(D) 지하철역 폐쇄

해설 담화 초반에 Our parking area is scheduled to be repaved beginning tomorrow.라는 내용을 시작으로 이에 따른 여러 지시사항들을 알리고 있으므로 답은 (A)가 된다.

11 프로젝트는 얼마 동안 진행될 것인가?
(A) 1일
(B) 2일
(C) 3일
(D) 5일

해설 지문 중반에 It will take about three days에서 작업이 3일 동안 진행될 거라고 했으므로 답은 (C)이다.

12 화자는 왜 "Penne 역에서 저희 회사 셔틀 버스 역시 운행될 것입니다"라고 말하는가?
(A) 지연을 설명하기 위해
(B) 길을 묻기 위해
(C) 놀라움을 표하기 위해
(D) 제안을 하기 위해

해설 해당 표현 앞에서 주차장이 폐쇄된다고 했고, 셔틀 버스는 앞서 언급한 대중교통 이용과 함께 주차장 폐쇄 기간 동안 대안으로 제시하는 것이므로 정답은 (D)가 된다.

SPARTA REVIEW TEST | p.124

1 (B)	**2** (D)	**3** (C)	**4** (D)	**5** (C)
6 (A)	**7** (C)	**8** (C)	**9** (D)	**10** (B)
11 (B)	**12** (D)	**13** (B)	**14** (B)	**15** (A)
16 (D)	**17** (C)	**18** (B)		

Q 1-3 (공지)

Good evening and welcome to the International Science Conference. Before I begin, I'd like to extend the special welcome to those who traveled from overseas to attend this conference. This year, we have more participants than previous years. Over the next three days, more than twenty renowned scientists from around the world will present their latest findings. In addition, there will be demonstrations, discussions, and presentations throughout the week. Now, I'd like to invite you to the fancy restaurant of this hotel for our welcome dinner, which will be served in approximately five minutes.

안녕하세요, 국제 과학 컨퍼런스에 오신 걸 환영합니다. 시작하기 전에, 컨퍼런스에 참석하기 위해 해외에서 오신 분들께 특별히 환영의 말씀을 드리고 싶습니다. 올해는 전보다 더 많은 분들이 참가하셨습니다. 앞으로 사흘 동안, 전 세계에서 오신 20명 이상의 저명한 과학자들이 최근 연구 결과를 발표할 것입니다. 게다가 일주일 내내 시연, 토론, 발표가 있을 겁니다. 이제, 약 5분 후에 있을 환영 만찬을 위해 여러분들을 이 호텔의 고급 레스토랑으로 모시겠습니다.

어휘 **international** 국제의 **extend** 베풀다 **overseas** 해외(의) **participant** 참가자 **renowned** 유명한, 저명한 **present** 발표하다 **latest** 최근의 **findings** (연구) 결과 **demonstration** 시연, 시범 **presentation** 발표 **throughout** ~내내 **invite** 초대하다 **fancy** 고급의, 멋진 **approximately** 약, 대략

1 청자들은 어디에 있는 것 같은가?
(A) 대학에
(B) 회의장에
(C) 공항에
(D) 식당에

해설 지문이 Good evening and welcome to the International Science Conference.로 시작하고 있다. 과학 컨퍼런스가 열릴 만한 장소로 (B)가 적절하다. (D) 만찬을 위해 이제 식당으로 이동할 것이라고 했으므로 오답이다.

2 올해 행사의 특별한 점은 무엇인가?
(A) 다양한 주제
(B) 추가 자료
(C) 더 넓은 장소
(D) 높은 참석률

해설 지문 중반에, This year, we have more participants than previous years.라고 언급된 부분을 통해, 올해 행사는 이전보다 참석률이 높다는 것을 알 수 있다. 따라서 답은 (D)이다.

3 청자들은 다음에 무엇을 할 것 같은가?
(A) 영상을 본다
(B) 질문을 한다
(C) 저녁식사를 한다
(D) 양식을 작성한다

정답 및 해설 **355**

해설 지문 후반 중 Now, I'd like to invite you to the fancy restaurant of this hotel for our welcome dinner, which will be served in approximately five minutes.에서 곧 저녁 만찬이 제공된다고 했으므로 이와 일치하는 (C)가 정답이다.

Q 4-6 (전화 메시지)

Hello, Mr. Clarke. This is Phillip Antone from All-Best Communications. When we last talked in February, you were waiting to hear back about a job you had applied for. If you are still looking for a job, it may interest you to know that we are in need of a trainer here. Our trainer, Mr. Lee, will be transferring to our new Singapore office in May, and I think you would be the perfect person to replace him. Please give me a call to let me know if you're available. I look forward to talking with you again. Thanks.

안녕하세요, Clarke 씨, All-Best Communications의 Phillip Antone입니다. 우리가 마지막으로 2월에 얘기했을 때, 당신이 지원했던 일자리에 관한 소식을 듣기 위해 기다리고 계셨죠. 만약 아직 구직 중이시라면, 우리가 이곳에서 트레이너를 필요로 한다는 사실에 관심이 있으실 겁니다. 저희 트레이너인 Lee 씨는 5월에 새로 생긴 싱가포르 사무소로 전근을 갈 예정이고, 당신이 그를 대신할 가장 적합한 사람이라고 생각합니다. 가능하신지 전화로 알려 주세요. 당신과 다시 얘기 나누길 기대하겠습니다. 감사합니다.

어휘 **apply for** ~에 지원하다 **interest** 관심을 끌다 **transfer** 옮기다, 전근 가다 **perfect** 완벽한 **replace** 대체하다 **available** 가능한, 시간이 되는

4 전화한 목적은 무엇인가?
(A) 거래를 하기 위해
(B) 마감 기한을 확인하기 위해
(C) 규정을 설명하기 위해
(D) 일자리를 제안하기 위해

해설 지문 중반부에서 we are in need of a trainer here.라고 했으므로 일자리가 생겨서 전화했음을 알 수 있다. 따라서 정답은 (D)이다.

5 화자가 "우리가 이곳에서 트레이너를 필요로 한다는 사실에 관심이 있으실 겁니다"라고 말하는 의도는 무엇인가?
(A) 그는 청자가 취직했다고 생각한다.
(B) 그는 청자가 직업을 바꾸기를 원한다고 생각한다.
(C) 그는 청자가 제안을 수락하기를 원한다.
(D) 그는 트레이너를 교체하고 싶어 한다.

해설 지문 초반에, When we last talked in February, you were waiting to hear back about a job you had applied for.라면서 지원했던 일자리 소식을 기다리지 않았냐고 했고, 아직 구직 중이라면 (If you are still looking for a job) 이 소식에 관심이 있을 거라고 하는 것은 (C) 일자리 제안을 수락하기를 원해서다.

6 화자에 따르면, Lee 씨는 향후에 무엇을 할 것인가?
(A) 싱가포르로 옮긴다
(B) Clarke 씨를 대신한다
(C) 새 트레이너를 고용한다
(D) 다른 일자리를 찾는다

해설 지문 중반에 Mr. Lee, will be transferring to our new Singapore office in May라고 언급된 부분을 통해 Lee 씨는 싱가포르로 전근 갈 것임을 알 수 있다. 따라서 답은 (A)이다.

Q 7-9 (광고)

After over twenty years in business, we're about to close our doors. All of our prices have been drastically reduced for our final sale. We have to clear out all merchandise from the warehouse, and we're passing the savings onto you. We have refrigerators, air conditioners, washing machines, dish washers, and heaters that all need to be sold. We also have a limited supply of microwaves that we'll be selling at fifty percent off. As an added bonus, if you spend over three hundred dollars, we'll give you a free coffee maker. The sale begins at 9 A.M. on Friday, September fifth, and runs all weekend until Sunday, September seventh at 8 P.M. Don't miss out on these amazing savings!

20년 넘게 영업을 한 후 저희는 곧 폐업할 예정입니다. 모든 상품 가격이 마지막 세일을 맞아 크게 인하되었습니다. 저희는 창고의 모든 상품을 정리해야 하므로 여러분께 절약의 기회를 넘깁니다. 냉장고, 에어컨, 세탁기, 식기세척기와 난방기 모두 판매해야 합니다. 또한 50% 할인 가격으로 판매할 제한된 공급량의 전자레인지도 구비하고 있습니다. 추가 보너스로, 300달러 이상 구매하시면 커피메이커를 무료로 드립니다. 세일은 9월 5일 금요일 오전 9시에 시작해서 9월 7일 일요일 오후 8시까지 주말 내내 계속됩니다. 이 놀라운 절약의 기회를 놓치지 마세요!

어휘 **close the door** 가게를 닫다, 폐업하다 **drastically** 대폭 **reduce** 줄이다, 인하하다 **clear out** 처분하다 **merchandise** 상품 **warehouse** 창고 **saving** 절약 **refrigerator** 냉장고 **air conditioner** 에어컨 **washing machine** 세탁기 **dish washer** 식기세척기 **heater** 난방기 **supply** 공급(량) **microwave** 전자레인지 **spend** 소비하다 **free** 무료의 **miss out** 놓치다 **amazing** 굉장한

7 어떤 행사에 대해 이야기하고 있는가?
(A) 개점 행사
(B) 기념 파티
(C) 폐점 세일
(D) 제품 출시

해설 지문 도입부에 After over twenty years in business, we're about to close our doors.라면서 폐점 세일에 대해 이야기할 것임을 나타내고 있다. 따라서 답은 (C)이다.

8 화자는 전자레인지에 대해 뭐라고 말하는가?
(A) 가격이 합리적이다.
(B) 품절되었다.
(C) 물량이 충분하지 않다.
(D) 좋은 평가를 받았다.

해설 지문 중반에 We also have a limited supply of microwaves that we'll be selling at fifty percent off.라고 언급된 부분을 통해 전자레인지는 50% 할인되고 물량은 제한되어 있음을 알 수 있다. 이와 의미가 통하는 (C)가 정답이다. 할인한다고 했지 가격이 합리적이라는 의미는 아니므로 (A)는 답이 아니다.

9 화자에 따르면, 보너스로 제공되는 것은 무엇인가?
(A) 냉장고
(B) 에어컨
(C) 전자레인지
(D) 커피메이커

해설 지문 후반에 As an added bonus, if you spend over three hundred dollars, we'll give you a free coffee maker.라고 언급된 부분을 통해 보너스 상품으로 (D) 커피메이커가 제공될 것임을 알 수 있다.

356 스파르타 토익 START

Q 10-12 (공지)

Attention, all employees! Renovation on the parking lot will begin on the first day of next month. Thus, I would like to remind all of you that we will be unable to use the parking lot during renovation. Those who drive to work will have to make alternate parking plans for the duration. There is a limited number of parking spaces in the area. Also, you can use the lot next to the downtown art museum. I apologize for the inconvenience this may cause some of you, but we will have a larger parking area and individually assigned spaces at the end of next month. Thanks for your understanding.

모든 직원들에게 알려드립니다! 주차장 수리가 다음 달 1일에 시작됩니다. 그러므로 여러분들은 수리 기간 동안 주차장을 이용할 수 없다는 점을 다시 알려드립니다. 차로 출근하는 직원 여러분께서는 그 기간 동안 주차 대안을 마련하셔야 합니다. 주변에 주차 공간이 어느 정도 있습니다. 또한 시내 미술관 옆 부지를 이용하셔도 됩니다. 이로 인해 불편을 겪게 되는 분들께 죄송합니다만, 다음 달 말쯤이면 더 넓은 주차장이 생기고 개인 주차 공간도 할당될 예정입니다. 이해해 주셔서 감사합니다.

어휘 renovation 수리, 보수   parking lot 주차장   remind 상기시키다
alternate 대체의   duration 기간   lot 부지, 공간
next to ~ 옆의   downtown 시내의   art museum 미술관
apologize for ~에 대해 사과하다   inconvenience 불편함
cause 야기하다   individually 개인적으로   assigned 할당된
understanding 이해

10 안내는 무엇에 관한 것인가?
(A) 분실물
(B) 곧 있을 보수
(C) 새 미술관
(D) 교통 상황

해설 공지나 안내의 주제는 주로 첫 부분에서 언급된다. 담화 도입부에, Renovation on the parking lot will begin on the first day of next month.를 통해 주차장 보수 작업에 대해 안내하고 있음을 알 수 있다. 따라서 정답은 (B)이다.

11 화자는 청자들에게 무엇을 하라고 제안하는가?
(A) 대중교통을 이용한다
(B) 시내에 주차한다
(C) 차로 출퇴근하는 것을 피한다
(D) 미술관을 방문한다

해설 지문 중반에 Also, you can use the lot next to the downtown art museum.이라고 언급된 부분을 통해 (B)를 정답으로 고를 수 있다.

12 청자들은 다음 달에 어떤 혜택을 받게 되는가?
(A) 더 넓은 사무실
(B) 무료 주차권
(C) 셔틀 버스 서비스
(D) 개인 주차 공간

해설 지문 후반에, but we will have a larger parking area and individually assigned spaces at the end of next month.라고 언급된 부분을 통해, 다음 달부터 개인 주차 공간을 받게 됨을 알 수 있다. 따라서 답은 (D)이다. individually assigned spaces가 private parking spaces로 패러프레이징되었다.

Q 13-15 (전화 메시지 + 일정표)

Good morning, Mr. Ellis. This is Jennifer Dan from Happy Travel. Thank you for giving us the opportunity to make your travel arrangements for your family trip to Germany. We are confident that you will be very satisfied with the destinations we chose for you. For one thing, we reserved a special tour of a beer factory. As promised, we will not charge you for this activity. We recommend that you review the itinerary that we sent you. If you have any questions or would like to make any changes, please contact me anytime. We look forward to hearing from you and hope that we will have the opportunity to plan your next vacation. Thank you.

안녕하세요, Ellis 씨, 저는 Happy Travel의 Jennifer Dan입니다. 귀하 가족의 독일 여행 일정을 저희에게 맡겨 주셔서 감사합니다. 저희가 선정한 목적지를 보시면 매우 만족하실 겁니다. 우선, 저희는 맥주 공장의 특별 견학을 예약했습니다. 약속한 대로, 이 활동에 대해서는 요금을 부과하지 않을 것입니다. 보내 드린 일정표를 검토하시기 바랍니다. 문의사항이 있거나 변경을 원하시면, 언제든지 연락 주시기 바랍니다. 귀하의 소식을 듣기를 고대하며, 귀하의 다음 휴가 일정을 준비할 기회가 있기를 바랍니다. 감사합니다.

일정표	
	이름: Nick Ellis
베를린	베를린 장벽
뮌헨	에르딘 맥주 공장
프랑크푸르트	괴테 박물관
함부르크	버그도프 성

어휘 opportunity 기회   make arrangements for ~을 준비하다
confident 확신하는   be satisfied with ~에 만족하다
destination 목적지   reserve 예약하다   charge 청구하다
activity 활동   recommend 추천하다   review 검토하다
itinerary 일정표   contact 연락하다   vacation 휴가

13 여행의 목적은 무엇인가?
(A) 친구를 방문하려고
(B) 휴가를 즐기려고
(C) 출장을 가려고
(D) 유학을 가려고

해설 지문 도입부의, Thank you for giving us the opportunity to make your travel arrangements for your family trip to Germany.에서 가족 여행을 간다고 했으므로 (B) 휴가를 보내기 위해 여행을 갈 것임을 알 수 있다.

14 시각 자료를 보시오. 청자는 특별 견학을 위해 어느 도시를 방문할 것인가?
(A) 베를린
(B) 뮌헨
(C) 프랑크푸르트
(D) 함부르크

해설 지문 중반에, For one thing, we reserved a special tour of a beer factory.에서 특별 견학으로 맥주 공장을 방문할 거라고 언급되어 있고, 도표에서 맥주 투어가 진행되는 도시는 (B) 뮌헨이다.

정답 및 해설 **357**

15 Happy Travel에 대해 암시되는 것은 무엇인가?

(A) 무료 활동을 제공한다.

(B) 독일 여행을 전문으로 한다.

(C) 단체 할인을 해준다.

(D) 가이드 동반 투어를 포함한다.

해설 지문 중반 중 For one thing, we reserved a special tour of a beer factory. As promised, we will not charge you for this activity.에서 맥주 투어는 비용을 청구하지 않겠다고 언급했으므로 이와 의미가 통하는 (A)가 정답이다.

Q 16-18 (전화 메시지 + 송장)

Hello, this is Sue Kim. I ordered some products from your online shop last week, and I received the products and invoice this morning. But there are some mistakes with my order. I ordered two chairs, and I paid ninety-eight dollars for them. However, in fact, I received only one chair. I need one more chair, so please send it to me by next week. Also, I was charged twenty dollars for an item, but I haven't ordered it. I want you to refund it immediately. Please correct the errors as soon as possible. Thank you.

안녕하세요, 저는 Sue Kim입니다. 저는 지난주에 귀사의 온라인 매장에서 몇 가지 제품을 주문했고, 오늘 아침에 제품들과 송장을 받았습니다. 하지만 제 주문에 몇 가지 실수가 있습니다. 저는 의자 두 개를 주문했고 98달러를 지불했습니다. 하지만 의자 한 개만 받았습니다. 의자가 하나 더 필요하므로 다음 주까지 그것을 보내 주시기 바랍니다. 그리고 20달러가 청구된 제품이 있는데, 저는 그것을 주문하지 않았습니다. 즉시 환불해 주시기 바랍니다. 최대한 빨리 오류를 수정해 주시기 바랍니다. 감사합니다.

항목	가격
탁자 1개	125달러
식탁보 1장	20달러
의자 2개	98달러
수건 5장	19달러

어휘 **order** 주문하다 **product** 제품 **invoice** 송장 **mistake** 실수 **charge** 청구하다 **refund** 환불하다 **immediately** 즉시 **correct** 바로잡다

16 화자는 왜 전화하는가?

(A) 제품에 대해 불평하기 위해

(B) 주문을 확인하기 위해

(C) 최신 모델을 주문하기 위해

(D) 오류를 알리기 위해

해설 지문의 도입부 I ordered some products from your online shop last week, and I received the products and invoice this morning. But there are some mistakes with my order.에서 주문에 오류가 있음을 알려 주기 위해 메시지를 남기고 있음을 알 수 있다. 따라서 정답은 (D)이다.

17 화자는 청자가 무엇을 해주길 원하는가?

(A) 제품을 수거해 간다

(B) 보증 기간을 연장한다

(C) 제품을 하나 더 보내준다

(D) 가격을 낮춘다

해설 지문 중반에 I ordered two chairs, and I paid ninety-eight dollars for them. However, in fact, I received only one chair. I need one more chair, so please send it to me by next week.에서 의자를 하나 더 보내 달라고 언급하고 있으므로 이와 일치하는 (C)가 정답이다.

---

18 시각 자료를 보시오. 화자는 어떤 품목에 대해 환불 받을 것인가?

(A) 탁자

(B) 식탁보

(C) 의자

(D) 수건

해설 지문 후반에 I was charged twenty dollars for an item, but I haven't ordered it. I want you to refund it immediately.에서 20달러를 청구 받은 제품은 주문하지 않았다면서 해당 제품에 대해 환불을 요청하고 있다. 도표에서 20달러인 제품은 (B) 식탁보다.

PART 5

UNIT 01 ··· 품사

SPARTA CHECK-UP
| p.129-132

1 -sion, -ment, -er, -ness, -ship

2 인칭대명사: you, he, they
재귀대명사: itself, ourselves
지시대명사: those, this
부정대명사: any, all

3 ① kind ② go ③ much

4 ① 동사: are staying, 전치사: at
② 동사: offer, 전치사: to

SPARTA PRACTICE
| p.133

A
1. 동사 2. 명사 3. 형용사 4. 대명사 5. 전치사 6. 부사

B

decision (결정/명사) ― business (사업/명사)
reliable (신뢰할 수 있는/형용사) ― ourselves (우리 자신/대명사)
really (정말/부사) ― make (만들다/동사)
she (그녀/대명사) ― from (~로부터/전치사)
at (~에서/전치사) ― carelessly (부주의하게/부사)
hold (개최하다/동사) ― hopeless (희망 없는/형용사)

SPARTA TEST
| p.135

1 (A)	2 (B)	3 (B)	4 (D)	5 (A)
6 (B)	7 (A)	8 (D)	9 (A)	10 (D)

1 의료 보조원은 누구든지 그 단체에서 일하기 위해 자격증을 보유하고 있어야 합니다.

해설 문장의 동사(have) 뒤에는 목적어인 명사가 필요하므로 '-tion'으로 끝나는 (A) certification(자격증)이 정답이다.

어휘 medical 의료의 assistant 조수, 보조원 work at ~에서 일하다 organization 조직, 단체

2 이 프로그램은 정규직 직원들에게 훌륭한 훈련 기회를 제공한다.

해설 빈칸은 명사(training opportunities) 바로 앞 자리로, 이것을 수식하는 형용사가 나와야 한다. 그러므로 '-ent'로 끝나는 (B) excellent (훌륭한)가 정답이다.

어휘 provide A with B A에게 B를 제공하다 full-time 정규직의 training 훈련 opportunity 기회 excellent 훌륭한

3 새로운 접근 방식은 프로젝트의 속도를 향상시킬 것이다.

해설 빈칸은 동사 앞자리이며 형용사(New)의 수식을 받으므로 명사가 나와야 한다. 그러므로 명사인 (B) approaches(접근 방식)가 정답이다.

어휘 improve 향상시키다, 개선시키다 speed 속도 project 프로젝트, 기획

4 페어뷰 그래픽 사는 지역 사업체들을 위해 판촉 상품을 제작한다.

해설 빈칸은 목적어인 명사(products)를 꾸미는 형용사 자리다. 그러므로 '-al'의 형태로 끝나는 (D) promotional(판촉용의)이 정답이다.

어휘 create 만들다 product 상품 local 지역의 business 사업(체), 기업 promotional 판촉용의

5 신입직원들은 보통 그들의 동료들에게 의존한다.

해설 보기 중에 알맞은 전치사를 선택하는 문제로, 'be dependent on(~에 의존하다)'의 숙어를 알아야 풀 수 있는 문제다. 그러므로 정답은 (A) on 이다.

어휘 employee 직원 dependent 의존하는 co-worker 동료

6 매니저는 그 주의 업무를 균등하게 배분할 예정이다.

해설 동사는 현재진행형인 'is distributing'이다. 빈칸은 그 사이에 위치하므로 동사를 수식하는 부사가 들어갈 자리다. 그러므로 '형용사+ly'의 형태를 가진 (B) equally(균등하게)가 정답이다.

어휘 manager 관리인, 매니저 distribute 배분하다 assignment 과제, 업무 for ~동안에

7 피터슨 바닥 관리 및 복구 회사는 유지 보수 서비스를 책임진다.

해설 보기 중에 알맞은 전치사를 선택하는 문제로, 'be responsible for ~ (~할 책임이 있다)'의 숙어를 완성시켜야 한다. 그러므로 정답은 (A) for 이다.

어휘 floor 바닥(재) care 관리 restoration 복구 responsible 책임이 있는 maintenance 유지 보수

8 이 잡지는 매우 유용한 정보를 자주 알려 준다.

해설 빈칸은 주어(This magazine)와 동사(publishes) 사이에 위치한 수식어 자리로, 바로 뒤에 나온 동사를 꾸미는 부사가 나와야 한다. 그러므로 정답은 '-ly' 형태로 끝나는 (D) frequently(자주, 빈번하게)이다.

어휘 magazine 잡지 publish 출판하다, 알리다 helpful 유용한 information 정보

9 박물관은 그 도시의 역사에 관한 전시회를 취소했다.

해설 빈칸은 동사(canceled)의 목적어 자리이며, 소유격(its)이 앞에 있으므로 명사 자리다. 그러므로 '-tion'의 형태로 끝나는 (A) exhibition(전시회)이 정답이다. (C) exhibitor(전시회 출품자)도 명사이지만 사람 명사는 의미상 취소의 대상이 될 수 없으므로 오답이다.

어휘 museum 박물관 cancel 취소하다 on ~에 관한 history 역사 exhibition 전시회

10 스타 항공사는 고객들에게 특별 할인을 제공한다.

해설 빈칸은 목적어(discounts)를 이끄는 동사 자리로, 보기 중 동사는 (C) offer와 (D) offers이다. 동사는 다른 품사와 달리 수, 시제, 태에 따라 형태가 달라지므로, 이를 고려하여 적절한 동사의 형태를 골라야 한다. 문장의 주어인 'Star Airlines'는 고유 명사이므로 단수 동사로 수 일치를 시켜야 한다. 그러므로 '-s'로 끝나는 단수 동사 (D)가 정답이다.

어휘 airlines 항공사 special 특별한 discount 할인 customer 고객

RC | Part 5

정답 및 해설 **359**

UNIT 02 ··· 문장 성분

SPARTA CHECK-UP
| p.137-140

1 ① Flat tires ② They

2 ① departed ② is ③ sent

3 ① 직접목적어 ② 목적격보어

4 ① At this afternoon's meeting ② from residents
③ next to the lobby

SPARTA PRACTICE
| p.141

A

The manager talked about our sales goal.
매니저는 우리의 판매 목표에 대해 말했다

The machine is seriously defective.
그 기계는 심각한 결함이 있다.

We got information about the seminar.
우리는 세미나에 관한 정보를 얻었다.

Most **companies** in this area experienced huge losses.
이 지역의 대부분의 회사들은 큰 손실을 경험했다.

Until further notice, **you** should keep your staff calm.
추후 공지가 있을 때까지 당신의 직원들이 침착함을 유지하게 하세요.

B

The manager **talked** about our sales goal.

The machine **is** seriously defective.

We **got** information about the seminar.

Most companies in this area **experienced** huge losses.

Until further notice, you **should keep** your staff calm.

C

We got **information** about the seminar.

Most companies in this area experienced huge **losses**.

Until further notice, you should keep your **staff** calm.

D

The machine is seriously **defective**.

Until further notice, you should keep your staff **calm**.

E

The manager talked **about our sales goal**.

The machine is **seriously** defective.

We got information **about the seminar**.

Most companies **in this area** experienced **huge** losses.

Until further notice, you should keep **your** staff calm.

SPARTA TEST
| p.143

| **1** (C) | **2** (C) | **3** (B) | **4** (D) | **5** (D) |
| **6** (B) | **7** (D) | **8** (A) | **9** (A) | **10** (C) |

1 박물관의 모든 방문객들은 입장 전에 등록해야 한다.

해설 빈칸은 동사(must register)를 중심으로 앞에 위치하며 'All'과 'to the museum'의 수식을 받는 명사 자리다. 그러므로 정답은 '-or'로 끝나는 사람 명사인 (C) visitors(방문객)이다. (A)와 (B)도 명사이지만, 해석상 부자연스러우므로 오답이다.

어휘 **museum** 박물관 **register** 등록하다 **before** ~전에 **enter** 입장하다 **visit** 방문; 방문하다 **visitation** 방문

2 그 부서는 지난달에 추가적인 일손을 고용했다.

해설 빈칸은 타동사(hired) 뒤에 위치하고 목적어(help)의 앞에 있으므로 수식어가 나올 자리다. 목적어인 'help'를 수식하려면 형용사가 필요하므로 '-al'로 끝나는 (C) additional(부가적인)이 정답이다.

어휘 **department** 부서 **hire** 고용하다 **help** 도움을 줄 일손, 조력 **last month** 지난달에 **addition** 충원 **additionally** 추가적으로

3 바리손 화장품 회사는 회사의 광고 예산을 삭감하지 않고 비용을 줄일 것이다.

해설 빈칸은 타동사(reduce)의 목적어 자리이며, 동작의 대상으로 의미가 가장 적절한 명사를 선택해야 한다. 'reduce expenses'가 '비용을 줄이다'의 의미로 가장 적절하다. 따라서 (B) expenses(비용)가 정답이다.

어휘 **cosmetics** 화장품 **without** ~을 제외한 **advertising budget** 광고 예산 **value** 가치 **customs** 관세 **reputation** 평판

4 세부 사항에 대한 프레드의 강한 집중은 그래픽 예술가로서 그의 최상의 특성이다.

해설 빈칸은 동사(is)의 앞에 위치해 있고 'Fred's strong'과 'to detail'의 수식을 받는 주어(명사) 자리이므로 '-tion'으로 끝나는 (D) attention (집중, 집중력)이 정답이다.

어휘 **strong** 강력한 **detail** 세부 사항 **best** 최상의 **attribute** 특성

5 새로운 소프트웨어 프로그램은 디자이너의 생산성을 향상시켰다.

해설 빈칸은 타동사(has improved) 뒤에 위치하며 'the designer's'의 수식을 받는 목적어(명사) 자리이다. '디자이너의 생산성을 향상시켰다'는 의미가 가장 잘 어울리므로 (D) productivity(생산성)가 정답이다.

어휘 **improve** 향상시키다 **economics** 경제학 **negotiation** 협상 **measure** 조치

6 로페즈 씨는 정기적으로 많은 나라에 출장을 간다.

해설 빈칸은 1형식 자동사인 'travels' 뒷자리로, 빈칸 앞에 완벽한 문장이 있으므로 빈칸에는 수식어가 필요하다. 그러므로 '-ly' 형태로 끝나는 부사인 (B) regularly(정기적으로)가 정답이다.

어휘 **travel** 여행하다 **travel for business** 출장 가다

7 그 가수는 곧 있을 자선 콘서트에 참석할 거라고 발표했다.

해설 빈칸은 타동사(has announced)의 뒷자리이며 소유격(her)의 수식을 받는 목적어(명사) 자리이다. 그러므로 '-tion'으로 끝나는 명사 (D) participation(참석, 출석)이 정답이다.

어휘 **singer** 가수 **announce** 발표하다 **upcoming** 곧 있을 **charity** 자선

---

360 스파르타 토익 START

8 몇몇 환자들은 그들의 진료 예약을 다시 조정하길 바란다.

해설 빈칸은 타동사 성격을 가진 'reschedule(일정을 다시 조정하다)'의 목적어 자리로, 문맥상 알맞은 의미의 단어를 선택해야 한다. 그러므로 '진료 예약을 다시 조정하다'의 의미를 만드는 (A) appointments가 정답이다.

어휘 **patient** 환자　**wish to** ~을 하길 소망하다　**position** 자리, 직책　**assignment** 과제, 업무　**subscription** 구독

9 고객들은 우리의 전화 응답 서비스를 이용해서 메시지를 남길 수 있다.

해설 빈칸 앞은 주어, 동사, 목적어가 갖춰진 완전한 문장이므로 빈칸 뒤는 [전치사+명사구] 구조의 수식어구가 나와야 한다. 'our answering service'는 메시지를 남길 수단이므로 '~의 수단으로'의 의미를 가진 (A) with가 정답이다.

어휘 **customer** 고객　**leave** 남기다　**message** 메시지　**answering service** 전화 응답 서비스

10 평론가들은 일반적으로 예측 가능한 영화들을 가치가 거의 없다고 여긴다.

해설 빈칸은 타동사(regard)와 목적어(movies) 사이에 있으므로 수식어 자리다. 그러므로 '-able'로 끝나는 형용사 (C) predictable(예측 가능한)이 정답이다.

어휘 **reviewer** 평론가　**usually** 보통, 일반적으로　**regard A as B** A를 B로 여기다　**little** 거의 없는　**value** 가치

UNIT 03 … 문장의 5형식

SPARTA CHECK-UP | p.145-148

1 arrive, appear, begin, talk, work, grow, rise

2 ① worse ② calm

3 offer, tell, hand, find, sell, grant, ask, make, teach, show

4 ① 목적어 ② 목적격보어 ③ 목적격보어

SPARTA PRACTICE | p.149

1 The presenter / will show you the market trend. [4형식]
　　주어　　　　동사　　간·목　　직·목

2 The workshop / begins // (tomorrow morning). [1형식]
　　주어　　　　동사　　　　수식어

3 She / is my colleague. [2형식]
　주어　동사　주격보어

4 He / is // (in the office). [1형식]
　주어 동사　　수식어

5 The company / reached an agreement // (with us). [3형식]
　　주어　　　　동사　　　목적어　　　수식어

6 The result / made them happy. [5형식]
　　주어　　　동사　목적어 목적격보어

7 I / did the assignment. [3형식]
　주어 동사　　목적어

8 The new product / became available. [2형식]
　　주어　　　　　동사　　주격보어

9 He / allowed us to leave. [5형식]
　주어　　동사　목적어 목적격보어

10 The café / offers customers fresh juice. [4형식]
　　주어　　　동사　　간·목　　직·목

SPARTA TEST | p.151

1 (B)	2 (A)	3 (A)	4 (B)	5 (B)
6 (B)	7 (B)	8 (C)	9 (A)	10 (A)

1 만약 질문이 있다면, 저희 직원에게 말하셔야 합니다.

해설 빈칸 뒤에 수식어로 전명구(to our representative)가 위치하므로 1형식 동사가 필요하다. 그러므로 'speak to ~로 자주 쓰이는 (B)가 정답이다.

어휘 **question** 질문　**should** ~해야 한다　**representative** 직원

2 로비에 있는 새로 온 접수원이 전화를 받을 것입니다.

해설 뒤에 목적어(the phone)가 위치하므로 3형식 동사가 필요하다. 그러므로 (A) answer가 정답이다. (B) talk(말하다), (C) respond(응답하다), (D) reply(대답하다)는 모두 1형식 동사이므로 뒤에 전치사를 동반해야 목적어를 취할 수 있다.

어휘 **receptionist** 접수원　**lobby** 로비

정답 및 해설　**361**

3 로저스 그룹은 숙련되고 유능한 직원을 찾는 중이다.

해설 빈칸 뒤에 목적어(experienced and competent staff)가 위치하므로 3형식 동사가 필요하다. 그러나 보기의 모든 동사가 3형식이므로 해석을 통해 정답을 찾아야 한다. '숙련되고 유능한 직원을 찾는 중이다'라는 의미가 자연스러우므로 (A) seeking(찾다)이 정답이다.

어휘 **experienced** 숙련된, 노련한 **competent** 유능한 **reach** 닿다 **enter** ~에 들어가다 **require** 요구하다

4 기술 지원 담당 직원들은 모든 고객의 불만 사항에 즉각 응답합니다.

해설 빈칸 뒤에 전명구(to all customers' complaints)가 위치하므로 1형식 동사가 필요하다. 그러므로 (B) respond가 정답이다. 여기서는 전치사 to를 동반하여 목적어를 취하고 있다. (A) promise(약속하다)와 (D) contact(연락하다)는 3형식 동사이며 (C) advise(~이 ~하도록 충고하다)는 5형식 동사다.

어휘 **technical support representative** 기술 지원 담당 직원 **complaint** 불만 사항 **promptly** 즉시

5 당신은 지난주에 본사에서 우리 동료들을 매우 따뜻하게 환영해 주셨습니다.

해설 빈칸 뒤에 목적어(our colleagues)가 위치하므로 3형식 동사가 필요하다. 그러나 모든 보기가 타동사이므로 해석을 통해 정답을 골라야 한다. '우리의 동료들을 따뜻하게 환영해 주었다'의 뜻이 가장 잘 어울리므로 정답은 (B) welcomed(환영하다)이다.

어휘 **colleague** 동료 **warmly** 따뜻하게 **headquarters** 본사

6 타나 씨에게 그녀의 소포가 도착했다고 알려 주세요.

해설 빈칸 뒤에 간접목적어(Ms. Tana)와 직접목적어(that her package has arrived)가 위치하므로 4형식 동사가 필요하다. 그러므로 정답은 (B) notify(~에게 ~을 알려 주다)이다.

어휘 **package** 소포 **arrive** 도착하다 **accept** 받아들이다 **deliver** 배달하다 **discuss** 논의하다

7 대부분의 지원자들은 경영진과 함께하는 인터뷰에 참석해야 한다.

해설 빈칸 뒤에 목적어(interviews)가 위치하므로 3형식 동사가 필요하다. 그러므로 (B) attend(~에 참석하다)와 (C) contain(포함하다)이 가능하며, '인터뷰에 참여하다'라는 뜻이 해석상 자연스러우므로 (B)가 정답이다. (A) occur(발생하다)와 (D) participate(참여하다)는 1형식 동사다.

어휘 **candidate** 지원자 **interview** 인터뷰 **management** 경영진

8 그 컴퓨터 시스템은 연구 부서가 프로젝트를 끝낼 수 있게 할 것이다.

해설 빈칸 뒤에 목적어(the research department)와 목적격보어(to complete projects)가 위치하므로 5형식 동사가 필요하다. 그러므로 정답은 5형식 동사인 (C) enable(~가 ~하게 하다)이다. (A) make(~이 ~하게 만들다)도 5형식 동사지만, 목적격보어 자리에 형용사나 원형부정사를 주로 받는다. (B) prefer(선호하다)는 주로 'prefer A to B(B보다 A를 선호하다)'로 쓰이는 3형식 동사이며, (D) keep(~을 ~로 유지하다)은 5형식 동사일 때 주로 형용사를 목적격보어로 취한다.

어휘 **research department** 연구 부서 **complete** 끝내다

9 최근의 유별난 날씨는 커피 가격의 인상을 설명한다.

해설 빈칸 뒤에 전명구(for the increase)가 위치하므로 1형식 동사가 필요하다. 그러므로 (A) accounts(설명하다)가 정답이다. explain(설명하다), state(진술하다), adapt(순응시키다)는 3형식 동사다.

어휘 **recent** 최근의 **unusual** 유별난 **weather** 날씨 **increase** 인상 **price** 가격

10 모든 신입직원들은 직원 멘토링 프로그램에 신청할 수 있습니다.

해설 빈칸 뒤에 전명구(in the Employee Mentoring Program)가 위치하므로 1형식 동사가 필요하다. 전치사 'in'과 함께 쓰여 '~에 등록하다'라는 뜻을 의미하는 (A) enroll이 정답이다. (B) admit(인정하다)는 3형식 동사이며, (C) apply(적용하다)와 (D) subscribe(가입하다)도 1형식 동사이나 'apply for(~에 적용하다)'와 'subscribe to(~에 가입하다)'로 쓰인다.

어휘 **mentoring** 멘토링(경험이 풍부한 사원이 신입사원을 지도해 주는 시스템)

SPARTA REVIEW TEST | p.152

1 (D)	2 (B)	3 (C)	4 (C)	5 (B)
6 (D)	7 (C)	8 (A)	9 (A)	10 (A)
11 (A)	12 (C)	13 (B)	14 (C)	15 (A)
16 (D)	17 (D)	18 (C)	19 (A)	20 (C)

1 주문 확인서가 당신에게 이메일로 보내질 것입니다.

해설 빈칸은 주어 자리이므로 '-tion'으로 끝나는 명사 (D) Confirmation(확인서)이 정답이다.

어휘 **order** 주문(품) **confirm** 확정하다

2 그 의류 매장은 이번 주 내내 최대 50퍼센트의 할인을 제공하고 있습니다.

해설 빈칸은 타동사 'is offering'의 목적어인 명사가 필요하고 보기 중 명사는 (B) discounts(할인)이다. (C) discounter(할인점)도 명사이나, 문맥상 어색하다.

어휘 **clothing** 의류 **store** 상점 **offer** 제공하다 **up to** 최대로, ~까지

3 메리 서점은 기록적인 수익 때문에 이례적인 한 해를 보냈다.

해설 빈칸은 명사 'year'를 수식하는 자리로, '-al'로 끝나는 형용사 (C) exceptional(예외적인)이 정답이다.

어휘 **due to** ~때문에 **record** 기록적인; 기록 **profit** 수익

4 당신은 지불을 위해 계좌 번호를 포함시켜야 합니다.

해설 조동사 'should' 바로 뒷자리이기 때문에 동사원형인 (C) include(포함하다)가 정답이다.

어휘 **should** ~해야 한다 **account number** 계좌 번호 **payment** 지불

5 레크리에이션 센터는 전임 수영 강사를 급하게 찾고 있습니다.

해설 빈칸은 동사구 'is seeking'을 수식하는 부사 자리이므로 '-ly'로 끝나는 (B) urgently(긴급하게)가 정답이다.

어휘 **recreation** 오락 **seek** 찾다 **full-time** 전임의, 정규직의 **instructor** 강사 **urgency** 긴급

6 그 회사는 상승하는 인건비 때문에 최근에 서비스 비용을 인상해야 했다.

해설 to부정사구를 완성하는 알맞은 동사 어휘를 선택하는 문제로, '서비스 비용을 올렸다'는 의미가 자연스러우므로 (D) increase(올리다)가 정답이다. (A) pretend(~인 체하다)는 뒤에 to부정사를 목적어로 삼고, (B) repair(수리하다)는 fees(비용)를 목적어로 받기에 의미상 어색하며, (C) remind(상기시키다)는 주로 that절을 목적어로 받는다.

어휘 **recently** 최근에 **service fee** 서비스 비용 **rising** 상승하는 **labor costs** 인건비

7 자선 기금 모금 행사는 대중에게 공개되어 있다.

해설 '대중에게 공개되다(be open to the public)'라는 의미가 자연스럽기 때문에 정답은 (C) open(열린)이다. (D) intended(~을 대상으로 하는)는 전치사 for와 함께 사용되므로 오답이다.

어휘 **charity** 자선 **fund-raising** 기금 모금 **public** 대중 **invite** 초대하다 **right** 옳은

8 감독관은 은퇴하는 회장에게 존경을 표했다.

해설 빈칸은 소유격(his)의 수식을 받는 명사 자리이므로 정답은 (A) respect (존경)이다.

어휘 **supervisor** 감독관 **express** 표현하다 **retire** 은퇴하다 **president** 회장

9 그 보고서는 괌을 최고의 관광 명소들 중 하나로 평가한다.

해설 빈칸에 가장 알맞은 동사는 목적어(Guam)를 받는 타동사 (A) ranks (평가하다, 순위를 매기다)이다. 나머지 동사들은 자동사이므로 목적어를 취할 수 없다.

어휘 **tourist attraction** 관광 명소 **remain** ~인 채로 있다 **arrive** 도착하다 **appear** 나타나다

10 그 기념품점에 있는 일부 보석류는 진품의 예술작품을 기반으로 한다.

해설 빈칸은 명사 'works(작품)'를 수식하므로 형용사 (A) authentic(진짜의)이 정답이다.

어휘 **jewelry** 보석류 **be based on** ~을 기반으로 하다 **work** 작품 **art** 예술

11 안타깝게도, 그 재킷은 일시적으로 품절되었습니다.

해설 '일시적으로 재고가 없다'는 의미가 가장 적절하므로 (A) temporarily (일시적으로)가 정답이다.

어휘 **unfortunately** 불행히도 **out of stock** 재고가 없는 **originally** 원래 **extremely** 몹시, 극도로 **highly** 매우

12 경찰 공무원들은 공동체 관계를 그들의 책임으로 여긴다.

해설 'regard A as B(A를 B로 여기다)'의 숙어로 정답은 (C) as이다.

어휘 **police official** 경찰관 **community** 지역사회, 공동체 **relation** 관계 **responsibility** 책임, 임무

13 전문적인 기술은 직원들이 매우 기술적인 작업을 수행할 수 있도록 한다.

해설 빈칸은 주어인 명사 'skills(기술)'를 수식하는 자리이므로 형용사 (B) Specialized(전문화된)가 정답이다.

어휘 **enable A to do** A가 ~할 수 있도록 하다 **perform** 수행하다 **highly** 매우 **technical** 기술적인 **work** 작업

14 이번 쇼는 이전의 쇼들에 비해 더욱 성공적이었다.

해설 빈칸은 주격 보어가 되는 형용사 자리이며 than과 함께 비교급을 이루는 (C) more successful이 정답이다.

어휘 **previous** 이전의 **successful** 성공한 **successfully** 성공적으로

15 시간 관리에 관한 세미나는 효율성을 위해 명확하게 고안되었다.

해설 동사구 'was designed'를 수식하는 자리이므로 '-ly'로 끝나는 부사 (A) clearly(명확하게)가 정답이다.

어휘 **time-management** 시간 관리 **design** 고안하다 **efficiency** 효율성

16 도로 안내도는 자세한 지역 지도로부터 만들어졌다.

해설 빈칸은 명사 'local maps(지역 지도)'를 수식하는 자리이므로 '자세한'의 의미를 뜻하는 (D) detailed가 정답이다.

어휘 **street guide** 길 안내도 **decided** 결정적인 **delinquent** 직무 태만의 **dependent** 의존하는

17 계획된 시설 확충에 관한 기사가 신문에 나왔다.

해설 형용사 planned의 수식을 받는 자리로, '시설 확충'이라는 복합명사(facility expansion)가 어울리므로 정답은 (D) expansion(확대, 확장)이다.

어휘 **article** 기사 **planned** 계획된 **facility** 시설 **appear** 나타나다 **newspaper** 신문 **expand** 확장하다

18 숙소의 부족은 여러 참석자들이 인근 호텔에 대신 머물도록 했다.

해설 숙소 부족이라는 내용을 볼 때 '가까운 호텔'에 머물게 한다는 의미를 만드는 형용사 (C) nearby(근처의)가 정답이다.

어휘 **lack** 결핍, 부족 **accommodation** 숙소 **several** 여러 개의 **participant** 참석자 **stay** 머물다 **instead** 대신해서 **delicate** 섬세한 **brief** 간략한

19 이사는 회사 법인 카드의 모든 사용을 승인해야 한다.

해설 카드 사용을 허용해야 한다는 의미가 가장 적절하므로 (A) authorize (승인하다)가 정답이다.

어휘 **director** 이사 **credit card** 신용 카드

20 우리는 사전에 참석자들에게 회의 안건을 나눠줘야 한다.

해설 앞에 관사 'the'가 있으므로 빈칸은 명사 자리이며, 회의 안건(meeting agenda)을 배포 받을 대상으로 적절한 것은 (C) attendees(참석자들)이다. (D) attendance(출석률)도 명사이나, 의미상 어색해서 오답이다.

어휘 **distribute** 나눠주다 **meeting agenda** 회의 안건 **in advance** 사전에 **attend** ~에 참석하다

RC | Part 5

정답 및 해설 **363**

UNIT 04 ··· 명사

SPARTA CHECK-UP
p.155-158

1 information, failure, news, equipment, London

2 ① information ② product ③ problem

3 ① a few ② All

4 ① account ② satisfaction ③ expiration ④ identification
⑤ pay ⑥ interest ⑦ department

SPARTA PRACTICE
p.159

1 (B)	2 (A)	3 (A)	4 (A)	5 (A)
6 (A)	7 (B)	8 (B)	9 (A)	10 (A)

1 동사가 복수형(are)이므로 (B) buildings가 정답이다.

2 'information'은 불가산명사이므로 정답은 (A) information이다.

3 'equipment'는 불가산명사이므로 정답은 (A) equipment이다.

4 관사 'a'가 있는 단수형이므로 정답은 (A) artist이다.

5 관사 'a'가 있는 단수형이므로 정답은 (A) problem이다.

6 관사 'a'가 있는 단수형이므로 정답은 (A) version이다.

7 동사가 복수형(are)이므로 정답은 (B) programs이다.

8 'a few'의 수식을 받으므로 정답은 복수형인 (B) books이다.

9 관사 'an'이 있는 단수형이므로 정답은 (A) staff member이다.

10 관사 'the' 뒤에는 명사가 나와야 하므로 정답은 (A) management이다.

SPARTA TEST
p.161

1 (B)	2 (C)	3 (A)	4 (A)	5 (B)
6 (A)	7 (C)	8 (C)	9 (B)	10 (B)

1 마케팅 부서로 요청된 정보를 제공해 주세요.

해설 빈칸은 3형식 동사 'provide' 뒤에 위치하며 관사(the)가 앞에 있으므로 목적어인 명사 자리다. 그러므로 보기 중 명사형인 (B) information이 정답이다.

어휘 **provide** 제공하다 **requested** 요청된

2 부사장은 야외 콘서트에 대한 제안에 반대를 표명했다.

해설 빈칸은 3형식 동사 'showed' 뒤에 위치한 목적어 자리이므로 명사가 필요하다. 그러므로 정답은 불가산명사인 (C) resistance(저항)이다.

어휘 **vice president** 부사장 **show** 보여주다 **proposal** 제안서 **outdoor** 야외의 **concert** 콘서트

3 우리 계획의 목적은 성장, 안정성 그리고 수익성이 좋은 미래이다.

해설 주격보어인 성장, 안정성과 수익성이 좋은 미래(growth, stability, and a profitable future)는 계획의 '목적'이라는 의미가 적절하므로 정답은 (A) goals이다.

어휘 **plan** 계획 **growth** 성장 **stability** 안정성 **profitable** 수익성이 있는, 유익한 **future** 미래 **goal** 목적 **destination** 목적지

opinion 의견 **treatment** 처리

4 밀리언 배송 회사는 최상의 상태로 배송하기 위해 모든 예방조치를 취한다.

해설 빈칸은 단수 취급하는 형용사 'every'의 수식을 받으므로 가산명사 (A) precaution(예방조치)이 정답이다. (B) news, (C) advice, (D) research는 불가산명사이므로 'every'와 함께 쓰일 수 없다.

어휘 **shipping** 배송 **take** ~을 취하다 **shipment** 배송(물) **top condition** 최상의 상태

5 공간의 제약 때문에 그 항공사는 수하물 허용량에 대한 규정을 변경했다.

해설 빈칸에 알맞은 의미의 명사를 선택하는 문제로, 공간의 제약으로 인해 수하물의 정책을 바꿨다는 내용이 자연스러우므로 정답은 (B) policy(규정)이다.

어휘 **because of** ~때문에 **limited** 제한된 **space** 공간 **airline** 항공사 **baggage** 수하물 **allowance** 허용량

6 워크숍 초대장은 모든 부서장들에게 보내져야 한다.

해설 빈칸은 주어 자리에 위치했으므로 알맞은 명사를 찾는 문제이다. 'invitation(초대장)'은 가산명사이므로 복수형 (A) Invitations가 정답이다. (B) Invitation이 나올 경우, 앞에 관사 'an'이 있어야 하므로 오답이다.

어휘 **workshop** 강습회, 워크숍 **supervisor** 관리자

7 콜먼 씨는 식품관리법에 관한 포괄적인 지식을 가지고 있다.

해설 빈칸에 알맞은 어휘를 선택하는 문제로, '식품관리법에 관한 포괄적인 지식이 있다'가 의미상 가장 적절하므로 정답은 (C) knowledge(지식)이다.

어휘 **comprehensive** 포괄적인 **Food Control Law** 식품관리법 **collector** 수집가

8 당신은 24시간 내내 기술 지원을 요청할 수 있습니다.

해설 빈칸은 call for의 목적어로, 형용사 'technical'의 수식을 받는 명사 자리이다. (A) supporter는 '조력자'라는 가산명사여서 관사 'a'가 필요하므로 오답이다. 그러므로 (C) support가 정답이다. support는 '지원하다'라는 뜻의 동사뿐만 아니라 '지원'이라는 의미의 명사로도 사용된다는 것을 알아 두자.

어휘 **call for** ~을 요청하다 **technical support** 기술 지원 **24 hours a day** 24시간 내내

9 노스 스타 사는 장기 근속자들에게 복지 후생을 제공한다.

해설 'welfare program'은 '복지 혜택'이라는 뜻의 복합명사이므로 (B) programs가 정답이다.

어휘 **offer** 제공하다 **welfare program** 복지 혜택 **long-term** 장기의 **trouble** 문제 **control** 통제 **force** 위력

10 정부는 재활용을 위해 효과적인 기술을 개발해 왔다.

해설 동사 'has developed(개발했다)'의 목적어로, 형용사 'effective(효과적인)'와 의미상 어울리는 명사는 '효율적인 기술'이라는 의미를 만드는 (B) technique이다.

어휘 **government** 정부 **develop** 개발하다 **effective** 효과적인 **recycling** 재활용 **response** 응답 **combination** 결합 **relationship** 관계

364 스파르타 토익 START

UNIT 05 ··· 대명사

SPARTA CHECK-UP | p.163-166

1 ① He ② your

2 ① of itself ② by oneself ③ for oneself ④ in itself
   ⑤ beside oneself

3 ① This ② These ③ That ④ Those

4 ③, ④

SPARTA PRACTICE | p.167

1 주어 자리이므로 주격 인칭대명사 They가 정답이다.

2 'company'를 꾸며주는 수식어 자리이므로 소유격 인칭대명사 Our가
   정답이다.

3 타동사 'deliver'의 목적어 자리이므로 목적격 인칭대명사 them이
   정답이다.

4 문맥상 그녀의 팸플릿을 가져가란 뜻이므로 소유대명사 hers가 정답
   이다.

5 주어(employees)가 3인칭 복수이기 때문에 이에 맞는 재귀대명사
   themselves가 정답이다.

6 주어와 동사 사이에 수식어 자리이므로 재귀대명사의 강조용법으로
   쓰인 myself가 정답이다.

7 문장 앞쪽에 단수명사 'population'을 대신 받으므로 정답은 that이다.

8 문장 앞쪽에 복수명사 'customer complaints'를 대신 받으므로 정답
   은 those이다.

9 수식 받는 명사 'issue'가 단수이므로 Another가 정답이다.

10 타동사 'implement'의 목적어 자리이므로 명사인 others가 정답이다.

SPARTA TEST | p.169

1 (D)	2 (A)	3 (D)	4 (A)	5 (D)
6 (C)	7 (B)	8 (D)	9 (A)	10 (A)

1 강 씨는 그의 부서에 있는 20명의 직원들을 관리한다.
해설 빈칸은 명사 'department'를 수식하는 자리이므로 정답은 소유격 인칭
대명사 (D) his이다.
어휘 manage 관리하다 department 부서

2 그들은 오늘 회의에 그들의 파일을 가져올 것이다.
해설 빈칸은 주어 자리이므로 주격 인칭대명사인 'They(그들은)'와 소유대
명사인 'Theirs(그들의 것)' 모두 가능하다. 하지만 주어는 파일을 가져
올 사람이 나오는 것이 적절하므로 정답은 (A) They이다. 소유대명사는
사물로 해석된다.
어휘 bring 가져오다 meeting 회의

3 그녀는 판매 보고서에 실수를 한 것에 대해 자책했다.
해설 빈칸은 타동사 'blamed(비난하다)'의 목적어 자리이다. 맥락상 주어
(She)인 그녀가 판매 보고서에 저지른 실수를 자책하는 것이므로 주어

와 목적어가 동일할 때 쓰는 재귀대명사 (D) herself가 가장 적절하다.
어휘 blame 비난하다 make an error 실수하다
sales report 판매 보고서

4 이 신제품은 다른 브랜드의 신제품보다 더 튼튼하다.
해설 빈칸은 앞에 언급된 'new product'를 지칭하므로, 단수형인 (A) that이
정답이다.
어휘 durable 내구성 있는, 튼튼한

5 그 제조업체는 그들에게 설문 조사에 답변해 줄 것을 요청했다.
해설 빈칸은 타동사 'asked'의 목적어 자리이므로 목적격 인칭대명사 (D)
them이 정답이다.
어휘 manufacturer 제조업체 ask A to do A에게 ~할 것을 요청하다
answer ~에 답하다 survey 설문 조사

6 그는 보고서를 그의 것으로 오해했다.
해설 빈칸은 that절의 주어 'the report'와 동격인 주격보어 자리이다.
'report'는 사물이므로 소유대명사 (C) his(그의 것)가 정답이다.
어휘 mistakenly 실수로 think 생각하다

7 마모아 씨는 혼자서 예산 요약에 관해 작업했다.
해설 '혼자서 작업했다'는 의미가 자연스러우므로 재귀대명사의 관용 표현
'by oneself'를 완성시키는 (B) herself가 정답이다.
어휘 work 작업하다 budget 예산 summary 요약

8 새로운 집으로 이사할 사람들은 그들의 예산에 보험을 고려한다.
해설 '~하는 사람들'의 의미로 'those who'를 완성시키는 (D) Those가 정답
이다.
어휘 move 이사하다 consider 고려하다 insurance 보험
budget 예산

9 저것은 10년 동안 가치가 꾸준히 상승했다.
해설 보기 중 주어가 될 수 있는 대명사 (A) That이 정답이다. (B) Other는
형용사로 사용되며, (C) Their는 소유격으로 주어를 대신하지 못하고,
(D) Themselves는 주어와 목적어가 동일할 때 쓰이는 재귀대명사다.
어휘 rise 상승하다(과거형: rose) steadily 꾸준히 value 가치

10 전문 기술을 보유한 노동자들은 다른 사람들보다 돈을 더 많이 버는
경향이 있다.
해설 전문 기술을 가진 노동자들과, 정해지지 않은 막연한 대상인 '다른 노동
자들'을 비교하는 문맥이므로 부정대명사 (A) others가 정답이다. 여기
서 others는 other workers를 나타낸다. (B) other는 단독으로 쓰일
수 없고 뒤에 복수명사가 와야 한다. (C) another는 형용사로 쓰일 경우
뒤에 단수명사가 오거나, 부정대명사일 경우 '다른 것'이라는 뜻으로 쓰
인다. (D) the other는 특정 범위 내에서의 '나머지 하나'를 의미하므로
문맥상 부적절하다.
어휘 worker 노동자 professional 전문적인
tend to ~하는 경향이 있다 earn 얻다, 벌다

RC | Part 5

정답 및 해설 365

UNIT 06 ··· 형용사

SPARTA CHECK-UP
| p.171-174

1 ① 한정 ② 서술 ③ 한정 ④ 서술

2 ① 좋은 평판은 당신의 사업을 위해 귀중하다.
　② 나는 그 세미나가 유익하다는 걸 알게 되었다.
　③ 잠재 고객들은 우리가 경쟁력 있다고 여긴다.

3 ① 명사 ② 형용사

4 ① 경쟁력 있는 ② 유능한 ③ 신뢰할 만한 ④ 의지하는
　⑤ ~에 익숙하다 ⑥ ~에 반대하다 ⑦ ~에게 인기가 있다

SPARTA PRACTICE
| p.175

1 (A)	2 (B)	3 (A)	4 (A)	5 (B)
6 (A)	7 (A)	8 (B)	9 (A)	10 (B)

1 주격보어 자리이므로 형용사 (A) defective가 정답이다.

2 빈칸 뒤로 목적어와 목적격보어가 나오는 5형식 동사 (B) found가 정답이다.

3 빈칸 뒤에 보어인 형용사가 있으므로 2형식 동사 (A) is가 정답이다.

4 '우리를 경쟁력 있다고 여긴다'는 뜻이므로 (A) competitive가 정답이다.

5 주어 자리이므로 동사(are)와 수 일치가 되는 복수 명사 (B) alternatives가 정답이다.

6 관사 'an' 뒤의 형용사 자리이므로 (A) alternative가 정답이다.

7 '기밀 정보'라는 뜻이 어울리므로 (A) confidential이 정답이다.

8 지적이고 '자신감 있어' 보인다는 뜻을 이루는 (B) confident가 정답이다.

9 빈칸은 불가산명사를 취하는 수량 형용사 'little'의 수식을 받는 명사 자리이므로 (A) competition이 정답이다.

10 빈칸은 주격보어 자리로, 주어인 행사 조직자가 '초조해진' 상태이므로 형용사인 (B) nervous가 정답이다.

SPARTA TEST
| p.177

1 (D)	2 (B)	3 (B)	4 (D)	5 (C)
6 (A)	7 (A)	8 (D)	9 (B)	10 (D)

1 대부분의 질병은 적절한 예방 조치를 취함으로써 예방 가능하다.

해설 빈칸은 주격보어 자리이므로 '-able'로 끝나는 형용사 (D) preventable이 정답이다.

어휘 most 대부분의　disease 질병　proper 적절한　precaution 예방책　prevent 예방하다　preventable 예방 가능한

2 조정자가 그의 사무실에서 관련된 문서 업무를 했다.

해설 목적어인 'paperwork(문서 업무)'를 수식하는 형용사 (B) related(관련된)가 정답이다.

어휘 coordinator 조정자　paperwork 문서 업무　incorrect 부정확한　limited 제한된　original 원래의

3 당신은 최신 상품 소개책자에 있는 몇 가지 경미한 오류를 고칠 수 있습니다.

해설 빈칸은 명사 'errors'를 수식하는 형용사 자리로, 이 명사와 의미가 가장 잘 어울리는 것은 (B) minor(경미한)이다.

어휘 correct 고치다　several 여러 개의　latest 최신의　brochure 소개책자　reliable 신뢰할 만한　rapid 신속한

4 엠케이 그래픽스 사는 판촉용 상품을 제작하는 것으로 잘 알려져 있습니다.

해설 빈칸은 명사 'products'를 수식하는 자리이므로 형용사가 들어가야 한다. 따라서 (D) promotional(판촉용의)이 정답이다.

어휘 be well-known for ~으로 잘 알려지다　create 만들다　promote 판촉하다　promotion 판촉, 승진　promotional 판촉용의

5 그 직책에 지원하는 사람들은 광범위한 실험 경험을 갖추어야 합니다.

해설 빈칸은 명사 'laboratory experience(실험 경험)'를 수식하는 형용사 자리이므로 (C) extensive(광범위한)가 정답이다.

어휘 candidate 지원자　position 직책　laboratory 실험실　extend 확장하다　extension 확장

6 출장을 위한 사전 준비가 끝났다.

해설 빈칸은 2형식 동사 'were' 뒤에 위치한 주격보어 자리이므로 형용사인 (A) complete(완전한, 완성된)이 정답이다.

어휘 advance 사전의　preparation 준비　business trip 출장　completely 완전히

7 다양한 대학에서 온 학생들은 여름에 인턴쉽을 수행할 것이다.

해설 빈칸은 명사 'universities(대학)'를 수식하는 형용사 자리로, 해석상 '다양한 대학에서 온 학생들'이 자연스러우므로 정답은 (A) various (다양한)이다.

어휘 internship 인턴쉽　welcome 환영 받는　regular 정기적인　potential 잠재적인

8 지난 주말 콘서트는 지금까지 가장 성공한 콘서트이다.

해설 빈칸은 'one'이라는 명사를 수식하는 형용사 자리이므로 이것과 가장 어울리는 의미를 찾아야 한다. 주격보어 'one'은 주어 'concert'와 동격이므로 이와 어울리는 형용사 (D) successful(성공적인)이 정답이다.

어휘 so far 지금까지　responsible 책임 있는　reliant 의지하는　delighted 기쁜

9 기밀성이 있는 무엇이든 회사 밖에서 논의하는 것은 적절하지 못하다.

해설 빈칸은 주격보어 자리로, 형용사 (B) appropriate(적절한)가 정답이다.

어휘 anything 어떤 것이든　confidential 기밀의　discuss 논의하다　appropriate 적절한　appropriately 적절하게

10 우리는 마케팅 분야에서 많은 경험을 가진 사람을 찾을 수 없었다.

해설 빈칸은 명사 'experience'를 수식하는 형용사 자리이므로 (D) considerable(상당한, 많은)이 정답이다. 또 다른 형용사 (C) considerate(사려 깊은)는 해석상 적절하지 못하므로 오답이다.

어휘 experience 경험하다; 경험　considerably 상당히

366　스파르타 토익 START

UNIT 07 ··· 부사

SPARTA CHECK-UP
| p.179-182

1 ① Our revenue **V** increased **V**.

② You should **V** contact our sales representatives.

2 ① We **usually** have a meeting at 2 P.M.

② The customer is **always** complaining.

③ The director **hardly** mentions the result of the survey.

3 ① hard ② late ③ near ④ deeply

4 ① too ② so ③ such

SPARTA PRACTICE
| p.183

1 Our revenue **dramatically** increased.
우리의 소득이 **급격히** 올랐습니다.

2 It was a **perfectly** successful promotion.
그것은 **완벽하게** 성공적인 판촉 행사였다.

3 You should **immediately** contact our sales representatives.
당신은 판매 직원에게 **즉시** 연락해야 합니다.

4 The project team arrived **late**.
그 프로젝트팀은 **늦게** 도착하였다.

5 We increased our revenue **considerably**.
우리는 소득을 **상당히** 올렸습니다.

6 **Actually**, the product line is not available.
사실 그 제품군은 더 이상 이용할 수 없다.

7 The presenter described the trend **clearly**.
발표자는 트렌드를 **명확하게** 설명했다.

8 Mr. Crosby has been busy **lately**.
크로스비 씨는 **최근에** 바빴다.

9 His team has **already** achieved the sales goal.
그의 팀은 **이미** 판매 목표를 달성했다.

10 **Hardly** did the director mention the result of the survey.
이사는 조사 결과에 대한 언급을 **거의** 하지 않았다.

SPARTA TEST
| p.185

1 (D)	2 (B)	3 (A)	4 (C)	5 (D)
6 (C)	7 (B)	8 (C)	9 (D)	10 (C)

1 다행히도, 의뢰인들은 개선된 제품 디자인에 만족했다.

해설 빈칸은 문장 전체를 수식하는 부사 자리이므로 '-ly'의 형태로 끝나는 부사 (D) Fortunately(다행히도)가 정답이다.

어휘 **client** 의뢰인 **be satisfied with** ~에 만족하다 **improved** 개선된 **product design** 제품 디자인 **fortune** 운, 재산 **fortunate** 운이 좋은

2 최신 소식에 대한 독자들의 반응은 압도적으로 긍정적이었다.

해설 빈칸은 형용사 'positive'를 수식하는 자리이므로, '-ly' 형태로 끝나는 부사 (B) overwhelmingly(압도적으로)가 정답이다.

어휘 **reader** 독자 **response to** ~에 대한 반응 **updated** 갱신된 **positive** 긍정적인 **overwhelming** 압도적인 **overwhelmed** 압도된 **overwhelm** 압도하다

3 사무용품은 보통 3층의 비품실에 보관된다.

해설 빈칸은 동사구 'are stored'를 수식하는 자리로, 보기가 모두 부사이므로 의미상 가장 어울리는 것을 선택해야 한다. 그러므로 '보통 비품실에 보관된다'의 의미를 만드는 (A) usually(보통, 일반적으로)가 정답이다.

어휘 **office supplies** 사무용품 **store** 보관하다, 저장하다 **supply room** 비품실 **relatively** 비교적으로 **slightly** 약간 **closely** 면밀히

4 분석가들은 원래 경제가 빠르게 성장할 것이라고 예측했다.

해설 빈칸은 동사 'predicted'를 수식하는 부사 자리이므로 '-ly' 형태로 끝나는 부사 (C) originally(원래부터, 최초부터)가 정답이다.

어휘 **analyst** 분석가 **predict** 예측하다 **economy** 경제 **grow** 성장하다 **quickly** 빠르게

5 벤빌 씨는 그 분야에 대한 공헌 때문에 매우 존경 받는 경제학자입니다.

해설 빈칸은 형용사 'regarded(존경 받는)'를 꾸미는 자리이므로 의미상 적절한 부사를 선택해야 한다. 그러므로 '매우 존경 받는 경제학자'라는 의미를 만드는 (D) highly(매우)가 정답이다.

어휘 **regarded** 존경 받는 **economist** 경제학자 **contribution to** ~에 대한 공헌 **field** 분야 **largely** 주로 **luckily** 운 좋게 **hardly** 거의 ~하지 않다

6 새로운 부장으로서, 파미가 씨는 자주 회의에 참석해야 한다.

해설 빈칸은 동사 'attend(참석하다)'를 수식하는 부사 자리이므로 '-ly' 형태로 끝나는 (C) frequently(자주, 빈번히)가 정답이다.

어휘 **department head** 부장 **attend** ~에 참석하다 **meeting** 회의 **frequent** 빈번한 **frequency** 빈도

7 이 특별 제안은 새로운 고객들에게만 유효합니다.

해설 특별 제안이 신규 고객들에게만 유효하다는 의미가 자연스러우므로 부사 (B) exclusively(오로지 ~만)가 정답이다.

어휘 **special** 특별한 **offer** 제안 **available** 유효한, 이용 가능한 **personally** 개인적으로 **considerably** 상당히 **consistently** 지속적으로

8 당장 적절한 전문가를 찾는 것은 매우 어렵다.

해설 빈칸은 형용사 'difficult(어려운)'를 수식하는 자리로, '-ly' 형태로 끝나는 부사 (C) extremely(극도로, 몹시)가 정답이다.

어휘 **difficult** 어려운 **find** 찾다 **appropriate** 적절한 **specialist** 전문가 **at once** 당장 **extreme** 극도의 **extremity** 극한

9 그 보증서는 결함이 있는 상품을 반품하는 것에 대한 기한을 명확히 명시한다.

해설 빈칸은 동사 'indicates(명시하다)'를 수식하는 부사 자리이므로 '명확히 명시하다'라는 뜻이 자연스럽다. 따라서 (D) clearly(명백하게)가 정답이다.

어휘 **warranty** 보증(서) **time limit** 기한 **return** 반품하다 **defective** 결함 있는 **merchandise** 제품

RC | Part 5

정답 및 해설 367

10 스티븐스 씨는 회의 후 마침내 예산 보고서를 완성할 수 있었다.

[해설] '마침내 보고서를 완성했다'는 의미가 자연스러우므로 (C) finally(마침내)가 정답이다.

[어휘] **complete** 완성하다 **budget report** 예산 보고서

UNIT 08 ··· 전치사

SPARTA CHECK-UP
| p.187-190

1 ① 형용사 ② 부사 ③ 형용사

2 ① on ② at ③ on

3 ① ~에 대해 사과하다 ② ~를 야기하다

③ A에 B를 설치하다 ④ A에게 B를 알리다

4 ① from ② for ③ to ④ of ⑤ of

SPARTA PRACTICE
| p.191

A

1. 기간	2. 기간
3. 기간	4. 시점
5. 기간	6. 시점

B

1. 'May 1'는 날짜를 뜻하므로 특정 날짜 앞에 오는 전치사 on이 적절하다.

2. 'on the waiting list'는 '대기자 명단에'라는 뜻이므로 on이 답이다.

3. 동사 'stay'를 수식하기에 적절한 것은 계속적인 의미의 until로 시작하는 전치사구이다.

4. 'the demonstration'은 사건, 일을 나타내는 명사이므로 during이 적절하다.

5. 'provide A with B(A에게 B를 제공하다)'의 숙어를 완성해야 하므로 with이 답이다.

6. 'advance in(~의 진보)'의 숙어를 완성해야 하므로 in이 답이다.

SPARTA TEST
| p.193

1 (C)	**2** (D)	**3** (C)	**4** (A)	**5** (B)
6 (C)	**7** (C)	**8** (C)	**9** (A)	**10** (B)

1 인턴쉽 지원자들은 8월 2일까지 지원서를 제출해야 합니다.

[해설] '~까지'의 의미를 가진 'by'와 'until' 중 선택하는 문제다. 동사는 'submit(제출하다)'으로, 완결성이 뚜렷한 동사와 어울리는 (C) by가 정답이다.

[어휘] **internship** 인턴쉽, 실습 훈련 기간 **candidate** 지원자 **application form** 지원서

2 코어 모터스 사는 올해 말에 최신식 차량을 선보일 것이다.

[해설] 빈칸에 알맞은 전치사를 선택하는 문제다. 빈칸 뒤에 'the end of this year(연말)'는 시점을 의미하므로 이와 호응하는 (D) at이 정답이다.

[어휘] **show** 선보이다 **newest** 최신의 **vehicle** 차량

3 피닉스 사는 북미에서 가장 큰 공장을 자랑한다.

[해설] 빈칸에 알맞은 전치사를 선택하는 문제다. 빈칸 뒤에 이어지는 명사 'North America'는 지역명이므로 전치사 'in'이 적절하다. 그러므로 정답은 (C)이다.

[어휘] **boast** 자랑하다 **largest** 가장 큰 **factory** 공장

368 스파르타 토익 START

4 월트 씨는 단 하나의 과정만 제외하고 모든 훈련을 끝냈다.

해설 빈칸 뒤에 있는 'for'와 함께 사용되는 구전치사 완성 문제다. 'except for(~을 제외하고)'를 완성해야 하므로 정답은 (A) except이다. (C) in spite는 'in spite of(~임에도 불구하고)'로 사용되고, (D) instead는 'instead of(~대신에)'라는 구전치사로 사용된다.

어휘 **finish** 끝내다 **training** 훈련 **only** 오직, 단지 **course** 강좌, 과정

5 서면상의 허가 없이 비품장에서 어떤 것도 가져갈 수 없습니다.

해설 빈칸에 알맞은 전치사를 선택하는 문제다. 전치사 'without'과 함께 'without written permission(서면상의 허가 없이)'이라는 숙어로 사용되는 (B)가 정답이다.

어휘 **take** 가져가다, 꺼내다 **supply closet** 비품장 **permission** 허가

6 유감스럽게도 우리는 잘못된 주소지로 물품을 보냈습니다.

해설 빈칸에 알맞은 전치사를 선택하는 문제로, 'send A to B(A를 B로 보내다)'라는 구문을 완성하는 (C) to가 정답이다.

어휘 **unfortunately** 유감스럽게도 **wrong** 잘못된 **address** 주소

7 당신은 구매 증거로 영수증 원본을 보관해야 합니다.

해설 빈칸에 알맞은 전치사를 선택하는 문제로, 'as proof of(~의 증거로)'라는 숙어를 완성하는 (C) as가 정답이다.

어휘 **keep** 보관하다 **original** 원본의 **receipt** 영수증 **proof** 증거 **purchase** 구매

8 가르시아 씨는 마케팅 팀과 함께 파리로 출장을 떠날 계획이다.

해설 빈칸에 알맞은 전치사를 선택하는 문제로, 뒤에 이어지는 명사 'the marketing team'과 동사 'travel'과 의미적으로 어울리는 전치사는 (C) with(~와 함께)이다.

어휘 **plan to** ~할 것을 계획하다 **travel** 여행하다, 출장 가다

9 지역 회사와 함께 일함으로써, 사이먼즈 사는 그곳의 매출을 올리고 있다.

해설 빈칸에 알맞은 전치사를 선택하는 문제로, 빈칸 뒤에 이어지는 동명사 'working'과 숙어를 이루는 (A) By가 정답이다. 'by -ing'는 '~함으로써'를 의미하는 숙어이다.

어휘 **local** 지역의 **increase** 증가시키다, 올리다 **sales** 판매

10 드보이스 씨는 10년이 넘는 기간 동안 노던 스카이 은행장으로 있어 왔다.

해설 빈칸에 알맞은 전치사를 선택하는 문제로, 빈칸 뒤에 이어지는 전명구 'over ten years'가 기간을 의미하므로 (B) for(~동안에)가 정답이다.

어휘 **president** 사장, 대표 **bank** 은행 **over** ~가 넘는

SPARTA REVIEW TEST | p.194

1 (B)	**2** (B)	**3** (D)	**4** (A)	**5** (A)
6 (B)	**7** (C)	**8** (B)	**9** (C)	**10** (C)
11 (D)	**12** (A)	**13** (A)	**14** (B)	**15** (A)
16 (C)	**17** (B)	**18** (A)	**19** (B)	**20** (B)

1 관리자로서의 해밀턴 씨의 경험은 그를 그 직책의 완벽한 후보자로 만든다.

해설 빈칸은 소유격(Mr. Hamilton's)의 수식을 받는 명사 자리이므로 보기 중 '경험, 경력'이라는 뜻의 명사 (B) experience가 정답이다. (D) experiment(실험)도 명사이지만 의미상 적절하지 않다.

어휘 **perfect** 완벽한 **candidate** 후보자

2 제니퍼는 그녀의 15년 경력에 걸쳐서 그 단체에 헌신해왔다.

해설 명사구 '15-year career(15년 경력)'를 수식하는 소유격 인칭대명사 (B) her(그녀의)가 정답이다.

어휘 **make contributions to** ~에 공헌하다 **organization** 조직, 단체 **throughout** (기간에) 걸쳐서 **career** 경력

3 컴퓨터 교육은 12월 7일에 열릴 예정입니다.

해설 명사 'computer'와 함께 '컴퓨터 교육'이라는 복합명사를 이루는 (D) training(교육, 훈련)이 정답이다.

어휘 **hold** 개최하다

4 발전소는 모든 시내에 전력을 공급할 것이다.

해설 'provide A to B(A를 B에게 공급하다)'의 숙어형으로, 정답은 (A) to 이다. 'provide A with B(A에게 B를 제공하다)'와 구분해서 알아 두자.

어휘 **power plant** 발전소 **would** ~할 것 같다 **electric power** 전력

5 우리의 동료들은 마침내 마운트 비스코로 여행 가기로 결정했다.

해설 의미상 'take a trip(여행을 가다)'의 숙어를 이루는 (A) trip이 정답이다.

어휘 **colleague** 동료 **finally** 마침내 **decide** 결정하다

6 기자인 로빈 라이트는 미디어 위원회의 의장직을 맡기로 동의했다.

해설 빈칸은 주어 'Robin Wright'와 동격인 명사 자리이므로 사람 명사 (B) journalist(기자)가 정답이다.

어휘 **agree** 동의하다 **chair** 의장직을 맡다 **committee** 위원회

7 각 신입직원은 오리엔테이션에서 아이디어를 공유할 기회를 가졌다.

해설 빈칸 뒤에 단수명사(employee)가 왔으므로 단수명사를 수식하는 형용사 (C) Each(각각)가 정답이다.

어휘 **share** 공유하다 **orientation** 오리엔테이션

8 좋지 못한 날씨 상태 때문에 모든 비행기들이 지연되었습니다.

해설 복합명사 'weather conditions(날씨 상태)'를 수식하기에 적절한 형용사는 (B) unfavorable(상태가 좋지 못한)이다.

어휘 **due to** ~때문에 **delay** 지연시키다 **functional** 기능적인 **promoted** 장려되는 **incomplete** 불완전한

RC | Part 5

정답 및 해설 **369**

9 가격 정보는 웹 페이지에서 직접 얻을 수 있습니다.

해설 '웹 페이지로부터 얻을 수 있는 가격 정보'의 의미가 적절하므로 출처를 나타내는 전치사 (C) from(~로부터)이 정답이다.

어휘 **price** 가격 **obtain** 획득하다 **directly** 직접

10 그 팀에 합류하는 데 관심 있는 사람들은 설명회에 와야 한다.

해설 '합류를 원하는 사람들'이라는 의미가 적절하므로 those who(~하는 사람들)를 이루는 (C) Those가 정답이다.

어휘 **join** ~에 합류하다 **information session** 설명회

11 안전모는 공사 현장에서 항상 착용해야 한다.

해설 '항상'이라는 의미의 숙어 'at all times'를 완성시키는 전치사 (D) at이 정답이다.

어휘 **safety helmet** 안전모 **worn** 입다(wear의 과거분사형) **construction site** 공사 현장

12 주가가 합병 발표 이후에 떨어졌다.

해설 빈칸은 명사 'the merger announcement(합병 발표)'를 연결하는 전치사 자리로, 합병 발표 후에 주가가 떨어졌다는 의미를 만드는 (A) after(~후에)가 정답이다.

어휘 **stock price** 주가 **decrease** 감소하다 **merger** 합병 **announcement** 발표

13 많은 광고주들은 다른 판촉물 대신에 상품권을 배부한다.

해설 빈칸은 복수 명사 'promotional items(판촉물)'를 수식할 형용사가 필요하므로 정답은 (A) other(다른)이다. (B) another 뒤에는 단수 명사가 나와야 해서 오답이다.

어휘 **advertiser** 광고주 **distribute** 배부하다 **voucher** 상품권 **instead of** ~대신에 **promotional** 홍보용의

14 새로운 로고는 그들 자신의 것을 변형시킨 것이다.

해설 명사 'own(~자신의 것)'의 소유의 의미를 강조하는 소유격 인칭대명사 (B) their(그들의)가 정답이다.

어휘 **logo** 로고 **updated** 변경된, 최신의

15 경영진은 경기 침체에 대처하기 위한 사업적 감각을 가지지 못했다.

해설 'business sense(사업 감각)'라는 복합명사를 완성하는 (A) sense (감각)가 정답이다.

어휘 **management** 경영진 **handle** 처리하다 **recession** 경기 침체

16 기계의 혁신은 생산 시간을 30퍼센트 단축했다.

해설 'production time(생산 시간)'이라는 복합명사를 완성해야 하므로 (C) production(생산)이 정답이다.

어휘 **mechanical** 기계의 **innovation** 혁신 **reduce** 감소시키다 **opposition** 반대 **expectation** 기대 **improvement** 진보

17 그 웹 사이트는 당신에게 의료 연구 분야의 진보에 관한 정보를 제공해 줍니다.

해설 'advance in(~의 진보)'의 숙어를 완성시키는 명사 (B)가 정답이다.

어휘 **medical** 의료의 **research** 연구 **decrease** 감소 **appointment** 약속 **formation** 형성

18 일부 식료품점들은 대량 주문에 금전적인 장려금을 제공한다.

해설 형용사 'financial(금전적인)'의 수식을 받기에 적절한 (A) incentives (장려금)가 정답이다.

어휘 **grocery** 식료품 **large order** 대량 주문

19 만약 특별 식사를 요청하시려면, 직원에게 직접 말씀해 주십시오.

해설 관사 'a'와 복합명사 'meal request(식사 요청)' 사이에 위치할 형용사 (B) special(특별한)이 정답이다.

어휘 **meal request** 식사 요청 **representative** 직원 **directly** 직접적으로

20 서점이 예상치 못하게 바빠서, 담당자는 추가 직원을 고용했다.

해설 형용사 'busy(바쁜)'를 수식하기에 적절한 의미의 부사를 골라야 하므로 (B) unexpectedly(예상치 못하게)가 정답이다.

어휘 **hire** 고용하다 **additional** 추가적인

370 스파르타 토익 START

UNIT 09 ··· 동사의 수 일치와 태

SPARTA CHECK-UP
| p.197-200

1 ③

2 ①, ④

3 ① given → was given ② considers → is considered

4 ① be involved in ② be equipped with ③ be worried about

SPARTA PRACTICE
| p.201

1 (A)	**2** (A)	**3** (B)	**4** (A)	**5** (A)
6 (A)	**7** (B)	**8** (A)	**9** (A)	**10** (A)

1 주어 'He'는 단수이므로 정답은 단수 동사 (A) is이다.

2 주어 'It'은 단수이므로 정답은 단수 동사 (A) is이다.

3 주어 'companies'는 복수이므로 정답은 복수 동사 (B) inspect이다.

4 주어 'Participation'은 단수이므로 단수 동사 (A) is가 정답이다.

5 주어 'The number'는 단수 취급하므로 단수 동사 (A) has가 정답이다.

6 목적어 'customers' questions'가 있으므로 능동형인 (A) answer가 답이다.

7 목적어가 없기 때문에 수동형인 (B) was accepted가 정답이다.

8 목적어 'funds'가 있기 때문에 능동형인 (A) generates가 답이다.

9 목적어 'you'와 목적격보어 'to participate in two seminars'가 있으므로 능동형인 (A) ask가 정답이다.

10 동사 'occur'는 자동사이므로 수동형으로 쓰일 수 없다. 그러므로 능동형인 (A) occurred가 정답이다.

SPARTA TEST
| p.203

1 (C)	**2** (A)	**3** (A)	**4** (A)	**5** (A)
6 (D)	**7** (D)	**8** (A)	**9** (C)	**10** (C)

1 폴만 씨는 많은 신문에 과학 기사를 쓴다.

해설 단수 주어 'Mr. Poleman'이 있으므로 단수형 동사 (C) writes가 정답이다.

어휘 **scientific** 과학의 **article** 기사 **newspaper** 신문

2 프로젝트 팀의 모든 구성원들은 지난주 회의에 참석했다.

해설 복수 주어 'All members'가 있으므로 단수 동사 (C), (D)는 오답이고, 목적어 'meeting'이 있으므로 정답은 능동태 동사 (A) attended이다.

어휘 **attend** ~에 참석하다

3 럭셔리 의류 회사는 취업 지원자들로부터 신청서를 받고 있다.

해설 고유명사 'Luxury Clothing'이 주어이므로 단수형 동사 (A) is accepting이 정답이다.

어휘 **application** 신청서 **candidate** 지원자

4 초기 계획은 의뢰인들에 의해 완전히 거절되었다.

해설 주어가 'The initial plan'으로 단수이고, 빈칸 뒤에 목적어가 나오지 않았으므로 단수형 수동태 동사 (A) was rejected가 정답이다.

어휘 **initial** 초기의 **completely** 완전히 **client** 의뢰인, 고객 **reject** 거절하다

5 디자이너들은 신제품군에 대한 구체적인 제안서를 준비했다.

해설 복수 주어 'The designers'가 있으므로 단수 동사인 (B)와 (D)는 오답이고, 뒤에 목적어 'specific proposals'가 나오므로 능동태 동사 (A) prepared가 정답이다.

어휘 **designer** 디자이너 **specific** 구체적인 **proposal** 제안, 제안서 **new line** 신제품군

6 새로운 감독관은 그녀의 직무에 관한 기술들에 정통했다.

해설 단수 주어 'The new supervisor'가 있으므로 복수 동사인 (A)와 (B)는 오답 처리한다. 뒤에 목적어 'skills'가 있으므로 능동태 동사 (D) mastered가 정답이다.

어휘 **supervisor** 감독관 **skill** 기술 **job** 직무, 직업 **master** ~에 정통하다

7 모든 측량사들은 안전 규정을 따르도록 요청 받는다.

해설 복수 주어 'All surveyors'와 목적격보어인 to부정사가 있으므로, 복수형 수동태 동사 (D) are required가 정답이다.

어휘 **surveyor** 측량사 **follow** 따르다 **safety regulations** 안전 규정 **be required to V** ~하도록 요청 받다

8 보안상의 이유 때문에 이사들만 이 방을 사용할 수 있다.

해설 복수 주어 'the directors'와 목적격보어인 to부정사가 있으므로, 복수형 수동태 동사 (A) are permitted가 정답이다.

어휘 **security** 보안 **reason** 이유 **only** 단지 **director** 이사 **be permitted to V** ~하는 것에 허가를 받다

9 발송에 대한 대금은 영업일 기준 3일 이내에 수납되어야 합니다.

해설 빈칸 앞의 조동사 must는 동사원형 앞에 위치하므로 빈칸에는 동사원형이 나와야 한다. 보기 중 동사원형은 능동형의 (A) receive와 수동형의 (C) be received이다. 빈칸 뒤로 목적어가 보이지 않으므로 수동형인 (C)가 답이다.

어휘 **payment** 지불 **shipment** 발송 **within** ~이내에 **business day** 영업일 **receive** 받다

10 부서장들은 회사 규정에 대해 더욱 잘 이해했다.

해설 복수 주어 'The department heads'가 있으므로 (A)는 오답이고, 목적어 'a better understanding'이 있으므로 능동태 동사 (C) gained가 정답이다.

어휘 **department head** 부서장 **better** 더 좋은 **understanding** 이해 **company policy** 회사 규정 **gain** 얻다

정답 및 해설 **371**

UNIT 10 ··· 동사의 시제

SPARTA CHECK-UP
| p.205-208

1 ① 현재 기본 ② 과거 기본 ③ 미래 기본

④ 현재 진행 ⑤ 현재 완료 ⑥ 과거 완료

2 ① 과거 ② 현재 ③ 미래 ④ 현재

3 ① 현재 진행 ② 현재 진행 ③ 과거 진행 ④ 미래 진행

4 so far, recently, ever, already, just

SPARTA PRACTICE
| p.209

1 (A)	**2** (B)	**3** (B)	**4** (A)	**5** (A)
6 (B)	**7** (B)	**8** (A)	**9** (B)	**10** (A)

1 'usually'는 현재 기본 시제와 어울리므로 정답은 (A) drive이다.

2 'three days ago'는 과거 기본 시제와 어울리므로 (B) gave가 정답이다.

3 'next year'는 미래 기본 시제와 어울리므로 (B) will be held가 정답이다.

4 'right now'는 현재 진행 시제와 어울리므로 (A) is living이 정답이다.

5 'for the past two years'는 현재 완료 시제와 어울리므로 정답은 (A) has increased이다.

6 시계를 분실했고 현재도 분실한 상태라는 '결과'를 나타내므로 현재 완료 시제인 (B) have lost가 정답이다.

7 'for 15 years by next month'는 미래 완료 시제와 어울리므로 (B) will have worked가 정답이다.

8 'If'로 시작하는 조건 부사절에서는 현재 시제가 미래를 대신하므로 (A) finish가 정답이다.

9 'tomorrow'는 미래 시제와 어울리므로 (B) will start가 정답이다.

10 종속절에 과거 동사 'called'가 있고, 주절과 시제를 일치시켜야 하므로 정답은 과거 진행 시제인 (A) was watching이다.

SPARTA TEST
| p.211

1 (A)	**2** (C)	**3** (B)	**4** (D)	**5** (B)
6 (A)	**7** (D)	**8** (D)	**9** (D)	**10** (A)

1 엠케이 사는 지난 두 달 동안 계약 협상을 해왔다.

[해설] 'for the last two months(지난 2달 동안)'는 현재 완료 시제와 어울리므로 (A) has negotiated가 정답이다. (B)는 수 일치가 맞지 않아 오답이다.

[어휘] **contract** 계약 **negotiate** 협상하다

2 그린 식품 회사는 보통 재활용이 가능한 포장 재질만 사용합니다.

[해설] 부사 'usually(보통)'는 현재 일어나는 지속적인 사건을 나타낼 때 쓰기 때문에 현재 기본 시제와 어울린다. 따라서 (C) uses가 정답이다.

[어휘] **only** 단지 **recyclable** 재활용이 가능한 **packaging material** 포장 재질 **use** 사용하다

3 메트로 바닥재 회사는 2002년 이래로 유지 보수 서비스를 제공해 오고 있습니다.

[해설] 목적어 'maintenance services'가 있어 능동태 동사가 필요하고, 'since'는 현재 완료 시제와 어울리므로 정답은 (B) has provided이다.

[어휘] **maintenance service** 유지 보수 서비스 **provide** 제공하다

4 선 호텔은 매달 다시 방문하는 고객들에게 특별 요금을 제공한다.

[해설] 시간 부사어 'every month(매달)'는 현재 기본 시제와 어울리므로 (D) offers가 정답이다.

[어휘] **special rate** 특별 요금 **repeat customer** 다시 찾는 고객 **offer** 제공하다

5 포드 사의 기술자들은 매년 2개의 세미나에 참석합니다.

[해설] 'each year(매년)'는 현재 기본 시제와 어울리고, 주어는 'technicians'로 복수이므로 (B) attend가 정답이다

[어휘] **technician** 기술자 **attend** ~에 참석하다

6 산업 잡지는 많은 전문가들의 원고를 자주 출간한다.

[해설] 부사 'frequently(빈번하게)'는 현재 일어나는 지속적인 사건을 강조하므로 현재 기본 시제인 (A) publish가 정답이다.

[어휘] **magazine** 잡지 **writing** 글, 원고 **professional** 전문가 **publish** 출판하다, 발표하다

7 최근에 유럽으로 가는 왕복 여행 비용이 감소했다.

[해설] 시간 부사어 'recently(최근에)'는 현재 완료 시제와 어울리므로 (D) has been reduced가 정답이다.

[어휘] **cost** 가격 **round trip** 왕복 여행 **reduce** 감소시키다

8 박람회는 내년 7월 2일에 서관에서 열릴 것이다.

[해설] 'on July 2 next year(내년 7월 2일에)'는 미래 기본 시제와 어울리므로 정답은 (D) will be held이다.

[어휘] **fair** 박람회 **west** 서쪽의 **wing** 부속 건물 **hold** 개최하다

9 출장 경비 보고서를 제출할 때, 숙박 비용을 목록에 올려야 합니다.

[해설] 'When'으로 시작하는 시간 부사절에서는 현재 시제가 미래 시제를 대신하기 때문에 (D) submit이 정답이다.

[어휘] **report** 보고서 **list** ~을 목록에 올리다 **accommodation fee** 숙박비 **submit** 제출하다

10 모든 지원자들은 그들이 보유한 기술을 명시하도록 요청 받는다.

[해설] 종속절의 동사 'possess'가 현재형이므로 주절의 시제도 현재 시제 동사를 선택해야 한다. 주어가 'All applicants'로 복수형이므로 (A) are asked가 정답이다.

[어휘] **applicant** 지원자 **indicate** 간단히 말하다, 표시하다 **possess** 소유하다 **ask A to V** A에게 ~하라고 요청하다

372 스파르타 토익 START

UNIT 11 ··· 준동사

SPARTA CHECK-UP
| p.213-216

1 ① 명사적 용법 ② 형용사적 용법 ③ 부사적 용법

2 ① ~할 것을 고대하다　② ~하는 데 헌신하다

　③ ~하고 싶다　④ ~하는 데 시간을 보내다

3 ① 형용사 역할 ② 부사 역할

4 ① existing ② missing ③ experienced ④ detailed

SPARTA PRACTICE
| p.217

1 (B)	**2** (B)	**3** (B)	**4** (B)	**5** (B)
6 (A)	**7** (A)	**8** (B)	**9** (A)	**10** (A)

1 'plan'은 to부정사를 목적어로 취하는 동사이므로 정답은 (B) to build 이다.

2 'opportunity'는 to부정사의 수식을 받는 명사이므로 정답은 (B) to transfer이다.

3 'be pleased to V'는 '~해서 기쁘다'라는 to부정사 구문이므로 정답은 (B) to announce이다.

4 'avoid'는 동명사를 목적어로 취하는 동사이므로 정답은 (B) working 이다.

5 주어 'People'은 사람이므로 감정 동사의 수동형인 (B) bored가 정답 이다.

6 목적어 'movie'는 사물이므로 감정 동사의 능동형인 (A) boring이 정답이다.

7 빈칸 뒤로 목적어 'a presentation'이 있으므로 능동형의 현재분사 (A) Giving이 정답이다.

8 빈칸 뒤로 전명구 'with Star Bank'가 있으므로 수동형의 과거분사 (B) Merged가 정답이다. 앞에 Being이 생략되었다.

9 주어 'The result'는 감정을 유발하는 주체이므로 감정 분사의 능동형 인 (A) satisfying이 정답이다.

10 동사 'recommend'는 'recommend A to B'의 형태로 사용되므로 (A) to make가 정답이다.

SPARTA TEST
| p.219

1 (A)	**2** (B)	**3** (A)	**4** (B)	**5** (C)
6 (A)	**7** (B)	**8** (D)	**9** (D)	**10** (A)

1 호텔 예약을 미리 하는 것은 필수입니다.

[해설] 맨 앞의 가주어 It으로 보아, 빈칸은 진주어가 위치할 자리이므로 정답은 (A) to make이다.

[어휘] **necessary** 필수적인　**reservation** 예약　**in advance** 미리

2 건축 현장 책임자는 캐비닛에 관련 문서를 보관합니다.

[해설] 빈칸은 사물 명사 'documents'를 수식하는 자리이므로 수동의 과거 분사 (B) related가 정답이다.

[어휘] **construction site** 건축 현장　**coordinator** 책임자, 진행자
document 문서　**related** 관련된

3 자격증을 취득하는 것은 대개 고등학교 졸업장을 요구한다.

[해설] 빈칸은 주어 자리이며, 바로 뒤에 위치한 명사 'certification'을 목적어 로 취해야 하므로 동명사 (A) Obtaining이 정답이다.

[어휘] **certification** 증명서, 자격증　**usually** 보통, 대개
require 요구하다　**diploma** 학위, 졸업장　**obtain** 획득하다

4 이사는 새로운 전략을 설명하기 위해서 여러 발표 일정을 잡았다.

[해설] 'in order to V(~하기 위해)'의 구문이 되어야 하므로 (B) to explain이 정답이다.

[어휘] **director** 이사　**schedule** 일정을 잡다　**several** 여러 개의
presentation 발표　**strategy** 전략　**explain** 설명하다

5 제25회 국제 회담은 올해 아시아에서 열린 가장 큰 행사입니다.

[해설] 빈칸에는 앞에 나온 명사 'the largest event'를 수식하는 분사가 필요 하다. 빈칸 뒤로 전명구 'in Asia this year'가 나온 것으로 보아 과거 분사인 (C) held가 정답이다.

[어휘] **international** 국제의　**conference** 회담, 회의　**hold** 개최하다

6 밀턴 인더스트리 서플라이 사는 선도하는 자동차 부품 유통업체입니다.

[해설] 빈칸은 명사 'distributor'를 수식하는 형용사 자리로, '선도하는'의 의미 를 가진 분사 (A) leading이 정답이다.

[어휘] **distributor** 유통업체　**auto part** 자동차 부품　**leading** 선도하는
lead 이끌다

7 영수증 원본과 작성된 양식을 센터로 보내 주세요.

[해설] 빈칸은 명사 'form'을 수식하는 형용사 자리로, '작성된'이라는 의미의 과거분사 (B) completed가 정답이다.

[어휘] **send** 보내다　**original receipt** 영수증 원본　**form** 양식
completed 작성된　**complete** 완성하다, 작성하다

8 당신은 3월 21일로 일정이 잡힌 세미나에 참석해야 합니다.

[해설] 빈칸은 명사 'the seminar'를 수식하는 형용사 자리로, '일정이 잡힌' 이라는 의미의 과거분사인 (D) scheduled가 정답이다.

[어휘] **attend** 참석하다　**seminar** 세미나
scheduled 예정된, 일정이 잡힌

9 그 조수는 법률팀과 상담하기 전에 보고서를 검토한다.

[해설] 전치사 'before'와 함께 전명구를 이끄는 자리이므로 동명사 (D) consulting이 정답이다.

[어휘] **assistant** 조수　**review** 검토하다　**report** 보고서
legal 법률의　**consult with** ~와 상담하다

10 전문가들과 작업함으로써, 우리는 신제품을 개발하는 중이다.

[해설] '~함으로써'를 의미하는 'by -ing' 구문이 되어야 하므로 정답은 전치사 (A) By이다.

[어휘] **work** 작업하다　**professional** 전문가　**develop** 개발하다
so that ~하기 위해

정답 및 해설　**373**

UNIT 12 ··· 접속사

SPARTA CHECK-UP

| p.221-224

1 ① Both ② or

2 ① 주어 ② 주어 ③ 목적어 ④ 보어

3 ① 주격 ② 소유격

4 ① Because ② although

SPARTA PRACTICE

| p.225

1 (A)	2 (B)	3 (A)	4 (A)	5 (B)
6 (A)	7 (B)	8 (A)	9 (B)	10 (B)

1 빈칸 앞뒤로 절이 대등하게 위치해 있고, 해외에 갈 계획이어서 항공권을 예약해야 한다는 의미가 자연스러우므로 '그래서'라는 뜻의 등위 접속사 (A) so가 정답이다.

2 상관접속사 'either A or B' 구문을 이루는 (B) or가 정답이다.

3 빈칸은 주어가 되는 명사절을 이끌고 있으므로 명사절 접속사 (A) That이 정답이다.

4 타동사 'announced' 뒤에는 목적어(명사)가 나와야 하므로 명사절 접속사 (A) that이 정답이다.

5 준동사 'to know'의 목적어를 이끄는 명사절 접속사가 필요하다. 'want to know(~을 알고 싶다)'의 뜻을 고려하면 '~인지 아닌지'의 의미가 자연스러우므로 (B) if가 정답이다.

6 빈칸에는 주어를 이끌 명사절 접속사가 필요하므로 (A) Whether가 정답이다.

7 빈칸부터 문장 끝까지는 사람 선행사 'the official'을 수식해줄 형용사절이고, 종속절에 주어가 없으므로 주격 관계대명사 (B) who가 정답이다.

8 빈칸부터 '~ Milo'까지는 사물 선행사 'The reservation'을 수식하는 형용사절이므로 관계대명사 (A) which가 정답이다.

9 빈칸부터 문장 끝까지는 사람 선행사 'the artist'를 수식하는 형용사절이고, 종속절 구조가 완벽하므로 소유격 관계대명사 (B) whose가 정답이다.

10 빈칸 뒤는 주어와 동사가 있는 완전한 절이므로 부사절 접속사인 (B) although가 나와야 한다.

SPARTA TEST

| p.227

1 (D)	2 (D)	3 (A)	4 (A)	5 (B)
6 (C)	7 (C)	8 (C)	9 (D)	10 (A)

1 지원자들은 신분증 사본과 양식 둘 다 제출해야 합니다.

해설 'and'와 함께 사용되는 상관접속사 (D) both가 정답이다.

어휘 **applicant** 지원자 **submit** 제출하다 **copy** 복사본 **identification card** 신분증

2 행사 장소가 선택되었고 날짜도 확정되었다.

해설 빈칸 앞뒤로 대등한 문장이 있고, 의미상 장소가 선택되고 날짜가 확정되었음이 자연스러우므로 답은 (D) and이다.

어휘 **location** 장소 **select** 선택하다 **date** 날짜 **confirm** 확정하다

3 컴퓨터에 문제를 경험한 사람이라면 누구든지 기술 지원 담당자에게 말해야 합니다.

해설 'anyone who(~한 사람이라면 누구든지)'의 숙어를 이루는 주격 관계 대명사 (A) who가 정답이다.

어휘 **experience** 경험하다 **problem** 문제 **technical support** 기술 지원 **representative** 직원

4 금융 상담원은 5년에 걸쳐 꾸준히 올랐던 투자를 추천했다.

해설 사물 선행사 'an investment'를 수식할 관계대명사가 필요하다. 빈칸 뒤 종속절의 주어 역할을 해야 하므로 주격 관계대명사인 (A) that이 정답이다.

어휘 **financial** 금융의 **advisor** 고문 **recommend** 추천하다 **investment** 투자 **rise** 오르다 **steadily** 꾸준히

5 박물관은 개조 중인 동안 대중에게 폐쇄될 예정입니다.

해설 빈칸은 부사절을 이끌고 있고, 개조하는 동안에 박물관이 폐쇄될 예정이라는 의미가 자연스럽기 때문에 '~하는 동안에'를 의미하는 부사절 접속사 (B) while이 정답이다.

어휘 **museum** 박물관 **close** 폐쇄하다 **public** 대중 **renovate** 개조하다

6 회의가 늦게 시작했음에도 불구하고, 그는 제안서를 자세하게 설명할 수 있었다.

해설 빈칸은 부사절을 이끌고 있고, 회의는 늦었지만 제안서를 자세히 설명할 정도로 시간 여유가 있었다는 내용이므로 양보(~임에도 불구하고)를 의미하는 부사절 접속사 (C) Although가 정답이다.

어휘 **explain** 설명하다 **proposal** 제안서 **in detail** 자세하게 **although** ~임에도 불구하고

7 고용주들은 이력서가 인상적인 지원자들을 인터뷰하는 것을 선호한다.

해설 사람 선행사 'candidates'와 빈칸 뒤의 완전한 종속절을 연결시킬 소유격 관계대명사 (C) whose가 답이다.

어휘 **employer** 고용주 **prefer** 선호하다 **interview** 인터뷰하다 **candidate** 지원자 **résumé** 이력서 **impressive** 인상적인

8 기차표는 온라인상이나 전화로 구매할 수 있습니다.

해설 상관접속사 구문 'either A or B'를 이루는 (C) or가 정답이다.

어휘 **purchase** 구매하다 **online** 온라인상으로

9 날씨가 점점 시원해지고 있기 때문에 건강에 유의하세요.

해설 날씨가 시원해지기 때문에 건강에 유의해야 한다는 의미가 자연스러우므로 이유(~때문에)를 뜻하는 부사절 접속사 (D) Because가 정답이다. (C) Due to는 뒤에 명사(구)가 나와야 해서 오답이다.

어휘 **weather** 날씨 **get** ~해지다 **watch** 조심하다

10 만약에 시장이 지속적으로 개선된다면, 우리는 생산 라인을 증가시킬 수 있다.

해설 빈칸은 부사절을 이끌고 있고 시장의 지속적인 성장을 생산 라인의 증가 조건으로 내세우고 있으므로, 조건(만약 ~라면)을 의미하는 부사절 접속사 (A) If가 정답이다.

어휘 **market** 시장 **continue** 지속하다 **improve** 개선되다 **increase** 증가시키다 **production line** 생산 라인

374 스파르타 토익 START

SPARTA REVIEW TEST | p.228

1 (A)	**2** (D)	**3** (A)	**4** (A)	**5** (A)
6 (C)	**7** (A)	**8** (A)	**9** (C)	**10** (A)
11 (B)	**12** (B)	**13** (D)	**14** (B)	**15** (D)
16 (A)	**17** (C)	**18** (A)	**19** (D)	**20** (D)

1 다양한 모델들의 가격을 비교함으로써 소비자들은 예산 내에서 물건을 구입할 수 있다.

해설 '가격을 비교해서 물건을 구입한다'는 의미가 자연스러우므로 'by -ing (~함으로써)'의 숙어 표현이 나와야 한다. 따라서 (A) By comparing (비교함으로써)이 정답이다.

어휘 **various** 다양한 **consumer** 소비자 **purchase** 구매하다 **within one's budget** ~의 예산 내에서

2 이 티켓은 지하철과 철도 시스템 모두에 유효하다.

해설 'both A and B(A와 B 둘 다)'의 상관접속사 구문이 되어야 하기 때문에 (D) both가 정답이다.

어휘 **valid** 유효한

3 대부분의 지원자들이 자격을 매우 잘 갖추고 있었기 때문에 경쟁이 치열했다.

해설 '자격을 잘 갖추어서 경쟁이 치열했다'는 원인과 결과의 의미이므로 정답은 (A) Because(~때문에)이다.

어휘 **most** 대부분의 **applicant** 지원자 **qualified** 자격을 갖춘 **competition** 경쟁 **intense** 심한

4 설문조사에 응했던 모든 고객들 중에서 단 10퍼센트만 그 가전제품을 구매했다.

해설 사람 선행사 'the customers(고객들)'와 종속절 내의 주어가 생략된 것을 고려해 보면 주격 관계대명사인 (A) who가 정답이다.

어휘 **customer** 고객 **respond to** ~에 응답하다 **survey** 조사 **appliance** 가전제품

5 컴퓨터 프로그램들은 매우 빨리 구식이 된다.

해설 빈칸은 복수 주어 'programs'와 수 일치가 되어야 하므로 (A) become (~이 되다)이 정답이다.

어휘 **out-of-date** 구식의 **rapidly** 신속하게

6 일단 배송품이 도착하면, 우리는 신제품을 위한 공간을 확보할 것이다.

해설 '배송품이 도착하면 공간을 확보하겠다'는 의미가 자연스러우므로 빈칸에는 '일단 ~하면'의 의미를 가진 부사절 접속사 (C) Once가 정답이다.

어휘 **shipment** 배송, 선적 **arrive** 도착하다 **room** 공간

7 참석자들은 회의실에 들어가기 위해 그들의 사진이 나온 신분증을 반드시 제시해야 합니다.

해설 '회의실에 들어가기 위해 신분증을 제시해야 한다'는 의미가 자연스러우므로 '~하기 위해서'의 의미를 가진 (A) in order to가 적절하다. (B) when 뒤에는 절이 나와야 하므로 오답, (C) during과 (D) in front of 는 전치사이므로 뒤에 명사만 나올 수 있다.

어휘 **participant** 참석자 **identification** 신분증 **enter** ~에 들어가다 **conference room** 회의실

8 만약 수업에 참석하고 싶다면 사전에 등록하십시오.

해설 빈칸은 부사절을 이끌 부사절 접속사 자리로, '수강을 원하면 미리 등록하라'는 의미가 자연스럽다. 따라서 조건의 부사절 접속사인 (A) If가 정답이다.

어휘 **attend** ~에 참석하다 **course** 과목 **register** 등록하다 **in advance** 사전에

9 결과가 발표될 때까지, 새로운 상품의 광고는 시작될 수 없다.

해설 빈칸은 부사절을 이끌 부사절 접속사 자리로, '결과가 발표될 때까지 광고는 시작될 수 없다'는 의미가 자연스러우므로 (C) Until(~할 때까지) 이 정답이다.

어휘 **result** 결과 **release** 발표하다 **campaign** 광고 **beyond** ~을 넘어서

10 다채로운 식물들은 어떠한 조경도 개선시켜 줄 것을 보장합니다.

해설 목적어 'any landscape(어떠한 조경)'을 취할 수 있는 3형식 타동사 (A) enhance(강화하다)가 정답이다. (C)와 (D)도 3형식 타동사이나 의미상 부적절하다.

어휘 **colorful** 다채로운 **guarantee** 보장하다 **landscape** 조경 **consider** 고려하다 **describe** 묘사하다 **announce** 발표하다

11 주차장 입구는 건물 북쪽에 위치해 있습니다.

해설 'be located(위치해 있다)'의 수동태 구문을 완성시키는 (B) located가 정답이다.

어휘 **entrance** 출입구 **parking garage** 주차장 **north** 북쪽의

12 할인된 가격에 구매한 물품들은 환불 불가능합니다.

해설 '할인된 가격에 구매된 물품들'이란 뜻이 자연스러우므로 정답은 (B) purchased(구매된)이다.

어휘 **refundable** 환불 가능한 **reject** 거절하다

13 그녀가 회사의 경쟁사들과 긴밀하게 연관되어 있음이 밝혀졌다.

해설 부사 'closely(긴밀하게)'는 동사구 'be associated with(~와 연관되다)'를 수식하는 데 자주 사용되므로 정답은 (D) associated이다.

어휘 **reveal** 드러나다 **competitor** 경쟁사 **unite** 통합하다 **blend** 섞다

14 그 지사에 있는 대략 절반의 직원들은 버스를 타고 통근한다.

해설 빈칸은 주어와 수 일치가 되는 알맞은 동사를 선택하는 문제로, 주어 인 'half(반)'는 그 뒤의 명사에 따라 단·복수가 결정되므로 'of the employees'를 참고해야 한다. 그러므로 복수 동사형의 (B) commute (통근하다)가 정답이다.

어휘 **roughly** 대략 **branch** 지사

15 부서장은 곧 은퇴할 것인지 말 것인지를 결정하지 못했다.

해설 빈칸 앞에 주어와 동사가 있으므로 빈칸 뒤에는 'decided'의 목적어 (명사)가 나와야 한다. 따라서 명사절 접속사로 쓰이는 (D) whether (~인지 아닌지)가 정답이다.

어휘 **department head** 부서장 **decide** 결정하다 **retire** 은퇴하다

16 이 식당에서는 신선한 해산물이 1년 내내 제공됩니다.

해설 빈칸 뒤에 목적어가 없으므로 빈칸에 알맞은 동사는 수동형인 (A) is served(제공되다)이다.

정답 및 해설 **375**

RC | Part 5

어휘 **freshest** 가장 신선한 **seafood** 해산물 **all year round** 1년 내내

17 저는 송장을 받았지만, 주문품은 아직 배송되지 않았습니다.

해설 빈칸 앞뒤의 문장이 서로 반대되는 내용이므로 빈칸에 적절한 의미의 등위접속사인 (C) but(그러나)이다.

어휘 **receive** 수령하다 **invoice** 송장 **deliver** 배송하다

18 비록 지난 분기에 인건비가 낮아졌다 하더라도, 그 회사는 이익을 내는 데 실패했습니다.

해설 콤마 뒤에 있는 문장이 주어-동사가 갖춰진 완전한 문장이므로 빈칸에는 부사절 접속사인 (A) Although(~임에도 불구하고)가 정답이다. 나머지 보기는 모두 전치사로, 정답이 될 수 없다.

어휘 **labor cost** 인건비 **lower** 낮아진 **quarter** 분기 **fail** 실패하다 **make a profit** 이익을 내다

19 직원들은 휴게실에 있는 상자에 기부 물품을 넣으라고 권유 받는다.

해설 수능태 구문 'be invited to V(~할 것을 권유 받다)'를 이루는 (D) are invited가 정답이다.

어휘 **place** 놓다 **donation** 기부 **lounge** 휴게실

20 마을의 6개 역을 운행하는 새로운 기차 노선은 1월부터 운영되었습니다.

해설 사물 선행사 'The new train line(새로운 기차 노선)'을 취하고 빈칸 뒤에 오는 종속절의 주어 역할을 하는 주격 관계대명사 (D) which가 정답이다.

어휘 **train line** 기차 노선 **station** 역 **run** 운영되다 **since** ~이래로

PART 6&7

UNIT 13 ··· PART 6의 이해

SPARTA **PRACTICE** | p.235

1 (A)   **2** (A)   **3** (A)

1

24시간 운영되는 고객 서비스 센터로 연락 주세요. 서비스 담당 직원이 당신의 티켓을 바꿔줌으로써 도와드릴 것입니다. 필요한 게 있으시면 저희 웹 사이트를 방문해 주세요.

해설 빈칸에 알맞은 품사를 고르는 어형 문제이다. 빈칸 앞에 있는 전치사 'by'와 함께 'by -ing(~함으로써)'의 숙어를 완성시키는 동명사 (A) replacing이 정답이다

어휘 **customer** 고객 **representative** 대표자, 직원 **ticket** 티켓 **need** 요구 **replace** 바꾸다

2

벨 씨께,
음악 공연이 3월 13일 목요일로 일정이 조정되었음을 알리게 되어 유감입니다. 매표소에서 티켓을 수령하기 위해 적어도 공연 시작 시간 30분 전에 오시기 바랍니다. 다시 한번 이러한 불편을 끼쳐 드려 죄송합니다.

해설 적절한 의미의 명사를 찾아야 하는 어휘 문제이다. 음악 공연의 일정이 재조정되어 유감이라고 하는 것을 보아 이 글은 불편을 끼친 것에 대해 사과하는 것이므로 정답은 (A) inconvenience(불편함)이다.

어휘 **inform** 알리다 **musical performance** 음악 공연 **reschedule** (일정 따위를) 재조정하다 **showtime** 공연 시작 시간 **pick up** 수령하다 **apologize** 사과하다 **opportunity** 기회 **increase** 인상 **damage** 손상

3

당신의 금융 정보를 보호하기 위해 아래의 단계를 알고 계시기 바랍니다. 첫 번째, 어떠한 하드 디스크 드라이브에도 이 정보를 저장하지 마세요. 그러고 나서, 다른 웹 사이트의 동일한 비밀번호를 사용하지 마세요. 세 번째, 다음의 이메일 주소 scbank@onlinepayments.com으로 개인 정보를 보내주세요.
협조해 주셔서 감사합니다.

(A) 그러고 나서, 다른 웹 사이트의 동일한 비밀번호를 사용하지 마세요.
(B) 저희는 당신의 계정 정보를 보호하기 위해 노력하고 있습니다.
(C) 저희는 항상 직원들에게 금융 정보의 오류를 수정하도록 지시합니다.
(D) 당신은 당신의 컴퓨터 시스템을 검사할 책임이 있습니다.

해설 지문의 흐름을 파악하여 빈칸에 적절한 문장을 삽입하는 문제다. 빈칸 앞 문장은 첫 번째 단계에 대한 설명이고 빈칸 이후는 세 번째 단계의 설명이 이어지므로, 'And then(그러고 나서)'을 통해 두 번째 단계를 순차적으로 연결시켜 주는 (A)가 정답이다.

어휘 **following** 다음의 **step** 단계 **protect** 보호하다 **financial** 재정의, 금융의 **personal information** 개인 정보 **cooperation** 협조

376 스파르타 토익 START

SPARTA TEST

1 (A)	**2** (C)	**3** (B)	**4** (A)	**5** (B)
6 (C)	**7** (C)	**8** (A)	**9** (D)	**10** (A)
11 (C)	**12** (A)	**13** (B)	**14** (A)	**15** (D)
16 (D)				

p.236

[1-4] 메모

수신: 모든 직원
발신: 스탠리 볼트, 매니저
제목: 커피 자판기 설치

저는 직원들이 근처 카페에서 커피를 사려고 사무실을 나간다는 것을 알게 되었습니다. 직원들이 커피를 더 쉽게 마실 수 있도록 하기 위해서, 구매 부서는 각 층에 2대의 커피 자판기를 설치하기 위해 자바커피 사와 계약을 했습니다.

그 기계는 기본 커피, 카푸치노와 핫초코를 제공할 겁니다. 여러분들은 항상 자판기를 이용하실 수 있으며, 그 기계는 신선한 커피 한 잔을 마련해 줄 것입니다.

2주 후에 자바커피 사가 기계들을 설치할 것입니다. 설치로 인해 발생할 불편을 참아 주시기 바랍니다. 설치는 맨 위층부터 시작할 겁니다. 감사합니다!

어휘 vending machine 자판기 installation 설치 purchase 구매하다 nearby 가까운 allow 허락하다 purchasing department 구매 부서 each floor 각 층 later ~후에 put up with ~을 견디다 inconvenience 불편함

1

해설 빈칸 앞에 나온 'has'와 함께 완료형 동사를 만드는 적절한 어휘를 선택하는 문제다. 직원들이 손쉽게 커피를 마실 수 있도록 커피 회사(Java Coffee)와 커피 자판기를 설치하는 계약을 맺었다는 내용이 적절하다. 그러므로 정답은 (A) contracted이다.

2

해설 보기의 전치사 중 'at all times(항상)'라는 숙어를 완성시켜 주는 (C) at이 정답이다.

3

해설 빈칸에 알맞은 동사의 형태를 고르는 문제다. 빈칸 뒤에 동사 'cause'의 목적어가 보이지 않으므로 정답은 수동태인 (B) is caused이다.

4

(A) 설치는 맨 위층부터 시작할 겁니다.
(B) 경영진은 이 문제에 대해 곧 결정을 내릴 것입니다.
(C) 저희는 공급업체를 선정하기 위한 제안서를 제출해 줄 것을 요청 드립니다.
(D) 여러분들은 맛있는 커피를 바로 즐기실 수 있습니다.

해설 빈칸 앞에 설치 때문에 생기는 불편을 참아 달라고 하고 있으므로 설치가 맨 위층부터 시작된다며 세부 내용을 알려 주는 (A)가 정답이다.

[5-8] 이메일

발신: 존 웨슬리
수신: 글렌 스미스
제목: 일자리 제안

스미스 씨에게,

귀사의 회계사로서 일할 수 있는 기회를 제공해 주셔서 감사합니다. 하지만, 많은 고민 끝에 당신의 채용 제안을 수락하지 않기로 결정 내렸습니다.

저는 다음 주에 다른 회사에 입사할 계획입니다. 결정하기 매우 어려웠습니다. 또한, 저는 그 직책에 관해 말해 주신 당신의 시간과 노고에 진심으로 감사하고 있습니다.

귀사의 평판, 경영 그리고 품질에 대한 헌신에 감명 받았습니다.

귀사가 항상 성공하길 바랍니다.

어휘 job 직업 offer 제안; 제안하다 opportunity 기회 work as ~로서 일하다 accountant 회계사 accept 수락하다 employment 채용 truly 진심으로 grateful 감사한 effort 노력 reputation 평판 management 경영 devotion 헌신 quality 품질 successful 성공적인 consideration 고려 position 직책 relieved 안도하는

5

해설 빈칸에 알맞은 품사를 선택하는 문제로, 빈칸은 전치사 after의 뒷자리이기 때문에 전명구를 이루는 명사 (B) consideration이 정답이다.

6

(A) 저는 3년 전에 귀사와 일했습니다.
(B) 우리는 당신에게 채용 기회를 드릴 예정입니다.
(C) 저는 다음 주에 다른 회사에 입사할 계획입니다.
(D) 여기를 떠나게 되어 매우 유감이었습니다.

해설 앞에서 일자리 제안을 거절한다고 했고 이후에는 어려운 결정이었다고 했다. 이러한 어려운 결정이란 스미스 씨의 회사가 아닌 다른 회사에 입사하기로 했다는 것을 의미하므로 정답은 (C)이다.

7

해설 맥락상 스미스 씨와 이전에 만나 직무에 대한 이야기를 했음을 알 수 있다. 그러므로 정답은 (C) position(직무, 직책)이다.

8

해설 회사의 명성, 경영 등에 '감명 받았다'는 의미가 자연스러우므로 정답은 (A) impressed이다.

[9-12] 편지

포지 씨에게,

주문해 주셔서 감사합니다. 주문하신 운동화는 안타깝게도 현재 당신에게 맞는 사이즈로는 재고가 없습니다만, 밝은 분홍색의 동일 제품은 구매 가능합니다. 이 제품은 바로 보내드릴 수 있습니다. 지금 주문하신다면 전체 주문 건에 20퍼센트의 할인과 무료 배송을 제공해 드릴 수 있으며, 이번 주 말까지 배송을 받아볼 수 있습니다. 관심이 있으시면, 저희 고객 서비스 부서로 연락주세요.

이로 인해 발생한 불편에 사과 드립니다. 앞으로도 다시 모시길 바라며, 최고의 제품을 제공해 드리길 기대하겠습니다.

안녕히 계세요,

마이클 케인
고객 서비스 담당자

정답 및 해설 **377**

어휘 **order** 주문; 주문하다 **athletic shoes** 운동화 **unfortunately** 불행히도 **in stock** 재고가 있는 **available** 이용 가능한 **offer** 제공하다 **shipping** 배송 **apologize** 사과하다 **inconvenience** 불편함 **cause** 유발하다 **look forward to** ~을 기대하다

9
해설 주문한 제품의 사이즈는 없지만 색상이 다른 대체 제품이 있다는 뜻이므로 양보의 의미인 (D) Although(~임에도 불구하고)가 정답이다.

10
(A) 이 제품은 바로 보내드릴 수 있습니다.
(B) 물건들을 반품해 주셔서 감사합니다.
(C) 그것들은 다음 시즌 초에 이용 가능할 것입니다.
(D) 당신의 제품을 더 큰 사이즈로 교환할 수 있습니다.

해설 빈칸 뒤에서 대체 제품은 이번 주 말까지 배송이 가능하다고 언급하고 있는 것을 보아, 당장 발송이 가능한 상황임을 알 수 있으므로 (A)가 정답이다.

11
해설 빈칸 뒤의 명사 'order'를 꾸미기에 적합한 형용사가 필요하므로 '전체 주문'의 의미를 만드는 형용사 (C) entire이 정답이다.

12
해설 빈칸은 편지를 쓰고 있는 현재 기대한다는 상황이므로 현재 시제 (A) look이 정답이다.

[13-16] 공지

> 오클라호마 미술관이 대중들의 요구 사항을 어떻게 더 잘 충족시킬 수 있는지를 알기 위해 설문조사를 진행할 예정입니다. 설문조사에서 얻은 정보들은 향후 3년간의 계획을 세우는 데 도움을 줄 것입니다. 이 계획에는 다양한 홍보 방법이 포함됩니다.
> 설문조사는 저희 웹 사이트 www.oklahomaartmusem.org/survey 에서 작성 가능합니다. 방문객들은 정문 안내데스크에서 서식을 수령하실 수도 있습니다. 미술관 회원 분들은 설문조사에 응할 것을 적극 권장드립니다. 추가 정보는 501-546-1247번으로 전화 주십시오.

어휘 **art museum** 미술관 **conduct a survey** 설문조사를 실시하다 **meet the needs** 요구를 충족시키다 **set up** 세우다 **complete** 작성하다 **pick up** 수령하다 **reception desk** 안내데스크, 접수처 **entrance** 출입구 **strongly** 강하게, 적극

13
해설 빈칸은 조동사(can) 뒤 동사원형 자리이므로 (B) meet이 정답이다.

14
해설 빈칸 뒤는 '미술관의 계획'을 의미하므로 사물을 받는 인칭대명사의 소유격 (A) its가 정답이다.

15
(A) 질문은 3년 전과 동일했습니다.
(B) 방문객들은 행사에 참여해야 합니다.
(C) 회원권은 정기적으로 갱신되어야 합니다.
(D) 이 계획에는 다양한 홍보 방법이 포함됩니다.

해설 빈칸 앞에 미술관의 계획이 언급되어 있고, 이 계획에 대한 추가적인 세부 설명으로 이어지는 것이 자연스러우므로 (D)가 정답이다.

16
해설 앞에서 설문조사를 작성해 달라고 했으므로 동사 'pick up(~을 수령하다)'과 어울리는 (D) copy(사본)가 정답이다.

UNIT 14 ··· PART 7의 이해 I

SPARTA PRACTICE | p.245

1 (A)　　**2** (C)　　**3** (D)

[1-3] 광고

브레이크 레스토랑

브레이크 식당은 합리적인 가격에 맛있는 음식을 제공합니다. 우리는 신선한 해산물 요리, 바다가 보이는 경관과 무료 주차를 제공하고 있음에 자부심을 가집니다. 게다가 우리는 마을의 인기 있는 24시간 운영 식당으로, 관광객과 거주민 모두에게 인기 있습니다.

우리의 10주년을 축하하는 데 함께해 주세요! 7월 5일부터 11일까지 브레이크에서 요리를 즐기시고 전체 금액에서 7퍼센트의 할인을 받으세요. (세금 미포함)

어휘 **restaurant** 식당　**offer** 제공하다　**reasonable** 합리적인　**proud** 자랑스럽게 여기는　**seafood** 해산물　**ocean view** 바다가 보이는　**complimentary** 무료의　**in addition** 게다가　**popular** 인기 있는　**tourist** 관광객　**resident** 거주민　**celebrate** 축하하다　**anniversary** 기념일　**receive** 받다　**total** 총합의　**bill** 계산서　**tax** 세금

1 광고의 목적은 무엇인가?
(A) 음식점을 광고하기 위해
(B) 새로운 식당의 개업을 알리기 위해
(C) 여행객에게 특별 메뉴를 알리기 위해
(D) 신메뉴를 소개하기 위해

해설 'Break Restaurant offers delicious food at reasonable prices. We are proud to provide fresh seafood ~' 부분에서 이 글은 해산물 식당을 광고하는 글임을 알 수 있다. 그러므로 정답은 (A)이다.

2 광고에서 어떤 특징이 언급되지 않았는가?
(A) 24시간 서비스
(B) 무료 주차 구역
(C) 다양한 파티를 위한 장소
(D) 바다가 보이는 경관

해설 'We are proud to provide fresh seafood, ocean views, and complimentary parking. In addition, we are the town's favorite 24-hour restaurant ~'을 보면 다양한 파티를 열 수 있는 장소는 언급되지 않았다. 그러므로 정답은 (C)이다.

3 고객들은 무엇을 하라고 추천 받는가?
(A) 세미나에 참석할 것
(B) 행사를 위해 제안서를 제출할 것
(C) 미리 예약할 것
(D) 할인 혜택을 받을 것

해설 'Enjoy food at Break from July 5 to 11 and receive 7 percent off your total bill'을 보면 할인 혜택을 받을 것을 추천하고 있음을 알 수 있다. 그러므로 정답은 (D)이다.

SPARTA TEST | p.246

1 (C)　　**2** (B)　　**3** (A)　　**4** (B)　　**5** (D)
6 (C)　　**7** (B)　　**8** (B)　　**9** (A)

[1-2] 문자 메시지

데이비드 패터슨 [오후 7:30]
안녕하세요, 로라. 다음 주 금요일에 믹싱 그룹이 콘서트를 한다는 거 들었어요?

로라 고메즈 [오후 7:35]
오, 정말요? 저는 오랫동안 그 공연이 보고 싶었어요.

데이비드 패터슨 [오후 7:37]
같이 갈래요? 제가 예약할게요.

로라 고메즈 [오후 7:40]
고맙지만 그날은 제가 예비 고객과 약속이 있어요. 다음에 같이 갈게요.

어휘 **give a concert** 콘서트를 열다　**look forward to –ing** ~할 것을 기대하다　**performance** 공연　**reservation** 예약　**potential** 잠재적인　**client** 고객

1 패터슨 씨는 왜 메시지를 보내는가?
(A) 고메즈 씨에게 도움을 요청하기 위해
(B) 예술가를 추천하기 위해
(C) 고메즈 씨에게 행사에 대해 알려 주기 위해
(D) 예약을 하기 위해

해설 'Have you heard that the Mixing Group is giving a concert next Friday?'를 보면 패터슨 씨는 고메즈 씨에게 콘서트 행사가 있음을 알리고 있으므로 정답은 (C)이다.

2 오후 7시 40분에, 고메즈 씨가 "다음에 같이 갈게요"라고 쓴 것은 무엇을 의도하는가?
(A) 그녀는 콘서트 일정을 조정하고 싶어 한다.
(B) 그녀는 이번 콘서트에 갈 시간이 없다.
(C) 그녀는 나중에 패터슨 씨를 위해 티켓을 구할 수 있다.
(D) 그녀는 콘서트에서 일을 해야 한다.

해설 콘서트에 같이 가자는 패터슨 씨의 제안에, 'Thanks, but I have an appointment with a potential client on that day.'를 보면 고객과 만나야 해서 이번 콘서트에 갈 수 없다는 의미임을 알 수 있으므로 정답은 (B)이다.

[3-5] 편지

레이놀즈 씨께,

당신도 알다시피, 우리는 2월 8일에 새로운 급여 시스템의 사용을 시작할 것으로 예측됩니다. 그러므로 모든 직원들은 그날 전에 그들의 개인 정보를 새로운 시스템에 입력해야 합니다.

급여 처리가 지연되는 것을 피하기 위해서는 회사 웹 사이트에서 시스템 사용법에 대해 익히시고, 지시 사항을 따르십시오. 그러고 나면, 당신의 급여 명세서를 검토하고 관련된 모든 정보를 찾길 원할 때마다 그 시스템을 쉽게 사용할 수 있을 것입니다.

만약 시스템 사용에 문제가 있을 경우, 업무 지원 센터 담당자인 토드 임에게 연락 주세요.

RC | Part 6&7

정답 및 해설　**379**

감사합니다.

디아즈 소토
경리 부서

어휘 **expect** 예상하다 **payroll** 급여 **avoid** 피하다 **delay** 지연
processing 처리 **paycheck** 봉급 **follow** 따르다
whenever ~할 때마다 **review** 검토하다
paycheck statement 급여 명세서 **related** 관련된

3 편지의 목적은 무엇인가?
(A) 레이놀즈 씨에게 새로운 시스템에 관해 알리기 위해
(B) 레이놀즈 씨에게 시스템 통제를 요청하기 위해
(C) 새로운 직책을 제안하기 위해
(D) 합의에 이르기 위해

해설 'As you know, we are expected to begin using a new payroll system on February 8.'을 보면 이 편지는 새로운 시스템의 사용을 알리는 글임을 알 수 있으므로 정답은 (A)이다.

4 지문에 표시된 [1], [2], [3], [4] 중에서 다음 문장이 들어가기에 가장 좋은 위치는 어디인가?

"그러므로 모든 직원들은 그날 전에 그들의 개인 정보를 새로운 시스템에 입력해야 합니다."

(A) [1]　　(B) [2]　　(C) [3]　　(D) [4]

해설 첫 문장에서 새로운 시스템의 시행 날짜를 'on February 8'이라고 밝히고 있고 주어진 문장에서 이를 'that day'로 받고 있으므로 해당 문장은 그 뒤에 들어가는 것이 적절하다. 따라서 정답은 (B)이다.

5 시스템 문제를 해결하기 위해 누구에게 연락해야 하는가?
(A) 기술 지원 담당자
(B) 최고 경영자
(C) 경리부 조수
(D) 업무 지원 센터 담당자

해설 'If you have a problem using the system, contact Tod Lim, the help desk manager.'를 보면 업무 지원 센터 담당자에게 연락하라고 나와 있으므로 정답은 (D)이다.

[6-7] 공지

> **글래스고 요리 학원 지침**
>
> 1. 칼, 조리 도구와 그 외의 주방용품 같은 장비들을 적절하게 사용하시고 조리가 끝나면 제자리에 두세요.
> 2. 각자의 자리는 언제나 즉시 그리고 철저히 청소하세요.
> 3. 소화기와 구급상자가 어디에 있으며 응급 시 어떻게 사용하는지 숙지해 두세요. 각 실 출입구 가까이에 그것들이 비치된 위치를 알리는 지도가 있습니다.

어휘 **culinary** 요리의 **institute** 기관 **guideline** 지침
equipment 장비 **appropriately** 적절히 **utensil** 주방용품
immediately 즉시 **thoroughly** 철저히
fire extinguisher 소화기 **first aid kit** 구급상자
in case of ~에 대비하여 **emergency** 응급
dispose 폐기하다 **ingredient** 식재료 **apron** 앞치마
periodically 주기적으로 **instruction** 지시 사항

6 참석자들은 무엇을 하도록 요청 받는가?
(A) 사용 후 식재료를 폐기하라고
(B) 정기적으로 앞치마를 세탁하라고
(C) 작업 공간을 청결히 유지하라고
(D) 안전 교육에 참석하라고

해설 2번의 'Always clean up your own area immediately and thoroughly.'에서 참석자들의 작업 공간을 청결히 관리할 것을 당부하고 있으므로 정답은 (C)이다.

7 구급상자에 대한 설명 중 옳은 것은 무엇인가?
(A) 소책자에 사용 설명이 있다.
(B) 위치에 관한 정보를 찾을 수 있다.
(C) 문 옆에 비치되어 있다.
(D) 매달 점검을 받는다.

해설 3번의 'There is the map for their locations near an entrance in each room.'에서 소화기와 구급상자가 있는 곳을 알 수 있는 지도가 각 실 출입구 옆에 붙어 있음을 언급하고 있으므로 정답은 (B)이다.

[8-9] 광고

> 테니스를 배우고 싶으세요? 우리 지역 테니스 클럽의 전문 선수들에게 배울 수 있는 좋은 기회가 여기 있습니다!
>
> 이 강좌는 59세에서 65세까지의 모든 퀘벡 주민들을 대상으로 합니다. 오전 수업은 매일 오전 6시부터 11시까지 로얄 스퀘어 공원에서 열립니다. 저녁 수업은 주말을 제외한 오후 5시부터 9시까지 동일 장소에서 진행됩니다. 각 참여자들은 본인의 라켓을 소지하고 훈련에 참여해야 합니다.
>
> 모든 강좌는 초급자들을 대상으로 합니다. 공간이 제한되어 있으므로 망설이지 말고 등록하세요.
>
> 더 자세히 알아보시려면 www.quebectennisclub.ca/class를 방문해 주세요.

어휘 **professional** 전문가 **local** 지역의 **resident** 주민
hold 개최하다 **weekend** 주말 **participant** 참가자
attend 참여하다 **limited** 제한된 **hesitate** 망설이다
sign up 신청하다 **senior** 연장자 **maintenance** 관리 보수
supervisor 관리자 **coordinator** 담당자 **previous** 이전의
experience 경험 **restriction** 제한

8 누가 이 광고에 관심이 있을 것 같은가?
(A) 테니스 팀원
(B) 고령 주민
(C) 공원 관리 책임자
(D) 강좌 진행 담당자

해설 둘째 문단의 'The classes are open to all Quebec residents from the age 59 to 65.'에 59세에서 65세 연령대의 주민이 참여하는 수업이라고 언급되어 있으므로 정답은 (B)이다.

9 테니스 클럽에 대해 암시되는 것은 무엇인가?
(A) 수업에 참여하는 데 이전의 경험은 필요하지 않다.
(B) 모든 수업들은 다른 장소로 계획 잡혀 있다.
(C) 모든 참여자들은 장비를 무료로 사용할 수 있다.
(D) 수업 공간에 제약이 없다.

해설 광고 마지막 부분 'All of the classes are for beginners.'에 모든 수업은 초급자들을 대상으로 한다고 언급되어 있으므로 이전 경험은 필요하지 않다는 것을 추론할 수 있다. 따라서 정답은 (A)이다.

380 스파르타 토익 START

UNIT 15 ··· PART 7의 이해 II

SPARTA PRACTICE | p.254

1 (A)　**2** (D)　**3** (B)　**4** (A)

[1-2] 공지+양식 (이중 지문)

행사 허가

뉴욕의 어느 지역 센터에서든 20명 이상을 위한 행사를 열길 원하는 분들은 시 레크리에이션 부서로부터 행사 허가를 받아야 합니다.

신청하기 전에 알아두어야 할 것
* 모든 행사 허가를 위해 환불 불가능한 25달러의 처리 비용이 있습니다.
* 허가 신청서는 적어도 행사 한 달 전에 제출해야 합니다.

지역 센터들이 이미 예약된 날짜를 알아보시려면 www.c-recdept.com 의 이벤트 일정표에서 확인하세요.

행사 허가 신청서

지원자: 코트니 헌트
행사명: 이탈리아 요리 축제
소개: 이 행사의 목적은 이탈리아의 다양한 음식 문화를 즐기기 위한 것입니다. 방문객들은 현지 요리사들을 만날 수 있고, 다양한 식품 판매상들로부터 제공되는 이탈리아 음식을 무료로 맛볼 수 있습니다.
시작일/시간: 10월 29일 토요일 / 오전 10시
종료일/시간: 10월 29일 토요일 / 오후 4시
장소: 레이크 지역 센터
예상 참석 인원: 200~250명

어휘 **permit** 허가　**community** 지역 사회　**apply** 신청하다　**non-refundable** 환불되지 않는　**processing fee** 처리 비용　**view** 보다　**applicant** 신청자　**purpose** 목적　**enjoy** 즐기다　**diverse** 다양한　**chef** 요리사　**free of charge** 무료로　**vendor** 상인　**anticipated** 예상되는　**attendance** 참석자 수

1 헌트 씨에 관해 무엇이 암시되는가?
(A) 그녀는 9월 29일 이전에 신청서를 제출했다.
(B) 그녀는 토요일마다 요리 강습을 제공한다.
(C) 그녀는 최근에 뉴욕으로 이사했다.
(D) 그녀는 유명한 지역 식당에 고용되었다.

해설 첫 지문에서 'A permit request must be submitted at least one month before the event.' 신청서는 행사 한 달 전에 제출하라고 했고, 두 번째 지문에서 헌트 씨는 행사일을 10월 29일(October 29)이라고 명시하고 있으므로 정답은 (A)이다.

2 이탈리아 요리 축제에 관해 무엇이 언급되어 있는가?
(A) 이틀 동안 진행될 것이다.
(B) 참가비가 필요하다.
(C) 라이브 음악 공연이 있을 것이다.
(D) 200명 이상이 모일 것으로 예상된다.

해설 두 번째 지문에서 참석이 예상되는 인원(Anticipated Attendance)을 200~250명으로 명시하고 있으므로 정답은 (D)이다.

[3-4] 광고+영수증+후기 (삼중 지문)

어드벤처스 사와 함께하는 경이로운 지역 탐험

10년이 넘는 기간 동안, 우리 회사는 동부 아프리카 주변의 다양한 관광 여행을 제공해 왔습니다. 아래의 현재 제공 중인 여행 상품에 대한 간단한 설명을 읽어 보세요.

아프리카의 풍미 / 매주 월-수, 오후 3:30분에서 오후 8시
도시의 가장 훌륭한 음식점들에서 지역 음식을 시식하는 데 오후 시간을 보내세요. 아름다운 강을 따라 제공되는 저녁 식사와 함께 하루를 마무리하세요.

모리셔스 섬 탈출 / 매주 금요일
이 멀리 떨어진 자연 구역에서 5시간 정도 보트를 타고 갑판에서 장대한 광경을 즐기세요. 관광 가이드인 조디 린이 도중에 다양한 야생동물들을 보여줄 것입니다.

예약 영수증

구매 일자: 4월 3일 금요일
구매자 이름: 케네스 최

여행	가격(티켓당)	총액
2인 - 모리셔스 섬 탈출 (5월 15일)	75달러	150달러
2인 - 아프리카의 풍미 (5월 18일)	150달러	300달러

이 온라인 영수증을 출력해 여행하는 날 지참하세요.

WP 어드벤처스 고객 후기:

전반적으로, 저는 WP 어드벤처스에 매우 만족했습니다.

우리의 첫 가이드인 린 씨는 훌륭했습니다. 그녀는 동물들에 대한 흥미로운 이야기를 들려 주었고, 우리 그룹이 관찰하도록 도와주었습니다. 투어 보트가 너무 붐볐지만, 적어도 우리는 여전히 동물을 볼 수 있었습니다. 보트에서의 광경은 매우 장대했고 저는 감동했습니다.

두 번째 관광에서 우리는 지역 음식을 제대로 즐겼습니다. 저녁이 끝날 무렵, 우리는 강가에서 디저트를 먹으며 내년 봄에도 다시 오자고 만장일치로 결정했습니다.

케네스 최
5월 25일

어휘 **wonder** 놀라운, 경이로운　**adventure** 모험　**sightseeing** 관광　**description** 묘사, 설명　**current** 현재의　**offering** 제공된 것　**taste** 맛　**sampling** 시식하기　**dish** 음식　**cater** (음식 서비스를) 제공하다　**escape** 탈출　**remote** 먼 곳의　**spectacular** 장대한　**view** 경관　**deck** 갑판　**along** ~을 따라서　**overall** 전반적으로　**mention** 언급하다　**observe** 관찰하다　**crowded** 붐비는　**impress** 인상을 주다　**thoroughly** 철저하게　**enjoy** 즐기다　**nearby** 가까이에　**unanimous** 만장일치의

3 최 씨는 여행에 대해 무엇을 암시하는가?
(A) 아프리카의 풍미 여행은 너무 일찍 끝났다.
(B) 모리셔스 섬 탈출 여행은 붐볐다.
(C) 아프리카의 풍미 여행에는 훌륭한 가이드가 있었다.
(D) 모리셔스 섬의 경관이 아름답지 못했다.

정답 및 해설　**381**

해설 세 번째 지문에서 첫 여행을 설명하면서 'The tour boat was too crowded'라고 언급했고, 둘째 지문을 보면 최 씨가 한 첫 번째 여행은 모리셔스 섬 탈출이므로, 정답은 (B)이다.

4 최 씨는 다음 해에 무엇을 할 것 같은가?
(A) 음식 여행에 합류한다
(B) 새로운 비디오 카메라를 구입한다
(C) 동물원으로 여행을 떠난다
(D) 자연 보호 구역에서 하이킹을 한다

해설 세 번째 지문의 마지막에 'we made a unanimous decision to come here again next spring.'과 첫 번째와 두 번째 지문에서 이 여행이 'Taste of Africa'임을 종합해 본다면 정답은 (A)이다.

SPARTA TEST | p.256

1 (A)	**2** (A)	**3** (C)	**4** (B)	**5** (A)
6 (B)	**7** (D)	**8** (D)	**9** (D)	**10** (A)
11 (B)	**12** (D)	**13** (C)	**14** (A)	**15** (D)

[1-5] 정보+이메일 (이중 지문)

뉴질랜드의 별장

숙박시설 A: 블렌하임, 아서 가 34번지
– 연속해서 여러 밤을 지내시고, 6번째 날 숙박은 무료로 즐기세요.
– 편안하고 평화로운 휴가를 즐기길 원하는 분께 적절합니다.
– 호수가 보입니다.

숙박시설 B: 퀸우드, 콜먼 스트리스 41번지
– 숙박시설 전용 해변이 있습니다.
– 일주일에 900달러

숙박시설 C: 글렌뷰, 토민 로드 23번지
– 도심지까지 무료 셔틀 서비스가 제공됩니다.
– 도시 전망이 보입니다.

숙박시설 D: 뉴타운, 홀 스트리트 52번지
– 모든 종류의 가구 및 가전제품이 구비되어 있습니다.
– 무료 조식이 제공됩니다.

수신 : 안소니 브레이그만 <anbrag@nzholidayrentals.co.nz>
발신 : 타라 우드 <tawood@vemuneltd.co.nz>
날짜 : 6월 11일
회신 : 숙박시설 A

안녕하세요, 브레이그만 씨,
저는 작년에 뉴질랜드에서 가족들이 머물 휴가용 숙박시설을 예약할 때 귀사를 이용했고, 제공된 객실과 서비스에 매우 만족했습니다. 그러나 도시가 너무 혼잡해서 제가 예상했던 것만큼 그 행선지가 좋지는 않았습니다. 올해는 해변이나 호수에 접근할 수 있는 더욱 편안한 장소를 찾고 싶습니다. 저는 일주일에 700달러 이상은 쓰고 싶지 않습니다. 그러므로 저는 숙박시설 A에 관심이 있습니다. 이용 가능한 날짜를 저에게 알려주세요. 그곳은 제 요구 사항에 부합하는 것처럼 보입니다.

당신의 응답을 기다리겠습니다.

감사합니다,

타라 우드

어휘 vacation 휴가 home 숙소 stay 머물다 in a row 일렬로, 연속해서 complimentary 무료의 suited for ~에 적당한 relaxing 편안한 restful 평화로운 private 개인의 do business 거래를 하다 book 예약하다 accommodation 숙박시설 satisfied 만족한 destination 행선지 crowded 붐비는, 혼잡한 access 접근 available 이용 가능한 requirement 요청 사항 look forward to ~하길 기대하다

1 정보문에 따르면, 1박을 무료로 제공하는 곳은 어디인가?
(A) 숙박시설 A
(B) 숙박시설 B
(C) 숙박시설 C
(D) 숙박시설 D

해설 첫 번째 지문에서 숙박시설 A에 'enjoy complimentary 6th night stay'라고 언급하면서 연속해서 머물면 6일째 숙박은 무료라고 밝히고 있으므로 정답은 (A)이다.

2 우드 씨는 왜 이메일을 보냈는가?
(A) 정보를 요청하기 위해
(B) 예약을 취소하기 위해
(C) 계약금을 확정하기 위해
(D) 조언을 요청하기 위해

해설 두 번째 지문 후반에서 'Please provide me with the dates available.'을 보면 이용 가능한 날짜의 정보를 원하고 있으므로 정답은 (A)이다.

3 우드 씨는 지난 휴가 동안 무엇에 대해 불만족했는가?
(A) 객실의 청결도
(B) 고객 서비스
(C) 혼잡함
(D) 숙박비

해설 두 번째 지문 중반에서 우드 씨는 'However, the destination was not satisfactory as I expected because the city was too crowded.'라고 언급하며 이번에는 좀 더 편안한 곳으로 가고 싶다고 하므로 정답은 (C)이다.

4 숙박시설 B는 왜 우드 씨에게 적절하지 못한가?
(A) 그녀는 2개의 침실이 있는 숙소를 원한다.
(B) 그녀는 덜 비싼 숙소를 찾고 있다.
(C) 그녀는 아파트에서 머무는 것을 더 선호한다.
(D) 그녀는 해변을 좋아하지 않는다.

해설 두 번째 지문 후반에서 그녀는 'I do not want to spend more than $700 for a week.'이라고 하면서 700달러가 넘지 않는 숙소를 원한다고 했다. 첫 지문을 보면 숙소 B는 일주일에 900달러의 요금을 내야 하므로 정답은 (B)이다.

382 스파르타 토익 START

5 우드 씨는 어떤 장소를 언급하고 있는가?

(A) 블렌하임
(B) 퀸우드
(C) 글렌뷰
(D) 뉴타운

해설 두 번째 지문 후반에서 우드 씨가 'I'm interested in property A.'라고 하면서 숙소 A를 언급했고 이것이 첫 지문에 'Property A : 34 Arthur Street, Blenheim'으로 나와 있으므로 답은 (A)이다.

[6-10] 웹 페이지+이메일 (이중 지문)

홈	소개	후기	연락처

애니플레이스 카서비스

브리스톨에 소재한 저희 애니플레이스 카서비스 사는 박물관이나 극장 견학을 원하는 학생들에게 이동 서비스를 제공하고 있습니다. 여러분들이 저희 서비스를 안락하게 즐길 수 있도록 정기적이고 철저하게 차량을 유지 점검하고 운전자들을 교육시키는 데 전념하고 있으며, 이는 우리 회사 창업자인 스캇 글렌 씨가 강력하게 강조하는 것입니다.

저희는 도시 내에서 운영하고 있으며 올해 말에는 더블린에 지점을 열 계획입니다. 또한, 저희의 10주년 창립기념일을 축하하기 위해서 12월에 예약하신 고객분들께는 10퍼센트의 할인을 해드립니다. 지금 바로 저희에게 연락 주세요!

발신: 애니플레이스 카서비스
수신: 트레이시 보너
제목: 확인
날짜: 12월 7일

보너 씨에게,

예약해 주셔서 감사드립니다!
저희는 1월 3일로 예약을 확정하려고 합니다.

예약 번호: #2473
승차 날짜: 1월 3일
승차 시각: 오전 9시 20분
승차 지점: 로얄 고등학교
도착 지점: 브리스톨 박물관
총 승객 수: 23

질문이 있으시면, 저희 웹 사이트에 방문하셔서 메시지를 남겨 주세요.

어휘 **travel** 이동하다 **comfortably** 편안하게 **do one's best** 최선을 다하다 **maintain** 유지하다 **vehicle** 차량 **regularly** 정기적으로 **thoroughly** 철저하게 **founder** 창립자 **strongly** 강력하게 **emphasize** 강조하다 **operate** 운영하다 **branch** 지점 **celebrate** 축하하다 **anniversary** 기념일 **confirmation** 확인 **passenger** 승객 **policy** 정책, 규정 **business** 사업체

6 웹 페이지는 회사에 대해 무엇을 암시하는가?

(A) 올해 말에 이전할 것이다.
(B) 10년차다.
(C) 규정이 바뀌었다.
(D) 다른 업체들에 서비스를 제공한다.

해설 첫 지문 하단에 드러난 'Also, to celebrate our 10th anniversary, ~'에서 이 회사가 창립한 지 10년이 되었음을 알 수 있으므로 정답은 (B)이다.

7 웹 페이지에 따르면, 그 회사는 어디에서 서비스를 새로 시작할 예정인가?

(A) 브리스톨
(B) 런던
(C) 버밍엄
(D) 더블린

해설 첫 지문 하단에 'we are planning to open a branch in Dublin at the end of this year.'라고 언급된 부분을 보면 더블린에서 새롭게 서비스를 제공할 것임을 알 수 있다. 그러므로 정답은 (D)이다.

8 글렌 씨는 누구인가?

(A) 운전사
(B) 학생
(C) 여행 가이드
(D) 기업주

해설 첫 지문, 첫 문단에 드러난 'our founder, Mr. Scott Glenn, has strongly emphasized.'에서 글렌 씨가 업체의 소유주임을 알 수 있으므로 정답은 (D)이다.

9 이메일은 왜 쓰였는가?

(A) 행사 일정을 세우기 위해서
(B) 계획을 알리기 위해서
(C) 제안을 하기 위해서
(D) 예약을 확정하기 위해서

해설 두 번째 지문의 상단에 'We are confirming it for 3 January.'라고 언급된 것처럼 예약을 확정하기 위한 것임을 알 수 있다. 그러므로 정답은 (D)이다.

10 보너 씨에 관해 무엇이 암시되는가?

(A) 그녀는 학교에서 일한다.
(B) 그녀는 미술관에 혼자 갈 것이다.
(C) 그녀는 차량을 관리할 수 있다.
(D) 그녀는 새로운 고객이 될 것이다.

해설 첫 지문 상단에 'We at Any Place Car Service in Bristol offer traveling services for students who want to tour museums and theaters.'에서 학생들의 견학을 위한 이동 서비스임을 알 수 있고, 두 번째 지문에 'Pickup location: The Royal High School'에서 승차 장소가 학교인 것을 미루어 보아 보너 씨는 학교에 근무하는 사람인 것을 추론할 수 있다. 그러므로 정답은 (A)이다.

[11-15] 이메일+양식 (삼중 지문)

발신: 레나 던햄
수신: 마이클 채프먼
제목: 프레젠테이션
날짜: 5월 17일

채프먼 씨에게,

저는 공항에 도착하자마자 이 이메일을 작성하고 있습니다. 불행히도, 내일 시연에 쓸 자료들이 포함된 제 짐을 분실했습니다. 비록 멀티미디어 발표 자료는 제 손가방에 있지만, 대부분의 제품 견본들은 분실된

정답 및 해설 **383**

RC | Part 6&7

가방 안에 있습니다. 공항 측에서는 가방을 적어도 이틀 후에 호텔로 보내주겠다고 해서, 내일 있을 행사 전에는 가방을 받을 수 없을 것 같습니다. 시연회를 며칠만 미루면 안 될까요? 좋은 소식 기다리겠습니다.

진심을 다해,
레나 던햄

분실물 관리 팀

당신의 수하물을 잘못 관리하여 생긴 불편함에 매우 죄송합니다. 우리는 최대한 빨리 소지품을 추적하기 위해서 당신이 제공한 정보를 이용할 것입니다. 당신의 가방을 자세히 설명해 주세요.

보고 번호 : *4419F2*
승객 이름 : *레나 던햄*
주소 : *맨틀 호텔*
가방의 유형 : *대형 여행 가방*
색상 : *갈색*
제조사 : *에이엠 투어리스트*

가방의 내용물 :

상세
귀걸이, 팔찌, 목걸이, 반지 등
카메라, 충전용 케이블, 모바일 스피커, 휴대용 프로젝터 등
여행 가이드북, 열쇠

발신: 분실물 관리 팀 <lostfound@informair.com>
수신: 레나 던햄 <ldham@falaccess.ca>
제목: 수하물 회수 4419F2
날짜: 5월 18일

던햄 씨께,

귀하의 가방을 찾았다는 것을 알리기 위해 이 글을 씁니다. 내일 오후에 귀하가 기입한 주소로 가방을 받으실 수 있습니다. 다시 한번 불편을 드려 죄송합니다.
귀하께 더 좋은 서비스를 제공하기 위해 노력하겠습니다. 감사합니다.

안부 전하며,
분실물 관리 팀

어휘 **upon -ing** ~을 하자마자 **arrive** 도착하다 **unfortunately** 불행히도 **lost** 분실하다(lose의 과거·과거분사형) **baggage** 수하물 **including** ~을 포함해 **material** 자료 **demonstration** 시연 **luggage** 수하물 **sample** 견본 **missing** 분실된 **at least** 적어도 **seem** ~처럼 보이다 **postpone** 미루다 **inconvenience** 불편 **mishandle** 잘못 다루다 **trace** 추적하다 **describe** 설명하다 **in detail** 자세하게 **passenger** 승객 **address** 주소 **manufacturer** 제조사 **content** 내용(물) **bracelet** 팔찌 **necklace** 목걸이 **portable** 휴대용의 **indicate** 명시하다 **serve** (서비스를) 제공하다

---

11 던햄 씨는 발표에 관해 무엇을 언급하는가?
(A) 그녀는 발표에 제때 도착하지 못할 것이다.
(B) 일부 관련 자료는 그녀의 손가방 안에 있다.
(C) 짧은 비디오 클립이 보여질 것이다.
(D) 발표 시간을 줄일 필요가 있다.

해설 첫 지문에서 'Although I still have the multimedia presentation materials in my hand luggage'를 보면 일부 발표 자료가 그녀의 손가방 안에 있음을 알 수 있다. 그러므로 정답은 (B)이다.

12 던햄 씨는 채프먼 씨에게 무엇을 해달라고 요청하는가?
(A) 호텔에서 그녀를 차에 태울 것
(B) 그녀를 공항까지 태워다 줄 것
(C) 제품의 견본을 준비할 것
(D) 행사 일정을 다시 조정할 것

해설 첫 지문 마지막에 'Could you postpone our demonstration by a few days?'를 보면 시연회를 며칠만 미룰 것을 당부하고 있으므로 정답은 (D)이다.

13 던햄 씨는 무엇을 발표할 것 같은가?
(A) 취사도구
(B) 원예도구
(C) 장신구
(D) 주방용 가전제품

해설 첫 지문 중반의 'most of the product samples are in the missing bag.'에서 분실된 가방에 발표할 제품이 있음을 알 수 있으므로, 두 번째 지문에 언급된 분실물과 보기를 매칭하여 정답을 찾아야 한다. 'Earrings, Bracelets, Necklaces, Rings, etc.'에서 발표하려던 견본품이 장신구임을 알 수 있다. 그러므로 정답은 (C)이다. 나머지 보기는 던햄 씨의 가방에 없는 물품들이다.

14 양식에서, 첫 단락 두 번째 줄의 'trace'와 의미상 가장 가까운 것은?
(A) 찾다
(B) 복사하다
(C) 기록하다
(D) 교체하다

해설 두 번째 지문에서 되도록이면 빨리 분실물의 행방을 추적하겠다(trace)고 했으므로, 보기 중 이와 가장 유사한 의미의 단어는 '찾다'를 의미하는 (A) find이다.

15 배송물은 어디로 보내질 것인가?
(A) 공항으로
(B) 분실물 관리 팀으로
(C) 세관으로
(D) 맨틀 호텔로

해설 두 번째 지문에서 던햄 씨의 주소가 'Mantle Hotel'로 되어 있고, 세 번째 지문에 'You can receive it at the address you have indicated tomorrow afternoon.'에서 던햄 씨가 작성한 주소지로 배송될 것이라고 했으므로 정답은 (D)이다.

SPARTA REVIEW TEST | p.262

1 (D)	2 (B)	3 (C)	4 (A)	5 (D)
6 (D)	7 (B)	8 (D)	9 (D)	10 (D)
11 (D)	12 (C)	13 (A)	14 (D)	15 (A)
16 (B)	17 (D)	18 (A)		

[1-4] 공지

기차 운행에 변경이 있음을 말씀 드립니다. 5월부터 급행열차는 파슨스 그린 역에서 더 이상 정차하지 않습니다. 하지만 다른 열차 서비스는 파슨스 그린 역과 더불어 모든 역에 동일하게 운행될 것입니다. 갱신된 노선을 보시려면 저희 웹 사이트에 방문해 주십시오.

아울러, 언제나 다른 승객들을 배려해 주실 것을 부탁드립니다. 최근에 소음 때문에 불쾌감을 느끼는 승객들이 늘고 있습니다. 기차 탑승 시에는 휴대폰을 무음모드로 설정해 주십시오.

협조해 주셔서 감사합니다.

어휘 **fellow passenger** 동승자 **at all times** 항상 **uncomfortable** 불쾌한 **silent** 조용한, 무음의 **cooperation** 협조 **express train** 급행열차 **considerate** 배려하는

1
(A) 요금이 인하되었음을 알려 드리게 되어 기쁩니다.
(B) 파슨스 그린 역이 현재 공사 중임을 유의하세요.
(C) 새로운 역 시설이 곧 이용 가능할 것입니다.
(D) 5월부터 급행열차는 파슨스 그린 역에서 더 이상 정차하지 않습니다.

해설 빈칸 뒤가 However로 시작해, 열차 서비스가 파슨스 그린 역을 포함해 모든 역에 전과 동일하게 운행될 거라고 했으므로 빈칸에는 이와 상반되는 내용이 어울린다. 따라서 정답은 (D)이다.

2
해설 노선도는 '갱신되는' 것이므로 수동의 의미를 나타내는 과거분사 (B) updated가 정답이다.

3
해설 빈칸 다음 문장에 최근 소음 때문에 승객들의 불만이 늘어났다는 상황을 고려해 볼 때, 맥락상 다른 승객들을 배려해 달라는 (C) considerate가 정답이다.

4
해설 빈칸 앞에 불만 표출이 언급되어 있고 빈칸 뒤에서는 휴대폰을 무음모드로 해달라고 하므로 정답은 그의 원인이 될 수 있는 (A) noise이다.

[5-8] 온라인 대화문

매디슨 존슨 [오후 4:55]
안녕하세요, 여러분. 이번 달 입찰을 성사시키는 데 있어 여러분의 노고에 감사드립니다. 이를 축하하기 위해 퇴근 후에 모이는 거 어때요?

랜달 곤잘레즈 [오후 4:58]
좋은 생각이에요! 우린 정말 열심히 일했고 그럴 자격 있다고 생각해요.

모레나 바카린 [오후 5:01]
저도 그렇게 생각해요. 모임을 갖는 데 어디가 가장 좋을까요? 제안 좀 해 주실래요?

매디슨 존슨 [오후 5:03]
버쳐 바 혹은 티볼리 키친은 어때요? 둘 다 편리한 곳에 있어요. 저는 버쳐 바가 더 좋지만, 모두 다 들어가기엔 좀 좁을 것 같습니다.

랜달 곤잘레즈 [오후 5:07]
음, 그러면 티볼리 키친으로 가죠.

매디슨 존슨 [오후 5:13]
그럽시다. 누가 나머지 직원들에게 그 계획 좀 알려주시겠어요?

모레나 바카린 [오후 5:20]
제가 할게요.

어휘 **win the bid** 입찰을 따내다 **get together** 만나다 **celebrate** 축하하다 **after work** 퇴근 후 **deserve** (보상을) 받을 만하다 **get-together** 모임, 파티 **conveniently** 편리하게, 가깝게 **promotion** 승진 **successful** 성공적인 **be in charge of** ~을 담당하다 **effort** 노력, 수고 **suitable** 적합한 **budget** 예산 **approve** 승인하다

5 무엇이 주로 논의되는가?
(A) 개업식
(B) 동료의 승진
(C) 성공한 입찰
(D) 가벼운 모임

해설 4시 55분 존슨 씨의 메시지 'Why don't we get together to celebrate it after work?'에서 퇴근 후에 모임을 갖자고 했고, 이에 대해 동료들이 논의하고 있으므로 정답은 (D)이다. (C) 성공한 입찰은 모임을 갖는 이유지, 주된 논의 대상은 아니므로 오답이다.

6 입찰에 관해 무엇이 암시되는가?
(A) 존슨 씨가 입찰을 담당하였다.
(B) 곤잘레즈 씨가 입찰을 준비하지 않았다.
(C) 회사에 꽤 중요했다.
(D) 작업하는 데 많은 수고가 있었다.

해설 4시 58분 곤잘레즈 씨의 메시지 'I think we worked very hard and deserved it.'에서 이 입찰 건은 많은 수고가 필요했음을 알 수 있으므로 정답은 (D)이다.

7 버쳐 바는 왜 모임에 적합하지 않은가?
(A) 메뉴가 한정적이다.
(B) 규모가 작다.
(C) 사무실에서 멀다.
(D) 현재 이용 불가능하다.

해설 5시 3분 존슨 씨의 메시지 'I like Butcher Bar better, but it would be a little small for everyone.'에서 버쳐 바의 규모가 참석 인원에 비해 협소함이 언급되어 있으므로 정답은 (B)이다.

8 오후 5시 13분에, 존슨 씨가 쓴 "그럽시다"는 무엇을 의미할 것 같은가?
(A) 그녀는 버쳐 바에 방문한 적이 있다.
(B) 모임을 위한 예산이 승인되었다.
(C) 그녀는 팀이 더 많은 제안을 하길 바란다.
(D) 그들은 더 큰 장소를 방문할 것이다.

해설 해당 문장 앞에서 모든 사람이 다 모이기에 버쳐 바는 너무 작으니 오늘 밤은 티볼리 키친으로 가자고 했고, 존슨 씨가 이에 'Okay.'라고 했으므로 정답은 (D)이다.

정답 및 해설 **385**

[9-13] 광고+이메일 (이중 지문)

임대

한 개의 침실 임대 가능

특징

1. 1인용 침대와 함께 모든 가구가 구비되어 있습니다.
2. 개인 욕실이 있습니다.
3. 공용 거실과 주방이 있습니다.
4. 총 월세는 공과금을 포함해 850달러입니다.
5. 라이어슨 대학에서 도보로 5분, 유니언 역에서 도보로 10분 거리입니다.
6. 임대 기간은 12월까지입니다.

제 이름은 덴질 스미스이며, 라이어슨 대학 학생입니다. 제 룸메이트가 이번 주말에 고향으로 이사 갈 예정이어서 침실 2개가 딸린 넓은 임대 아파트를 공유할 학생 분을 찾습니다. 관심 있으시면 dsmith@ru.edu 로 연락주세요.

수신: 덴질 스미스

발신: 케빈 브래너

날짜: 5월 15일

제목: 임대

안녕하세요, 덴질 씨,

저는 라이어슨 대학 웹 페이지에 올라온 당신의 글을 보았습니다. 아직 그 방이 비어 있는지 궁금합니다. 만약 그렇다면, 가능한 한 빨리 아파트를 공유하고 싶습니다. 저는 다음 주 수요일에 이사할 수 있으며, 임대 기간 말까지 살 수 있습니다.

제 전공은 프랑스 문학입니다. 방과 후에는 학교 근처 주점에서 시간제로 일하고 있습니다. 당신과 좋은 친구가 되고 싶습니다.

케빈 브래너

어휘 **rental** 임대 **available** 이용 가능한 **feature** 특징 **furnished** 가구를 갖춘 **private** 개인의 **common use** 공용 **total** 총 합계의 **rental fee** 임대 비용 **utility** 공과금 **lease** 임대 **last** 지속하다 **share** 공유하다 **spacious** 넓은 **notice** 알아차리다 **wonder** 궁금해하다 **as soon as possible** 가능하면 빨리 **term** 기간, 학기 **literature** 문학 **department store** 백화점 **graduate** 졸업하다 **full-time** 전임의 **night shift** 야간 교대 근무

9 아파트에 관해 무엇이 언급되었는가?
(A) 세탁기가 포함되어 있다.
(B) 백화점 근처이다.
(C) 공과금을 제외한 850달러의 임대료가 든다.
(D) 모든 종류의 가구가 포함되어 있다.

해설 첫 지문의 1번 문항 'It is fully furnished with a single bed.'에서 모든 가구가 포함된 것을 알 수 있으므로 정답은 (D)이다.

10 스미스 씨는 무엇을 찾고 있는가?
(A) 아르바이트
(B) 아파트
(C) 기차역
(D) 룸메이트

해설 첫 지문의 'Because my roommate is moving to his hometown on the weekend, I would like someone who is a student to share the spacious two-bedroom rental apartment.'에서 언급된 바와 같이 룸메이트가 이사를 나가서 아파트를 공유할 새로운 사람을 찾는다고 했으므로 정답은 (D)이다.

11 브래너 씨에 대해 무엇이 암시되는가?
(A) 지난해에 대학을 졸업하였다.
(B) 보통 기차로 통근한다.
(C) 그의 가족과 함께 살고 있다.
(D) 스미스 씨의 요구 사항을 충족시킬 수 있다.

해설 첫 지문 하단에 'I would like someone who is a student'에서 알 수 있듯이 학생이 룸메이트의 조건이며, 두 번째 지문에 'I noticed your post on the Ryerson University Web page.'와 'My major is French Literature.'에서 브래너 씨가 라이어슨 대학에 다니는 학생임을 짐작할 수 있다. 그러므로 정답은 (D)이다.

12 이메일에서, 첫 단락 세 번째 줄의 'term'과 의미상 가장 가까운 것은?
(A) 단어
(B) 계약
(C) 기간
(D) 상황

해설 해당 단어가 포함된 문장에서 임대 계약이 종료될 때까지 머물 수 있다고 했으므로 '기간'의 의미를 가진 period가 의미상 가장 가깝다고 볼 수 있다. 따라서 정답은 (C)이다.

13 브래너 씨는 그의 직업에 대해 뭐라고 언급하는가?
(A) 정규직이 아니다.
(B) 학교에서 일한다.
(C) 지난달에 시작했다.
(D) 야간 교대 근무이다.

해설 두 번째 지문의 둘째 문단 'After school, I work part-time at a pub near the university.'에서 드러난 것처럼 브래너 씨는 시간제로 일하고 있으므로 정답은 (A)이다.

[14-18] 웹 페이지+이메일 (삼중 지문)

---

http://www.labele.co.uk/purchase

식당용 라벨르 유니폼

저희는 당신의 식당과 종업원들에게 완벽히 어울리는 실용적이면서도 최신 유행하는 의복을 제공합니다. 게다가, 저희는 대량 주문에 20퍼센트 할인을 제공함으로써 당신이 많은 돈을 절약할 수 있도록 도와드릴 뿐만 아니라 80파운드 이상의 구매에는 무료 배송을 제공해 드립니다. 지금 주문하세요!

모델번호	모델명 및 설명	사이즈	색상	가격
FA79	피츠버그 유니폼 1개의 주머니가 달린 반소매 셔츠와 바지	XS-XL	흰색	33.00파운드
FA80	노벨 유니폼 2개의 주머니가 달린 반소매 셔츠와 바지	XS-XL	흰색 검은색	35.00파운드
FA81	모토 유니폼 2개의 주머니가 달린 긴소매 셔츠와 바지	XS-XL	흰색 검은색 파란색	40.00파운드

386 스파르타 토익 START

수신	로드 루리 <rlurie@gaucho.co.uk>
발신	라벨르 <shop@labele.co.uk>
제목	귀하의 주문
날짜	2월 19일

루리 씨에게,

구매해 주셔서 감사드립니다. 아래의 주문 사항을 확인해 주세요.

모델번호 FA80 / 검은색

사이즈	수량	가격
소	5	175.00파운드
중	3	105.00파운드
소계		280.00파운드
세금 (10%)		28.00파운드
배송비		0.00파운드
총액		**308.00파운드**

주문에 관해 질문 있으면 저희 고객 서비스 센터로 전화 주시기 바랍니다.

진심으로,
고객 서비스 센터, 라벨르

수신: 전 직원 <notice@gaucho.co.uk>
발신: 로드 루리 <rlurie@gaucho.co.uk>
제목: 직원 유니폼
날짜: 3월 2일

직원분들께,

우리의 새로운 복장이 도착했습니다. 직원 휴게실에서 찾아가세요.
우리 가우초 식당의 규정에 따라, 유니폼은 매년 한 사람당 한 벌씩만 제공됩니다. 추가 유니폼을 원한다면, www.labele.co.uk/purchase 에서 직접 주문할 수 있습니다.

여러분들의 노고에 감사드립니다.

로드 루리

어휘 dining establishment 요식업계, 음식점　practical 실용적인　trendy 최신 유행의　apparel 의복　considerable 상당한, 많은　trousers 바지　quantity 수량　subtotal 소계　lounge 휴게실　policy 정책　annually 일 년의　place an order 주문하다　directly 직접　handle 취급하다　various 다양한　industry 업계　in common 공통으로　collect 수집하다　at least 최소한의　quarterly 분기별로

14 라벨르 사에 관해 무엇이 언급되었는가?
(A) 배송비가 무료다.
(B) 여성복을 생산한다.
(C) 다양한 업체들의 유니폼을 만든다.
(D) 대량 주문에 할인을 제공한다.

해설 첫 지문의 'we can help you save considerable money with a 20% discount on large orders'에서 대량 주문에는 할인 혜택이 주어진다고 언급하고 있으므로 정답은 (D)이다.

15 웹 페이지에 따르면, 모델들은 어떤 특징을 공통으로 가지는가?
(A) 사이즈
(B) 주머니 개수
(C) 색상
(D) 가격

해설 첫 지문 안에 표를 보면, 모든 모델의 사이즈(XS-XL)가 동일한 것을 알 수 있으므로 정답은 (A)이다.

16 루리 씨는 어떤 상품을 구입했는가?
(A) 피츠버그 유니폼
(B) 노벨 유니폼
(C) 모토 유니폼
(D) 모든 상품

해설 두 번째 지문에서 루리 씨가 주문한 모델번호가 FA80으로 나와 있고, 이는 첫 지문의 상품 설명서에 'Novel Uniform' 제품인 것을 알 수 있다. 그러므로 정답은 (B)이다.

17 두 번째 이메일에서, 직원들은 무엇을 하라고 요청 받는가?
(A) 의견을 제출할 것
(B) 새로운 의류를 요청할 것
(C) 규정을 확인할 것
(D) 그들의 유니폼을 수령할 것

해설 세 번째 지문의 앞부분에서 'Please pick them up at the staff lounge.'라고 언급되어 있으므로 정답은 유니폼을 수령하라는 (D)이다.

18 가우초 식당에 관해 무엇이 암시되는가?
(A) 적어도 8명의 직원이 있다.
(B) 최근에 규정을 변경했다.
(C) 분기별로 유니폼을 구매한다.
(D) 직원들이 여분의 유니폼을 가질 것을 권장한다.

해설 두 번째 지문에서 주문 내역을 보면 총 8벌인 것을 확인할 수 있고, 세 번째 지문 'According to our Gaucho Restaurant's policy, we annually provide one uniform per person.'에서 직원당 한 벌씩만 제공한다고 나와 있으므로, 이 식당의 직원은 최소 8명이라는 것을 알 수 있다. 따라서 정답은 (A)이다.

정답 및 해설　**387**

books.english.co.kr

books.english.co.kr

books.english.co.kr

books.english.co.kr

은글리시앤 어학테스트 센터 응시인원 수직 200억원 돌파!!!

English& TEST CENTER

10년 연속 어학테스트 1위 잉글리시앤이
응시 총제비용을 타 운영

공식시험 상호대용 100% 도전

은글리시앤 어학테스트는 1위 어학 응시(1000개사 대응, 기업체, 공무원 등 응시), 공기업대기업 가장 많은 응시자 운영테스트, 등록 공시대응 테스트 운영기업 최대통신업종 등 응시기업 운영 매월 등재, 시험, 응시 후 대표 상담전화인 및 세부결과분석 자료 제공 (점수표, 파트별 점수현, 해설, 등등)

10년 연속 어학테스트 1위

TOEIC
- 기출 유형 완벽 반영
- 대표 동영상/해설 강의
- 기출 인증가/시뮬레이션
- 누적 응시인원 200억원 돌파

English& TEST

OPIc
- 실제 인터뷰 형식대로 구성되어
- 만들어진 응시 진단평가 시험
- 장기 유학교 유학 종합평가서 제공
- 다수의 공공기관/기업/학원에서
- 진단평가로 활용

TOS
- ETS의 공인영어 평가기준 진단
- 최신 출제 경향 반영
- 누적 인원 10만명 돌파
- 상호연 다수의 응시인원 평가
- 대학교 공인영어 시험
- 기업체 인사평가시험

EPTA CBT
- 온라인 뉴스동등평가
- 운영인이 주도합니다가
- 국내인 유일인가 (공공사용)
- 기출 유형 반영, 최신 경향 반영
- 듣기, 말하기 영역 응시 가능
- (쥐)EPTA공기업체 실제 상호 사용
- 공기업 해설 제공

JPT/JLPT
- 기출 유형 반영, 최신 경향 반영
- 공식 해설 제공
- 충실한 어휘 정리

자세한 내용은 어학테스트센터 (www.entest.co.kr) 에서 확인하실 수 있습니다.